Agile Softwareentwicklung mit C#

Gary McLean Hall lebt mit seiner Frau, seiner Tochter und ihrem Hund in Manchester, England. Er ist ein erfahrener Microsoft .NET Framework-Entwickler, der sich auf Patterns und Best Practices spezialisiert hat. In vielen Jahren als Softwareentwickler hat er in zahlreichen agilen Teams gearbeitet, die sich stark auf das Ziel konzentriert haben, Code zu erstellen, der äußerst anpassungsfähig ist. Er hat für Unternehmen wie Eidos, Xerox, Nephila Capital Ltd. und The LateRooms Group gearbeitet. Außerdem hat er mehrere Jahre lang ein Softwareconsultingunternehmen geleitet und drei Jahre lang auf Bermuda gelebt und gearbeitet. In allen Rollen hat er es immer geschafft, eine beeindruckende Balance zwischen pünktlicher Auslieferung eines Softwareprodukts und der Qualität seines Quellcodes zu finden.

Gary McLean Hall

Agile Softwareentwicklung mit C#

Best Practices und Patterns für flexiblen und adaptiven C#-Code

dpunkt.verlag

Microsoft

Gary McLean Hall

Übersetzung: Detlef Johannis, Kempten
Lektorat: Thomas Braun-Wiesholler, München
Copy-Editing: Dorothee Klein, Siegen
Herstellung: Frank Heidt
Satz: Gerhard Alfes, mediaService, Siegen, www.mediaservice.tv
Umschlaggestaltung: Helmut Kraus, www.exclam.de
Druck und Bindung: M.P. Mediaprint Informationsdienste, Paderborn

Bibliografische Information der Deutschen Nationalbibliothek
Die Deutsche Nationalbibliothek verzeichnet diese Publikation in der Deutschen Nationalbibliografie; detaillierte bibliografische Daten sind im Internet über http://dnb.d-nb.de abrufbar.

ISBN:
Buch 978-3-86490-285-7
PDF 978-3-86491-690-8
ePub 978-3-86491-691-5

Title of American original: Adaptive Code via C#
Published by Microsoft Press
ISBN: 978-0-321-94854-0

5 4 3 2 1 0

Für Amelia Rose

– Gary McLean Hall

Inhaltsübersicht

Inhaltsverzeichnis

Einführung

Der Begriff *adaptiver Code* aus dem Untertitel dieses Buchs liefert einen gute Beschreibung für das Ergebnis, das Sie erhalten, wenn Sie die Prinzipien des Buchs anwenden: die Fähigkeit von Code, sich an alle neuen Anforderungen oder unvorhergesehenen Szenarien anpassen zu lassen, ohne dass er dafür in weiten Teilen umgearbeitet werden muss. Dieses Buch hat das Ziel, viele der aktuellen Best Practices aus dem Bereich der C#-Programmierung mit dem Microsoft .NET Framework in einem Band zusammenzufassen. Ein Teil des Inhalts wird zwar auch in anderen Büchern behandelt, aber diese Bücher konzentrieren sich entweder stark auf die Theorie oder sind nicht spezifisch auf die .NET-Entwicklung zugeschnitten.

Programmierung kann ein langsamer Prozess sein. Wenn Ihr Code adaptiv ist, sind Sie in der Lage, Änderungen schneller, einfacher und mit weniger Fehlern vorzunehmen, als wenn Sie mit einer Codebasis arbeiten, die Änderungen behindert. Wie jeder Entwickler weiß, ändern sich Anforderungen. Auf welche Weise mit diesen Änderungen umgegangen wird, macht den Unterschied zwischen erfolgreichen Softwareprojekten und denen aus, die aufgrund eines völlig außer Kontrolle geratenen Umfangs steckenbleiben. Entwickler können auf unterschiedliche Arten auf Änderungen der Anforderungen reagieren, wobei zwei gegensätzliche Standpunkte die Extreme des Spektrums bilden.

Erstens können Entwickler einen inflexiblen Standpunkt einnehmen. Bei diesem Ansatz ist das Projekt angefangen beim Entwicklungsprozess bis hinunter zum Klassenentwurf so inflexibel, als wäre es vor 50 Jahren mithilfe von Lochkarten implementiert worden. Wasserfall-Methodologien sind bekannte Vertreter dieser Zunft, der es darum geht sicherzustellen, dass sich Software nicht nach Belieben verändern darf. Ihr Beharren darauf, dass die Phasen von Analyse, Entwurf, Implementierung und Testen voneinander isoliert bleiben und nur in einer Richtung nacheinander abgearbeitet werden, macht es schwierig oder zumindest teuer für den Kunden, irgendwelche Anforderungen zu verändern, nachdem die Implementierung erst einmal begonnen hat. Der Code *braucht* daher gar nicht so beschaffen zu sein, dass er leicht zu ändern ist: Der Prozess verbietet praktisch Änderungen.

Der zweite Ansatz, agile Methodologie, besteht nicht etwa darin, lediglich eine Alternative zu solch inflexiblen Methodologien zu finden. Er will eine *Reaktion* auf sie sein. Agile

Prozesse haben sich das Ziel gesetzt, Änderungen als unerlässlichen Teil des Vertrags zwischen Kunde und Entwickler willkommen zu heißen. Wenn Kunden etwas an dem Produkt, für das sie bezahlen, verändern wollen, sollten der Zeitaufwand und die finanziellen Kosten den Umfang der Änderung widerspiegeln, aber nicht abhängig von der Phase sein, in der sich der Prozess momentan befindet. Im Unterschied zu anderen technischen Disziplinen arbeitet Software-Engineering mit einem äußerst elastischen Werkzeug: Quellcode. Die Steine und Mörtel, aus denen ein Haus entsteht, werden fest miteinander verbunden, während der Bau fortschreitet. Der Aufwand, um den Entwurf eines Hauses zu verändern, hängt natürlich davon ab, in welcher Phase sich der Bauprozess befindet. Hat der Bau noch gar nicht begonnen (wenn also bisher nur Pläne vorliegen), ist eine Änderung relativ billig. Sind die Fenster eingebaut, die elektrischen Leitungen verlegt und die Wasserrohre angeschlossen, wäre es unglaublich teuer, das obere Badezimmer nach unten neben die Küche zu verlegen. Bei Code sollte es nicht so aufwendig sein, Features zu verschieben und die Navigation einer Benutzeroberfläche umzugestalten. Leider ist das aber nicht immer der Fall. Allein der Zeitaufwand verhindert oft solche Änderungen. Daran ist meiner Ansicht nach vor allem eine fehlende Anpassungsfähigkeit des Codes schuld.

Dieses Buch demonstriert den zweiten Ansatz und erklärt anhand von Praxisbeispielen die Vorgehensweise beim Implementieren adaptiven Codes.

Wer sollte dieses Buch lesen

Dieses Buch soll die Lücke zwischen Theorie und Praxis schließen. Der Leser, für den das Buch geschrieben wurde, ist ein erfahrener Programmierer, der eher praktische Beispiele für Entwurfs-Patterns, SOLID-Prinzipien, Unit-Tests, Refaktorierung und andere Techniken sucht.

Fortgeschrittene Programmierer, die Wissenslücken stopfen wollen oder Zweifel und Fragen darüber haben, wie wichtige Best Practices der Branche zusammenpassen, profitieren am meisten von diesem Buch, besonders weil der Alltag beim Programmieren nur selten den oft simplen Beispielen oder gar der Theorie entspricht. Weite Teile von SOLID sind bekannt, aber die Feinheiten des Open/Closed-Prinzips (siehe Kapitel 6) und des Liskovschen Substitutionsprinzips (Kapitel 7) werden nicht vollständig verstanden. Selbst erfahrenen Programmierern ist manchmal nicht völlig klar, welche Vorteile die Dependency-Injection bietet (Kapitel 9). Genauso wird oft übersehen, welche Flexibilität – und somit Anpassungsfähigkeit – Schnittstellen dem Code verleihen (Kapitel 3).

Dieses Buch kann auch unerfahrenen Entwicklern helfen, weil sie hier von Grund auf lernen, welche Aspekte bekannter Patterns und Best Practices nützlich sind und welche langfristig eher schädlich. Der Code, den ich von Stellenbewerbern oft zu sehen bekomme, hat viele Gemeinsamkeiten. Der allgemeine Entwurf zeigt, dass der Bewerber bei vielen Fähigkeiten *fast* soweit ist, aber noch ein wenig Unterstützung braucht, um ein deutlich besserer Programmierer zu werden. Besonders das Entourage-Anti-Pattern (Kapitel 2) und das Service-Locator-Anti-Pattern (Kapitel 9) sind in den präsentierten Codebeispielen allgegenwärtig. Praktische Alternativen und Begründungen, warum sie sinnvoller sind, werden in diesem Buch beschrieben.

Erforderliche Vorkenntnisse

Im Idealfall haben Sie bereits einige praktische Erfahrung im Programmieren mit einer Sprache, deren Syntax C# ähnelt, zum Beispiel Java oder C++. Sie sollten außerdem eine solide Grundlage in Konzepten der prozeduralen Programmierung haben, beispielsweise bedingte Verzweigungen, Schleifen und Ausdrücke. Und Sie sollten etwas Erfahrung in der objektorientierten Programmierung mit Klassen haben und von Schnittstellen wenigstens schon gehört haben.

Dieses Buch eignet sich wahrscheinlich nicht für Sie, wenn ...

Dieses Buch eignet sich wahrscheinlich nicht für Sie, wenn Sie gerade erst anfangen, das Programmieren zu lernen. Dieses Buch behandelt fortgeschrittene Themen, die solide Kenntnisse grundlegender Programmierkonzepte voraussetzen.

Aufbau dieses Buchs

Dieses Buch besteht aus drei Teilen, die jeweils aufeinander aufbauen. Trotzdem müssen Sie das Buch nicht von Anfang bis Ende durchlesen. Jedes Kapitel ist in sich abgeschlossen und behandelt ein bestimmtes Thema. Wo es sinnvoll ist, finden Sie Querverweise auf andere Kapitel.

Teil I: Eine agile Grundlage

Dieser Teil schafft die Grundlage zum Erstellen von Software, die adaptiv ist. Er bietet einen Überblick über den agilen Prozess *Scrum*, für den Code benötigt wird, der sich einfach an Änderungen anpassen lässt. Die übrigen Kapitel in diesem Teil konzentrieren sich auf Details zu Schnittstellen, Entwurfs-Patterns, Refaktorierung und Unit-Tests.

- **Kapitel 1: Einführung in Scrum**
  Dieses Kapitel eröffnet das Buch mit einer Einführung in Scrum, eine agile Projektverwaltungsmethodologie. Das Kapitel bietet einen detaillierten Überblick über die Artefakte, Rollen, Kennzahlen und Phasen eines Scrum-Projekts. Es zeigt außerdem, wie Entwickler sich selbst und ihren Code organisieren sollten, wenn sie in einer agilen Umgebung tätig sind.
- **Kapitel 2: Abhängigkeiten und Schichten**
  Dieses Kapitel beschäftigt sich mit Abhängigkeiten und Schichtarchitektur. Code kann nur adaptiv sein, wenn die Struktur der Lösung dies zulässt. Es werden die unterschied-

lichen Arten von Abhängigkeiten beschrieben: Eigenabhängigkeiten, Fremdabhängigkeiten und Frameworkabhängigkeiten. Das Kapitel beschreibt, wie Sie Abhängigkeiten verwalten und organisieren, von Anti-Patterns (die Sie vermeiden sollten) bis zu Patterns (die Sie nutzen sollten). Außerdem steigt es mit fortgeschrittenen Themen wie aspektorientierter Programmierung und asymmetrischer Schichtung tiefer in wichtige Programmiertechniken ein.

- **Kapitel 3: Schnittstellen und Entwurfs-Patterns**
  Schnittstellen sind in der modernen .NET-Entwicklung allgegenwärtig. Allerdings werden sie oft falsch verwendet, missverstanden und missbraucht. Dieses Kapitel zeigt einige bekannte und nützliche Entwurfs-Patterns und beschreibt, wie vielseitig eine Schnittstelle sein kann. Während das Kapitel den Leser durch die Schritte zur simplen Extrahierung einer Schnittstelle führt, zeigt es, wie Schnittstellen auf viele unterschiedliche Arten genutzt werden können, um ein Problem zu lösen. Mixins, Duck-Typing und flüssige Schnittstellen unterstreichen weiter die Vielseitigkeit dieser zentralen Waffe im Arsenal des Programmierers.

- **Kapitel 4: Unit-Tests und Refaktorierung**
  Zwei Techniken, die heutzutage jeder Programmierer beherrschen muss, sind Unit-Tests und Refaktorierung. Die beiden hängen eng miteinander zusammen und ihre Kombination produziert adaptiven Code. Ohne das Sicherheitsnetz von Unit-Tests ist die Refaktorierung fehlerträchtig. Und ohne Refaktorierung wird Code unhandlich, inflexibel und schwierig zu verstehen. Dieses Kapitel arbeitet ein Beispiel für Unit-Tests von bescheidenen Anfängen bis zu fortgeschrittenen, aber praktischen Patterns durch und stellt flüssige Assert-Verkettung, testorientierte Entwicklung und Mocking vor. Im Bereich der Refaktorierung demonstriert das Kapitel anhand praxisorientierter Beispiele, wie Sie die Lesbarkeit und Wartungsfreundlichkeit von Quellcode verbessern.

Teil II: Schreiben von SOLID-Code

Dieser Teil baut auf den Grundlagen auf, die in Teil I geschaffen wurden. Jedes Kapitel widmet sich einem Prinzip von SOLID. Dabei erklären diese Kapitel nicht einfach die trockene Theorie, sondern demonstrieren anhand von Praxisbeispielen die Umsetzung der Prinzipien. Indem jedes Beispiel in einen realen Kontext gesetzt wird, stellen die Kapitel in diesem Teil des Buchs den Nutzen von SOLID eindrucksvoll unter Beweis.

- **Kapitel 5: Das Single-Responsibility-Prinzip**
  Dieses Kapitel zeigt, wie Sie das Single-Responsibility-Prinzip in der Praxis mithilfe von Decorator- und Adapter-Pattern umsetzen. Die Anwendung des Prinzips führt dazu, dass mehr Klassen entstehen, diese Klassen aber kleiner werden. Das Kapitel zeigt, dass sich diese kleineren Klassen im Unterschied zu monolithischen Klassen, die einen großen Funktionsumfang enthalten, auf eine bestimmte Aufgabe beschränken und sich darauf konzentrieren, lediglich einen kleinen Teilaspekt eines größeren Problems zu lösen. In der Kombination mehrerer dieser Klassen zeigt sich dann die beeindruckende Leistungsfähigkeit der Einzelteile und des Gesamtsystems.

- **Kapitel 6: Das Open/Closed-Prinzip**
  Das Open/Closed-Prinzip klingt einfach, kann aber erhebliche Auswirkungen auf den Code haben. Es soll sicherstellen, dass Code, der den SOLID-Prinzipien folgt, nur erweitert, aber niemals bearbeitet wird. Dieses Kapitel stellt außerdem das Konzept der prognostizierten Variation in Bezug auf das Open/Closed-Prinzip vor und beschreibt, wie es Entwicklern hilft, mithilfe von Erweiterungspunkten die Anpassungsfähigkeit zu erhöhen.
- **Kapitel 7: Das Liskovsche Substitutionsprinzip**
  Dieses Kapitel zeigt, welche Vorteile es bringt, das Liskovsche Substitutionsprinzip auf Code anzuwenden. Besonders wird dabei auf die Tatsache eingegangen, dass diese Regeln helfen, das Open/Closed-Prinzip einzuhalten und versehentliche Beschädigungen aufgrund von Veränderungen zu verhindern. Es wird gezeigt, wie Verträge mit Vorbedingungen, Nachbedingungen und Dateninvarianten durch den Einsatz von Codeverträgen definiert und überprüft werden. Außerdem beschreibt das Kapitel wichtige Regeln zur Ableitung von Typen, zum Beispiel Kovarianz, Kontravarianz und Invarianz, und demonstriert die Auswirkungen, falls diese Regeln gebrochen werden.
- **Kapitel 8: Interface-Segregation**
  Nicht nur Klassen sollten kleiner sein, als sie oft sind, dieses Kapitel zeigt, dass auch Schnittstellen oft zu groß sind. Interface-Segregation ist eine simple Technik, die oft übersehen wird. Dieses Kapitel zeigt, welche Vorteile es hat, Schnittstellen möglichst klein zu halten und mit diesen kleinen Schnittstellen zu arbeiten. Außerdem nennt es unterschiedliche Gründe, die für das Auftrennen von Schnittstellen sprechen, zum Beispiel Anforderungen des Clients oder der Architektur.
- **Kapitel 9: Dependency-Injection**
  Dieses Kapitel beschäftigt sich mit dem Klebstoff, der die übrigen Techniken dieses Buchs zusammenhält. Ohne Dependency-Injection wäre vieles gar nicht möglich, sie ist wirklich derart wichtig. Dieses Kapitel enthält eine Einführung in Dependency-Injection und vergleicht die unterschiedlichen Methoden für ihre Implementierung. Das Kapitel behandelt die Verwaltung von Objektlebensdauern, die Arbeit mit Inversion-of-Control-Containern, das Vermeiden häufiger Anti-Patterns im Bereich von Diensten und das Analysieren von Composition-Roots und Resolution-Roots.

Teil III: Entwickeln von adaptivem Code in der Praxis

Dieser Teil demonstriert anhand einer Beispielanwendung, wie die im Buch beschriebenen Techniken kombiniert werden. Diese Kapitel enthalten eine Menge Code, er wird aber ausführlich erklärt. Weil dieses Buch sich mit der Arbeit in einer agilen Umgebung beschäftigt, orientieren sich die Kapitel an Scrum-Sprints und die durchgeführten Arbeiten sind das Ergebnis von Backlog-Einträgen und Änderungswünschen des Kunden.

- **Kapitel 10: Beispiel für die Entwicklung von adaptivem Code: Einführung**
  Dieses erste Kapitel beschreibt die Anwendung, die entwickelt werden soll: eine Online-Chat-Anwendung, die mit ASP.NET-MVC 5 entwickelt wird. Ein knapper Entwurf zeigt die geplante Architektur, außerdem werden die Features im Backlog erläutert.
- **Kapitel 11: Beispiel für die Entwicklung von adaptivem Code: Sprint 1**
  Unter Anwendung eines testorientierten Entwicklungsansatzes werden die ersten Features der Anwendung entwickelt, darunter das Anzeigen und Erstellen von Chaträumen und Nachrichten.
- **Kapitel 12: Beispiel für die Entwicklung von adaptivem Code: Sprint 2**
  Natürlich hat der Kunde einige Änderungen an den Anforderungen der Anwendung gemacht und das Team ist in der Lage, diese Änderungswünsche zu erfüllen, weil es adaptiven Code geschrieben hat.

Anhänge

In den Anhängen finden Sie einige Referenzinformationen, konkret eine Anleitung für die Arbeit mit der Quellcodeverwaltung Git und eine Erklärung, wie der Code für dieses Buch auf GitHub organisiert ist.

- **Anhang A: Adaptive Tools**
  Dies ist eine knappe Einführung in die Quellcodeverwaltung Git, die Sie zumindest in die Lage versetzen sollte, den Code von GitHub herunterzuladen und ihn in Microsoft Visual Studio 2013 zu kompilieren. Dies soll kein ausführliches Git-Handbuch sein – für diesen Zweck gibt es bereits hervorragende Informationsquellen, zum Beispiel das offizielle Git-Tutorial unter *http://git-scm.com/docs/gittutorial*. Mit einer Suchmaschine finden Sie bei Bedarf viele andere Quellen. Außerdem stellt dieser Anhang kurz einige andere Entwicklertools vor, zum Beispiel kontinuierliche Integration.
- **Anhang B (nur online und in englischer Sprache): GitHub-Codebeispiele**
  Indem ich den Code für dieses Buch auf GitHub bereitstelle, kann ich Änderungen an einer zentralen Stelle vornehmen. Das Repository ist schreibgeschützt, aber die Anhänge A und B verraten Ihnen, wie Sie den Code für ein Listing finden, herunterladen, kompilieren, ausführen und lokal verändern können. Wenn Sie denken, Sie haben einen Fehler gefunden, oder eine Änderung vorschlagen wollen, können Sie ein Pull-Request für das Repository schicken; ich sehe es mir gerne an. Anhang B finden Sie unter *microsoftpressstore.com* auf der Seite zu diesem Buch.

Konventionen in diesem Buch

In diesem Buch werden besondere Textelemente durch verschiedene Konventionen hervorgehoben. Wenn Sie bereits andere Bücher von Microsoft Press gelesen haben, sind Sie vermutlich damit vertraut. Falls nicht, können Sie sich in diesem Abschnitt darüber informieren.

Codelistings

Dieses Buch enthält zahlreiche Codelistings, deren Bedeutung kurz in einer Listingunterschrift erklärt wird (Listing 0–1).

```
public void MyService : IService
{

}
```

List. 0–1 Dies ist ein Codelisting. Sie finden etliche davon im Buch.

Wenn Ihre Aufmerksamkeit auf einen bestimmten Teil des Codes gelenkt werden soll, weil zum Beispiel Änderungen gegenüber dem vorherigen Beispiel vorgenommen wurden, sind die entsprechenden Abschnitte fett hervorgehoben.

Hinweise und Textkästen

Hinweiskästen werden für kurze Anmerkungen und Hinweise verwendet, während Textkästen umfangreichere Themen behandeln. Hier einige Beispiele:

HINWEIS Dies ist ein Hinweiskasten. Er enthält kurze Informationsbröckchen, die sich auf den Inhalt beziehen, aber besonders wichtig sind.

Dies ist ein Textkasten

Dieser Textkasten ist zwar relativ kurz, aber meist enthalten sie längere Beiträge zu Themen, die leicht vom Hauptthema abschweifen.

Systemvoraussetzungen

Sie brauchen die folgende Hardware und Software, um die Codebeispiele in diesem Buch zu verwenden:

- Windows XP Service Pack 3 (außer Starter Edition), Windows Vista Service Pack 2 (außer Starter Edition), Windows 7, Windows Server 2003 Service Pack 2, Windows Server 2003 R2, Windows Server 2008 Service Pack 2 oder Windows Server 2008 R2
- Visual Studio 2013, beliebige Edition (falls Sie Express Edition-Produkte verwenden, sind unter Umständen mehrere Downloads erforderlich)

- Microsoft SQL Server 2008 Express Edition oder höher (2008 oder R2 Release), mit SQL Server Management Studio 2008 Express oder höher (enthalten in Visual Studio; für Express Editions ist ein separater Download erforderlich)
- Computer mit einem Prozessor mit mindestens 1,6 GHz (2 GHz empfohlen)
- 1 GByte (bei einer 32-Bit-Version) oder 2 GByte (bei einer 64-Bit-Version) RAM (weitere 512 MByte, falls Sie einen virtuellen Computer verwenden oder SQL Server Express Editions einsetzen, mehr bei leistungsfähigeren SQL Server-Editionen)
- 3,5 GByte freier Festplattenplatz
- Festplattenlaufwerk mit 5.400 U/min
- DirectX 9-fähige Grafikkarte an einem Monitor mit mindestens 1024 x 768 Pixel Auflösung
- DVD-ROM-Laufwerk (falls Sie Visual Studio von DVD installieren)
- Internetverbindung zum Herunterladen von Software und Codebeispielen

Abhängig von Ihrer Windows-Konfiguration benötigen Sie unter Umständen Administratorrechte, um Visual Studio 2013 und SQL Server 2008-Produkte zu installieren oder zu konfigurieren.

Downloads: Codebeispiele

Soweit möglich, habe ich sichergestellt, dass die Codelistings aus einem größeren Beispiel stammen, das entweder als eigenständige Anwendung oder als Unit-Test ausgeführt werden kann. Viele der einfacheren Unit-Tests habe ich mit MSTest geschrieben, daher wird kein externer Test-Runner dafür benötigt, aber für die komplexeren Unit-Tests habe ich auf NUnit zurückgegriffen. Den gesamten Code habe ich in Visual Studio 2013 Ultimate geschrieben. Einige Lösungen habe ich mithilfe der Preview-Version erstellt, aber sie wurden alle unter der fertigen Version kompiliert und getestet. Nach Möglichkeit habe ich keine Features verwendet, die in den Express Editions von Visual Studio 2013 nicht verfügbar sind, aber bei manchen Themen war das nicht möglich. Leser, die diesen Code ausführen wollen, müssen eine kommerzielle Version dafür installieren.

Der Code selbst steht auf GitHub unter der folgenden Adresse zur Verfügung:

http://aka.ms/AdaptiveCode_CodeSamples

Anhang A enthält eine Anleitung zur Benutzung von Git, während Anhang B (nur online) auflistet, in welchen Unterordnern des Git-Repositorys Sie die Listings aus den einzelnen Kapiteln finden.

Wenn Sie eine Anmerkung zum Code haben, können Sie mir in meinem Blog eine Nachricht hinterlassen:

http://garymcleanhall.wordpress.com

Danksagungen

Der Autorenname im Impressum vermittelt einen falschen Eindruck. Ich wäre nie in der Lage gewesen, dieses Buch ohne die folgenden Personen zu schreiben, die mir auf unterschiedliche Weise geholfen haben. Ich möchte danken:

- Victoria, meiner Frau, dafür, dass sie dieses Buch möglich gemacht hat. Das ist keine leere Floskel, sondern die reine Wahrheit.
- Amelia, meiner Tochter, dafür, dass sie in jeder Hinsicht perfekt ist.
- Pam, meiner Mutter, dafür, dass sie korrekturgelesen und mich mit wundervoll übertriebenem Lob angespornt hat.
- Les, meinem Vater, für all seine harte Arbeit.
- Darryn, meinem Bruder, für seine unermüdliche Hilfe und Unterstützung.
- Kathy Krause bei Online Training Solutions, für ihre hervorragende Arbeit, die dieses Buch lesbar gemacht hat.
- Devon Musgrave, für seine anscheinend grenzenlose Geduld.

Errata und Support

Wir haben uns sehr um die Richtigkeit der in diesem Buch enthaltenen Informationen bemüht. Fehler, die seit der Veröffentlichung bekannt geworden sind, werden auf der Microsoft Press-Website (in englischer Sprache) aufgelistet:

http://aka.ms/Adaptive/errata

Sollten Sie einen Fehler finden, der noch nicht aufgeführt ist, würden wir uns freuen, wenn Sie uns auf der gleichen Seite darüber informieren (in englischer Sprache).

Mit Anmerkungen, Fragen oder Verbesserungsvorschlägen zu diesem Buch können Sie sich auch an den dpunkt.verlag wenden:

hallo@dpunkt.de

Bitte beachten Sie, dass über unsere E-Mail-Adresse kein Software-Support angeboten wird.

Für Supportinformationen bezüglich der hier verwendeten Microsoft-Produkte besuchen Sie die Microsoft-Website *http://support.microsoft.com*.

Kostenlose E-Books von Microsoft Press

Von technischen Einführungen bis zu detaillierten Informationen über Spezialthemen decken die nur in Englisch verfügbaren kostenlosen E-Books von Microsoft Press eine große Themenbandbreite ab. Diese E-Books stehen in den Formaten PDF, EPUB und Mobi für Kindle zur Verfügung. Sie können sie herunterladen unter:

http://aka.ms/mspressfree

Schauen Sie ab und zu vorbei, um sich zu informieren, was es Neues gibt!

Teil I

Eine agile Grundlage

Dieser Teil des Buchs führt in die Grundlagen von agilen Prinzipien und Verfahren ein.

Das Schreiben von Code ist ein Grundpfeiler der Softwareentwicklung. Allerdings gibt es viele unterschiedliche Wege, lauffähigen Code zu erhalten. Selbst wenn Sie die Auswahl von Plattform, Sprache und Framework außen vor lassen, steht ein Entwickler sogar beim Implementieren simpelster Funktionen vor einer Vielzahl von Entscheidungen.

Die Erstellung erfolgreicher Softwareprodukte ist schon immer das primäre Ziel der Softwareentwicklungsbranche. In den letzten Jahren haben sich Entwickler darauf verlegt, Patterns (Muster) und Verfahren zu implementieren, die reproduzierbar sind und sich positiv auf die Codequalität auswirken. Dies ist notwendig geworden, weil sich die Codequalität nicht mehr von der Qualität des fertigen Softwareprodukts trennen lässt. Im Lauf der Zeit wird minderwertiger Code die Qualität des Produkts herunterziehen, zumindest wird er die Auslieferung funktionierender Software verzögern.

Um qualitativ hochwertige Software zu produzieren, müssen Entwickler sicherstellen, dass ihr Code gut wartbar, einfach zu lesen und vollständig getestet ist. Daneben hat sich als neue Anforderung herauskristallisiert, dass Code *adaptiv*, also anpassungsfähig sein sollte.

Die Kapitel in diesem ersten Buchteil stellen moderne Softwareentwicklungsprozesse und -verfahren vor. Diese Prozesse und Verfahren werden zusammenfassend als *agile* Prozesse und Verfahren bezeichnet, womit betont werden soll, dass sich ihre Richtung schnell ändern kann. *Agile Prozesse* stellen Möglichkeiten bereit, wie ein Softwareentwicklungsteam schnelles Feedback erhalten und als Reaktion darauf seinen Fokus verschieben kann. *Agile Verfahren* bieten dagegen Wege, wie ein Softwareentwicklungsteam Code schreibt, der bei Bedarf eine neue Richtung einschlagen kann.

Kapitel 1

Einführung in Scrum

Am Ende dieses Kapitels werden Sie in der Lage sein, die folgenden Aufgaben durchzuführen:

- Zuweisen von Rollen an die wichtigsten Stakeholder des Projekts
- Beschreiben der unterschiedlichen Dokumente und anderer Artefakte, die Scrum benötigt und produziert
- Messen des Fortschritts eines Scrum-Projekts im Lauf seiner Entwicklung
- Diagnostizieren von Problemen bei Scrum-Projekten und Vorschlagen von Gegenmitteln
- Abhalten von produktiven Scrum-Meetings, die allen Beteiligten nützen
- Begründen, warum Scrum und nicht andere agile oder rigide Methodologien eingesetzt werden

Scrum ist eine Methodologie für die Projektverwaltung. Genauer gesagt handelt es sich um eine agile Methodologie. Das zentrale Konzept von Scrum beruht darauf, den Nutzen eines Softwareprodukts iterativ, also phasenweise, zu steigern. Der gesamte Scrum-Prozess wird mehrmals wiederholt (die Iterationen), bis das Softwareprodukt als vollständig beurteilt oder der Prozess abgebrochen wird. Diese Iterationen werden als *Sprints* bezeichnet. Sie münden in einer Software, die als fertiges Produkt freigegeben werden kann. Die gesamte Arbeit wird im sogenannten *Produkt-Backlog* (Produkt-Rückstand) in Prioritäten eingestuft, und bei Beginn jedes Sprints legt das Entwicklungsteam fest, welche Arbeiten es in der aktuellen Iteration erledigen wird, indem es diese Arbeiten im *Sprint-Backlog* festhält. Eine Arbeitseinheit innerhalb von Scrum wird als *Story* (Geschichte) bezeichnet. Das Produkt-Backlog ist eine nach Prioritäten sortierte Liste abzuarbeitender Stories, und jeder Sprint wird durch die Stories definiert, die während einer Iteration entwickelt werden. Abbildung 1–1 zeigt einen Überblick des Scrum-Prozesses.

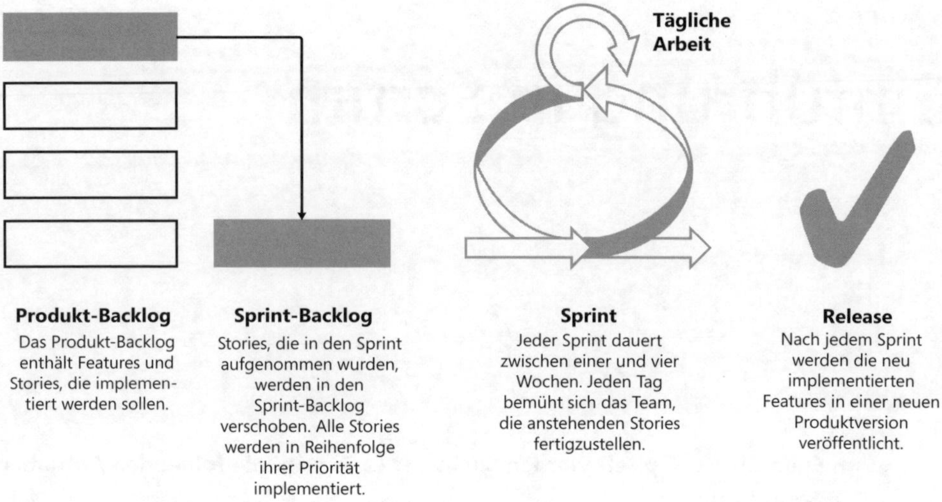

Abb. 1–1 Scrum ähnelt einer Fertigungsstraße für kleine Features eines Softwareprodukts

Scrum umfasst verschiedene Dokumentationsartefakte, Rollen, die von Personen innerhalb und außerhalb des Entwicklungsteams übernommen werden, und Zeremonien, das heißt Meetings, an denen die relevanten Gruppen teilnehmen. Ein einziges Kapitel reicht nicht aus, um alle Vorteile von Scrum als Projektverwaltungsmethode aufzuzeigen, aber dieses Kapitel sollte Ihnen einen ausreichenden Überblick vermitteln, damit Sie sich bei Bedarf tiefer in bestimmte Teilbereiche einarbeiten können und die Bedeutung der üblichen Scrum-Verfahren durchblicken.

Scrum ist agil

Unter dem Begriff *agil* (engl. agile) wird eine Familie schlanker Softwareentwicklungsmethoden zusammengefasst, die es ermöglichen, auf geänderte Anforderungen der Kunden auch dann noch zu reagieren, wenn das Projekt bereits läuft. Agile Methoden sind die Antwort auf die Nachteile von Verfahren, die rigider strukturiert sind. Das Agile-Manifest macht diesen Gegensatz deutlich, Sie finden es unter *www.agilemanifesto.org*.

Das Agile-Manifest wurde von 17 Softwareentwicklern unterzeichnet. Die Agile-Methode hat in den letzten Jahren so stark an Einfluss gewonnen, dass Erfahrung in einer agilen Umgebung zur unverzichtbaren Voraussetzung für einen Posten im Rahmen der Softwareentwicklung geworden ist. Scrum ist eine der am häufigsten genutzten Implementierungen eines agilen Prozesses.

Scrum und Wasserfall

Ich habe die Erfahrung gemacht, dass in der Softwareentwicklung der agile Ansatz besser funktioniert als das Wasserfallmodell (engl. waterfall), daher empfehle ich grundsätzlich nur agile Prozesse. Das Problem bei der Wasserfallmethode ist ihre Inflexibilität. Abbildung 1–2 zeigt die Abläufe bei einem Wasserfallprojekt.

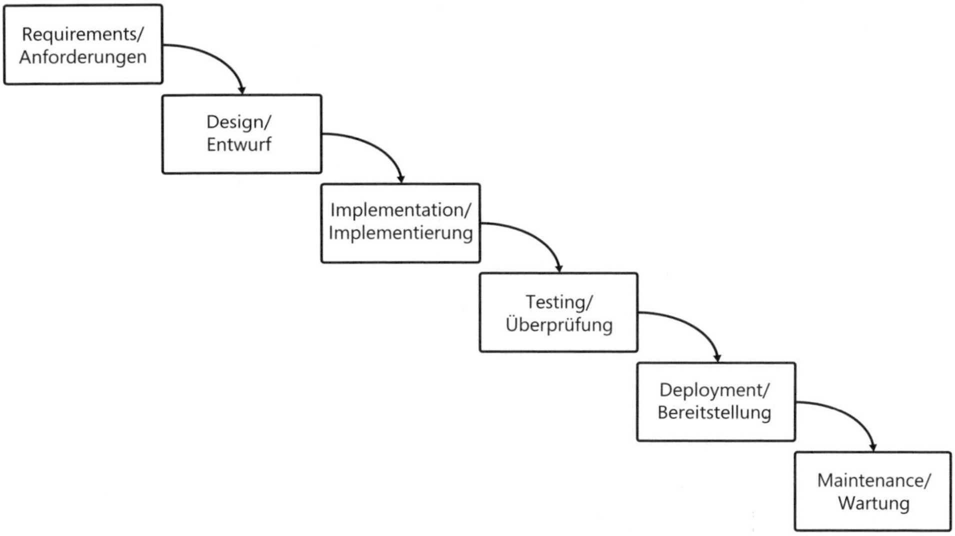

Abb. 1–2 Der Entwicklungsprozess bei der Wasserfallmethode

Die Ergebnisse jeder Phase werden dabei zur Basis der nächsten Phase, und jede Phase wird vollständig abgeschlossen, bevor die nächste in Angriff genommen wird. Das setzt voraus, dass keine Fehler, Probleme, ungelösten Fragen oder Missverständnisse mehr auftauchen, nachdem eine Phase abgeschlossen ist. Die Pfeile zeigen nur in eine Richtung.

Der Wasserfallprozess geht außerdem davon aus, dass nach Abschluss einer Phase keine Änderungen mehr vorgenommen werden. Diese Annahme lässt sich angesichts der eigenen Erfahrung und zahlreicher Untersuchungen einfach nicht aufrechterhalten. Änderungen gehören einfach zum Leben dazu, nicht nur bei der Softwareentwicklung. Wasserfallansätze behandeln Änderungen als etwas, das teuer und unerwünscht ist und daher unbedingt *vermieden* werden sollte. Wasserfallmethoden basieren auf dem Konzept, dass sich Änderungen vermeiden lassen, wenn man mehr Zeit auf die Ausarbeitung von Anforderungen und Entwurf verwendet. In diesem Denkkonzept tauchen Änderungen während der nachfolgenden Phasen *schlicht nicht auf*. Das ist natürlich lächerlich, weil sich *immer* Änderungen ergeben.

Das Agile-Konzept begegnet diesem Problem, indem es einen fundamental anderen Ansatz verwendet, in dem Änderungen als etwas Positives betrachtet werden und jeder die Gelegenheit erhält, sich an alle auftretenden Änderungen anzupassen. Das Agile-Konzept und somit auch Scrum lassen zwar Änderungen auf Prozessebene zu, aber *auf das Ziel künftiger Änderungen hin zu programmieren* ist eine der schwierigsten und gleichzeitig wichtigsten Ziele moderner Softwareentwicklung. Dieses Buch will Ihnen zeigen, wie Sie Code erstellen, der so agil und adaptiv ist, dass er Änderungen übersteht.

Wasserfallmethodologien sind außerdem dokumentzentriert, das heißt, sie produzieren große Mengen an Dokumentation, die nicht direkt das Softwareprodukt verbessert. Bei den Agile-Methoden wird dagegen die lauffähige Software als wichtigstes Dokument eines Softwareprodukts betrachtet. Das Verhalten der Software wird schließlich durch ihren Quellcode gesteuert, nicht durch die Dokumente, die begleitend zum Code verfasst wurden. Und weil die Dokumentation vom Quellcode getrennt ist, kann es leicht passieren, dass sie nicht mehr mit der Software übereinstimmt.

Scrum definiert einige Kennzahlen, die Rückmeldungen zum Fortschritt eines Projekts und seinem Gesamtzustand liefern, aber das ist etwas anderes als eine erklärende Dokumentation über das Produkt. Agile-Methoden empfehlen im Allgemeinen, nur so viel Dokumentation zu produzieren, dass das Projekt nicht ins Unverantwortliche abkippt, aber sie schreiben eine solche Dokumentation meist nicht vor. Es gibt durchaus Code, der von ergänzender Dokumentation profitiert, sofern sie nicht einmal geschrieben und dann nie wieder gelesen wird. Aus diesem Grund sind lebendige, einfach zu nutzende Dokumente, wie beispielsweise Wikis, wichtige Werkzeuge in Scrum-Teams.

Der Rest dieses Kapitels behandelt die wichtigsten Aspekte von Scrum genauer. Dabei konzentrieren wir uns nicht auf pures Scrum, sondern auf eine beliebte Variante. Das Ziel von Scrum als Prozess besteht nicht nur darin, das Softwareprodukt iterativ zu verbessern, sondern auch den Entwicklungsprozess. Das animiert die Teams, kleine Änderungen vorzunehmen und so dafür zu sorgen, dass sich der Prozess optimal für ihre konkrete Situation eignet.

Nachdem die folgenden Abschnitte die Elemente von Scrum vorgestellt haben, analysiert der Rest des Kapitels ihre Schwächen. Dieses Kapitel bildet die Basis für das übrige Buch, das genauer ausführt, wie Sie Code so implementieren, dass er adaptiv ist und somit Änderungen ermöglicht, die im Scrum-Prozess als etwas Positives aufgefasst werden. Es wäre sinnlos, einen Prozess zu nutzen, in dem Sie den Anspruch erheben, Änderungen problemlos implementieren zu können, wenn in Wirklichkeit jegliche Änderung auf Codeebene unglaublich schwierig zu *implementieren* ist.

Unterschiedliche Formen von Scrum

Wenn ein Entwicklungsteam behauptet, eine Scrum-Methodologie umzusetzen, heißt das meist, dass sie eine *Variante* von Scrum einsetzen. Pures Scrum umfasst nur wenige Verfahren, die aus anderen Agile-Methoden übernommen wurden, zum Beispiel Extreme Programming (XP). Es gibt drei Unterkategorien von Scrum, die sich jeweils weiter von der reinen Lehre entfernen.

→

Scrum und ...

Verfahrensempfehlungen wie die, zuerst die Unit-Tests zu schreiben und paarweise zu programmieren, sind nicht Bestandteil von Scrum. Viele Teams betrachten sie aber als nützliche Ergänzungen des Prozesses, daher werden sie oft als ergänzende Verfahren übernommen. Werden bestimmte Verfahren aus anderen Agile-Methoden wie XP oder Kanban übernommen, wird der Prozess zu »Scrum und ...« (engl. »Scrum and«), das heißt: Scrum plus zusätzliche Verfahren, die den Scrum-Standardprozess erweitern, aber nicht beeinträchtigen.

Scrum, aber ...

Manche Entwicklungsteams behaupten zwar, Scrum einzusetzen, lassen aber Kernaspekte außen vor. Ihre Arbeit wird durch ein Backlog bestimmt, das in iterative Sprints eingeht, und sie halten Retrospectives und tägliche Stand-Up-Meetings ab. Aber sie nehmen keine Einstufung in Story-Punkte vor, sondern bevorzugen Echtzeiteinstufungen. Solche verwässerten Versionen von Scrum werden mit »Scrum, aber ...« (engl. »Scrum but«) bezeichnet. Das Team hält sich in vielen Bereichen an Scrum, weicht aber in einem oder zwei Kernbereichen davon ab.

Nicht Scrum ...

Wenn sich ein Entwicklungsteam weit genug von der Scrum-Methode entfernt, landet es bei »Nicht Scrum ...« (engl. »Scrum not«). Das verursacht Probleme, besonders wenn Teammitglieder eine Agile-Methodologie erwarten, aber der tatsächlich genutzte Prozess sich davon so stark unterscheidet, dass er höchstens noch oberflächliche Ähnlichkeit zu Scrum aufweist. Ich finde, dass das tägliche Stand-Up-Meeting das am einfachsten umzusetzende Scrum-Element ist, aber relative Aufwandsschätzung und die positive Einstellung gegenüber Änderungen sind deutlich schwieriger. Wenn genug Elemente des Scrum-Prozesses weggelassen werden, handelt es sich bei diesem Prozess nicht mehr um Scrum.

Rollen und Verantwortungsbereiche

Scrum ist lediglich ein Prozess, der nur in dem Maß nutzbringend ist, wie die Beteiligten dem Prozess folgen. Diese Beteiligten übernehmen Rollen und Verantwortungsbereiche, die dann ihre Aktivitäten bestimmen.

Product Owner

Der Product Owner (»Produktbesitzer«, oft als PO abgekürzt) ist eine zentrale Rolle. Er ist der Mittler zwischen dem Abnehmer oder Kunden und dem Rest des Entwicklungsteams.

Product Owner nehmen das fertige Produkt in Besitz, daher fallen ihnen die folgenden Verantwortungsbereiche zu:

- Entscheiden, welche Features verwirklicht werden
- Festlegen, welche Priorität die Features abhängig von ihrem wirtschaftlichen Wert erhalten
- Annehmen oder Zurückweisen von »fertiger« Arbeit

Als ein zentraler Stakeholder, der den Erfolg des Projekts entscheidend mitbestimmt, muss der PO dem Team zur Verfügung stehen und in der Lage sein, die Vision verständlich zu kommunizieren. Dem Entwicklungsteam sollte das langfristige Ziel des Projekts klar sein, wobei ein Kurswechsel bei der Projektausrichtung dem gesamten Team möglichst bald vermittelt werden sollte. Bei der kurzfristigen Sprintplanung legt der Product Owner dar, was wann entwickelt wird. Der Product Owner entscheidet, welche Features im Verlauf des Projekts benötigt werden, um die Software freigeben zu können, und er legt die Prioritäten für das Produkt-Backlog fest.

Die Rolle des Product Owners ist zwar sehr wichtig, er hat aber keine uneingeschränkte Macht über den Prozess. Der Product Owner hat keinen Einfluss darauf, zu welchem Arbeitsumfang sich das Team in einem Sprint verpflichtet, weil dies vom Team selbst abhängig von seiner Geschwindigkeit festgelegt wird. Product Owner schreiben auch nicht vor, *wie* die Arbeit erledigt wird; das Entwicklungsteam behält die Kontrolle darüber, wie es eine bestimmte Story auf technischer Ebene implementiert. Sobald ein Sprint begonnen wurde, kann der Product Owner nicht mehr dessen Ziele ändern, andere Akzeptanzkriterien festlegen oder Stories hinzufügen oder entfernen. Nachdem im Rahmen der Sprintplanung einmal die Ziele und die Stories festgelegt wurden, darf der laufende Sprint nicht mehr geändert werden. Jegliche Änderungen müssen bis zum nächsten Sprint warten – sofern die Änderung nicht darin besteht, den Sprint oder das gesamte Projekt abzubrechen und von vorn zu beginnen. So kann sich das Entwicklungsteam ganz darauf konzentrieren, die Sprintziele zu erreichen, ohne dass die Ziellinie verschoben wird.

Während sich im Verlauf des Sprints die Stories entwickeln und fertiggestellt werden, wird der Product Owner aufgefordert, zu prüfen, ob ein Feature funktioniert, oder eine bearbeitete Aufgabe zu kommentieren. Es ist wichtig, dass Product Owner während des Sprints eine gewisse Zeit dafür reservieren, mit dem Entwicklungsteam zu kommunizieren und für den Fall zur Verfügung zu stehen, dass etwas Unerwartetes passiert und Unklarheiten auftreten. So wird vermieden, dass der Product Owner am Ende des Sprints »fertige« Stories vorgesetzt bekommt, die seiner ursprünglichen Vorstellung widersprechen. Dem Product Owner fällt allerdings die Entscheidung zu, ob eine Story die vereinbarten Akzeptanzkriterien erfüllt und ob sie als vollständig eingestuft und am Ende des Sprints vorgeführt werden kann.

Scrum Master

Der Scrum Master (kurz SM) schirmt das Team von allen externen Ablenkungen ab, während ein Sprint läuft, und beseitigt alle Hindernisse, die das Team im täglichen Scrum-Meeting anspricht. So hält er das Team während des gesamten Sprints arbeitsfähig und produktiv, sodass es sich voll und ganz auf die Sprint-Ziele konzentrieren kann.

Ähnlich wie der Product Owner das Produkt (was erledigt werden muss) besitzt, ist der Scrum Master der Besitzer des Prozesses (des Rahmens, mit dem festgelegt wird, wie die Aufgabe erledigt wird). Daher muss der Scrum Master sicherstellen, dass das Team dem Prozess folgt. Der Scrum Master kann Vorschläge machen, wie der Prozess verbessert werden könnte (zum Beispiel durch Umstellung von einem vierwöchigen Sprint auf einen zweiwöchigen), aber sein Einfluss ist begrenzt. Ein Scrum Master kann beispielsweise nicht anordnen, auf welche Weise das Team eine Story implementiert, er darf lediglich sicherstellen, dass das Team sich an den Scrum-Prozess hält.

Als Besitzer des Prozesses ist ein Scrum Master auch der Verantwortliche für das tägliche Scrum-Meeting, den sogenannten *Daily Scrum*. Der Scrum Master sorgt dafür, dass das Team teilnimmt und führt ein Protokoll für den Fall, dass Punkte angesprochen werden, die eine Reaktion erfordern. Das Team legt während des Scrum-Meetings aber nicht gegenüber dem Scrum Master Rechenschaft ab, vielmehr informieren die Teammitglieder *alle* über ihre Fortschritte.

Entwicklungsteam

Im Idealfall besteht ein Agile-Team aus *universellen Spezialisten*. Das bedeutet, dass jedes Teammitglied interdisziplinär ist, also mit mehreren unterschiedlichen Technologien umgehen kann, aber besondere Fähigkeiten, Vorlieben oder Spezialisierung für einen bestimmten Bereich hat. Zum Beispiel könnte ein Team aus vier Entwicklern bestehen, die alle hochkompetent mit ASP.NET-MVC, Windows Workflow und Windows Communication Foundation (WCF) arbeiten können. Zwei dieser Entwickler sind auf Windows Forms spezialisiert, die beiden anderen arbeiten lieber mit Windows Presentation Foundation (WPF) und Microsoft SQL Server.

Ein universelles Team beugt Problemen vor, bei denen ein Mitarbeiter, die »Web-Person«, die »Datenbank-Person« oder die »WPF-Person«, als Einziger weiß, wie ein bestimmter Teil der Anwendung funktioniert. Solche Situationen sind für alle Beteiligten problematisch, daher sollte mit allen Mitteln versucht werden, sie von vornherein zu vermeiden. In Scrum ist das gesamte Team Besitzer des Codes. Spezialistentum ist schlecht für ein Unternehmen, weil der wirtschaftliche Erfolg in einem bestimmten Bereich zu stark von einem einzelnen Mitarbeiter abhängt. Und auch dieser Mitarbeiter leidet unter der Situation, weil er ständig in Rollen gedrängt wird, die »nur er beherrscht«.

Softwaretester müssen die Qualität der Software sicherstellen, während sie entwickelt wird. Bevor eine Story in Angriff genommen wird, können die Tester automatisierte Testpläne diskutieren, mit denen geprüft wird, ob die Implementierung einer Story alle Akzeptanzkriterien erfüllt. Sie arbeiten dazu oft mit den Entwicklern zusammen, um die Testpläne zu implementieren, manchmal schreiben sie solche Tests auch selbst. Sobald eine Story implementiert ist, liefern die Entwickler sie zum Testen ab, woraufhin der Testanalyst prüft, ob sie wie gefordert funktioniert.

Schweine und Hühner

Jede Rolle im Scrum-Prozess kann in die Kategorie »Schwein« (engl. pig) oder »Huhn« (engl. chicken) eingestuft werden. Diese Zuordnung bezieht sich auf die folgende Geschichte: Ein Huhn besucht seinen Freund, das Schwein, und sagt: »Hallo Schwein, ich habe eine Idee. Ich denke, wir sollten ein Restaurant eröffnen!« Zuerst ist das Schwein ganz begeistert und fragt: »Wie sollen wir es nennen?« Das Huhn erwidert: »Nennen wir es *Schinken- und Eierpalast*.« Das Schwein denkt ein wenig darüber nach und schreit dann wütend: »Niemals! Ich würde mich *voll einsetzen*, aber du würdest nur *beitragen*!«

Diese Fabel macht deutlich, in welchem Maß sich bestimmte Mitglieder in einem Projekt engagieren müssen. Schweine sind einem Projekt vollständig verpflichtet und werden für seinen Ausgang verantwortlich gemacht, während Hühner lediglich dazu beitragen und eher peripher damit zu tun haben. Der Product Owner, der Scrum Master und das Entwicklungsteam sind in diesem Kontext alle Schweine, weil sie sich mit aller Kraft dafür einsetzen, das Produkt abzuliefern. Kunden sind dagegen oft nur Hühner, die lediglich zum Projekt beitragen. Auch die Unternehmensleitung trägt nur zum Projekt bei und ist als Huhn einzustufen, nicht als Schwein.

Artefakte

Über die Lebensdauer jedes Softwareprojekts hinweg werden viele Dokumente, Grafiken, Diagramme, Tabellen und Kennzahlen erstellt, geprüft, analysiert und auseinandergenommen. Das ist bei einem Scrum-Projekt nicht anders. Allerdings unterscheiden sich Scrum-Dokumente von Dokumenten anderer Projektverwaltungsmethoden durch ihren Typ und ihren Zweck. Ein Hauptunterschied zwischen allen agilen Prozessen und den inflexibleren Prozessen ist die relative Bedeutung der Dokumentation. SSADM (Structured Systems Analysis and Design Methodology) legt zum Beispiel großen Wert darauf, viel Dokumentation zu schreiben. Dies wird abwertend als BDUF (Big Design Up Front, »großer Entwurf im Vorfeld«) bezeichnet: der Trugschluss, dass sich jegliche Furcht, jede Unsicherheit und aller Zweifel in einem Projekt vermeiden lässt, wenn nur genug Aufwand in die Dokumentation gesteckt wird. Agile Prozesse streben danach, den Umfang der produzierten Dokumentation auf das zu verringern, was für den Erfolg des Projekts wirklich unverzichtbar ist. Stattdessen vertreten Agile-Methoden den Ansatz, dass der Code (der die maßgebliche Dokumentation schlechthin ist) jederzeit bereitgestellt, ausgeführt und benutzt werden kann. Außerdem sollen alle Stakeholder direkt miteinander kommunizieren, statt Dokumente zu schreiben, die von ihren wichtigsten Adressaten niemals gelesen werden. Dokumentation ist auch in einem Agile-Projekt wichtig, aber sie hat keine höhere Bedeutung als lauffähige Software oder Kommunikation.

Das Scrum-Board

Einen Mittelpunkt der täglichen Arbeit in einem Scrum-Projekt bildet das Scrum-Board (Scrum-Tafel). Für das Scrum-Board sollte eine großzügig bemessene Wandfläche reserviert sein. Ist die Tafel zu klein, verleitet das womöglich dazu, wichtige Details wegzulassen. Falls in Ihrem Büro die Wandfläche knapp ist, können Sie einige Tricks anwenden. Vielleicht lässt sich das große, kaum genutzte Whiteboard zum Scrum-Board umfunktionieren. Mithilfe von Magneten lassen sich Stahlschränke in ein Scrum-Board verwandeln. Falls Ihr Büro angemietet ist oder Sie aus einem anderen Grund keine Löcher in die Wand bohren können, sind ausziehbare, abwischbare Rollladentafeln ideal. Versuchen Sie, in Ihrem Büro einen geeigneten Platz für diesen Zweck zu finden. Unabhängig davon, wie es aussieht und wie Sie es nennen, können Sie es natürlich verändern, falls es sich nach einigen Iterationen nicht richtig anfühlt. Scrum-Boards, die man tatsächlich anfassen kann, sind unverzichtbar. Nichts kann das Bauchgefühl ersetzen, das Sie erleben, wenn Sie vor einem Scrum-Board stehen. Digitale Scrum-Werkzeuge haben ihre Berechtigung, aber ich denke, sie sollten im Scrum-Prozess lediglich als Ergänzung dienen, niemals als zentrales Element. Abbildung 1–3 zeigt ein typisches Scrum-Board.

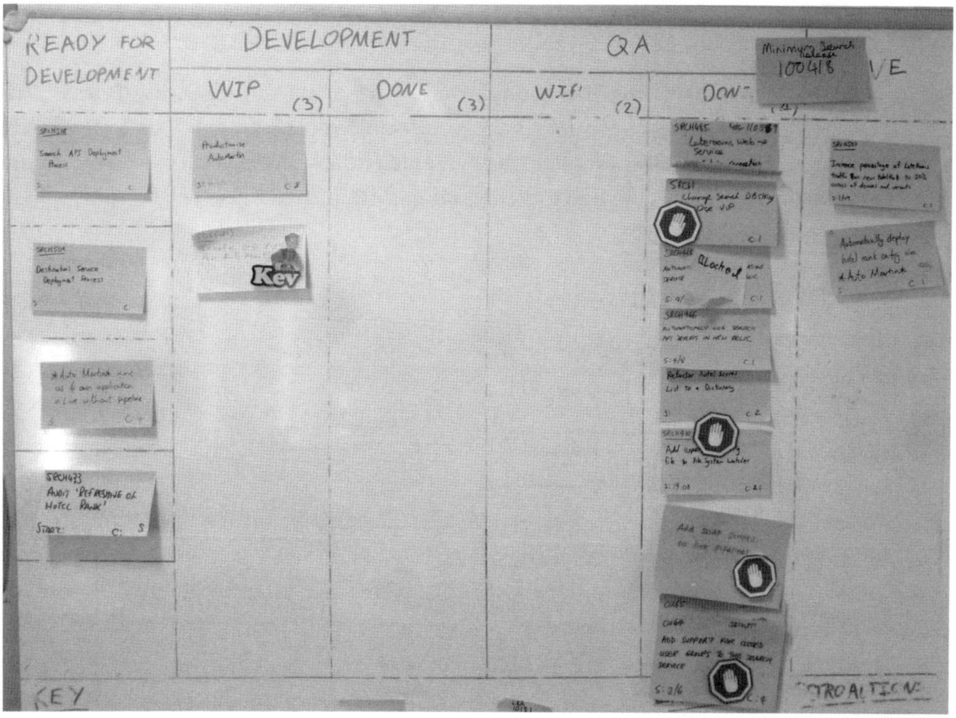

Abb. 1–3 Scrum-Board gibt den momentanen Zustand des aktuell entwickelten Projekts wieder

Ein Scrum-Board enthält eine Vielzahl von Informationen. Es liefert etliche Details, daher kann es anfangs schwierig wirken, die gewünschten Informationen zu finden. Die nächsten Abschnitte erklären die einzelnen Elemente genauer.

Karten

Die Hauptelemente des Scrum-Boards sind die Karten. Sie stehen für unterschiedliche Elemente, die den Fortschritt eines Softwareprodukts vorantreiben. Das kann von einem Release der Software bis zu winzigsten Einzelaufgaben reichen. Für jeden Kartentyp wird normalerweise eine andere Farbe verwendet, um die Übersichtlichkeit zu erhöhen. Aufgrund des beschränkten Platzes zeigt das Scrum-Board normalerweise nur die Stories, Aufgaben, Fehler und Technical Debts (»technische Schulden«), die mit dem aktuellen Sprint verknüpft sind.

> HINWEIS Unter Umständen können nicht alle Teammitglieder die Farben der Karten unterscheiden. Sie können die Farben zusätzlich mit unterschiedlichen Formen kombinieren, damit auch farbenblinde Teammitglieder den Kartentyp erkennen.

Hierarchie

Abbildung 1–4 zeigt die Beziehungen der Karten auf einem Scrum-Board. Dabei wird angenommen, dass ein Produkt sich aus vielen Tasks (Aufgaben) zusammensetzt. Sogar eine hochkomplexe Software kann sich in eine endliche Liste von Einzeltasks untergliedern lassen, die ausgeführt werden müssen, um das Produkt fertigzustellen.

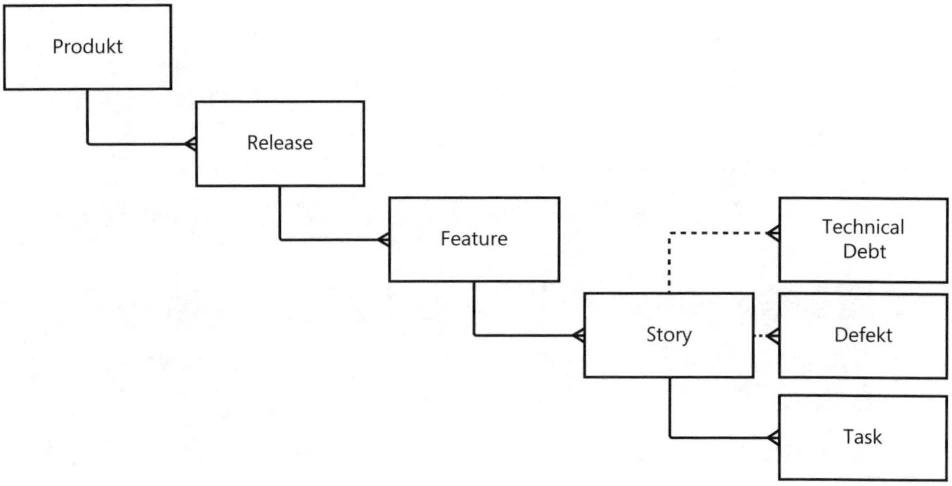

Abb. 1–4 Die Karten auf dem Scrum-Board repräsentieren unterschiedliche Teile eines Gesamtprodukts

Produkt

Ganz oben in der Scrum-Hierarchie steht das Softwareprodukt (engl. product), das erstellt werden soll. Beispiele für Produkte sind fast endlos: integrierte Entwicklungsumgebungen, Webanwendungen, Buchhaltungssoftware, Social-Media-Apps und vieles andere. Dies ist die Software, die Sie entwickeln, und das Produkt, das Sie abliefern wollen.

Teams arbeiten normalerweise nur an einem einzigen Produkt gleichzeitig, aber gelegentlich kommt es vor, dass Teams auch mehrere Produkte liefern müssen.

Release

Zu jedem Produkt, das Sie entwickeln, gibt es mehrere Releases. Ein Release ist eine Version der Software, die Endbenutzer kaufen oder einsetzen können. Manchmal wird ein Release nur erstellt, um Fehler zu beseitigen, aber ein Release kann auch wertvolle neue Features für wichtige Kunden hinzufügen oder eine Betaversion der Software zum Ausprobieren verfügbar machen.

Webanwendungen haben oft eine implizite Version, wobei es nur eine einzige Bereitstellung gibt, die alle älteren Releases ersetzt. Der Webbrowser Google Chrome ist ein interessantes Beispiel. Es handelt sich zwar um eine Desktopanwendung, er wird aber als Stream von Mikro-Releases bereitgestellt, die nahtlos auf Desktops bereitgestellt werden, und das ganz ohne großartige Ankündigungen wie bei den Browsern der Konkurrenz. Internet Explorer 8, 9 und 10 wurden jeweils in eigenen Werbespots im Fernsehen angepriesen. Bei Chrome ist das anders: Google bewirbt einfach den Browser, unabhängig von seiner jeweiligen Version. Und solche iterativen Releases verbreiten sich immer weiter. Scrum kann dieses Releasemuster unterstützen, weil es auf das Ziel hinarbeitet, nach jedem Sprint lauffähige Software zu liefern.

MVR

Als erstes Release kann ein *MVR (Minimum Viable Release, lauffähiges Minimalrelease)* angepeilt werden, bei dem ein grundlegender Funktionsumfang vorhanden ist, der ausreicht, um die Basisanforderungen zu erfüllen. Bei Buchhaltungssoftware könnte sich der Funktionsumfang beispielsweise darauf beschränken, neue Kunden anzulegen, Transaktionen (Ein- und Auszahlungen) zu ihren Konten hinzuzufügen und den Saldo anzuzeigen. Das Konzept besteht dabei darin, das Projekt so weit voranzubringen, dass es sich möglichst bald selbst finanziert. Das ist von einem MVR zwar kaum zu erwarten, aber unter Umständen generiert das MVR wenigstens genug Einnahmen, um die laufenden Entwicklungskosten zu decken. Außerdem bringt diese erste Bereitstellung, sogar wenn sie nur einen beschränkten Kundenkreis erreicht, oft wichtige Rückmeldungen, die die künftige Richtung der Software beeinflusst. Das ist das Kernkonzept von Scrum (und Agile-Methoden generell): das Softwareprodukt ständig weiterzuentwickeln, wobei akzeptiert wird, dass sich jede Software verändert.

Unabhängig vom Zweck des Release oder der Art oder Häufigkeit seiner Bereitstellung wird ein bestimmtes Produkt mehrere Releases überdauern, sofern alles richtig läuft.

Feature

Jedes Release umfasst mindestens ein Feature, das vorher nicht in der Software verwirklicht war. Der deutlichste Unterschied zwischen Version 1.0 und Version 2.0 jeder beliebigen Software sind neu hinzugekommene Features, von denen das Team glaubt, dass sie neue Benutzer zum Kauf und vorhandene Benutzer zum Upgrade motivieren.

Der Begriff *MMF (Minimum Marketable Feature, minimal marktreifes Feature)* eignet sich gut, um Features zu skizzieren und ein Release zusammenzustellen. Die folgende Liste enthält Beispiele für Features, die so allgemein formuliert sind, dass sie auf viele unterschiedliche Projekte passen, aber auch so konkret, dass sie in konkreten Produkten vorkommen:

- Exportieren von Anwendungsdaten in ein portables XML-Format
- Ausliefern von Webseitenanforderungen innerhalb von 0,5 Sekunden
- Archivieren älterer Daten für künftigen Abruf
- Kopieren und Einfügen von Text
- Freigeben von Dateien in einem Netzwerk, damit Kollegen darauf Zugriff erhalten

Features sind marktreif, wenn sie für den Kunden einen Wert haben. Wird der Funktionsumfang so weit eingeschränkt, dass er gerade noch seinen Wert behält, handelt es sich um ein minimales Feature.

> **Epics/Features, MMFs und Themes**
>
> Im Kontext von Scrum sind Sie möglicherweise eher mit dem Begriff *Epic* (Epos) als mit *Feature* vertraut, aber ich nehme mir die Freiheit, hier meinen bevorzugten Begriff zu verwenden. Epics und Features werden oft als »große Stories« betrachtet, also Stories, die viel umfangreicher als MMFs sind und nicht in einem einzigen Sprint geliefert werden können.
>
> Features ähneln außerdem Scrum-*Themes* (Themen), weil sie Stories, die einem gemeinsamen Ziel dienen, zu Gruppen zusammenfassen.

Features können für jedes Release grob in drei Kategorien untergliedert werden: nötig (engl. required), bevorzugt (engl. preferred) und gewünscht (engl. desired). Diese Möglichkeiten schließen sich gegenseitig aus. Sie spiegeln wider, welche Priorität jedem Feature zugewiesen ist. Im Allgemeinen ist das Entwicklungsteam gehalten, an allen nötigen Features zu arbeiten, bevor es die bevorzugten Features in Angriff nimmt; an gewünschten Features wird nur gearbeitet, falls Zeit übrig bleibt. Wie Sie bestimmt schon ahnen, können diese Kategorien (und auch die Features selbst) stets geändert werden. Sie können jederzeit eingestellt, in eine andere Priorität eingestuft, verändert und ersetzt werden, woraufhin das Team problemlos umschwenken sollte (vorausgesetzt natürlich, dass Fertigstellungstermine und Budget entsprechend angepasst werden). In Scrum ist nichts in Stein gemeißelt, und dieses Buch soll Ihnen helfen, sich auf diese Tatsache einzustellen.

User Story

Die User Story (»Benutzergeschichte«) ist wahrscheinlich das Scrum-Artefakt, das am meisten Leute kennen, dabei wird es überhaupt nicht von Scrum vorgeschrieben. User Stories sind ein Artefakt aus dem Extreme Programming (XP), wurden aber in Scrum übernommen, weil sie so häufig verwendet werden. User Stories werden anhand des folgenden Schemas festgelegt:

> *»Als [Benutzerrolle] will ich [tätigkeitsorientiertes Verhalten], damit [Wert für Benutzer hinzugefügt].«*

Die eckigen Klammern sind Platzhalter, die ersetzt werden, um unterschiedliche User Stories zu formulieren. Hier ein konkretes Beispiel:

> *»Als nicht-authentifizierter, aber registrierter Benutzer will ich mein Kennwort zurücksetzen, damit ich mich am System anmelden kann, falls ich mein Kennwort vergessen habe.«*

Zu dieser User Story gibt es eine Menge zu sagen. Als Erstes fällt auf, dass sie *bei weitem nicht ausführlich genug ist, um das erforderliche Verhalten zu implementieren.* Beachten Sie, dass die User Story aus der Perspektive eines *Benutzers* geschrieben wird. Das sollte zwar selbstverständlich sein, dieser Punkt wird aber oft übersehen, und als Folge werden viele Stories fälschlicherweise aus der Sicht von Entwicklern verfasst. Aus diesem Grund ist der erste Teil der Vorlage, »*Als [Benutzerrolle]*«, so wichtig. Der Abschnitt *[Wert für Benutzer hinzugefügt]* ist genauso wichtig, denn ohne ihn gerät leicht in Vergessenheit, warum die User Story überhaupt verfasst wurde. Dieser Abschnitt bindet normalerweise die User Story an ihr übergeordnetes Feature. Das obige Beispiel könnte etwa zu einem Feature wie »*Vergessene Benutzeranmeldeinformationen können wiederhergestellt werden*« gehören. Die Story stünde in diesem Fall wahrscheinlich zusammen mit den Stories, in denen ein Benutzer seinen Anmeldenamen oder sowohl den Anmeldenamen als auch sein Kennwort vergessen hat.

Wie schon bemerkt, reicht diese User Story nicht aus, um mit der Entwicklung zu beginnen. Welchen Wert hat sie also? Eine User Story steht für ein Gespräch, das später zwischen dem Entwicklungsteam und dem Kunden stattfinden wird. Ist der Zeitpunkt gekommen, die Story zu implementieren, legen die verantwortlichen Entwickler die Story dem Kunden vor und sprechen mit ihm seine Anforderungen durch. Aus dieser Analysephase gehen mehrere Akzeptanzkriterien hervor, die über die gesamte Lebensdauer der User Story hinweg erfüllt werden müssen, damit die User Story als vollständig eingestuft werden kann.

Sobald die Anforderungen zusammengestellt sind, setzen sich die Entwickler zusammen und skizzieren einige Entwurfsideen, mit denen sich diese Anforderungen erfüllen lassen. Manchmal werden in dieser Phase Benutzeroberflächen-Mockups erstellt, etwa mit Balsamiq, Microsoft Visio oder einem anderen Tool. Manche technischen Entwurfskonzepte führen aus, wie die vorhandene Codebasis angepasst werden muss, um die neuen Anforderungen zu erfüllen; dafür werden oft UML-Diagramme (Unified Modeling Language) eingesetzt.

Ist der Entwurf abgesegnet, kann das Team damit beginnen, die User Story in einzelne Tasks zu zerlegen und dann die Story zu implementieren, indem es die Tasks ausführt. Sobald ein Punkt erreicht ist, an dem das Team überzeugt ist, dass die Story wie gefordert funktioniert, kann es sie für Akzeptanztests weiterleiten. Diese abschließende Phase der Qualitätssicherung (Quality Assurance, QA) prüft penibel, ob die Software alle Akzeptanzkriterien erfüllt, und nimmt sie als Ergebnis an oder weist sie zurück. Wurde grünes Licht gegeben, ist die User Story damit abgeschlossen.

Fassen wir den Ablauf noch einmal zusammen: Anhand der User Story als Leitlinie sammeln die Entwickler in einer Analysephase Anforderungen, erstellen einen Entwurf, implementieren eine funktionierende Lösung und testen dann, ob sie die Akzeptanzkriterien erfüllt. Das klingt verdächtig wie Wasserfall-Entwicklungsmethoden! Und tatsächlich ist genau das der Zweck von User Stories: Sie sollen den gesamten Softwareentwicklungszyklus für jede einzelne Story im Miniaturformat durchlaufen. So wird weniger Aufwand verschwendet, weil die User Story zu dem Zeitpunkt, an dem sie vom Scrum-Board gepflückt und implementiert wird, mit Sicherheit noch für das Softwareprodukt relevant ist.

In Scrum konzentriert sich die Arbeit auf User Stories. Sie enthalten die Motivation, die Scrum den Teammitgliedern bereitstellt: Story-Punkte (engl. story points). Während der Sprintplanung weist das Team jeder User Story ihren Story-Punkt-Wert zu, und nach Fertigstellung der User Story werden die Story-Punkte als erworben verbucht und von der Sprintsumme abgezogen. Story-Punkte werden weiter unten in diesem Kapitel genauer beschrieben.

Task

Es gibt eine kleinere Arbeitseinheit als die User Story, den Task (Aufgabe). Stories können in mehrere kleinere Tasks aufgeteilt werden, die dann auf die Entwickler verteilt werden, die für die Story verantwortlich sind. Ich warte meist, bis die Story vom Scrum-Board genommen wird, bevor ich sie in Tasks unterteile, aber manche Teams erledigen das auch schon im Rahmen der Sprintplanung.

User Stories müssen eine vollständige vertikale Funktionseinheit umfassen, Tasks dürfen dagegen an Schichtgrenzen enden, damit die Spezialisierung der Entwickler innerhalb des Teams zum Tragen kommt. Wird zum Beispiel ein neues Feld in einem vorhandenen Formular benötigt, müssen wahrscheinlich Änderungen in den Schichten von Benutzeroberfläche, Geschäftslogik und Datenzugriff durchgeführt werden. Sie können dazu drei Tasks erstellen, die jeweils eine dieser drei Schichten betreffen, und sie dem jeweiligen Spezialisten zuweisen: dem WPF-Entwickler, dem C#-Experten und dem Datenbankguru. Wenn Sie Glück haben und ein Team von universellen Spezialisten am Werk ist, sollte sich für jeden Task im Idealfall ein *Freiwilliger* melden. So kann jeder an unterschiedlichen Codeteilen arbeiten, was nicht nur Eintönigkeit vermeidet, sondern auch bewirkt, dass die Mitarbeiter die Software besser kennen.

Der vertikale Schnitt

Als ich klein war, backte mein Vater an Weihnachten immer einen Trifle. Das ist eine traditionelle englische Nachspeise, die aus mehreren Schichten besteht. Ganz unten beginnt sie mit aufgeschnittenen Früchten, dann folgen Biskuit, Marmelade und Creme, den krönenden Abschluss bildet Schlagsahne. Mein Bruder grub sich mit seinem Löffel durch alle Schichten nach unten durch, während ich nacheinander jede Schicht vollständig verputzte, bevor ich zur nächsten vorrückte.

Gut entworfene Software besteht aus Schichten, genau wie ein Trifle. Die unterste Schicht befasst sich mit dem Datenzugriff, gefolgt von Schichten für objektrelationale Abbildung, Domänenmodelle, Dienste und Controller, ganz oben kommt schließlich die Benutzeroberfläche. Und wie beim Essen von Trifle gibt es zwei unterschiedliche Methoden, ein Stück von einer mehrschichtigen Anwendung abzuschneiden: vertikal und horizontal.

Wenn Sie horizontal schneiden, nehmen Sie jede Schicht und implementieren alle erforderlichen Elemente der jeweiligen Schicht. Dabei ist aber nicht garantiert, dass die Stücke jederzeit zueinander passen. Vielleicht ermöglicht die Benutzeroberfläche dem Benutzer schon, bestimmte Features zu verwenden, die in den niedrigeren Schichten noch gar nicht implementiert wurden. Folglich kann der Kunde die Anwendung erst nutzen, wenn große Teile jeder Schicht fertig sind. Das verzögert die wichtige Feedbackschleife, auf die agile Methoden großen Wert legen, und es erhöht die Gefahr, dass Sie mehr entwickeln, als tatsächlich gebraucht wird – oder einfach etwas völlig Falsches.

Sie sollten daher nach einem vertikalen Schnitt streben. Jede User Story sollte Funktionen aus allen Schichten umfassen und ganz oben in der Benutzeroberfläche verankert sein. Auf diese Weise können Sie dem Benutzer die Funktion demonstrieren und erhalten bald Feedback. Außerdem wird dadurch verhindert, dass User Stories aus Entwicklersicht verfasst werden, zum Beispiel *»Ich will aus der Datenbank eine Liste aller Kunden abrufen, die diesen Monat nicht bezahlt haben.«* Das klingt zu sehr nach einem Task. Eine Story würde sich damit befassen, einen Bericht über Kundenkonten zu generieren, die Zahlungsrückstände haben.

Es ist wichtig, dass Story-Punkte den User Stories zugeordnet sind, und dass die Story-Punkte nicht auf die untergeordneten Tasks verteilt werden dürfen. Eine 5-Punkt-Story, die in drei Einzeltasks untergliedert wird, besteht nicht aus zwei 1-Punkt-Tasks und einem 3-Punkt-Task. Es sollen keine Anreize geschaffen werden, unfertige Arbeit abzuliefern. Die Punkte einer Story werden nur zugeteilt, wenn die Story am Ende des Sprints im Rahmen der Qualitätssicherung als vollständig bestätigt wurde. Vorher gibt es keine »Anzahlung«. Fehlt die Bestätigung der Qualitätssicherung, bleibt die Story bis zum nächsten Sprint in

Arbeit, wo sie dann hoffentlich bald innerhalb der Iteration abgeschlossen wird. Dauert es zu lange, eine Story abzuschließen, sodass sie lange Zeit in Arbeit bleibt (mehr als die volle Länge eines Sprints), war sie wahrscheinlich von Anfang an zu umfangreich und hätte in kleinere, handlichere Stories unterteilt werden sollen.

Technical Debt

Technical Debt (technische Schulden) ist ein sehr interessantes Konzept, das leider oft missverstanden wird. Technical Debt ist eine Metapher für die Kompromisse, die bei Entwurf und Architektur eingegangen wurden, während eine Story sich über das Scrum-Board bewegt. Technical Debt wird weiter unten in diesem Kapitel in einem eigenen Abschnitt genauer beschrieben.

Defekt

Eine Defektkarte (engl. defect card) wird immer dann erstellt, wenn die Akzeptanzkriterien einer früher bereits abgeschlossenen User Story nicht mehr erfüllt sind. Das macht deutlich, warum automatisierte Akzeptanztests gebraucht werden: Jede Gruppe von Tests, die für eine Story geschrieben werden, bildet eine Familie von Regressionstests, die sicherstellen, dass spätere Arbeiten keine Veränderungen einführen, die eine ältere User Story beschädigen.

Wie Technical-Debt-Karten sind auch Defektkarten keine Story-Punkte zugewiesen. Daher gibt es keine Motivation, Defekte und Technical Debt zu erzeugen – was Entwickler ohnehin immer zu vermeiden suchen, selbst wenn es niemals möglich ist, alle Defekte und jegliche Technical Debt zu beseitigen.

Jede Software enthält Fehler. Das ist eine unumstößliche Tatsache in der Softwareentwicklung. Auch mit noch so viel Planung und Sorgfalt lassen sich niemals alle menschlichen Fehlerquellen ausschalten. Defekte können grob in die Kategorien A, B oder C eingeteilt werden: *apokalyptische* Defekte (engl. Apocalyptic, A), *Verhaltens*-Fehler (engl. Behavioral, B) und *kosmetische* Probleme (engl. Cosmetic, C).

Apokalyptische Defekte lassen die Anwendung abstürzen oder verhindern, dass der Benutzer weiterarbeiten kann. Das klassische Beispiel ist eine nicht abgefangene Ausnahme, weil das Programm daraufhin beendet und neu gestartet oder (bei einer Webanwendung) die Webseite neu geladen werden muss. Diesen Defekten sollte die höchste Priorität zugewiesen werden, und sie sollten vor einem Release der Software beseitigt werden.

Verhaltensfehler sind meist nicht ganz so tragisch, können die Benutzer aber zur Weißglut treiben. Solche Fehler können sogar mehr Schaden verursachen als eine Anwendung, die schlicht abstürzt. Stellen Sie sich vor, dass eine Währungsumrechnungslogik die Daten falsch rundet. Unabhängig davon, ob der Algorithmus Vorteile für den Kunden oder das Unternehmen bringt, verliert jemand Geld. Natürlich sind nicht alle Logikfehler so folgenschwer, aber an diesem Beispiel ist deutlich zu sehen, warum solche Fehler mittlere bis hohe Priorität erhalten sollten.

Kosmetische Probleme betreffen meist die Benutzeroberfläche: seltsam verschobene Abbildungen, ein Fenster, das sich nicht sinnvoll vergrößern lässt oder ein Bild auf einer

Webseite, das niemals geladen wird. Solche Probleme schränken nicht den Nutzen der Software ein, sondern nur ihr Aussehen. Auch wenn diese Probleme meist eine niedrigere Priorität erhalten, dürfen Sie nicht vergessen, dass das Aussehen großen Einfluss auf die Erwartungen des Benutzers an die Software hat. Ist die Benutzeroberfläche schlecht entworfen, mit Schaltflächen, die nicht funktionieren, und Bildern, die nicht geladen werden, sinkt das Vertrauen der Benutzer in die internen Vorgänge dieser Software. Umgekehrt vermittelt eine schicke Benutzeroberfläche mit tollem Design den Benutzern den Eindruck, dass Ihre Software auch intern solide entworfen ist. Projekte, die sich einen schlechten Ruf erworben haben, greifen oft zu dem Trick, die Benutzeroberfläche zu überarbeiten (und vielleicht das gesamte Produkt umzutaufen), um mit der Vergangenheit zu brechen und das beschädigte Renommee abzuschütteln.

Kartentricks

Es gibt eine Menge Möglichkeiten, die Karten auf dem Scrum-Board an persönliche Vorlieben anzupassen.

Farbschema

Für die Karten tut es jedes beliebige Farbschema, aber ich habe die Erfahrung gemacht, dass bestimmte Farben am sinnvollsten sind. Karteikarten eignen sich ideal für Features und User Stories, während Haftnotizen perfekte Karten für Task, Defekt und Technical Debt sind, weil sie dann an eine bestimmte Story geklebt werden können. Hier meine Empfehlungen:

- Features: grüne Karteikarten
- User Stories: weiße Karteikarten
- Tasks: gelbe Haftnotizen
- Defekte: rote/rosa Haftnotizen
- Technical Debt: lila/blaue Haftnotizen

Am häufigsten werden Sie Karten für User Stories und Tasks erstellen, daher sollten Sie dafür jederzeit verfügbare Karteikarten und Haftnotizen einsetzen. Sie sollten wirklich nicht daran scheitern, dass Ihnen die Karteikarten ausgehen, daher sollten Sie sich an überall erhältliche Farben halten.

Wer fertigt die Karten an?

Auf die Frage »Wer darf Karten anfertigen?« gibt es eine simple Antwort: jeder. Daran sind natürlich einige Bedingungen geknüpft. Auch wenn jeder eine Karte anfertigen darf, sollten ihre Gültigkeit, Priorität, Wichtigkeit und andere Eigenschaften nicht von einer Person allein festgelegt werden. Alle Feature- und Story-Karten sollten vom Product Owner überprüft werden. Für Task-, Defekt- und Technical-Debt-Karten ist dagegen allein das Entwicklungsteam verantwortlich.

→

Avatare

Ähnlich den Avataren, die Sie in Foren, Blogs und auf Twitter finden, steht jedes kleine Avatarbild für ein Teammitglied. Lassen Sie dem Spieltrieb Ihrer Teammitglieder bei der Auswahl der Avatare ruhig freien Lauf, das heitert den Scrum-Prozess etwas auf. Natürlich sollten kontroverse Symbole vermieden werden, aber jeder Avatar sollte die Persönlichkeit der jeweiligen Person durchscheinen lassen.

Im Lauf einer Iteration werden diese Avatare oft herumgeschoben, das geschieht praktisch täglich. Weil Sie auf dem Board bereits Karteikarten für Stories und Haftnotizen für Tasks haben, sollten diese Avatare höchstens eine Seitenlänge von 5 Zentimetern haben. Wenn sie laminiert sind, reißen sie nicht ein und bleiben sauber; ein Stück wieder ablösbarer Klebstoff oder Klebeband halten sie an ihrem Platz.

Swimlanes

Scrum-Boards haben senkrechte Linien, die sogenannte Swimlanes (Schwimmbahnen) kennzeichnen. Jede Swimlane kann mehrere User-Story-Karten enthalten, um den Fortschritt der jeweiligen Story in ihrem Entwicklungszyklus darzustellen. Die grundlegenden Swimlanes sind (von links nach rechts) Backlog (Rückstand), In Progress (in Arbeit), QA (Qualitätssicherung) und Done (fertig).

Eine Story im Backlog wurde für den Sprint »zugesagt« und sollte – sofern sie nicht abgebrochen wird – vom Board genommen werden, sobald an ihr gearbeitet wird. Diese Spalte kann anhand der Priorität sortiert werden, sodass jeweils das oberste Element als Nächstes implementiert werden sollte.

Sobald die Story aus dem Backlog entfernt wurde und ein Gespräch mit dem Product Owner über den Umfang und die Anforderungen geführt wurde, wird die Karte, zusammen mit den daraus abgeleiteten Tasks, in die »In Progress«-Swimlane eingefügt. Jetzt sollten auch die Avatare aller Teammitglieder hinzugefügt werden, die an dieser Story beteiligt sind. Die Story wird nun in alle Swimlane-Limits eingerechnet, die unter Umständen für die Arbeitsphase festgelegt wurden. Zum Beispiel können Sie festlegen, dass höchstens an drei User Stories gleichzeitig gearbeitet wird, damit das Team motiviert wird, erst einmal die bereits begonnenen Stories abzuschließen statt mit der Arbeit an neuen Stories zu beginnen. Denken Sie daran: Es gibt keine Belohnung für teilweise fertige Arbeit.

Nachdem Analyse, Entwurf und Implementierung für eine Story erledigt sind, wird sie als »Entwickler sind damit fertig« eingestuft und kann in die QA-Swimlane verschoben werden. Im Idealfall spiegelt die Qualitätssicherungsumgebung die Produktivumgebung möglichst genau wider, um umgebungsabhängige Fehler aufzudecken, die manchmal schon durch winzige Unterschiede in der Bereitstellung verursacht werden. Die Testanalysten prüfen die Story anhand der Akzeptanzkriterien. Dabei versuchen sie im Prinzip, die Story zu widerlegen und zu beweisen, dass sich der Code nicht in der erwarteten Weise verhält. Normalerweise versuchen sie dazu, bestimmte Operationen durch ungewöhnliche und fehlerhafte Eingaben zu stören. Auf diese Weise stellen sie sicher, dass die interne

Überprüfung richtig funktioniert. Sie suchen vielleicht sogar nach Sicherheitslücken, um zu verhindern, dass böswillige Endbenutzer Zugriff erlangen, der über ihre Privilegebene hinausgeht. Ist die User Story fertig, wird sie in die Done-Swimlane verschoben. Alle Story-Punkte, die diese Story wert ist, werden ausgezahlt, woraufhin das Sprint-Burndown-Diagramm (das den Fortschritt des Sprints zeigt) ergänzt werden kann. Diese Artefakte werden weiter unten in diesem Kapitel genauer beschrieben.

Horizontale Swimlanes

Das Scrum-Board kann mit horizontalen Swimlanes weiter unterteilt werden. Diese Swimlanes dienen dazu, Stories anhand eines Features zusammenzufassen, damit jeder auf einen Blick sieht, worauf sich die Anstrengungen konzentrieren und wo Engpässe beseitigt werden müssen.

Eine spezielle Swimlane ganz oben auf dem Board ist die Fast-Track-Swimlane (Schnellspur), in die Tasks aufgenommen werden können, wenn sie eine besonders hohe Priorität haben. Die Teammitglieder können angewiesen werden, sich alle auf ein Fast-Track-Element zu stürzen (das sogenannte »Swarming«), damit es so schnell wie möglich abgeschlossen wird. Das beeinträchtigt unter Umständen die übrigen ausstehenden Arbeiten. Beim Swarming unterbricht das Team die Arbeiten, mit denen es momentan beschäftigt ist, und arbeitet an einem einzigen Problem oder Task, das höchste Priorität hat. Dies ist ein nützliches Werkzeug, das allerdings zurückhaltend eingesetzt werden sollte. Beschränken Sie sich auf Fälle, in denen die höchste Priorität wirklich gerechtfertigt ist. Apokalyptische Defekte in der Produktivumgebung sind die häufigsten Fast-Track-Elemente.

Technical Debt

Der Begriff *Technical Debt* (technischer Rückstand oder technische Schuld) verdient eine genauere Betrachtung. Während der gesamten Zeitdauer, in der eine User Story implementiert wird, müssen wahrscheinlich bestimmte Kompromisse zwischen dem »idealen Code« und Code eingegangen werden, der gerade gut genug ist, um den Termin einhalten zu können. Das heißt nicht, dass ein mangelhafter Entwurf wissentlich toleriert (oder gar aktiv unterstützt) werden sollte, nur um einen Abgabetermin zu schaffen, aber es ist sinnvoll, etwas erst einmal simpler zu gestalten und sich vorzunehmen, es später zu verbessern.

Gute und schlechte Technical Debt

Meist sammelt sich Debt über die Lebensdauer eines Projekts hinweg allmählich an. Der Begriff *Debt* (Schuld) wird verwendet, weil er eine hervorragende Metapher ist. Bestimmte Arten finanzieller Schuld sind absolut in Ordnung. Wenn Sie beispielsweise die Möglichkeit haben, ein Auto über 12 Monatsraten abzuzahlen, ohne dass dafür Zinsen erhoben werden, haben Sie zwar Schulden, aber das kann durchaus sinnvoll sein, wenn Sie das Auto für die Fahrt zum Arbeitsplatz brauchen und die Gesamtsumme nicht sofort aufbringen können. Mithilfe des Autos generieren Sie die Einkünfte, die Sie brauchen, um es abzuzahlen, schließlich kommen Sie damit zur Arbeit.

Natürlich gibt es auch schlechte Schulden. Wenn Sie eine Kreditkarte beantragen und irgendwelche Luxusartikel kaufen, ohne vorher auszurechnen, wie Sie diese Schulden zurückzahlen können, landen Sie möglicherweise in einem Teufelskreis, wenn Sie immer wieder versuchen, das Geld für Raten durch Aufnahme neuer Kredite aufzubringen. Im Rückblick ist so etwas meist eine schlechte finanzielle Entscheidung, die durch unsinnige Schuldenmacherei ausgelöst wurde. Es ist wichtig, dass Sie sich alle Möglichkeiten sorgfältig ansehen und entscheiden, ob eine Kreditaufnahme sinnvoll ist oder Sie besser gleich die Gesamtsumme bezahlen.

Diese Abwägung gibt es auch bei Software. Sie können sofort eine mangelhafte Lösung implementieren und den Termin schaffen, oder im Vorfeld etwas mehr Zeit opfern, um den Entwurf zu verbessern, selbst wenn Sie dadurch den Termin verpassen. Es gibt keine absolut richtige Lösung, die auf alle Situationen passt, lediglich Richtlinien, mit denen Sie gute und schlechte Technical Debt erkennen.

Das Technical-Debt-Koordinatensystem

Martin Fowler, ein prominenter Agile-Vertreter, hat ein Technical-Debt-Koordinatensystem entworfen, um die Zugeständnisse und Kompromisse einzuordnen, die eingegangen werden müssen, um eine Story abzuschließen. Die beiden Achsen, mit denen die Fläche in Quadranten unterteilt wird, entsprechen den Fragen »Machen wir Technical Debt aus sinnvollen Gründen?« und »Kennen wir Alternativen, mit denen sich diese Technical Debt vermeiden ließe?«.

Sofern Sie die erste Frage mit »Ja« beantworten können, handelt es sich um eine vernünftige Technical Debt: Sie können überzeugende Argumente anführen, warum sie eingegangen werden muss, und haben ein reines Gewissen. Lautet die Antwort »Nein«, ist die Technical Debt als unbesonnen einzustufen; es wäre sinnvoller, das Problem gleich anzugehen, als zuzulassen, dass sich Technical Debt ansammelt.

Beantworten Sie die zweite Frage positiv, beweist das, dass Sie andere Möglichkeiten untersucht und sich entschieden haben, die Technical Debt trotzdem aufzunehmen. Eine negative Antwort bedeutet, dass Ihnen keine Alternative bekannt ist.

Aus diesen Antworten ergeben sich vier mögliche Kombinationen (Abbildung 1–5):

- **Unbesonnen, bewusst**
  Dieser Typ von Technical Debt ist der gefährlichste. Das wäre so, als würde jemand sagen: »Wir haben keine Zeit für einen Entwurf.« So etwas deutet auf ein vergiftetes Arbeitsumfeld hin. Eine derartige Entscheidung sollte allen vor Augen führen, dass das Team nicht adaptiv arbeitet und geradewegs auf den Abgrund zumarschiert.
- **Unbesonnen, unabsichtlich**
  Dieser Typ von Technical Debt wird meist durch Mangel an Erfahrung verursacht. Jemand kennt nicht die Best Practices für modernes Software Engineering. Wahrscheinlich ist der Code ein Verhau, ähnlich wie beim ersten Quadranten, aber der Entwickler wusste es nicht besser und war daher nicht in der Lage, andere Möglichkeiten zu finden. Hier hilft Schulung: Solange die Entwickler zu Weiterbildung bereit sind, lässt sich verhindern, dass sie diese Art von Technical Debt einbringen.

- **Vernünftig, unabsichtlich**
  Dies passiert, wenn Sie den Best Practices folgen, es sich aber herausstellt, dass es einen besseren Weg gab. Anders gesagt: »Jetzt wird klar, wie wir es hätten machen sollen.« Das ähnelt dem vorherigen Quadranten, aber als die Entscheidung getroffen wurde, waren sich alle Entwickler einig, dass es keine bessere Methode gab, das Problem zu lösen.
- **Vernünftig, bewusst**
  Dies ist die akzeptabelste Art von Technical Debt. Es wurden alle Möglichkeiten untersucht und Sie sind sich darüber im Klaren, was Sie tun (und warum Sie es tun), wenn Sie die Technical Debt zulassen. Oft tritt dieser Fall auf, wenn unter Zeitdruck eine Entscheidung wie »Wir müssen jetzt ausliefern und mit den Folgen leben« getroffen wird.

Abb. 1–5 Das Technical-Debt-Koordinatensystem nach Martin Fowler hilft Entwicklern, sich die vier unterschiedlichen Kategorien für Technical Debt vor Augen zu führen

Zurückzahlen von Technical Debt

Technical Debt ist nicht direkt mit Story-Punkten verknüpft. Aber obwohl dazu kein direkter Druck besteht, muss die Technical Debt zurückgezahlt werden. Am besten fügen Sie eine Technical-Debt-Karte zu einer Story hinzu und refaktorieren den Code so, dass der neue Entwurf zusammen mit dem zugehörigen neuen Verhalten implementiert wird. Wird eine Story das nächste Mal vom Board genommen, sollten Sie prüfen, ob der bearbeitete Code eine Technical Debt hat. Ist das der Fall, können Sie versuchen, beides zusammen zu erledigen.

Digitale Scrum-Boards

Ein digitales Scrum-Board verbirgt einige der wichtigsten Informationen über ein Projekt, sofern es nicht permanent an eine Wand projiziert wird. Indem Sie solche Informationen offen für das ganze Unternehmen präsentieren, laden Sie zu Fragen über den Prozess ein, die andernfalls nicht gestellt würden. Transparenz bei einem Prozess ist ein großer Vorteil, besonders wenn Sie Scrum zum ersten Mal in einem Unternehmen implementieren. Sie lädt zu Engagement von wichtigen Stakeholdern ein, deren Beiträge dem Prozess großen Nutzen bringen.

Es ist zwar ein Klischee, lässt sich aber nicht leugnen: Menschen fürchten Veränderung. Furcht ist eine natürliche Reaktion auf das Unbekannte. Indem Sie Leuten erklären, was Sie tun und was bestimmte Diagramme bedeuten (und warum die Wand mit Dutzenden von Karteikarten zugepflastert ist), fördern Sie eine Atmosphäre der Zusammenarbeit und Kommunikation, die sich als unbezahlbar erwiesen hat. Auch Ihnen selbst kann es helfen, wenn Sie diese Dinge einem Laien erklären müssen, denn das fördert Ihr eigenes Verständnis für den Prozess.

Die besten Werkzeuge sind immer die simpelsten. Sie werden sehr oft benutzt und es gilt keine Hindernisse zu überwinden, um sie einzusetzen. Ist die Bedienung eines Werkzeugs auch nur ein bisschen umständlich, wird es immer weniger eingesetzt. Was anfangs ständig benutzt und sorgfältig auf dem neuesten Stand gehalten wurde, wird vernachlässigt und gibt einen veralteten Stand wider.

Definition of Done

Jedes Projekt braucht eine *Definition of Done (DoD, Definition von »fertig«)*. Das ist der Standard, dem jede User Story genügen muss, um als fertig eingestuft zu werden. Wie oft haben Sie schon von einem Entwickler die folgenden Sätze gehört?

> *»Es ist fertig, ich muss es nur noch testen.«*
>
> *»Es ist fertig, aber ich habe einen Fehler entdeckt, den ich noch beseitigen muss.«*
>
> *»Es ist fertig, aber mit dem Entwurf bin ich nicht hundertprozentig zufrieden, daher werde ich noch die Schnittstelle ändern.«*

Ich habe so etwas früher selbst gesagt. Wäre die Story wirklich fertig, wären keine Einschränkungen oder Relativierungen nötig. Entwickler machen derartige Aussagen, wenn sie etwas mehr Zeit brauchen, weil die Schätzung ungenau war oder ein unvorhergesehenes Problem auftrat. Alle müssen sich auf eine Definition für »fertig« einigen und sich dann daran halten. Erfüllt eine User Story nicht die festgelegten Kriterien, kann sie nicht fertig sein. Story-Punkte werden erst zugeteilt, wenn die Story die Definition of Done erfüllt.

Was umfasst eine Definition of Done? Das bestimmen allein Sie und Ihr Team. Es hängt davon ab, wie streng Ihr Qualitätssicherungsprozess sein soll. Die folgenden Punkte sind Beispiele für eine übliche DoD, die Ihnen als Ausgangspunkt dienen mag.

Eine User Story ist fertig, wenn:

- Sie den gesamten Code in Unit-Tests geprüft haben, die alle Erfolg- und Fehlerpfade abdecken, und alle Tests bestanden wurden
- Sie sichergestellt haben, dass der gesamte Code in laufende Integrations-Builds eingearbeitet wurde, fehlerfrei kompiliert wird und alle Tests besteht
- Sie mit dem Product Owner zusammen das Verhalten anhand der Akzeptanzkriterien überprüft haben
- der Code von einem Entwickler begutachtet wurde, der nicht an der Story gearbeitet hat.
- Sie gerade so viel Dokumentation erstellt haben, wie nötig ist, um die Absichten deutlich zu machen
- Sie unbesonnene Technical Debt verweigern

Sie dürfen diese Regeln nach Belieben streichen, verändern oder ergänzen, aber wenn die Definition fertig ist, müssen Sie sich strikt daran halten. Kann eine Story nicht alle Kriterien erfüllen, müssen Sie entweder diese Story so verändern, dass die Erfüllung aller Kriterien möglich ist, oder die unerfüllbaren Kriterien aus der Definition of Done streichen. Falls Sie beispielsweise der Ansicht sind, dass Codebegutachtungen steinzeitlich oder pedantisch sind, können Sie dieses Kriterium gern aus Ihrer DoD streichen.

Diagramme und Kennzahlen

Es stehen verschiedene Diagramme zur Verfügung, um den Fortschritt eines Scrum-Projekts zu überwachen. Scrum-Diagramme können den Zustand und den bisherigen Verlauf eines Scrum-Projekts zeigen, aber auch das wahrscheinlichste künftige Ergebnis sichtbar machen. All diese Diagramme sollten deutlich sichtbar auf dem Scrum-Board zu sehen sein, und zwar in einer Größe, die auch aus einem Meter Entfernung gelesen werden kann. Das zeigt dem Team, dass diese Kennzahlen nicht hinter ihrem Rücken genutzt werden und dass es sich nicht um ein Mittel handelt, mit dem das Management ihre Leistung beurteilt. Legen Sie völlig offen, wie der Fortschritt gemessen wird, und stellen Sie klar, dass diese Diagramme nicht erstellt werden, um die Leistung zu steigern, sondern um Probleme des gesamten Projekts zu diagnostizieren.

Sie sollten vermeiden, Größen zu messen, die einzelne Personen betreffen, etwa die pro Entwickler verdienten Story-Punkte. Das vermittelt dem Team eine negative Botschaft: Dass sie den Teamerfolg opfern können, um sich selbst in Szene zu setzen. Die Entwickler identifizieren sich bereitwillig mit solchen Kennzahlen und versuchen, ihr Ansehen zu steigern, indem sie größere Stories mit Beschlag belegen und möglichst allein die lukrativen Punkte zu sammeln. Achten Sie darauf, welches Verhalten Sie belohnen.

HINWEIS Passen Sie auf, was Sie messen. Die Beobachtung verändert möglicherweise das gemessene Verhalten. Zum Beispiel können Sie manche Kennzahlen nur messen, wenn Sie vorher das verändern, was gemessen werden soll. Nehmen Sie als Beispiel den Luftdruck in einem Autoreifen. Es ist sehr schwierig, den Druck (über das Ventil) zu messen, ohne vorher eine geringe Menge Luft aus dem Reifen zu lassen, wodurch sich der Druck ja verändert. Dasselbe Prinzip gilt für die menschliche Natur. Wenn die Teammitglieder wissen, dass sie anhand bestimmter Kriterien beurteilt werden, werden sie tun, was nötig ist, um ihre Statistiken aufzubessern. Das heißt nun nicht, dass Sie eine Gruppe von intriganten Machiavellis leiten, aber wenn dem Team klar ist, dass Story-Punkte benutzt werden, um ihren Fortschritt zu bewerten, kommen sie vielleicht in Versuchung, sich mehr Punkte für denselben Aufwand zuzuweisen. Greifen Sie auf Triangulation (mehr dazu im Abschnitt »Sprint-Retrospektive« weiter unten in diesem Kapitel) zurück, um den geschätzten Aufwand mit dem tatsächlichen Aufwand zu vergleichen.

Story-Punkte

Story-Punkte sollen das Team anspornen, den wirtschaftlichen Wert bei jedem Sprint zu erhöhen. Story-Punkte werden User Stories während des Sprintplanungs-Meetings (siehe den Abschnitt »Sprintplanung« weiter unten in diesem Kapitel) vom gesamten Entwicklungsteam zugewiesen. Ein Story-Punkt ist ein relatives Maß dafür, wie hoch der Aufwand für die Implementierung des Verhaltens in einer User Story ist. Dazu gehört auch der Aufwand, der für den gesamten Softwarelebenszyklus betrieben werden muss: Anforderungsanalyse, technischer Entwurf und Codeimplementierung mit Unit-Tests, zusätzlich Qualitätssicherung mit Prüfung der Akzeptanzkriterien und Bereitstellung in einer Staging-Umgebung. Jede Story sollte zwar so klein sein, dass sie bequem in einen Sprint passt, aber die Größe der Stories kann erheblich schwanken.

Am untersten Ende der Skala liegt die »1-Punkt-Story«, die mit geringem Aufwand implementiert werden kann. Eine interessante und wichtige Eigenschaft von Story-Punkten ist, dass sie außerhalb des Teams, das sie festgelegt hat, völlig bedeutungslos sind. Die 1-Punkt-Story des einen Teams ist bei einem anderen Team möglicherweise 3 Punkte wert. Im Verlauf mehrerer Sprints bildet sich allmählich ein Konsens heraus, wie viel Aufwand etwa für eine Story benötigt wird.

Ein Story-Punkt gibt auf keinen Fall den Aufwand in einer bestimmten Zeiteinheit wieder, also in Tagen oder Stunden. Allerdings lassen sich Story-Punkte im Rückblick ganz grob einer Zeitdauer zuordnen. Auf dem Diagramm in Abbildung 1–6 stehen die senkrechten Balken für geschätzte Zeiten und die waagrechten Striche an jedem Balken für den tatsächlichen Aufwand, der für eine Story mit den angegebenen Punkten erforderlich war.

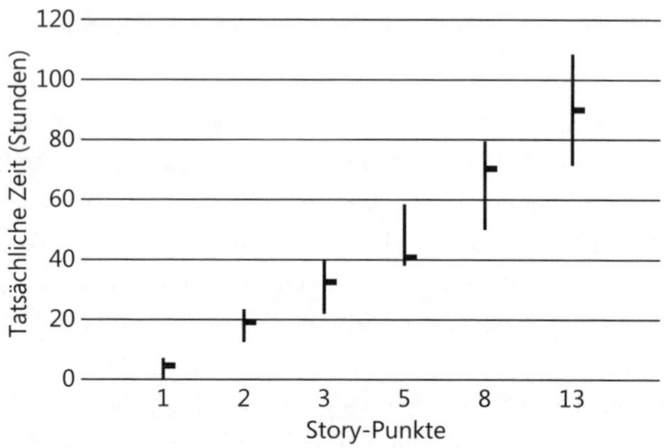

Abb. 1–6 Das Minimum-/Maximum-/Durchschnittsdiagramm zeigt den Zusammenhang zwischen geschätztem Aufwand und tatsächlichem Aufwand

Im Wesentlichen zeigt dieses Diagramm, dass die Spanne bei umfangreichen Stories größer wird. Je umfangreicher eine Story eingestuft wird, desto schwieriger ist es einzuschätzen, wie viel Zeit aufgewendet werden muss, bis sie fertig ist.

Geschwindigkeit

Sie haben die Möglichkeit, über mehrere Sprints hinweg einen Durchschnitt der verdienten Story-Punkte zu berechnen. Nehmen wir an, ein Team hat drei Sprints abgeschlossen und die Definition of Done für Stories erfüllt, die insgesamt 8, 12 und 11 Story-Punkte umfassen. Das macht in Summe 31, und durchschnittlich 10 Punkte. Dieser Wert wird als Geschwindigkeit (engl. velocity) des Teams bezeichnet, er lässt sich auf zwei Arten verwerten.

Erstens kann die Geschwindigkeit des Teams als obere Grenze dienen, um festzulegen, zu wie vielen Punkten sich das Team für den nächsten Sprint verpflichten soll. Hat das Team einen Durchschnitt von 10 Punkten pro Sprint, wäre es überoptimistisch, mehr als diesen Wert für eine einzelne Iteration anzusetzen – das hätte wahrscheinlich einen demoralisierenden Fehlschlag zur Folge. Es ist sinnvoller, ein realistisches Ziel zu setzen und es dann zu erfüllen oder sogar zu übertreffen als ein unrealistisches Ziel, das nicht erreicht wird. Nimmt das Team diese 10 Punkte an und schafft die Implementierung von 11, steigert es seine Geschwindigkeit auf 11: (12+11+11)/3. Das ist die Scrum-Feedbackschleife in Aktion.

Die Geschwindigkeit können Sie auch dazu nutzen, Probleme bei der Auslieferung zu analysieren. Bricht die Geschwindigkeit eines Teams bei einem Sprint deutlich ein, ist das wahrscheinlich ein Zeichen, dass während dieses Sprints ein Problem aufgetreten ist, das beseitigt werden muss. Vielleicht waren die Stories zu umfangreich und ihr Aufwand wurde unterschätzt, wodurch sie lange in Arbeit blieben und in den nächsten Sprint hinübergezogen werden mussten. Manchmal ist die Ursache auch ganz simpel: Zu viele wichtige Mitarbeiter waren gleichzeitig in Urlaub oder krank, was den Fortschritt natürlich bremste. Vielleicht wurde aber auch zu viel Zeit mit dem Refaktorieren von vorhandenem, lauffähigem Code verbracht, während nur selten daran gearbeitet wurde, neues Verhalten in das System einzubringen. Unabhängig davon, wo die Ursachen liegen, ist ein 25-prozentiger Geschwindigkeitseinbruch nicht *immer* eine Katastrophe, er *könnte* aber ein Warnzeichen für künftige Probleme sein, die Sie möglichst bald beseitigen sollten. Sinkt die Geschwindigkeit Woche für Woche (stetige Verlangsamung), ist das definitiv ein Problem. Dies wird oft durch Code verursacht, der nicht adaptiv ist; in einem solchen Fall hilft Ihnen dieses Buch, die Probleme zu beseitigen.

Das Sprint-Burndown-Diagramm

Am Anfang jedes Sprints wird ein zweidimensionales kartesisches Koordinatensystem erstellt und auf dem Scrum-Board angebracht. Auf der y-Achse wird die Gesamtsumme der Story-Punkte aufgetragen und auf der x-Achse die Zahl der Arbeitstage. Eine diagonale Gerade (die sogenannte *line of best fit*, »Mittelwertsgerade« oder einfach Ideallinie) wird eingezeichnet, um den idealen Fortschritt des Sprints zu zeigen (Abbildung 1–7).

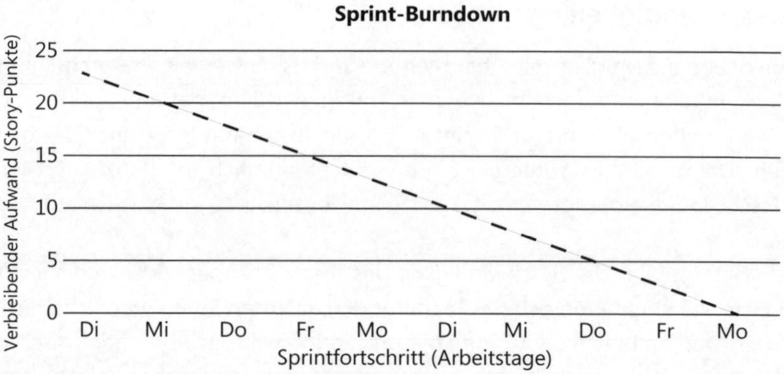

Abb. 1–7 Ein Sprint-Burndown-Diagramm am Anfang eines Sprints. Die Gerade ist die »Ideallinie« zum Sprintziel (in diesem Beispiel 23 Story-Punkte).

Beim allmorgendlichen Stand-Up-Scrum-Meeting werden die Punkte für die fertigen User Stories ausgezahlt und von der bisherigen Gesamtsumme abgezogen. Wie Abbildung 1–8 zeigt, wird dadurch der tatsächliche Fortschritt des Sprints im Vergleich zu dem Fortschritt deutlich, der gebraucht wird, um das Sprintziel zu erreichen.

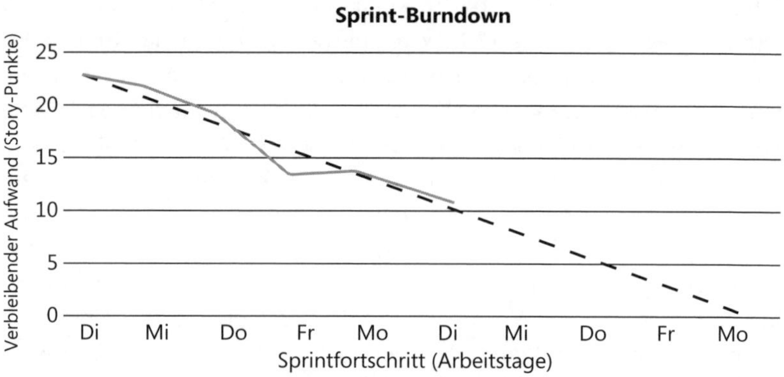

Abb. 1–8 Ein Sprint-Burndown-Diagramm nach der Hälfte des Sprints. In diesem Fall liegt das Team nahe an der Ideallinie, auch wenn zwischen Freitag und Montag kein Fortschritt zu verbuchen war.

Wenn Sie die Linie des tatsächlichen Fortschritts in einer anderen Farbe als die Idealgerade zeichnen, sind die beiden einfach zu unterscheiden. Befindet sich die Linie des tatsächlichen Fortschritts irgendwann während des Sprints über der Ideallinie, weist das darauf hin, dass ein Problem besteht und weniger Arbeit abgeliefert wird als geplant. Liegt die Linie des tatsächlichen Fortschritts dagegen unter der Ideallinie, eilt das Projekt dem Zeitplan voraus. Im Verlauf eines Sprints schwankt die Linie des tatsächlichen Fortschritts oft ein wenig hin und her, ohne dass dies echte Probleme bedeutet. Nur wenn größere Diskrepanzen auftreten, müssen Sie dafür eine Erklärung finden.

Burndown-Diagramme sind nützlich, wenn Sie in einem bestimmten Zeitrahmen eine festgelegte Menge an Arbeit erledigen müssen. Unter diesen Bedingungen ist es unmöglich, die x-Achse zu unterschreiten. (Ist y=0, haben Sie die gesamte zugewiesene Arbeit erledigt.)

Das Feature-Burnup-Diagramm

Ähnlich wie das Sprint-Burndown-Diagramm den Fortschritt während eines Sprints auf Story-Ebene misst, zeigt das Feature-Burnup-Diagramm den Fortschritt der fertigen Features, nachdem sie implementiert wurden. Am Ende jedes Sprints ist es möglich, dass ein neues Feature vollständig implementiert wurde. Das Beste an diesem Diagramm ist, dass es unmöglich ist, die Auslieferung fertiger Features vorzutäuschen, ohne dass die Alarmglocken schrillen. Die Linie sollte relativ beständig steigen, im Idealfall ohne deutliche Plateaus. Abbildung 1–9 zeigt ein Beispiel für ein gutes Feature-Burnup-Diagramm.

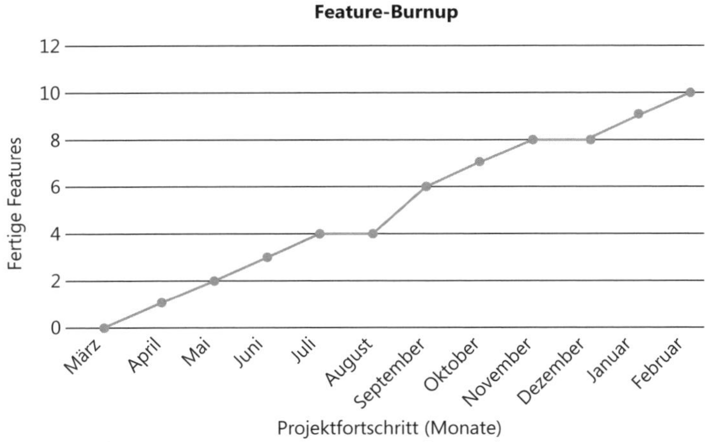

Abb. 1–9 Das Feature-Burnup-Diagramm eines gesunden Projekts, das über ein Jahr hinweg stetige Fortschritte macht

Auch wenn die Steigung gering ist, zeigt dieses Diagramm, dass das Team einen guten Rhythmus für seine Entwicklung gefunden hat und Features regelmäßig und in vorherplanbaren Abständen liefert. Es gibt zwar gelegentliche Abweichungen von einer echten Geraden, das gibt aber keinen Anlass zur Besorgnis.

Dagegen zeigt das Diagramm in Abbildung 1–10, dass während der Entwicklung ernste Probleme aufgetreten sind. Das Team legte einen guten Start hin und lieferte sehr schnell eine Menge Features aus, aber dann brachen die Fortschritte ein. In den letzten acht Monaten wurden nur zwei Features fertiggestellt.

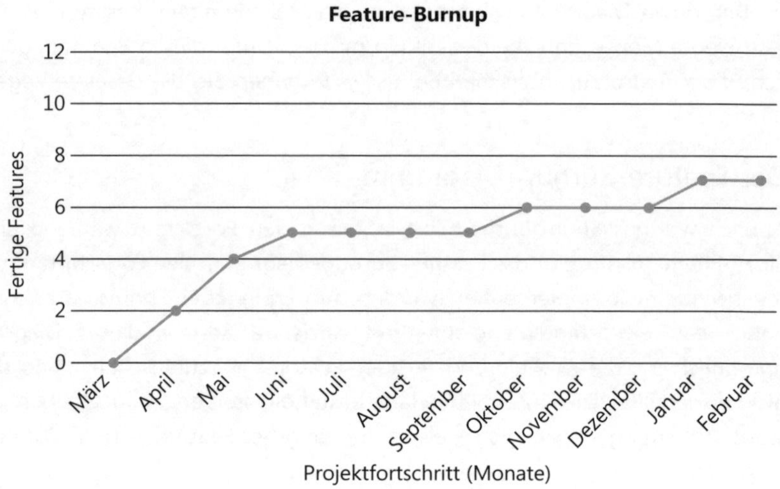

Abb. 1–10 Das Feature-Burnup-Diagramm eines Projekts, bei dem Probleme auftraten

Hier ist das Problem ganz deutlich: Der Code war nicht anpassungsfähig. Der Anfangsspurt könnte auf fehlende Unit-Tests hindeuten, vielleicht wurde auch auf eine sinnvolle Schichtentrennung verzichtet oder gegen andere Best Practices verstoßen. Indem das Team auf diese Details verzichtete, konnte es einige Features bald vorlegen. Als die Codebasis aber aufgebläht und unordentlich wurde, verlangsamte sich der Fortschritt deutlich und es konnten keine neuen Features mehr abgeliefert werden. Ein derartiger Verlauf wird meist begleitet von einer zunehmenden Zahl von Fehlern und schlechter (unbesonnener) Technical Debt. Wenn das Projekt auf diesem Weg bleibt, wäre es wahrscheinlich besser, ganz neu damit zu beginnen; der Aufwand für das notwendige Refaktorieren würde jegliche Vorteile zunichtemachen. Wäre das Problem frühzeitig erkannt worden, hätten sich Team und Projekt davon erholen können. Aber wahrscheinlich ist es besser, auf Basis von Verfahren der agilen Entwicklung einen Neuanfang zu starten, als zu versuchen, sie einem gescheiterten Projekt überzustülpen.

Backlogs

Ein Backlog (Rückstand) ist eine Liste ausstehender Punkte, die noch erledigt werden müssen. Diese Punkte werden bei Gelegenheit aus dem Backlog entnommen und bearbeitet, bis sie fertig sind. Jeder Eintrag der Liste ist mit einer Priorität und einer Schätzung für den erforderlichen Aufwand versehen. Die Liste wird zuerst nach der Priorität und dann nach dem Aufwand sortiert.

In Scrum werden zwei Backlogs geführt, die unterschiedlichen Zwecken dienen: das Produkt-Backlog und das Sprint-Backlog.

Produkt-Backlog

Über die gesamte Lebensdauer eines Produkts hinweg enthält das Produkt-Backlog alle Features, die noch implementiert werden sollen. Diese Features wurden noch nicht in einen Sprint aufgenommen, daher arbeitet das Entwicklungsteam nicht aktiv an den Einträgen dieses Backlogs. Das Entwicklungsteam (oder zumindest einige seiner Mitglieder) hat aber schon Zeit dafür investiert, den erforderlichen Aufwand für diese Features zu schätzen. Das hilft dabei, Prioritäten für die Einträge des Produkt-Backlogs zu vergeben, damit es keine unsortierte Ansammlung von Einträgen wird.

Die Priorität jedes Eintrags hängt in erster Linie davon ab, welchen wirtschaftlichen Wert die Implementierung des Features für das Unternehmen hat. Dieser Wert muss vom Besitzer des Produkt-Backlogs festgelegt werden: dem Product Owner. Diese Person vertritt das Unternehmen gegenüber dem Entwicklungsteam und kann in seinem Namen sprechen. Die Kenntnisse des Product Owners bezüglich des Unternehmens und seiner Arbeitsweise sind unverzichtbar, um einem bestimmten Feature einen vernünftigen wirtschaftlichen Wert zuzuweisen. Haben zwei Einträge im Produkt-Backlog denselben wirtschaftlichen Wert, wird ihre Priorität anhand des erforderlichen Aufwands entschieden. Liegen zwei Features mit hohem wirtschaftlichem Wert vor, wobei das eine als klein, das andere als umfangreich eingeschätzt wird, ist es wirtschaftlich sinnvoll, zuerst das kleinere Feature zu implementieren. Bei kleineren Features sind die Risiken geringer und der tatsächlich nötige Zeitaufwand für ihre Implementierung schwankt nicht so stark wie bei einem größeren Feature. Außerdem ist die Rendite für ein Feature, das weniger Aufwand erfordert, höher als bei einem, das denselben Wert hat, aber mehr Aufwand verursacht.

Wenn das Unternehmen eine neue Version des Produkts freigeben will, kann es das Produkt-Backlog durchgehen, um zu entscheiden, welche Features für das Release am wertvollsten sind. Das kann auf zwei Arten geschehen: Entweder legt das Unternehmen einen festen Termin für das Release fest und gibt die Menge an Arbeit in Auftrag, die auf Basis der beigefügten Aufwandsschätzungen wahrscheinlich in diesem Zeitrahmen zu schaffen ist, oder es wählt die Features aus, die für das Release als nötig erachtet werden, und legt das voraussichtliche Releasedatum anhand der Aufwandsschätzungen fest.

Neben Features kann das Produkt-Backlog auch Defekte enthalten, die beseitigt werden müssen, aber noch nicht in einen Sprint aufgenommen wurden. Wie Features bekommen auch Defekte einen wirtschaftlichen Wert zugewiesen. Es ist aber schwierig, den Aufwand für einen Defekt zu schätzen, solange wenig über die Ursache der Fehler bekannt ist, daher kann es einige Zeit dauern, den Aufwand zu schätzen.

Das Produkt-Backlog sollte die offene Natur der Berichterstattung in Agile-Methoden widerspiegeln. Jeder sollte es ansehen dürfen, und jeder sollte Ideen und Vorschläge beisteuern oder auf mögliche Stolperfallen im künftigen Verlauf hinweisen dürfen. Außerdem ist wichtig, dass diese Liste autorisierend ist und zu jedem Zeitpunkt den tatsächlichen Zustand des Produkt-Backlogs enthält. Schlechte Entscheidungen werden oft aufgrund mangelhafter Informationen getroffen. Ein veraltetes Produkt-Backlog kann sich katastrophal auswirken, falls wichtige Entscheidungen im Rahmen der Releaseplanung auf Basis falscher Daten getroffen werden.

Sprint-Backlog

Das Sprint-Backlog enthält alle User Stories, die im nächsten Sprint erledigt werden sollen. Am Anfang des Sprints wählt das Team auf Basis seiner Geschwindigkeit und des Umfangs der User Stories genug Arbeit aus, um einen Sprint zu füllen. Sobald die Stories in den Sprint übernommen wurden, kann das Team damit beginnen, jede Story in Tasks zu untergliedern, für die ein Zeitaufwand in Stunden geschätzt wird. Schließlich wählt jeder Mitarbeiter so viele Tasks zum Implementieren aus, dass seine Arbeitszeit während des Sprints ausgefüllt ist.

Besitzer des Sprint-Backlogs und aller Zeitschätzungen ist das Team. Niemand außerhalb des Entwicklungsteams darf Einträge zum Sprint-Backlog hinzufügen, sie können auch keine zuverlässige Schätzung für den relativen Aufwand oder die konkrete Stundenzahl abgeben. Für das Sprint-Backlog ist einzig das Team verantwortlich, aber es muss Einträge aus dem Produkt-Backlog in der Reihenfolge entnehmen, die von der Priorität bestimmt wird.

Der Sprint

Die Iterationen eines Scrum-Projekts werden als *Sprints* bezeichnet. Sprints sollten ein bis vier Wochen dauern, üblich sind zweiwöchige Sprints. Bei einem kürzeren Sprint bleibt möglicherweise zu wenig Zeit, um die Sprint-Ziele zu erreichen, während bei einem längeren Sprint die Gefahr besteht, dass das Team den Fokus verliert.

Sprints werden im Allgemeinen durch eine fortlaufende Nummer bezeichnet, beginnend bei Sprint 0. Dieser Sprint 0 dient dazu, die Entwicklungsumgebung für das gesamte Team einzurichten und einige vorbereitendende Planungsmeetings abzuhalten, bevor der erste eigentliche Sprint beginnt. Für Sprint 0 werden wahrscheinlich keine Punkte festgelegt, aber in diesen ersten Wochen lässt sich eine Menge erreichen, um den Umstieg auf Scrum während der nachfolgenden Sprints zu erleichtern.

Sie sind vielleicht versucht, Sprints an einem Montag zu beginnen und an einem Freitag enden zu lassen. Das ist problematisch, weil die Sprint-Retrospektive (mehr dazu gleich) viel Zeit für Meetings erfordert, und es gibt kaum etwas Anstrengenderes, als am Freitagnachmittag in Meetings herumzusitzen. Manche Mitarbeiter gehen am Freitag gerne früher, und so kurz vor dem Wochenende fällt es vielen schwer, genug Konzentration aufzubringen. Genauso wenig Leute sind begeistert, wenn sie ihre Arbeitswoche mit Meetings beginnen, daher sollten Sie diese Situationen vermeiden und Ihre Sprints um die Wochenmitte herum starten und enden lassen, also Dienstag, Mittwoch oder Donnerstag.

Die nächsten Abschnitte erklären die verschiedenen Meetings, aus denen ein Sprint besteht. Sofern nicht explizit darauf hingewiesen wird, sind sie in der Reihenfolge aufgeführt, in der sie stattfinden.

Releaseplanung

Bevor der Sprint beginnt, muss der Release der Software geplant werden. Dazu müssen der Kunde und der Product Owner ein Releasedatum festsetzen und Prioritäten und Umfang der Features festlegen, die enthalten sein sollen.

Featureschätzung

Features können viel Aufwand erfordern, sogar wenn sie als vergleichsweise klein eingestuft werden. Daher liegen jegliche Schätzungen für den tatsächlichen Zeitaufwand wahrscheinlich weit daneben. Aus diesem Grund ist es sinnvoll, den Aufwand für Features anhand der Skala auszudrücken, die für Kleidung verwendet wird:

- XL (extra-large, sehr groß)
- L (large, groß)
- M (medium, mittel)
- S (small, klein)
- XS (extra-small, sehr klein)

Featurepriorität

Es ist oft schwierig vorherzusagen, wie viele Features in ein Release passen. Aus diesem Grund ist die Featurepriorität so wichtig. Zu einem angepeilten Release bekommt jedes Feature eine von drei Prioritäten zugewiesen:

- R (Required, nötig)
- P (Preferred, bevorzugt)
- D (Desired, erwünscht)

Nötige Features gehören zum MVR (Minimum Viable Release). Bevorzugte Features sollten in Angriff genommen werden, falls Zeit vor dem Termin übrig bleibt. Erwünschte Features haben die geringste Priorität, sie sind, zumindest für das aktuelle Release, verzichtbar, auch wenn die Kunden ihre Implementierung gerne sähen.

Die Stakeholder des Unternehmens sollten die Features durchnummerieren, damit das Entwicklungsteam sie in der Reihenfolge ihrer Priorität implementieren kann.

Sprintplanung

Die Sprintplanung dient dazu, Schätzungen für User Stories zu erstellen. Wie bei allen Teilen des Scrum-Prozesses gibt es zahlreiche Variationen, auf welche Weise dieser Schätzungsprozess abläuft. Dieser Abschnitt beschreibt den Planungspoker, eine häufig genutzte Methode, um Diskussionen anzustoßen, sowie die Affinitätsschätzung, ein schnelleres Verfahren, um die relative Größe von Stories zu schätzen. Die Affinitätsschätzung eignet sich besser, wenn sehr viele Stories geschätzt werden müssen. Vor einem einzelnen Sprint können Sie Planungspoker nutzen, sofern nur wenige Stories eingeschätzt werden müssen.

Wenn dagegen sehr viele Stories eingeschätzt werden müssen oder die Zeit knapp ist, sollten Sie auf Affinitätsschätzung zurückgreifen.

Planungspoker

An der Planungspokersitzung nimmt das gesamte Entwicklungsteam teil: Geschäftsanalytiker, Entwickler und Testanalysten sowie Scrum Master und Product Owner. Zu jeder User Story, die momentan im Produkt-Backlog eingetragen ist, wird kurz der Umfang skizziert, danach werden alle Teilnehmer aufgefordert, die Größe in Form von Story-Punkten einzustufen.

Um allzu feine Unterschiede zu vermeiden, ist es sinnvoll, die Wahlmöglichkeiten einzuschränken. Häufig wird eine modifizierte Fibonacci-Reihe verwendet: 1, 2, 3, 5, 8, 13, 20, 40 und 100. Unabhängig davon, welche Einteilung verwendet wird, sollten die Wahlmöglichkeiten begrenzt bleiben und die Lücken zwischen den Werten sollten sich vergrößern, wenn der Wert steigt. Am unteren Ende der Skala kann der Wert 0 ergänzt werden, der für »keine Arbeit nötig« steht, falls eine Story praktisch keinerlei Arbeit erfordert. Am oberen Ende der Skala können Sie den Teammitgliedern die Wahlmöglichkeit bieten, dass eine Story so groß ist, dass sie sich nicht innerhalb eines Sprints implementieren lässt und daher vertikal unterteilt werden muss, bevor sie für die Implementierung vom Scrum-Board genommen werden kann.

Sie können einfach ein paar Spielkartenstapel als Stimmkarten hernehmen, spezielle Stimmkarten aus übriggebliebenen Karteikarten basteln oder schlicht die Zahlen auf ein Stück Papier kritzeln. Bei der Stimmabgabe sollen alle Teilnehmer gleichzeitig ihre Karten zeigen, damit niemand von der Einschätzung der anderen beeinflusst wird. Es ist unwahrscheinlich, dass sich ständig alle einig sind. Gelegentlich gibt es sehr große Diskrepanzen zwischen den einzelnen Schätzungen. Das ist absolut normal, es gibt fast immer einige Abweichler, deren Schätzung sich stark vom Durchschnitt unterscheidet. Diese Abweichler sollten aufgefordert werden, ihre Einschätzung angesichts des sonstigen Konsenses zu begründen. Stimmt zum Beispiel jemand mit einer 1, während die anderen Teilnehmer knapp um die 8 schwanken, sollte diese Person – natürlich höflich – gefragt werden, warum die Story seiner Meinung nach so wenig Aufwand erfordert. Genauso sollten Teilnehmer, die einen viel höheren Wert als den Durchschnitt angeben, ihre Gründe erläutern. Hier findet lediglich eine Diskussion darüber statt, wie viel Aufwand das Team für die Fertigstellung einer Story für nötig hält.

Nachdem die Begründung gehört wurde, ist möglicherweise eine erneute Abstimmung angebracht, weil andere Teilnehmer überzeugt wurden, dass ihre vorherige Einschätzung zu hoch oder zu niedrig war und der Abweichler tatsächlich Recht hat. Irgendwann sollte ein Konsens erzielt sein und alle Teilnehmer einigen sich auf eine bestimmte Zahl von Story-Punkten. Es sollten so lange Stories geschätzt werden, bis die Zahl ihrer Punkte die aktuelle Geschwindigkeit des Teams erreicht, denn dies ist die maximal mögliche Arbeitsmenge, zu der sich das Team in einem Sprint verpflichten sollte.

Entgehen Sie dem Parkinsonschen Gesetz

Das Parkinsonsche Gesetz besagt:

> *»Arbeit dehnt sich genau so weit aus, wie Zeit für ihre Erledigung zur Verfügung steht.«*
>
> *– Cyril Northcote Parkinson*

Indem Sie die Schätzungen für Stories von absoluten Zeiteinheiten lösen, senken Sie die Gefahr, dass Sie dem Parkinsonschen Gesetz zum Opfer fallen. Sie sollten sich darauf konzentrieren, so schnell wie möglich die Story fertigzustellen, das heißt die Definition of Done zu erfüllen.

Affinitätsschätzung

Affinitätsschätzung (engl. affinity estimation) ist eine Alternative zum Planungspoker, bei dem viel Zeit aufgebracht werden muss, um Schätzungen zu erstellen, falls es sich um viele Stories handelt. Statt bei jeder Story eine neue Diskussion zu beginnen, nimmt das Team zwei Stories oben aus dem Produkt-Backlog und entscheidet, welche davon kleiner ist. Diese kleinere wird links auf den Tisch gelegt, die größere rechts.

Dann nimmt das Team eine einzelne Story aus dem Produkt-Backlog und platziert sie auf dem Tisch dort, wo sie im Vergleich zu den beiden vorhandenen Stories hingehört. Vielleicht kommt sie links neben die kleinere Story, wenn sie noch kleiner ist; oder rechts neben die größere, wenn sie die größte der drei ist; über die kleine oder große Story, wenn sie etwa genauso groß ist; oder irgendwo zwischen die beiden Stories. Dieser Vorgang wird für jede Story aus dem Produkt-Backlog wiederholt, bis im Sprint kein Platz mehr für weitere Arbeit ist.

Sind die Stories nach ihrer Größe sortiert, kann das Team bei der ersten Gruppe links anfangen und sich zur letzten Gruppe rechts vorarbeiten und dabei Punkte auf Basis der modifizierten Fibonacci-Reihe an die Stories vergeben. Falls viele Stories eingeschätzt werden müssen oder die Zeit knapp ist, ist das eine gute Methode, um die relative Größe grob einzuschätzen.

Daily Scrum

Es gibt zwar einige Meetings, die sich über etliche Stunden erstrecken, aber der Scrum-Prozess selbst wird im Tagesablauf nur auf dem »Daily Scrum« (tägliches Scrum) oder »Stand-Up-Meeting« (Stehkonferenz) wirklich sichtbar.

Dabei sollte sich das Team in Hufeisenform um das Scrum-Board versammeln. Nun wendet sich nacheinander jeder Teilnehmer an das gesamte Team. Der Daily Scrum sollte höchstens 15 Minuten dauern. Um das Meeting zu beschleunigen, sollte jeder die drei folgenden Fragen beantworten:

- Was haben Sie gestern gemacht?
- Was werden Sie heute machen?
- Mit welchen Hindernissen haben Sie zu kämpfen?

Die wichtigen Fragen beim täglichen Stand-Up-Meeting sind der tatsächliche Fortschritt am Vortag und der geschätzte Fortschritt heute. Während ein Teilnehmer berichtet, was er gestern gemacht hat, sollte er das Scrum-Board nutzen und bei Bedarf Karten aus einer Swimlane in eine andere verschieben oder seinen Avatar von einer Karte an eine andere kleben, um das Scrum-Board auf dem neuesten Stand zu halten. Skizzieren Sie, woran Sie gearbeitet haben und wie der Tag lief. Falls Sie keine weiteren Arbeiten anstehen haben, müssen Sie den Scrum Master darüber informieren und eine neue Aufgabe anfordern. Hindernisse sind alles, was Sie davon abgehalten hat, Ihr Ziel für den Vortag zu erreichen. Weil Sie sich beim morgigen Daily Scrum darauf beziehen, was Sie sich für heute vorgenommen haben, sollten Sie unbedingt alles auflisten, was verhindern könnte, dass Sie ihre Pläne verwirklichen. Hindernisse können direkt die Arbeit betreffen, beispielsweise: »Ich komme nicht weiter, wenn das Netzwerk wie gestern ständig ausfällt.« Manchmal ist es aber auch eine private Angelegenheit, etwa: »Ich habe um 14:00 Uhr einen Zahnarzttermin, daher werde ich wahrscheinlich nicht mit allem fertig.« Der Scrum Master sollte das auf jeden Fall schriftlich festhalten, damit er weiß, wie jeder Teilnehmer mit seinen Stories vorankommt.

Der Niko-Niko-Kalender

Mit einem »Niko-Niko-Kalender« (auf Japanisch bedeutet »niko-niko« in etwa lächeln) oder »Mood-Board« (Stimmungsbrett) lässt sich gut sichtbar machen, wie das Team während des Sprints seinen Fortschritt beurteilt. Dazu wird neben dem Scrum-Board eine Tabelle gezeichnet, deren Spalten die Tage des Sprints und deren Zeilen die Namen der Teammitglieder zeigen (Abbildung 1–11).

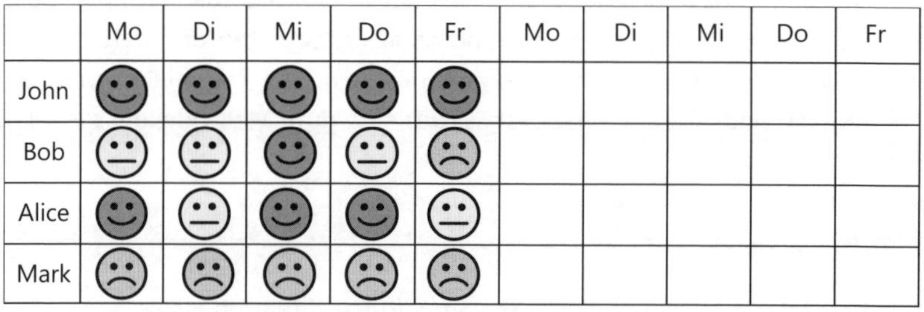

Abb. 1–11 Ein Niko-Niko-Kalender zeigt schnell, wer einen guten Sprint hat und wer nicht

→

Im Scrum-Meeting wird jeder Teilnehmer aufgefordert, eines von drei Symbolen in ihr Feld für den Vortag auf die Tafel zu kleben: grün, gelb oder rot. Jedes Symbol vermittelt, wie der letzte Tag verlief: gut, normal oder schlecht. Auf diese Weise zeigt sich schnell, wenn Teammitglieder mehrere Tage hintereinander frustriert sind und Hilfe benötigen, auch wenn sie sich andernfalls scheuen, darum zu bitten.

Dies ist lediglich eine weitere Kennzahl, mit der Sie die Feedbackschleife verbessern können. Falls all Ihre Teammitglieder sich ständig miserabel fühlen, müssen vielleicht Anstrengungen unternommen werden, um die Moral zu heben. Ist ein bestimmtes Teammitglied ständig unglücklich, die anderen aber zufrieden, kann das darauf hindeuten, dass jemand den Anschluss verliert oder das Gefühl hat, nicht wirklich dazuzugehören. Ganz übel: Falls das ganze Team zufrieden ist, obwohl sich Sprints verspäten, der Code ein übler Verhau ist und die Kunden ihr Geld zurückverlangen, dann ist dem Team alles egal!

Hat jeder gesprochen, ist das Meeting vorüber. Verhindern Sie abschweifende Unterhaltungen. Es ist sehr verlockend, während des Daily Scrum Probleme durchzudiskutieren. Falls jemand ein Hindernis aufgrund eines seltsamen Verhaltens in der Codebasis erwähnt, spekulieren wahrscheinlich alle Entwickler über die mögliche Ursache. Machen Sie sich klar, wer für eine solche Unterhaltung anwesend sein muss: Brauchen sich die Testanalysten wirklich eine Diskussion darüber anzuhören, warum Microsoft Visual Studio das gesamte verfügbare RAM des Programmierers auffrisst? Nein, wahrscheinlich nicht. Notieren Sie sich das Problem und bitten Sie die relevanten Leute, an einer entsprechenden Diskussion teilzunehmen (nach dem Meeting).

Sprintvorführung

Eine Sprintvorführung ist ein wichtiges Ereignis im Sprintkalender. Dabei werden alle fertigen Stories im Einsatz in einer realen Umgebung präsentiert, das heißt alle Stories, die während des Sprints die Definition of Done erfüllt haben. Dazu sollte das gesamte Entwicklungsteam anwesend sein. Zusätzlich können Sie auch andere Stakeholder zu diesem Meeting einladen, etwa Vertreter des Managements oder des Vertriebsteams. Jeder, der Interesse am Fortschritt des Projekts hat, sollte willkommen geheißen werden. Das verstärkt die Offenheit, die jedes Projekt verinnerlichen sollte.

Sammeln Sie alle fertigen User Stories vom Scrum-Board ein und erklären Sie zu jeder ihren Umfang und welche Rolle sie innerhalb des Gesamtprojekts spielt. Verweisen Sie auf das Feature, zu dem die Story gehört, und beschreiben Sie, inwiefern sich das Anwendungsverhalten aufgrund der Implementierung verändert hat. Demonstrieren Sie dieses Verhalten anhand einer realen Bereitstellung des Systems. Lassen Sie die Zuhörer Fragen stellen, passen Sie aber auf, dass nicht vom eigentlichen Thema abgeschweift wird oder bedeutungslose Themen diskutiert werden. Halten Sie den Fokus auf dem Wesentlichen und bieten Sie bei Bedarf an, nach der Vorführung eingehender mit einem Fragesteller zu sprechen. Jegliche Verbesserungsvorschläge sollten in das Produkt-Backlog einfließen, damit sie eine passende Priorität erhalten und in der Planung berücksichtigt werden können. Manchmal kommt es einem vor, als wären die bei der Vorführung vorgeschlagenen Verbesserungen plötzlich die wichtigsten Punkte, aber das ist meist eine Illusion.

Vor der Vorführung sollte niemand Angst haben, aber sie motiviert natürlich zu Fortschritten. Niemand will eine Vorführung absagen, weil nichts fertig ist, aber widerstehen Sie der Versuchung, die Definition of Done aufzuweichen, nur um irgendetwas vorzeigen zu können. Wenn Sie bezüglich des Fortschritts ehrlich sind, brauchen Sie keine Probleme zu verbergen. Verweisen Sie stattdessen auf die Diagramme und Kennzahlen, um die Gründe zu erläutern, die wahrscheinlich für das schmälere Ergebnis verantwortlich sind.

Es empfiehlt sich, einen Zeitpunkt vor der Vorführung festzulegen, an dem der Code eingefroren wird. So verhindern Sie die verlockenden Last-Minute-Änderungen, mit denen versucht wird, mehr Punkte zu sammeln. Reservieren Sie einen realistischen Zeitraum vor der Vorführung, um die Umgebung einzurichten. Stellen Sie außerdem sicher, dass alle bereit sind und niemand unbesonnene Technical Debt in den Code einbringt, um einen kurzfristigen Erfolg zu verbuchen.

> *Disziplin ist die Fähigkeit, immer den langfristigen Vorteil über die flüchtige Versuchung zu stellen.*
>
> *– Mike Alexander, Fitnessexperte*

Sprint-Retrospektive

Ist die Sprintvorführung abgeschlossen, sollten Sie für die Iteration Bilanz ziehen und Meinungen über ihren Gesamterfolg einholen. Für einige Teammitglieder war der Sprint möglicherweise ein durchschlagender Erfolg, während andere ihn für ein völliges Desaster halten. Die Sprint-Retrospektive hilft Ihnen, aus den positiv verlaufenen Elementen Aktionen herauszukristallisieren, die wiederholt werden sollten, und auf der anderen Seite Probleme aufzudecken, die sich künftig verhindern lassen. Das Ergebnis der Sprint-Retrospektive sollte nicht einmal niedergeschrieben werden und dann irgendwo verstauben. Es sollte am Ende des nächsten Sprints erneut herangezogen worden, damit sichergestellt ist, dass erforderliche Änderungen durchgeführt wurden und sich Fehler nicht wiederholen.

Während der Retrospektive sollte das Team die folgenden Fragen beantworten:

- Was lief gut?
- Was lief schlecht?
- Was müssen wir künftig immer machen?
- Was müssen wir künftig bleiben lassen?
- Was müssen wir weiterhin machen?
- Sind während des Sprints irgendwelche Überraschungen aufgetaucht?

Beginnen Sie mit den positiven Aspekten und bitten Sie jedes Teammitglied zu beschreiben, was seiner Ansicht nach gut an dem Sprint lief. Vielleicht war die Person besonders zufrieden mit dem Fortschritt, den sie gemacht hat, oder mit der Qualität der Arbeit.

Fragen Sie dann, was im Sprint schlecht lief. Möglicherweise waren manche Tasks schwieriger und aufwendiger als erwartet, sodass sich eine andernfalls simple Story verzögerte. Wo auch immer das Problem lag, bestimmt lässt sich Abhilfe schaffen. An unverblümten Aussagen gibt es nichts auszusetzen, sofern sie objektiv gehalten sind. Niemand sollte andere Teammitglieder beschuldigen und jegliche Kritik sollte konstruktiv formuliert und aufgeschlossen entgegengenommen werden. Das Ziel ist die Verbesserung von Prozess und Produkt.

Es kann sein, dass das Team bestimmte Dinge noch nicht tut, die in den Prozess eingeführt werden sollten. Beispielsweise könnte das Team anregen, dass in dieser Phase formelle Unit-Tests hinzugefügt werden, die parallel zum Code entwickelt werden. Wie bei allen Vorschlägen sollte sich der Scrum Master dazu Notizen machen und sie bei Bedarf später in die Tat umsetzen.

Genauso kann es Dinge geben, die nach Meinung von Teammitgliedern nicht mehr getan werden sollten. Prominente Beispiele sind ungeplante Abschweifungen in Meetings oder das Verschieben von Stories in die In-Progress-Swimlane, wenn sich dort bereits jede Menge Arbeit tummelt. Letzteres Problem ist recht häufig und lässt sich lösen, indem Sie für bestimmte Swimlanes eine Kapazitätsgrenze festlegen. Wenn Sie beispielsweise erzwingen, dass höchstens drei Stories gleichzeitig in Arbeit sein dürfen, werden die Teammitglieder veranlasst, sich beim Fertigstellen von begonnenen Arbeiten zu helfen, statt mit etwas Neuem zu beginnen.

Manche Dinge, die gut gelaufen sind, regen dazu an, bestimmte Aktionen zu wiederholen. Wenn die Sprintvorführung ein großer Erfolg war und Einigkeit besteht, dass dafür eine gute Vorbereitung verantwortlich war, können Sie künftig auf diesen Punkt Wert legen. Es ist erstaunlich, wie schnell gute Angewohnheiten vergessen und durch schlechte ersetzt werden.

Und schließlich sollte das Team alle während des Sprints aufgetretenen Überraschungen rekapitulieren, gute wie schlechte. Alle unangenehmen Überraschungen sollten eine Aktion zur Folge haben, mit der sie sich künftig verhindern lassen, während positive Überraschungen deutlich machen könnten, welche Verhaltensweisen wiederholt werden sollten.

Mindestens ein Aktionselement aus der Retrospektive sollte Priorität für den nächsten Sprint erhalten. Das Ergebnis des Meetings sollte nicht vergessen, sondern umgesetzt werden.

Story-Punkt-Triangulation

Bei einigen Stories stellt sich während des Sprints möglicherweise heraus, dass sie mehr oder weniger Aufwand erfordern, als das Team während des Sprintplanungsmeetings geschätzt hat. Wenn Sie 5 bis 10 Minuten am Ende der Sprint-Retrospektive dafür reservieren, die Schätzungen für die Stories mit dem tatsächlichen Aufwand zu vergleichen, kann Ihnen das bei künftigen Schätzungen helfen.

Nach einigen Sprints stehen Statistiken zur Verfügung, wie viel Zeit tatsächlich für jede Story gebraucht wurde und auf wie viele Story-Punkte sie geschätzt wurde. Nach einer Weile erhalten Sie eine Statistik wie in Tabelle 1–1.

Story-Punkte	Durchschnittlicher tatsächlicher Aufwand (Stunden)	Minimaler tatsächlicher Aufwand (Stunden)	Maximaler tatsächlicher Aufwand (Stunden)
1	5,5	1	19
2	9,5	2	23
3	17	7,5	40
5	36	20	76
8	56	40	86
13	88	68	154

Tab. 1–1 Statistiken für durchschnittlichen, minimalen und maximalen tatsächlichen Aufwand im Vergleich zu den User Story-Schätzungen eines hypothetischen Projekts

Wenn für eine 1-Punkt-Story in einem Sprint satte 60 Stunden gebraucht wurden, war sie wahrscheinlich eher eine 8-Punkt-Story. Sofern keine besonderen Umstände vorlagen (etwa Mangel an Entwicklern aufgrund von Krankheit) kann die Schätzung als fehlerhaft eingestuft werden. Wenn Sie stattdessen 8 Story-Punkte fordern, sinkt Ihre Geschwindigkeit nicht aufgrund der Fehleinschätzung und das Team braucht sich nicht zu weniger Stories zu verpflichten.

Konzentrieren Sie sich auf die Stories, deren Aufwand sehr stark vom Durchschnitt abweicht. Passt eine 1-Punkt-Story in den Bereich einer 2- oder 3-Punkt-Story, bedeutet es keinen allzu großen Unterschied, wenn Sie dafür mehr Punkte ansetzen.

Scrum-Kalender

Tabelle 1–2 zeigt ein Beispiel für einen Kalender der typischen Scrum-Meetings, die im Verlauf eines Sprints abgehalten werden.

Datum (April 2013)	Zeitraum	Art des Meetings	Teilnehmer
Dienstag, der 2.	13:00-15:30	Sprintplanung	Entwicklungsteam, Product Owner
Mittwoch, der 3.	09:30-09:45	Daily Scrum	Entwicklungsteam
Donnerstag, der 4.	09:30-09:45	Daily Scrum	Entwicklungsteam
Freitag, der 5.	09:30-09:45	Daily Scrum	Entwicklungsteam
Montag, der 8.	09:30-09:45	Daily Scrum	Entwicklungsteam
Dienstag, der 9.	09:30-09:45	Daily Scrum	Entwicklungsteam
Mittwoch, der 10.	09:30-09:45	Daily Scrum	Entwicklungsteam
Donnerstag, der 11.	09:30-09:45	Daily Scrum	Entwicklungsteam
Freitag, der 12.	09:30-09:45	Daily Scrum	Entwicklungsteam

Tab. 1–2 Ein möglicher Kalender zum Organisieren der Scrum-Meetings in einem Sprint

Datum (April 2013)	Zeitraum	Art des Meetings	Teilnehmer
Montag, der 15.	09:30-09:45	Daily Scrum	Entwicklungsteam
Dienstag, der 16.	10:00-11:20	Sprintvorführung	Alle
	11:30-12:00	Sprint-Retrospektive	Entwicklungsteam
	13:00-15:30	Sprintplanung	Entwicklungsteam, Product Owner

Tab. 1–2 Ein möglicher Kalender zum Organisieren der Scrum-Meetings in einem Sprint (Forts.)

Wie Sie sehen, ist fast ein ganzer Tag am Ende des Sprints reserviert. Dies wird als »Sprint Handover Day« (Sprint-Übergabetag) bezeichnet. Damit die Konzentration der Teilnehmer nicht leidet, ist es manchmal sinnvoll, diese Meetings auf zwei aufeinander folgende Tage zu verteilen: einen Nachmittag und den nächsten Vormittag. Für Sprintvorführung und Retrospektive eignet sich der Dienstagnachmittag, dann kann das Sprintplanungsmeeting auf den Mittwochvormittag geschoben werden.

Ein anderer interessanter Punkt ist der Zeitpunkt für den Daily Scrum. Ist das Meeting zu früh angesetzt, können vielleicht nicht alle kommen, weil sie noch im Verkehr stecken oder sich aus anderen Gründen ein paar Minuten verspäten. Findet es andererseits zu spät statt, kann es schwierig sein, Leute von ihrem Schreibtisch wegzuzerren, weil sie bereits in ihre Arbeit vertieft sind.

Sie können diese Meetings in einen Microsoft Outlook- oder anderen Kalender eintragen, wobei Sie die jeweiligen Rollen als Teilnehmer hinzufügen sollten.

Probleme beim Einsatz von Scrum und Agile

Agile Prozesse sind kein Wundermittel, mit dem Sie jedes Projekt, das vor dem Scheitern steht, auf den Pfad zu Rentabilität und Erfolg zurückbringen. Jeder Softwareentwicklungsprozess hat das Ziel, reproduzierbaren Erfolg für die Auslieferung von Software zu schaffen, aber natürlich muss diese Software erst einmal geschrieben werden. Auch Unmengen an Dokumentation können nicht über die Tatsache hinwegtäuschen, dass ein Softwareprodukt Ergebnis von funktionsfähigem Quellcode ist.

Dieses Buch erklärt Entwicklern, wie sie Softwarelösungen erstellen, die *adaptiv* (engl. adaptive) sind. Das bedeutet, dass sie sich einfach an die Art von Änderungen anpassen lassen, denen jede Software ausgesetzt ist. Es wäre naiv anzunehmen, dass der erste Versuch zum Implementieren einer Lösung sämtliche Anforderungen des Kunden erfüllt, daher sind Änderungen unvermeidbar. Agile Prozesse – und Scrum ist da keine Ausnahme – versuchen, solche Änderungen bereitwillig anzunehmen und nach Möglichkeit sicherzustellen, dass die Kunden ihre Vorstellung vom Verhalten der Software ändern dürfen, während sie entwickelt wird. Andernfalls wären sie gezwungen, eine minderwertige Lösung zu akzeptieren, die ihre Anforderungen nicht wirklich erfüllt.

Nicht adaptiver Code

Code, der nicht anpassungsfähig ist, wird als *nicht adaptiv* (engl. maladaptive) bezeichnet. Wenn Code nicht adaptiv ist, ist es schwierig, ihn an Änderungen anzupassen. Die Schätzungen, die das Team verschiedenen Tasks zugewiesen hat, können dann erheblich von der Realität abweichen, weil das Ändern des Codes länger dauert, als es eigentlich sollte. Und beim Ändern des Codes kann es leicht passieren, dass Fehler eingebracht werden, die später unter Einsatz von viel Zeit, Aufwand und Ressourcen korrigiert werden müssen.

Inflexibilität

Es gibt unterschiedliche Aspekte, die Inflexibilität bei Code verursachen. Jeder davon muss bekämpft werden, sonst werden Änderungen zunehmend schwieriger und es können immer weniger Features abgeliefert werden.

Mangelnde Abstraktion

Abstraktion verbirgt die Details und beschränkt sich darauf, eine vereinfachte Darstellung zu zeigen. Wir sind ständig von Abstraktionen umgeben. Das Lenkrad in Ihrem Auto abstrahiert die mechanische Implementierung, mit der die Räder in die jeweilige Richtung eingeschlagen werden. Es gibt sogar ganz unterschiedliche Lenkgetriebe, die wichtigsten sind Zahnstangen- und Kugelumlauflenkung. Bei beiden Implementierungen ist das Endergebnis dasselbe: Beide Räder werden umso weiter eingeschlagen, je weiter Sie das Lenkrad drehen. Außerdem drehen sich die beiden Räder bei Kurvenfahrt nicht mit der gleichen Geschwindigkeit. Weil das innere Rad einen Kreis mit geringerem Durchmesser durchfährt, muss es sich langsamer drehen als das äußere.

Natürlich brauchen Sie das alles nicht zu wissen, um Auto zu fahren. Möglicherweise hilft es Ihnen, wenn Sie einen Fehler suchen oder die Funktionsweise erklären wollen, aber als normaler Fahrer kommen Sie ohne diese Informationen aus. Die Abstraktion verbirgt möglichst viele Details und legt nur so viel offen, wie Sie tatsächlich brauchen.

In der Software sind Abstraktionen von entscheidender Bedeutung. Die Benutzeroberfläche braucht nicht zu wissen, welches Speichermedium zum Einsatz kommt, um die Eingaben des Benutzers festzuhalten. Wenn sie das weiß, liegt ein Mangel an Abstraktion vor und die Benutzeroberfläche wird hoffnungslos mit Details überfrachtet, die überhaupt nicht ihre Angelegenheit sind.

Code, der ausreichend abstrahiert ist, ist besser organisiert, einfacher zu verstehen und anderen zu erklären, leichter zu pflegen und mit weniger Fehlern belastet.

Unklar abgegrenzte Aufgabenbereiche

Code wächst oft organisch aus einem kleinen, vielleicht sogar trivialen Kern zu etwas viel Größerem und Wichtigerem heran. Es werden inkrementelle Änderungen vorgenommen, die jeweils aufeinander aufbauen, bis ein kritischer Punkt erreicht ist, an dem eine einzige Änderung viele Wechselwirkungen und unvorhersehbare Folgen auslöst.

Diese Art Code enthält Methoden, Klassen und manchmal sogar ganze Module, die nicht auf einen bestimmten Zweck beschränkt sind. Stattdessen erfüllt jede davon mehrere unterschiedliche Aufgaben, die nicht ohne Weiteres voneinander zu trennen sind. Nimmt ein Entwickler in diesem Code eine Änderung vor, die eigentlich nach wenigen Stunden erledigt sein sollte, braucht er unter Umständen den ganzen Tag oder noch länger, um die Nebenwirkungen von Änderungen auf andere Codeteile zu untersuchen, die auf den ersten Blick gar nichts mit der Änderung zu tun haben.

Um solche Probleme zu vermeiden, müssen Sie sicherstellen, dass sich Code auf jeder Ebene (Methoden, Klassen und Module) auf einen einzigen, genau definierten Aufgabenbereich konzentriert.

Fehlende Testbarkeit

Unit-Tests (auch als Komponententests bezeichnet) haben sich seit vielen Jahren als unverzichtbar etabliert. Sie bieten eine zuverlässige Methode, die Korrektheit von Code sicherzustellen, und sollten für viele Entwickler eine Selbstverständlichkeit sein. Es fordert aber große Disziplin und ständige Sorgfalt, um sicherzustellen, dass Code auch über einen längeren Zeitraum testbar bleibt.

Ist Code nicht mehr testbar, bleibt er ungetestet. Und ungetesteter Code enthält *garantiert* Fehler. Hier gibt es keine quantenmechanische Unschärfe: Sie müssen immer davon ausgehen, dass ungetesteter Code Fehler enthält. In diesem Fall sollten Sie jegliche Unschuldsvermutung vergessen und den Code als fehlerhaft einstufen.

Die folgenden Konzepte und die Testbarkeit im Allgemeinen werden in Kapitel 4, »Unit-Tests und Refaktorierung«, genauer beschrieben

Lufthaken und Kräne

Daniel C. Dennett schreibt in seinem Buch »Darwins gefährliches Erbe« (englischer Originaltitel »Darwin's Dangerous Idea«) aus dem Jahr 1995 [Hervorhebungen von mir]:

> *»Ein **Lufthaken** ist ... eine Ausnahme vom Prinzip, dass jeder Entwurf – und auch jeder scheinbare Entwurf – letztlich das Ergebnis von geist- und absichtslosen mechanischen Vorgängen ist. Ein **Kran** ist dagegen ein Teilprozess oder eine spezielle Funktion eines Entwurfsprozesses, der sich demonstrieren lässt, um den grundlegenden, langsamen Prozess der natürlichen Auswahl lokal zu beschleunigen. Es kann gezeigt werden, dass der Kran selbst das vorhersagbare (oder rückblickend erklärbare) Produkt des grundlegenden Prozesses ist.«*
>
> *Daniel C. Dennett, Darwins gefährliches Erbe. Die Evolution und der Sinn des Lebens, (Hoffmann & Campe, 1997)*

Wenn wir die evolutionären Konnotationen ignorieren, ist ein Lufthaken (engl. skyhook) eine Methode, etwas ohne Verweis auf einen Präzedenzfall zu erklären. Kräne (engl. cranes) dagegen können logisch aus anderen erklärbaren Elementen abgeleitet werden – zumindest bis irgendein primäres Axiom erreicht ist.

Das ist eine nützliche Analogie für die Programmierung. Lufthaken deuten auf ein tiefergehendes Problem hin. Alle Lufthaken sollten durch passende Kräne ersetzt werden.

Ein Lufthaken im Code lässt sich nur schwer durch eine simulierte Implementierung (ein Mockup) ersetzen, und das verschlechtert die Testbarkeit. Beispiele für Lufthaken sind:

- Statische Methoden
- Statische Klassen (auch Singletons)
- Objekterstellung mit `new`
- Extension-Methoden

All diese Elemente erschweren das Testen[1], weil sie Ihre Fähigkeit einschränken, Mockups in Ihren Code einzubauen. Es handelt sich um Lufthaken, daher sind sie unerwünscht. Sie alle werden *ex nihilo* benutzt, aus dem Nichts.

Glücklicherweise können all diese Elemente durch entsprechende Kräne ersetzt werden, zum Beispiel bedienen sich die folgenden Elemente einer Form der externen Injection (sie können also *ex materia* benutzt werden, aus etwas Realem).

- Schnittstellen
- Dependency-Injection
- Inversion of Control
- Factorys

In späteren Kapiteln dieses Buchs werden diese »Kräne« der Programmierung genauer erklärt.

Kennzahlen

Für Quellcode wurden im Lauf der Jahre schon viele Kennzahlen propagiert, die jeweils versuchen, die Komplexität von Code in Werte zu fassen, die auf den Zustand des gesamten Projekts schließen lassen.

Cum hoc ergo propter hoc

Der lateinische Ausdruck *cum hoc ergo propter hoc* bedeutet »mit diesem, deshalb wegen diesem«. Es ist ein Beispiel für einen Trugschluss. Es stimmt nicht, dass dann, wenn ein Ereignis oft in Kombination mit einem anderen eintritt, eines dieser Ereignisse vom anderen verursacht wird. Manchmal wird dies auch mit »Korrelation impliziert keine Kausalität« ausgedrückt.

Wenn Sie mit solchen Kennzahlen arbeiten, dürfen Sie nicht vergessen, dass zwischen einem angestrebten Wert für die Kennzahl und dem nebulösen Ziel von »gutem Code« bestenfalls ein vager Zusammenhang besteht.

1. Schwierig, aber nicht unmöglich. Manche Frameworks, zum Beispiel TypeMock (*www.typemock.com*), sind in der Lage, Lufthaken zu simulieren. Auf diese Möglichkeit sollten Sie aber nur zurückgreifen, wenn sich die Lufthaken in fremdem Code befinden, den Sie nicht ändern können.

Das mag vereinfacht klingen, aber Kennzahlen haben sich weiterentwickelt, seit das mittlere Management begeistert die Zahl der Quellcodezeilen (SLOC, Source Lines Of Code) verglich. SLOC spiegelt zwar recht gut den erforderlichen Aufwand wider (es dauert länger, mehr Codezeilen zu schreiben, als nur wenige), hat aber kaum Aussagekraft, wenn es um den Funktionsumfang eines Systems geht. Es ist auch kein zuverlässiges Maß für die Produktivität eines Entwicklers.

Unit-Test-Abdeckung

Das Maß der *Unit-Test-Abdeckung* (engl. unit test coverage) gibt an, wie viele Prozent des Codes durch Unit-Tests überprüft wird. Die Spanne reicht von 0 Prozent, wenn überhaupt kein Code durch irgendwelche Tests überprüft wird, bis 100 Prozent, wenn jede einzelne Codezeile durch mindestens einen Unit-Test geprüft wird. Im Allgemeinen gilt eine Abdeckung von 80 Prozent als Minimum für eine vernünftige Softwareentwicklung.

Neben den Unit-Tests sollten auch Tools für die Unit-Test-Abdeckung auf dem Continuous-Integration-Server laufen, der den Code jedes Mal kompiliert, sobald er an die Quellcodeverwaltung übergeben wird. Auf diese Weise werden Sie schnell darauf aufmerksam, wenn es Veränderungen bei der Codeabdeckung gibt.

Der Wert der Testabdeckung kann irreführend sein, denn er ist ein quantitatives Maß für die Unit-Tests, aber kein Maß für die Qualität. Sie können die Codeabdeckung ganz einfach durch *irgendwelche* Tests vergrößern, die *richtigen* Tests sind deutlich aufwendiger.

Liegt die Testabdeckung unter 80 Prozent (oder welchen Grenzwert Sie festgelegt haben), können Sie den Wert schrittweise so weit vergrößern, dass Ihr angestrebter Prozentsatz erreicht ist. Der Continuous-Integration-Build sollte so konfiguriert sein, dass er fehlschlägt, falls der Prozentwert der Abdeckung fällt. Das bedeutet, dass neuer Produktivcode nur hinzugefügt werden darf, wenn er von Unit-Tests begleitet wird. Andernfalls würde der Abdeckungswert immer weiter fallen.

Zyklomatische Komplexität

Die *zyklomatische Komplexität* (engl. cyclomatic complexity) ist ein Maß für die Zahl der Pfade, die im Code vorhanden sind. Bei jeder Verzweigung im Code (`if`-Anweisungen, Schleifen oder `switch`-Anweisungen) vergrößert sich die zyklomatische Komplexität. Abbildung 1–12 zeigt, wie eine einfache `if`-Anweisung und eine innere Schleife als Graph modelliert werden. Wie Sie sehen, ist die Gesamtsumme der Pfade durch die Anweisung und die Schleife gleich der zyklomatischen Komplexität des Codes.

Kante 1 steht für den Fall, dass die Bedingung der `if`-Anweisung als `false` ausgewertet wird, daher werden die inneren Anweisungen nicht ausgeführt. Bei Kante 2 werden die inneren Anweisungen der `if`-Verzweigung ausgeführt, aber nicht die darin enthaltene Schleife. Kante 3 wird durchlaufen, wenn sowohl die `if`-Anweisung als auch die Schleife ausgeführt werden.

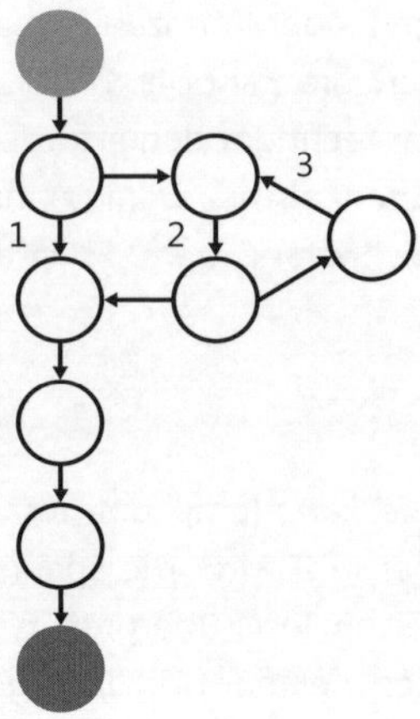

Abb. 1–12 Jeder zusätzliche Pfad durch den Code erhöht die Komplexität

Wenn die zyklomatische Komplexität zunimmt, muss auch mehr Testaufwand betrieben werden, um eine vollständige Unit-Test-Abdeckung für alle Zweige zu erreichen. Daher empfiehlt es sich, Verzweigungen und somit die zyklomatische Komplexität gering zu halten; Sie brauchen dann keinen zusätzlichen Testcode zu schreiben.

Es gibt auch eine hohe statistische Korrelation zwischen hoher Komplexität und der Zahl von Fehlern. Genauer gesagt: Code mit mehr Verzweigen enthält im Allgemeinen mehr Fehler.

Zusammenfassung

Dieses Kapitel gab einen Überblick über den Scrum-Prozess. Sofern Sie noch nie an einem Scrum-Projekt gearbeitet haben, hoffe ich, Ihr Interesse geweckt zu haben. Sind Sie dagegen schon in einem Scrum-Projekt tätig, konnte ich Ihnen in diesem Kapitel hoffentlich einige neue Ideen vermitteln, die sich als nützlich erweisen.

Auch wenn dieses Kapitel nicht alle Aspekte von Scrum behandeln konnte, konzentrieren sich die weiteren Teile des Buchs mehr auf die Perspektive eines Entwicklers innerhalb eines agilen Projekts. Es stehen aber jede Menge Informationsquellen zur Verfügung, wenn Sie mehr über Scrum wissen wollen und überlegen, ob es sich gut für Ihr Unternehmen und Ihre Projekte eignet.

Wie alle Softwareprojekte können auch Scrum-Projekte scheitern. Zu erkennen, dass etwas schiefläuft, ist eine wichtige Fähigkeit, aber zu analysieren, warum es passiert ist, kann sogar noch schwieriger sein. Die Ursache für Probleme liegt oft darin, dass der Code intern so entworfen ist, dass Änderungen sehr schwierig sind, und das ganz unabhängig davon, mit welchem Prozess diese Änderungen verwaltet werden. Die weiteren Kapitel dieses Buchs enthalten Ratschläge und Richtlinien, wie Sie sicherstellen, dass Code von Grund auf adaptiv ist, Änderungen einfach möglich macht und Ihnen erlaubt, sich ganz darauf zu konzentrieren, in jedem Sprint den wirtschaftlichen Wert zu erhöhen.

Kapitel 2

Abhängigkeiten und Schichten

Am Ende dieses Kapitels werden Sie in der Lage sein, die folgenden Aufgaben durchzuführen:

- Verwalten komplexer Abhängigkeiten von Methoden- bis Assemblyebene
- Erkennen der Bereiche, in denen die Abhängigkeitskomplexität am größten ist, und Einsetzen von Tools zum Verringern der Komplexität
- Zerlegen Ihres Code in kleinere, adaptivere Funktionseinheiten, die sich besser wiederverwenden lassen
- Anwenden von Schicht-Patterns, wo sie am nützlichsten sind
- Beschreiben, wie Abhängigkeiten aufgelöst werden, und Debuggen von Abhängigkeitsproblemen
- Verstecken von Implementierungen hinter einfachen Schnittstellen

Jede Software hat Abhängigkeiten. Jede Abhängigkeit ist entweder eine Eigenabhängigkeit (engl. first-party dependency) innerhalb derselben Codebasis, eine Fremdabhängigkeit (engl. third-party dependency) in einer externen Assembly oder die allgegenwärtige Abhängigkeit vom Microsoft .NET Framework. Die meisten nichttrivialen Projekte enthalten alle drei Abhängigkeitstypen.

Eine Abhängigkeit abstrahiert Funktionalität weg vom aufrufenden Code. Sie brauchen sich nicht sonderlich darum zu kümmern, was eine Abhängigkeit tut, und noch weniger darum, *wie* sie es tut, aber Sie sollten sicherstellen, dass alle Abhängigkeiten korrekt verwaltet werden. Wird eine Abhängigkeitskette mangelhaft verwaltet, erzwingen die Entwickler überflüssige Abhängigkeiten und verknoten ihren Code mit grundlosen Assemblyverweisen. Vielleicht haben Sie schon den Spruch gehört: »Der korrekteste Code ist der, der nicht geschrieben wurde.« Ähnlich ist die am besten verwaltete Abhängigkeit die, die es gar nicht gibt.

Um Ihren Code anpassungsfähig zu halten, müssen Sie die Abhängigkeiten geschickt verwalten. Das betrifft alle Ebenen der Software, von Architekturabhängigkeiten zwischen Subsystemen bis zu Implementierungsabhängigkeiten zwischen einzelnen Methoden. Eine schlecht entworfene Anwendung kann die Auslieferung lauffähiger Software verzögern, im schlimmsten Fall sogar ganz verhindern.

Ich kann gar nicht genug betonen, wie wichtig es ist, bei der Abhängigkeitsverwaltung eine kompromisslose Linie zu fahren. Falls Sie bei einer solch wichtigen Frage Kompromisse eingehen, können Sie vielleicht kurzfristig die Geschwindigkeit steigern, aber die langfristigen Auswirkungen sind möglicherweise fatal für das Projekt. Es ist eine allzu vertraute Geschichte: Der kurzfristige Produktivitätsschub wird schnell zunichte gemacht, wenn sich Codemenge und Zahl der Module vergrößern. Der Code wird inflexibel und anfällig und der Fortschritt verlangsamt sich auf Schneckentempo. Bezüglich Scrum-Artefakten und -Kennzahlen wird das Sprint-Burndown-Diagramm flach, weil keine Story-Punkte ausbezahlt werden. Und solange das Problem nicht beseitigt wird, passiert dasselbe mit dem Feature-Burnup-Diagramm, weil keine Features fertiggestellt werden. Sogar die Zahl der Bugs wächst an. Wenn die Abhängigkeitsstruktur unverständlich ist, kann eine Änderung im einen Modul Nebenwirkungen in einem anderen Modul haben, das vermeintlich gar nichts mit dem ersten zu tun hat.

Mit Disziplin und Sorgfalt gelingt es Ihnen ganz einfach, die Abhängigkeiten zu verwalten. Es gibt bewährte Patterns, die Ihnen helfen, Ihre Anwendung kurzfristig so einzurichten, dass sie sich langfristig flexibel an Änderungen anpassen lässt. Die Schichtung (engl. layering) ist eines der häufigsten Architektur-Patterns und dieses Kapitel beschreibt neben anderen Methoden der Abhängigkeitsverwaltung die unterschiedlichen Schichtmöglichkeiten, die zur Verfügung stehen.

Die Definition von Abhängigkeit

Was ist eine Abhängigkeit? Allgemein wird mit dem Begriff *Abhängigkeit* (engl. dependency) eine Beziehung zwischen zwei getrennten Entitäten bezeichnet, wobei die eine Entität bestimmte Funktionen nicht ohne die andere ausführen kann (oder gar nicht existieren kann). Eine gute Analogie ist eine Person, die von einer anderen *finanziell abhängig* ist.

Wenn wir diese Definition auf Code übertragen, handelt es sich bei den Entitäten oft um Assemblys: Assembly A greift auf eine andere Assembly B zu, daher können Sie sagen, dass A von B *abhängt*. Dies wird oft so ausgedrückt, dass A der *Client* von B ist und B ein *Dienst* (engl. service) für A. Ohne B funktioniert A nicht. Dabei ist aber sehr wichtig, dass B *nicht* von A abhängig ist und, wie Sie erfahren werden, *keinesfalls* von A abhängen darf. Abbildung 2–1 zeigt diese Client/Dienst-Beziehung.

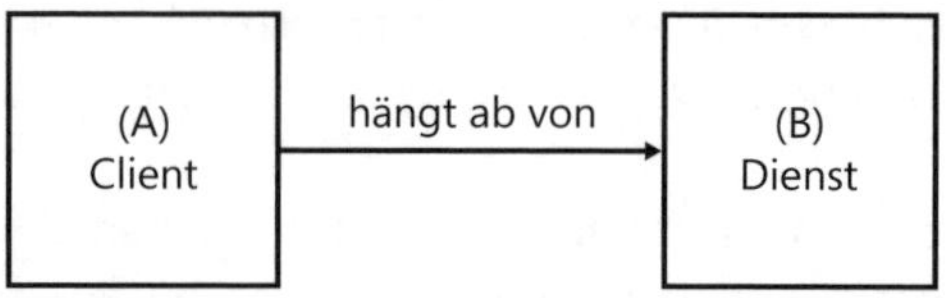

Abb. 2–1 In jeder Abhängigkeitsbeziehung wird die abhängige Entität als *Client* bezeichnet, und die andere als *Dienst*

Der Code in diesem Buch wird durchgehend aus Sicht von *Client* und *Dienst* beschrieben. Es gibt zwar Dienste, die für den Remotezugriff vorgesehen sind, zum Beispiel solche, die mit WCF (Windows Communication Foundation) erstellt wurden, aber auch Code, für den das nicht gilt, kann als Dienst bezeichnet werden. Jeder Code ist Dienstcode und jeder Code ist Clientcode; es hängt immer davon ab, aus welcher Perspektive Sie die Sache betrachten. Jede Klasse, Methode oder Assembly kann andere Methoden, Klassen und Assemblys aufrufen, somit ist der Code ein Client. Dieselbe Klasse, Methode oder Assembly kann aber auch von anderen Methoden, Klassen und Assemblys aufgerufen werden und ist damit ein Dienst.

Ein simples Beispiel

Sehen wir uns anhand eines Praxisbeispiels an, wie sich eine Abhängigkeit verhält. Dieses Beispiel ist eine ganz simple Konsolenanwendung, die eine Meldung auf dem Bildschirm ausgibt. Das klassische »Hello World!«-Beispiel. Dieses Beispiel ist absichtlich so einfach gehalten, weil ich die Probleme mit Abhängigkeiten ohne störendes Beiwerk demonstrieren will.

Sie können die hier beschriebenen Schritte durcharbeiten oder die Projektmappe von GitHub herunterladen. In Anhang A, »Adaptive Tools«, finden Sie eine Kurzbeschreibung zur Nutzung von Git. Anhang B, »GitHub code samples« (nur online) enthält Tabellen, mit denen Sie jedes Codelisting einem Unterordner des Git-Repositorys zuweisen können.

1. Starten Sie Microsoft Visual Studio und erstellen Sie eine neue Konsolenanwendung (Abbildung 2–2). Ich habe meine *SimpleDependency* genannt, aber der Name ist unwichtig.

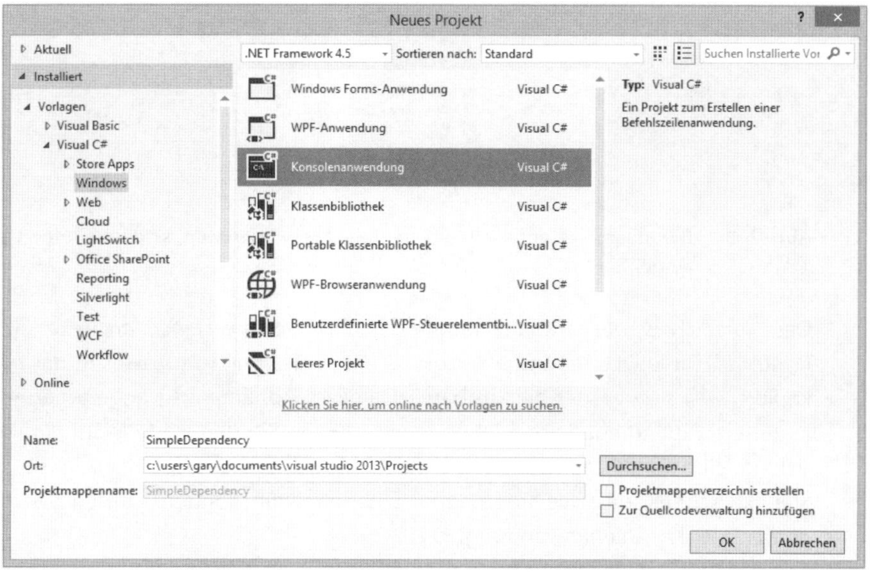

Abb. 2–2 Im Visual Studio-Dialogfeld *Neues Projekt* haben Sie die Auswahl zwischen vielen unterschiedlichen Projektvorlagen

2. Fügen Sie ein zweites Projekt zur Projektmappe hinzu, diesmal eine Klassenbibliothek. Ich habe meiner den Namen *MessagePrinter* gegeben.
3. Klicken Sie mit der rechten Maustaste auf den Knoten *Verweise* der Konsolenanwendung und wählen Sie den Befehl *Verweis hinzufügen*.
4. Markieren Sie im Dialogfeld *Verweis hinzufügen* den Zweig *Projekte* und wählen Sie das Klassenbibliotheksprojekt aus.

Sie haben nun eine Abhängigkeit von einer Assembly auf eine andere erstellt (Abbildung 2–3). Ihre Konsolenanwendung hängt von Ihrer Klassenbibliothek ab, aber die Klassenbibliothek umgekehrt nicht von Ihrer Konsolenanwendung Die Konsolenanwendung ist der Client, die Klassenbibliothek der Dienst. Diese Anwendung tut im Moment zwar noch nicht besonders viel, aber Sie können die Projektmappe erstellen und in das Verzeichnis *bin* des Projekts wechseln, dort finden Sie die ausführbare Datei.

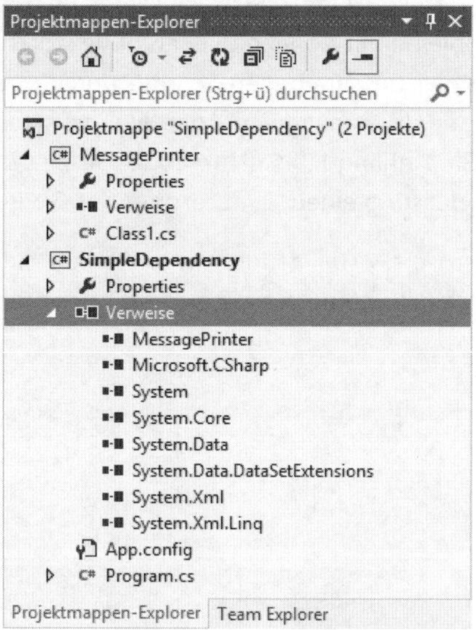

Abb. 2–3 Die Assemblys, auf die in einem Projekt verwiesen wird, sind im Knoten *Verweise* aufgelistet.

Das Verzeichnis *bin* enthält neben der Datei *SimpleDependency.exe* auch *MessagePrinter.dll*. Diese DLL hat Visual Studio während des Build-Prozesses in das *bin*-Verzeichnis kopiert, weil sie von der ausführbaren Datei als Abhängigkeit angegeben wurde. Ich will Ihnen ein Experiment zeigen, aber zuerst müssen Sie den Code leicht verändern. Weil es sich um eine Konsolenanwendung handelt, die bisher nichts tut, beendet sie sich nach dem Start so schnell, dass Sie überhaupt nicht reagieren können. Öffnen Sie die Datei *Program.cs* der Konsolenanwendung.

Listing 2–1 zeigt (fett hervorgehoben), welche Anweisung Sie in die Methode `Main` einfügen sollen. Diese Methode ist der Einstiegspunkt in die Anwendung, die momentan noch nichts tut und sich sofort wieder beendet. Wenn Sie `Console.ReadKey` aufrufen, wartet die Anwendung, bis der Benutzer eine Taste drückt, bevor sie sich beendet.

```
namespace SimpleDependency
{
  class Program
  {
    static void Main()
    {
      Console.ReadKey();
    }
  }
}
```

List. 2–1 Der Aufruf von `ReadKey` verhindert, dass sich die Konsolenanwendung sofort beendet

Erstellen Sie die Projektmappe und führen Sie die Anwendung aus. Wie erwartet, bekommen Sie das Konsolenfenster angezeigt, bis Sie eine Taste drücken, worauf sich das Fenster wieder schließt. Setzen Sie einen Haltepunkt auf die `Console.ReadKey()`-Zeile und debuggen Sie die Projektmappe in Visual Studio.

Wenn die Anwendung am Haltepunkt stoppt, können Sie sich ansehen, welche Assemblys für diese Anwendung in den Arbeitsspeicher geladen wurden. Wählen Sie dazu entweder in der Menüleiste den Befehl *Debuggen\Fenster\Module* oder drücken Sie die Tastenkombination `Strg`+`D`, `M`. Abbildung 2–4 zeigt die Liste der Module, die für die Anwendung geladen wurden.

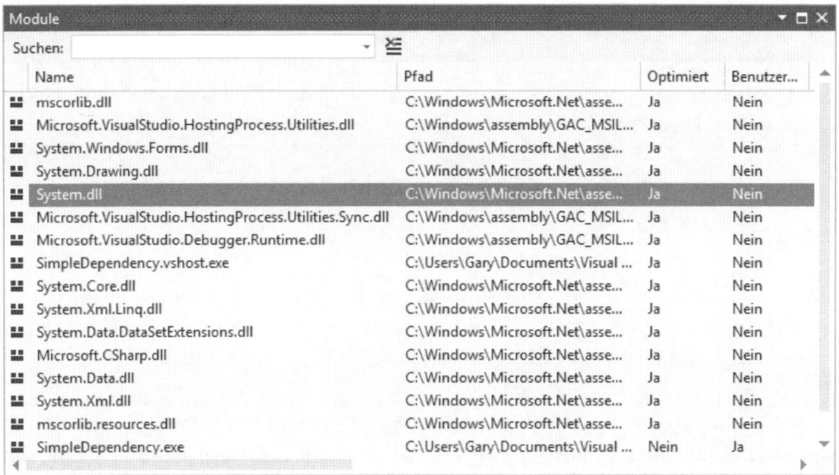

Name	Pfad	Optimiert	Benutzer...
mscorlib.dll	C:\Windows\Microsoft.Net\asse...	Ja	Nein
Microsoft.VisualStudio.HostingProcess.Utilities.dll	C:\Windows\assembly\GAC_MSIL...	Ja	Nein
System.Windows.Forms.dll	C:\Windows\Microsoft.Net\asse...	Ja	Nein
System.Drawing.dll	C:\Windows\Microsoft.Net\asse...	Ja	Nein
System.dll	C:\Windows\Microsoft.Net\asse...	Ja	Nein
Microsoft.VisualStudio.HostingProcess.Utilities.Sync.dll	C:\Windows\assembly\GAC_MSIL...	Ja	Nein
Microsoft.VisualStudio.Debugger.Runtime.dll	C:\Windows\assembly\GAC_MSIL...	Ja	Nein
SimpleDependency.vshost.exe	C:\Users\Gary\Documents\Visual ...	Ja	Nein
System.Core.dll	C:\Windows\Microsoft.Net\asse...	Ja	Nein
System.Xml.Linq.dll	C:\Windows\Microsoft.Net\asse...	Ja	Nein
System.Data.DataSetExtensions.dll	C:\Windows\Microsoft.Net\asse...	Ja	Nein
Microsoft.CSharp.dll	C:\Windows\Microsoft.Net\asse...	Ja	Nein
System.Data.dll	C:\Windows\Microsoft.Net\asse...	Ja	Nein
System.Xml.dll	C:\Windows\Microsoft.Net\asse...	Ja	Nein
mscorlib.resources.dll	C:\Windows\Microsoft.Net\asse...	Ja	Nein
SimpleDependency.exe	C:\Users\Gary\Documents\Visual ...	Nein	Ja

Abb. 2–4 Beim Debuggen listet das Fenster *Module* alle momentan geladenen Assemblys auf

Ist Ihnen etwas Seltsames aufgefallen? Die erstellte Klassenbibliothek taucht überhaupt nicht auf. Hätte in diesem Beispiel nicht *MessagePrinter.dll* geladen werden sollen? Nein, die Anwendung verhält sich wie erwartet. Der Grund: Die Anwendung benutzt nichts innerhalb der Assembly `MessagePrinter`, daher lädt die .NET-Runtime sie nicht.

Sie können sich leicht davon überzeugen, dass die Assembly nicht wirklich benötigt wird, indem Sie in das *bin*-Verzeichnis der Konsolenanwendung wechseln und die Datei *MessagePrinter.dll* löschen. Führen Sie nun die Anwendung erneut aus. Wie Sie sehen, läuft sie einwandfrei, ohne eine Ausnahme auszulösen.

Wandeln wir dieses Experiment etwas ab, um herauszufinden, was tatsächlich vor sich geht. Fügen Sie zuerst die Direktive `using MessagePrinter` oben in die Datei *Program.cs* ein. Damit wird der Namespace `MessagePrinter` importiert. Denken Sie, das reicht, damit die CLR (Common Language Runtime) das Modul lädt? Wie sich herausstellt, genügt es nicht. Die Abhängigkeit wird erneut ignoriert, die Assembly nicht geladen. Das liegt daran, dass die `using`-Anweisung nur dazu dient, einen Namespace zu importieren; das ist praktisch nur eine syntaktische Hilfe, die den geschriebenen Code kürzer macht. Statt jedes Mal, wenn Sie einen Typ aus dem Namespace benutzen, den gesamten Namespacenamen zu schreiben, können Sie einfach den Namespace importieren und dann direkt auf seine Typen verweisen. Die `using`-Anweisung generiert keine Anweisungen, die von der CLR ausgeführt werden.

Das nächste Experiment baut auf dem ersten auf, daher können Sie die `using`-Anweisung im Code lassen. Rufen Sie in *Program.cs* über dem Aufruf von `Console.ReadKey` den Konstruktor von `MessagePrintingService` auf (Listing 2–2).

```
using System;
using MessagePrinter;

namespace SimpleDependency
{
  class Program
  {
    static void Main()
    {
      var service = new MessagePrintingService();
      Console.ReadKey();
    }
  }
}
```

List. 2–2 Einführen einer Abhängigkeit durch Anlegen einer Instanz

Diesmal zeigt das Fenster *Module*, dass die Assembly *MessagePrinter.dll* geladen wurde, weil eine Instanz von `MessagePrintingService` nur angelegt werden kann, wenn der Inhalt der Assembly in den Arbeitsspeicher geladen wurde.

Sie können das nachweisen, indem Sie *MessagePrinter.dll* aus dem *bin*-Verzeichnis löschen und die Anwendung erneut starten. Diesmal wird eine Ausnahme ausgelöst:

```
Unbehandelte Ausnahme: System.IO.FileNotFoundException: Die Datei oder Assembly
"MessagePrinter, Version=1.0.0.0, Culture=neutral, PublicKeyToken=null" oder eine
Abhängigkeit davon wurde nicht gefunden. Das System kann die angegebene Datei nicht finden.
```

Framework-Abhängigkeiten

Die im vorherigen Abschnitt demonstrierte Abhängigkeit wird als *Eigenabhängigkeit* bezeichnet. Sowohl die Konsolenanwendung als auch die Klassenbibliothek, von der sie abhängt, gehören zur selben Visual Studio-Projektmappe. Die Abhängigkeit sollte folglich immer zugänglich sein, weil das Abhängigkeitsprojekt bei Bedarf jederzeit aus dem Quellcode neu erstellt werden kann. Das bedeutet auch, dass Sie den Quellcode von Eigenabhängigkeiten anpassen können.

Beide Projekte haben andere Abhängigkeiten in Form von .NET Framework-Assemblys. Sie sind nicht Teil des Projekts, sollten aber immer verfügbar sein. Die Versionsnummern von .NET Framework-Assemblys entsprechen der .NET Framework-Version, für die sie erstellt wurden: 1, 1.1, 2, 3.5, 4, 4.5 und so weiter. Manche .NET Framework-Assemblys werden in einer bestimmten Version erstmals eingeführt und können nicht von Projekten benutzt werden, die eine ältere Version des .NET Frameworks verwenden. Andere Assemblys ändern sich von Version zu Version des .NET Frameworks und es muss eine bestimmte Version benutzt werden.

Das Projekt *SimpleDependency* enthält mehrere Verweise in das .NET Framework, wie in Abbildung 2–3 zu sehen war. Viele dieser Abhängigkeiten sind standardmäßig vorhanden, weil sie zu allen Konsolenanwendungsprojekten hinzugefügt werden. Die Beispielanwendung benutzt sie nicht, daher können sie problemlos entfernt werden. In beiden Projekte ist alles außer `System` und `System.Core` überflüssig und kann aus der Verweisliste gelöscht werden. Die Anwendung läuft trotzdem ohne Probleme.

Indem Sie unnötige Frameworkabhängigkeiten entfernen, machen Sie es einfacher, die tatsächlichen Abhängigkeiten des jeweiligen Projekts zu erkennen.

Framework-Assemblys werden immer geladen

Im Unterschied zu anderen Abhängigkeiten bewirken Verweise auf .NET Framework-Assemblys immer, dass diese Assemblys geladen werden. Sogar wenn Sie eine Assembly nicht wirklich benutzen, wird sie beim Anwendungsstart geladen. Verweisen mehrere Projekte aus einer Projektmappe auf dieselbe Assembly, wird glücklicherweise nur eine Instanz dieser Assembly in den Arbeitsspeicher geladen und von allen abhängigen Modulen gemeinsam benutzt.

Die standardmäßige Verweisliste

Welche Verweise standardmäßig für ein Projekt erstellt werden, hängt vom Projekttyp ab. Jeder Projekttyp hat eine Projektvorlage, in der die benötigten Verweise aufgelistet sind. So verweist eine Windows Forms-Anwendung auf die Assembly `System.Windows.Forms`, eine

Windows Presentation Foundation-Anwendung dagegen auf `WindowsBase`, `PresentationCore` und `PresentationFramework`.

Listing 2–3 zeigt die Verweise für eine Konsolenanwendung. Alle Visual Studio-Projektvorlagen liegen im Unterverzeichnis */Common7/IDE/ProjectTemplates/* des Visual Studio-Installationsverzeichnisses und sind nach der Programmiersprache untergliedert.

```
<ItemGroup>
  <Reference Include="System"/>
  $if$ ($targetframeworkversion$ >= 3.5)
  <Reference Include="System.Core"/>
  <Reference Include="System.Xml.Linq"/>
  <Reference Include="System.Data.DataSetExtensions"/>
  $endif$
  $if$ ($targetframeworkversion$ >= 4.0)
  <Reference Include="Microsoft.CSharp"/>
  $endif$
  <Reference Include="System.Data"/>
  <Reference Include="System.Xml"/>
</ItemGroup>
```

List. 2–3 Teil einer Visual Studio-Projektvorlage, in der auf unterschiedliche Assemblys verwiesen wird

Diese Dateien enthalten Code, der steuert, wie die Vorlage die verwendete Projektinstanz generiert. Genauer gesagt hängen die Verweise davon ab, welche Version des .NET Frameworks für das erstellte Projekt benutzt wird. In diesem Beispiel wird nur dann auf die Assembly `Microsoft.CSharp` verwiesen, wenn das Projekt für .NET Framework 4, 4.5 oder 4.5.1 erstellt wird. Das ist sinnvoll, weil sie normalerweise nur dann gebraucht wird, wenn Sie das Schlüsselwort `dynamic` verwenden, das erst im .NET Framework 4 eingeführt wurde.

Fremdabhängigkeiten

Der letzte Typ von Abhängigkeit betrifft Assemblys, die von einem anderen Hersteller (engl. third-party) entwickelt wurde. Falls eine Funktion nicht vom .NET Framework zur Verfügung gestellt wird, können Sie eine eigene Lösung entwickeln und mit Eigenabhängigkeiten arbeiten. Je nach Umfang der Lösung kann das aber eine gewaltige Aufgabe sein. Stattdessen bietet sich die Möglichkeit an, fertige Lösungen zu nutzen. Beispielsweise werden Sie kaum Ihren eigenen ORM (Object/Relational Mapper, objektrelationale Abbildung) implementieren, weil Sie Monate einplanen müssten, um so großen Infrastrukturcode zu schreiben, und es Jahre dauert, bis er wirklich fertig ist. Stattdessen können Sie sich erst einmal das Entity-Framework ansehen, das Teil des .NET Frameworks ist. Erfüllt das nicht Ihre Anforderungen, bietet sich NHibernate ein, eine ausgereifte ORM-Bibliothek, die ausgiebig getestet wurde.

Der Hauptgrund, eine Fremdabhängigkeit einzuführen, besteht darin, den Aufwand, der zum Implementieren bestimmter Features oder Infrastruktur erforderlich wäre, durch den

Aufwand zu ersetzen, der für die Integration von Komponenten notwendig ist, die bereits geschrieben sind und sich für die Aufgabe eignen. Vergessen Sie nicht, dass dieser Integrationsaufwand immer noch erheblich sein kann, je nachdem, welche Struktur Ihr eigener Code hat und wie die Schnittstelle des Fremdherstellercodes aussieht. Wenn Ihr Ziel darin besteht, den wirtschaftlichen Wert in kleinen Schritten zu erhöhen (wie in Scrum), erlaubt Ihnen der Einsatz von Fremdherstellerbibliotheken, dieses Ziel zu verwirklichen.

Einbinden von Fremdabhängigkeiten

Am einfachsten können Sie Abhängigkeiten, die nicht Teil Ihres Projekts oder des .NET Frameworks sind, dadurch verwalten, dass Sie innerhalb der Visual Studio-Projektmappe Ihres Projekts einen Unterordner namens *Dependencies* anlegen und alle .dll-Dateien in diesen Ordner kopieren. Wenn Sie Verweise auf diese Assemblys zu einem Projekt der Projektmappe hinzufügen wollen, brauchen Sie die Dateien lediglich im Dialogfeld *Verweis-Manager* auszusuchen (Abbildung 2–5).

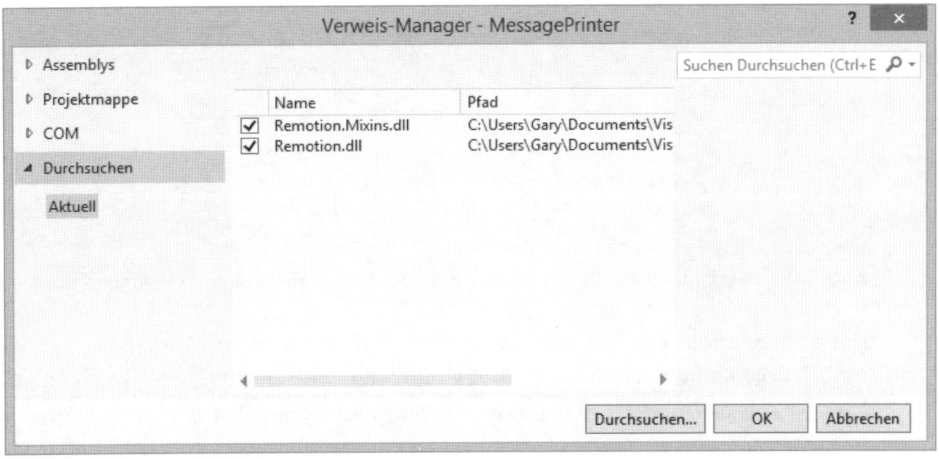

Abb. 2–5 Fremdherstellerassemblys können Sie in einem Unterordner der Visual Studio-Projektmappe ablegen

Dieser Ansatz hat außerdem den Vorteil, dass alle externen Abhängigkeiten in der Quellcodeverwaltung gespeichert werden. So können andere Entwickler die Abhängigkeiten erhalten, indem sie einfach die neueste Version der Quelle aus einem zentralen Repository auslesen. Das ist viel einfacher, als von allen Entwicklern zu fordern, die Dateien selbst zu installieren oder herunterzuladen.

Eine bessere Methode zum Organisieren von Fremdabhängigkeiten wird weiter unten in diesem Kapitel im Abschnitt »Abhängigkeitsverwaltung mit NuGet« beschrieben. Kurz zusammengefasst verwaltet das Abhängigkeitsverwaltungstool NuGet die Fremdabhängigkeiten eines Projekts für Sie, wozu das Herunterladen eines Pakets mit allen benötigten Artefakten, das Verweisen auf die Assemblys und das Aktualisieren von Bibliotheksversionen gehört.

Modellieren von Abhängigkeiten in einem gerichteten Graphen

Ein *Graph* ist ein mathematisches Konstrukt, das aus zwei Elementen besteht: Knoten (engl. nodes) und Kanten (engl. edges). Eine Kante kann es nur zwischen zwei Knoten geben, die dadurch in irgendeiner Weise verbunden werden. In einem Graphen kann jeder Knoten mit beliebig vielen anderen Knoten verbunden sein. Es gibt unterschiedliche Arten von Graphen, abhängig von Variationen in den Eigenschaften der Graphen. Zum Beispiel hat der Graph in Abbildung 2–6 Kanten, die richtungslos sind: Die Kante zwischen den beiden Knoten A und C »zeigt« weder von A auf C noch von C auf A; von Bedeutung ist nur, dass eine Kante vorhanden ist. Dies wird als *ungerichteter Graph* (engl. undirected graph) bezeichnet.

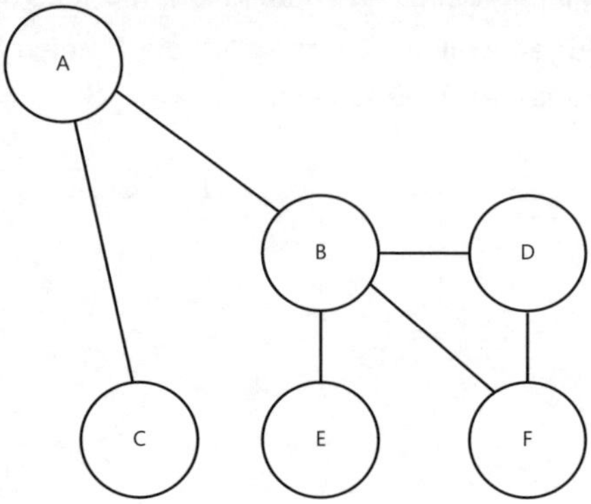

Abb. 2–6 Ein Graph besteht aus Knoten, die über Kanten miteinander verbunden sind

Haben die Kanten wie in Abbildung 2–7 Pfeilspitzen an einem Ende, lässt sich eine Richtung für die Kanten erkennen. Es gibt eine Kante von A nach C, aber keine von C nach A. Dies wird als *gerichteter Graph* (engl. directed graph) oder *Digraph* bezeichnet.

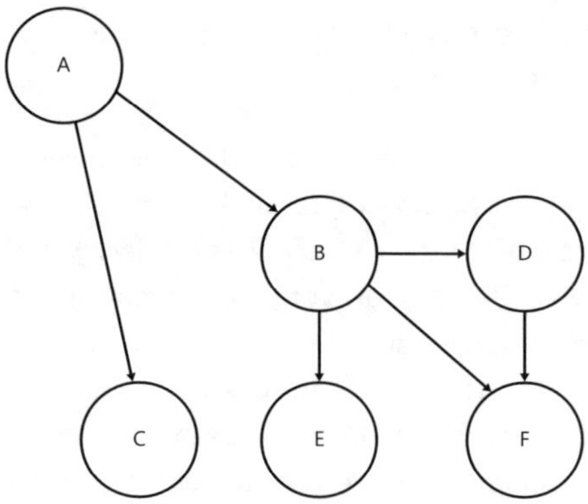

Abb. 2–7 Die Kanten dieses Graphen sind gerichtet, daher gibt es keine Kante (B,A), aber eine Kante (A,B)

Es gibt viele Bereiche im Software Engineering, in denen Graphen hervorragende Modelle sind, aber bei der Modellierung von Codeabhängigkeiten sind sie besonders nützlich. Wie Sie bereits wissen, bestehen Abhängigkeiten aus zwei Entitäten, wobei die Richtung vom abhängigen Code zur Abhängigkeit geht. Sie können sich die Entitäten als Knoten vorstellen und eine gerichtete Kante von der abhängigen Entität zur Abhängigkeit zeichnen. Wenn Sie das auf die übrigen Entitäten ausdehnen, formen Sie einen *Abhängigkeitsdigraphen* (engl. dependency digraph).

Wie Abbildung 2–8 zeigt, können Sie diese Struktur auf unterschiedliche Ebenen anwenden. Die Knoten in diesem Graphen können für die Klassen in einem Projekt stehen, für unterschiedliche Assemblys oder ganze Assemblygruppen, die ein Subsystem bilden. In allen Fällen stehen die Pfeile zwischen den Knoten für die Abhängigkeiten zwischen Komponenten. Der Ursprung des Pfeils ist die abhängige Komponente, das Ziel des Pfeils die Abhängigkeit.

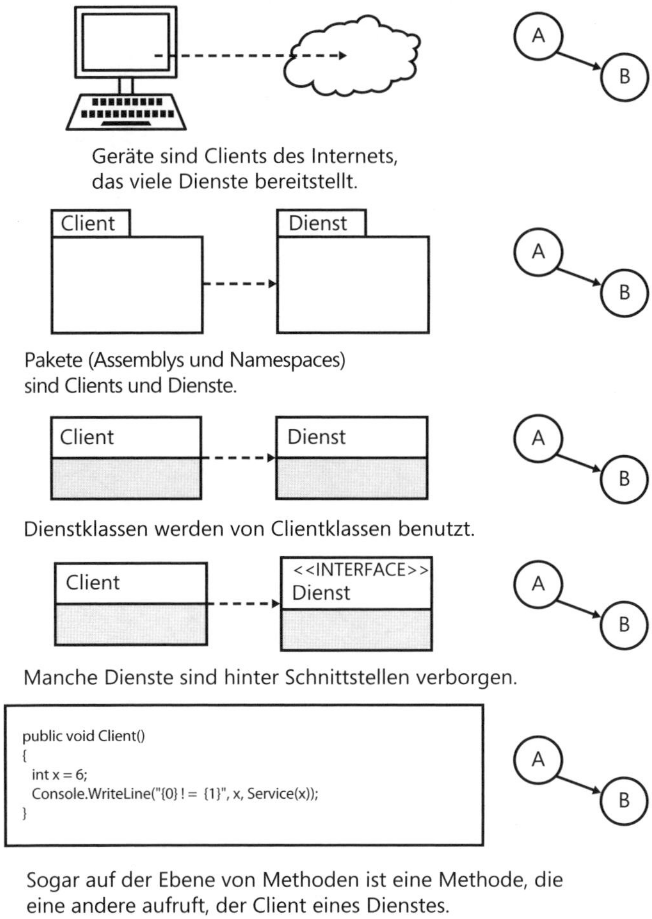

Abb. 2–8 Mit Graphen können Abhängigkeiten unterschiedlicher Ebenen modelliert werden

Für jeden Knoten einer relativ abstrakten Ebene gibt es mehrere Knoten auf einer niedrigeren, detaillierteren Ebene. Innerhalb von Subsystemen gibt es Assemblys, innerhalb von Assemblys Klassen und innerhalb von Klassen Methoden. Dies demonstriert, wie eine Abhängigkeit in einer einzigen Methode ein gesamtes Subsystem verketteter Abhängigkeiten nach sich zieht.

Bei all diesen Beispielen wissen Sie allerdings nicht, mit welcher *Art* von Abhängigkeit Sie es zu tun haben (Vererbung, Aggregation, Komposition oder Assoziation), bekannt ist nur, dass es sich um eine Abhängigkeit handelt. Das ist trotzdem nützlich, weil zum Verwalten von Abhängigkeiten nur ein binärer Fakt bekannt sein muss: *Besteht eine Abhängigkeit oder nicht?*

Zyklische Abhängigkeiten

Ein anderer Teil der Graphentheorie behandelt die Tatsache, dass gerichtete Graphen Zyklen (auch als Ringabhängigkeiten bezeichnet) bilden können: die Fähigkeit, von einem Knoten bis zu diesem Ausgangsknoten zurückzukommen, indem die Kanten verfolgt werden. Die bisher gezeigten Graphen sind *azyklische Digraphen*, sie enthalten also keine Zyklen. Abbildung 2–9 zeigt ein Beispiel für einen *zyklischen Digraphen*. Wenn Sie bei Knoten D beginnen, können Sie den Kanten zu E, dann B und schließlich wieder zurück zu D folgen.

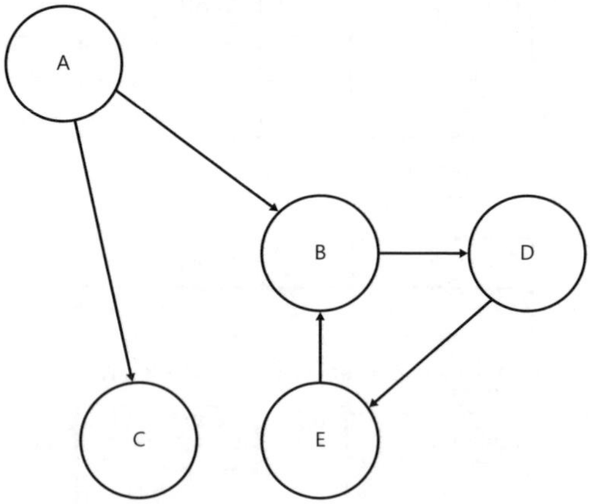

Abb. 2–9 Dieser Digraph enthält Zyklen

Stellen Sie sich vor, dass diese Knoten für Assemblys stehen. D hat eine implizite Abhängigkeit zu allem, von dem wiederum seine expliziten und impliziten Abhängigkeiten selbst abhängen. D hängt explizit von E ab, aber implizit von B und D. Somit hängt D von *sich selbst* ab.

Bei Assemblys ist das gar nicht möglich. Falls Sie versuchen, diese Situation in Visual Studio zu erzeugen, weigert sich Visual, sobald sie den Verweis von E auf B eintragen wollen (Abbildung 2–10).

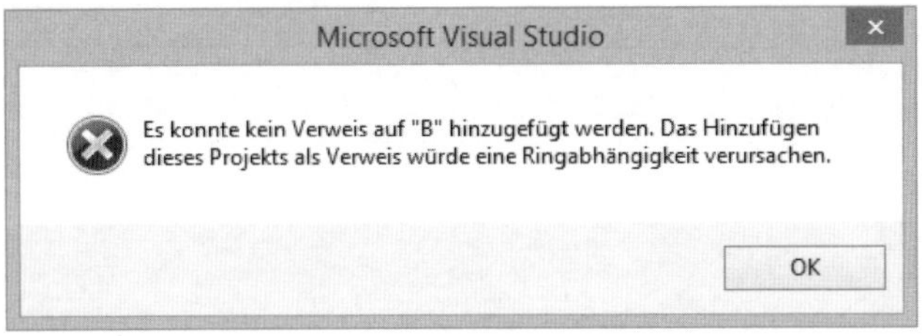

Abb. 2–10 In Visual Studio ist es nicht möglich, eine zyklische Abhängigkeit zu erzeugen

Auch wenn die Modellierung von Abhängigkeiten eine recht trockene Materie ist, bringt es deutliche Vorteile, wenn Sie Ihre Abhängigkeiten bewusst verwalten. Zyklische Abhängigkeiten zwischen Assemblys sind keine verzeihliche Abweichung von einem rein theoretischen Ideal, sondern strikt verboten. Sie müssen sie unbedingt vermeiden.

Schleifen (engl. loops) sind Spezialelemente von Zyklen in Digraphen. Falls ein Knoten über eine Kante *mit sich selbst* verbunden ist, wird diese Kante zu einer Schleife. Abbildung 2–11 zeigt ein Beispiel für einen Graphen, der eine Schleife enthält.

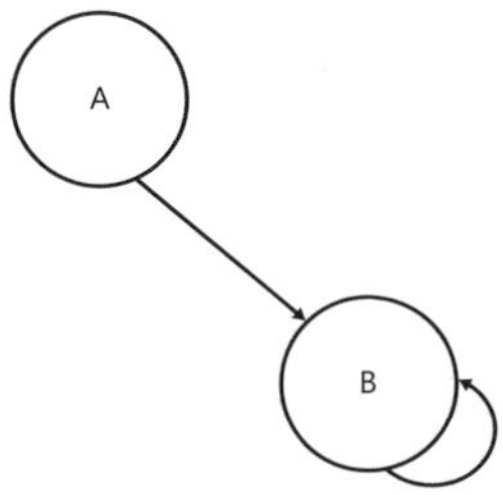

Abb. 2–11 In diesem Digraphen ist Knoten B über eine Schleife mit sich selbst verbunden

In der Praxis hängen Assemblys immer explizit von sich selbst ab, daran ist nichts Bemerkenswertes. Aber auf Methodenebene ist eine Schleife (gemeint ist hier eine Schleife der Graphentheorie, nicht eine Codeschleife) ein Beweis für *Rekursion* (Listing 2–4).

```
namespace Graphs
{
  public class RecursionLoop
  {
    public void A()
    {
      int x = 6;
      Console.WriteLine("{0}! = {1}", x, B(x));
    }

    public int B(int number)
    {
      if(number == 0)
      {
```

```
            return 1;
          }
          else
          {
            return number * B(number - 1);
          }
        }
      }
    }
```

List. 2–4 Eine Schleife in einem Digraphen, dessen Knoten Methoden repräsentieren, erzeugt eine Rekursion

Die Klasse in Listing 2–4 zeigt das funktionelle Gegenstück zum Abhängigkeitsgraphen aus Abbildung 2–11. Methode A ruft Methode B auf, somit ist Methode A von Methode B abhängig. Interessanter ist aber, dass Methode B von sich selbst abhängig ist. B ist ein Beispiel für eine rekursive Funktion, also eine Funktion, die sich selbst aufruft.

Verwalten von Abhängigkeiten

Sie haben in den letzten Abschnitten erfahren, dass Abhängigkeiten notwendig sind, aber auch sorgfältig verwaltet werden müssen, damit in späteren Entwicklungsphasen keine Probleme entstehen. Diese Probleme können schwierig zu beseitigen sein, nachdem sie erst einmal aufgetaucht sind. Daher ist es am besten, wenn Sie Ihre Abhängigkeiten von Anfang an gewissenhaft verwalten und aufpassen, dass sich keine Probleme einschleichen. Schlecht verwaltete Abhängigkeiten können schnell von einem kleinen Kompromiss zu einem folgenschweren Architekturproblem anwachsen.

Patterns und Anti-Patterns

Für eine technische Disziplin ist die objektorientierte Softwareentwicklung relativ jung. Über die letzten Jahrzehnte hinweg wurden einige reproduzierbare Kombinationen aus Klassen und Schnittstellen in Form sogenannter *Patterns* (Muster) identifiziert und festgeschrieben.

Es gibt in der Softwareentwicklung viele Patterns. Jedes Pattern bietet eine allgemeine Lösung, die auf ein bestimmtes Problem angewandt werden kann. Manche Patterns können mit anderen kombiniert werden, um elegante Lösungen für komplexe Probleme zu entwickeln. Natürlich lassen sich nicht alle Patterns in allen Fällen anwenden und es erfordert Erfahrung und Übung zu erkennen, wann und wo bestimmte Patterns zum Einsatz kommen sollten.

→

Manche Patterns sind nicht so nützlich. Genauer gesagt sind sie exakt das Gegenteil. Dies sind die sogenannten *Anti-Patterns*. Solche Patterns schädigen die Anpassungsfähigkeit Ihres Codes und sollten daher vermieden werden. Manche Anti-Patterns haben ihre Karriere als Patterns begonnen, bevor sie aufgrund der festgestellten negativen Nebenwirkungen langsam aus der Mode kamen.

Der Rest dieses Kapitels konzentriert sich auf die praktischen Aspekte, wie Sie Abhängigkeiten durchgehend verwalten. Dazu gehört, Anti-Patterns zu vermeiden, und dazu müssen Sie wissen, warum diese verbreiteten Patterns denn *Anti-Patterns* sind. Umgekehrt sind manche Patterns vorteilhaft, ihnen sollte daher der Vorzug gegeben werden. Solche nützlichen Patterns werden als direkte Alternativen zu bekannten Anti-Patterns aufgelistet.

Implementierungen und Schnittstellen

Entwicklern, denen das Konzept der Programmierung mit Schnittstellen (engl. interfaces) neu ist, fällt es oft schwer, die Implementierung hinter der Schnittstelle zu ignorieren.

Beim Kompilieren sollte kein Client einer Schnittstelle irgendetwas darüber wissen, welche Implementierung der Schnittstelle er nutzt. Solches Wissen kann zu falschen Annahmen führen, die den Client an eine bestimmte Implementierung der Schnittstelle ketten.

Betrachten wir den verbreiteten Fall, dass eine Klasse einen Datensatz dauerhaft speichern muss. Dazu delegiert sie diese Aufgabe richtigerweise an eine Schnittstelle, die die Details des genutzten Speichermechanismus verbirgt. Aber es wäre nicht richtig, irgendwelche Annahmen darüber zu machen, welche Implementierung der Schnittstelle während der Laufzeit genutzt wird. Zum Beispiel ist es immer schlecht, den Typ des Schnittstelleverweises in eine bestimmte Implementierung zu konvertieren.

Der verdächtige Geruch von *new*

Schnittstellen beschreiben, *was* getan werden kann, während Klassen beschreiben, *wie* es gemacht wird. Nur Klassen beschäftigen sich mit Implementierungsdetails, die Schnittstellen wissen überhaupt nichts darüber, wie etwas erreicht wird. Weil nur Klassen Konstruktoren haben, leuchtet ein, dass Konstruktoren ein Implementierungsdetail sind. Daraus lässt sich folgern, dass abgesehen von wenigen Ausnahmen das Auftauchen des Schlüsselworts `new` einen verdächtigen Geruch (engl. code smell) hat.

Verdächtiger Code

Wenn ein Entwickler erklärt, dass Code verdächtig riecht, drückt er damit aus, dass dieser Code *möglicherweise* problematisch ist. Das Wort »möglicherweise« wurde absichtlich gewählt, weil zwei Fälle von verdächtigem Code nicht unbedingt gleichermaßen problematisch sein müssen. Im Unterschied zu Anti-Patterns, die fast unwidersprochen als schlechte Angewohnheit eingestuft werden, ist Code, der verdächtig riecht, nicht zwangsläufig abzulehnen. Verdächtiger Geruch von Code ist eine Warnung, dass etwas schiefgehen könnte und dass möglicherweise die Ursache beseitigt werden muss.

Verdächtiger Code kann auf Technical Debt hindeuten, die zurückgezahlt werden muss. Je länger die Technical Debt in einem solchen Fall aufgenommen wird, desto schwieriger kann es sein, die Ursache zu beseitigen.

Es gibt viele unterschiedliche Kategorien von verdächtigem Code. Das Schlüsselwort `new`, das heißt die direkte Objektinstanziierung, ist ein Beispiel für »unangebrachte Vertraulichkeit«. Weil es sich bei Konstruktoren um Implementierungsdetails handelt, kann ihre Benutzung unbeabsichtigte (und unerwünschte) Abhängigkeiten im Clientcode auslösen.

Wie Anti-Patterns korrigieren Sie verdächtig riechenden Code dadurch, dass Sie ihn so refaktorieren, dass er auf einem besseren, adaptiveren Entwurf basiert. Der Code mag zwar seine Anforderungen erfüllen, aber sein aktueller Entwurf ist nicht wirklich gut und könnte später Probleme verursachen. Das ist zweifellos eine Entwicklungsaufgabe, die dem Unternehmen keinen unmittelbaren wirtschaftlichen Vorteil bringt. Wie bei jeder Refaktorierung ist auf den ersten Blick kein wirtschaftlicher Wert für den Aufwand erkennbar, das Problem zu beseitigen. Aber so wie Geldschulden zu lähmenden Zinszahlungen führen können, kann auch Technical Debt außer Kontrolle geraten und sinnvolle Verfahren der Abhängigkeitsverwaltung zerstören, was künftige Verbesserungen und Codekorrekturen gefährdet.

Listing 2–5 zeigt einige Beispiele, in denen Code verdächtig riecht, wenn eine Objektinstanz direkt mithilfe des Schlüsselworts `new` angelegt wird.

```
public class AccountController
{
    private readonly SecurityService securityService;

    public AccountController()
    {
        this.securityService = new SecurityService();
    }

    [HttpPost]
```

```
    public void ChangePassword(Guid userID, string newPassword)
    {
        var userRepository = new UserRepository();
    var user = userRepository.GetByID(userID);
        this.securityService.ChangeUsersPassword(user, newPassword);
    }
}
```

List. 2–5 Ein Beispiel, wie das Anlegen von Objektinstanzen verhindert, dass Code adaptiv ist

Die Klasse AccountController gehöre zu einer hypothetischen ASP.NET-MVC-Anwendung. Um die Details brauchen Sie sich nicht zu kümmern, hier konzentrieren wir uns auf die ungeeignete Objekterstellung, die fett hervorgehoben ist. AccountController soll dem Benutzer erlauben, Kontodaten abzufragen und Operationen damit auszuführen. In diesem Beispiel wird nur eine Operation gezeigt: ChangePassword ändert das Kennwort.

Dieser Code weist mehrere Probleme auf, die beide direkt durch die zwei Verwendung von new verursacht werden:

- AccountController ist immer von den Implementierungen von SecurityService und UserRepository abhängig
- Alles, wovon SecurityService und UserRepository ihrerseits abhängig sind, ist nun eine implizite Abhängigkeit für AccountController
- Es ist sehr schwierig, Unit-Tests für AccountController durchzuführen, denn es ist mit herkömmlichen Mitteln unmöglich, die beiden Klassen zu simulieren
- Die Methode SecurityService.ChangeUsersPassword erfordert, dass Clients User-Objekte laden

Die folgenden Abschnitte analysieren diese Probleme im Einzelnen.

Implementierungen können nie mehr verbessert werden

Wenn Sie Ihre Implementierung von SecurityService verändern wollen, können Sie entweder direkt die Klasse AccountController so anpassen, dass sie auf Ihre neue Implementierung verweist, oder die neuen Funktionen in der vorhandenen Klasse SecurityService zu ergänzen. In diesem Buch wird immer wieder erklärt, warum keine dieser Methoden erstrebenswert ist. Akzeptieren Sie vorerst, dass ein wichtiges Ziel darin besteht, niemals mehr die Klassen AccountController oder SecurityService zu bearbeiten, nachdem sie einmal erstellt wurden.

Abhängigkeitskette

Die Klasse SecurityService ist wahrscheinlich selbst von anderen abhängig. Wenn sie einen Standardkonstruktor hat, stellt sie den kühnen Anspruch, keinerlei Abhängigkeiten zu haben. Aber wie sieht es aus, wenn der Code aus Listing 2–6 die Implementierung des SecurityService-Konstruktors ist?

```
public SecurityService()
{
    this.Session = SessionFactory.GetSession();
}
```

List. 2–6 Die Klasse `SecurityService` weist dasselbe Problem auf wie `AccountController`

Dieser Dienst hängt in Wirklichkeit von NHibernate ab, einem ORM (Object/Relational Mapper), der benutzt wird, um eine *Sitzung* (engl. session) abzurufen. Als Sitzung wird in NHibernate eine Verbindung zu persistentem, relationalen Speicher bezeichnet, etwa Microsoft SQL Server, Oracle oder MySQL. Wie Sie bereits gesehen haben, führt das dazu, dass `AccountController` ebenfalls von NHibernate abhängt, diesmal implizit.

Und was passiert, wenn sich die Signatur des `SecurityService`-Konstruktors ändert? Nehmen wir an, Clients müssen plötzlich den Verbindungsstring zur Datenbank übergeben, mit dem `Session` arbeitet? Jeder Client, der `SecurityService` benutzt, also auch `AccountController`, müsste so angepasst werden, dass er den Verbindungsstring bereitstellt. Auch dies ist eine Änderung, die nicht notwendig sein sollte.

Mangelnde Testbarkeit

Testbarkeit ist ein sehr wichtiger Punkt. Sie erfordert, dass Code auf bestimmte Weise entworfen wird. Ist das nicht der Fall, werden Tests außerordentlich schwierig. Leider lassen sich weder `AccountController` noch `SecurityService` leicht testen. Das liegt daran, dass Sie ihre Abhängigkeiten nicht durch simulierte Versionen ersetzen können, die keine Aktionen ausführen. Wenn Sie zum Beispiel `SecurityService` testen, wollen Sie nicht, dass das Objekt wirklich eine Verbindung zur Datenbank aufbaut. Das wäre unnötig, langsam und würde eine weitere Schwachstelle in den Test einführen: Was passiert, wenn die Datenbank nicht verfügbar ist? Es gibt Wege, diese Klassen dadurch zu testen, dass ihre Abhängigkeiten während der Laufzeit simuliert werden. Tools wie Microsoft Moles und Typemock können sich in Konstruktoren einklinken und sicherstellen, dass die zurückgegebenen Objekte lediglich Attrappen sind. Aber das würde bedeuten, die Symptome zu behandeln und nicht die Ursache.

Weitere unangebrachte Vertraulichkeit

Die Methode `AccountController.ChangePassword` legt ein Objekt der Klasse `UserRepository` an, um eine `User`-Instanz zu erhalten. Das ist nur aus dem Grund nötig, dass beim Aufruf der Methode `SecurityService.ChangeUsersPassword` ein solches Objekt übergeben werden muss. Ohne `User`-Instanz kann die Methode nicht aufgerufen werden. Das ist ein Indiz für eine schlecht entworfene Methodenschnittstelle. Statt von allen Clients zu fordern, ein `User`-Objekt anzulegen, sollte `SecurityService` in diesem Fall selbst das `User`-Objekt abrufen. In diesem Fall würden die beiden Methoden wie in Listing 2–7 aussehen.

```
[HttpPost]
public void ChangePassword(Guid userID, string newPassword)
{
    this.securityService.ChangeUsersPassword(userID, newPassword);
}
//...
public void ChangeUsersPassword(Guid userID, string newPassword)
{
    var userRepository = new UserRepository();
    var user = userRepository.GetByID(userID);
    user.ChangePassword(newPassword);
}
```

List. 2–7 Eine Verbesserung für alle Clients von `SecurityService`

Das ist definitiv eine Verbesserung an `AccountController`, aber die Methode `ChangeUsersPassword` legt weiterhin direkt eine Instanz von `UserRepository` an.

Alternativen zur Objekterstellung

Wie könnten Sie `AccountController` und `SecurityService` (oder beliebige andere Beispiele für ungeeignete Objekterstellung) verbessern? Wie können sie nachweisbar korrekt gemacht werden, sodass keines der beschriebenen Probleme auftritt? Dazu stehen mehrere Möglichkeiten zur Auswahl, die Sie bei Bedarf kombinieren können.

Programmieren mit einer Schnittstelle

Die erste und wichtigste Änderung, die Sie vornehmen sollten, besteht darin, die Implementierung von `SecurityService` hinter einer Schnittstelle zu verbergen. Dann hängt `AccountController` nur von einer Schnittstelle ab und nicht von der Implementierung der Klasse `SecurityService`. Die erste Refaktorierung besteht darin, eine Schnittstelle aus `SecurityService` zu extrahieren (Listing 2–8).

```
public interface ISecurityService
{
    void ChangeUsersPassword(Guid userID, string newPassword);
}
//...
public class SecurityService : ISecurityService
{
    public void ChangeUsersPassword(Guid userID, string newPassword)
    {
        //...
    }
}
```

List. 2–8 Extrahieren einer Schnittstelle aus `SecurityService`

Im nächsten Schritt passen Sie den Client so an, dass er nicht mehr von der Klasse `SecurityService` abhängt, sondern von der Schnittstelle `ISecurityService`. Listing 2–9 zeigt, wie `AccountController` nach dieser Refaktorierung aussieht.

```
public class AccountController
{
    private readonly ISecurityService securityService;

    public AccountController()
    {
        this.securityService = new SecurityService();
    }

    [HttpPost]
    public void ChangePassword(Guid userID, string newPassword)
    {
        securityService.ChangeUsersPassword(userID, newPassword);
    }
}
```

List. 2–9 `AccountController` verwendet jetzt die Schnittstelle `ISecurityService`

Dieses Beispiel ist noch nicht vollständig, Sie sind weiterhin von der `SecurityService`-Implementierung abhängig, weil ihr Konstruktor aufgerufen wird. Die Objektinstanz wird immer noch im Konstruktor von `AccountController` angelegt. Um die beiden Klassen vollständig voneinander zu trennen, müssen Sie eine weitere Refaktorierung vornehmen: Führen Sie *Dependency-Injection* (DI) ein.

Nutzen von Dependency-Injection

Dies ist ein umfangreiches Thema, das hier nicht in voller Tiefe behandelt werden kann. Das ganze Kapitel 9, »Dependency-Injection«, beschäftigt sich damit, und Sie finden auch komplette Bücher, die sich ausschließlich darauf konzentrieren. Glücklicherweise ist DI nicht sonderlich kompliziert oder schwierig, daher können wir hier die Grundlagen aus Sicht von Klassen abarbeiten, die DI nutzen. Listing 2–10 zeigt den Konstruktor der Klasse `AccountController`, nachdem eine weitere Refaktorierung angewendet wurde. Es wurde nur der Konstruktor angepasst, die Änderungen sind fett hervorgehoben. Soweit es diese Klasse betrifft, ist die Änderung recht unscheinbar, aber sie bedeutet einen großen Unterschied, was ihre Fähigkeit zum Verwalten der Abhängigkeiten betrifft. Statt selbst eine Instanz der Klasse `SecurityService` anzulegen, fordert `AccountController` nun von einer anderen Klasse, ihr eine `ISecurityService`-Implementierung zur Verfügung zu stellen. Es wurde außerdem eine Überprüfung in den Konstruktor eingefügt, die verhindert, dass Clients den Wert `null` im Parameter `securityService` übergeben. Wenn Sie also in der Methode `ChangePassword` die Eigenschaft `securityService` verwenden, ist daher garantiert, dass Sie über eine gültige Instanz verfügen. Sie brauchen somit nicht mehr an anderer Stelle auf einen `null`-Wert zu prüfen.

```
public class AccountController
{
    private readonly ISecurityService securityService;

    public AccountController(ISecurityService securityService)
    {
        if(securityService == null) throw new ArgumentNullException("securityService");

        this.securityService = securityService;
    }

   [HttpPost]
    public void ChangePassword(Guid userID, string newPassword)
    {
       this.securityService.ChangeUsersPassword(userID, newPassword);
    }
}
```

List. 2–10 Mithilfe von Dependency-Injection können Sie die Abhängigkeit von der Klasse `SecurityService` beseitigen

`SecurityService` muss entsprechend angepasst werden und Dependency-Injection anwenden. Listing 2–11 zeigt, wie diese Klasse nach der Refaktorierung aussieht.

```
public class SecurityService : ISecurityService
{
    private readonly IUserRepository userRepository;

    public SecurityService(IUserRepository userRepository)
    {
        if(userRepository == null) throw new ArgumentNullException("userRepository");
        this.userRepository = userRepository;
    }

    public void ChangeUsersPassword(Guid userID, string newPassword)
    {
        var user = userRepository.GetByID(userID);
        user.ChangePassword(newPassword);
    }
}
```

List. 2–11 Dependency-Injection ist ein allgegenwärtiges Pattern, das fast überall angewendet werden kann

Genau wie `AccountController` ihre Abhängigkeit von einer gültigen `ISecurityService`-Instanz erzwingt, stellt auch `SecurityService` sicher, dass es auf ein gültiges `IUserRepository`-Objekt Zugriff hat. Die Klasse löst eine Ausnahme aus, wenn sie bei der Erstellung einen `null`-Verweis übergeben bekommt. Auf ähnliche Weise wurde die Abhängigkeit von der Klasse `UserRepository` komplett entfernt und durch die Abhängigkeit von der Schnittstelle `IUserRepository` ersetzt.

Das Anti-Pattern Entourage

Der Name des *Anti-Patterns Entourage* (»Gefolge«, »Hofstaat«) leitet sich davon ab, dass Sie lediglich eine Kleinigkeit anfordern, diese vermeintliche Kleinigkeit aber von einem ganzen Gefolge begleitet wird. Der englische Begriff Entourage wird beispielsweise bei Musik- oder Filmstars verwendet, die von einem ganzen Heer an Assistenten und Schmarotzern begleitet werden. Ich habe diesen Begriff hergenommen, um eine unerwünschte Abhängigkeitsverwaltung zu beschreiben.

Das Entourage-Anti-Pattern ist ein häufiger Fehler, den Entwickler begehen, wenn sie die Programmierung einer Schnittstelle erklären. Statt eine vollständige Lösung bereitzustellen, endet die Vorführung meist, ohne klipp und klar zu sagen, dass Schnittstellen und ihre Abhängigkeiten sich *nicht in derselben Assembly befinden sollten.*

Das UML-Diagramm (Unified Modeling Language) in Abbildung 2–12 zeigt, wie das `AccountController`-Beispiel auf Paketebene organisiert ist. `AccountController` hängt von der Schnittstelle `ISecurityService` ab, die in der Klasse `SecurityService` implementiert ist. Das Diagramm zeigt auch, in welchen Paketen (im .NET Framework handelt es sich um Assemblys oder Visual Studio-Projekte) sich jede Entität befindet. Dies ist ein Beispiel für das Entourage-Anti-Pattern: die Implementierung einer Schnittstelle in derselben Assembly wie die Schnittstelle selbst.

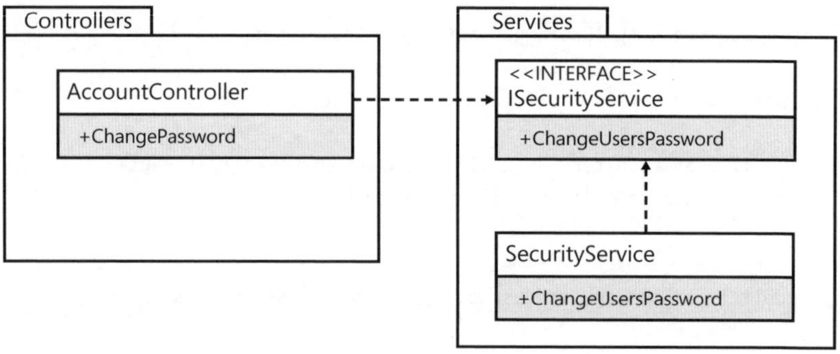

Abb. 2–12 Die Assembly, in der sich `AccountController` befindet, hängt von der Assembly `Services` ab

Sie wissen bereits, dass die Klasse `SecurityService` selbst einige Abhängigkeiten hat und wie die Kette der Abhängigkeiten zu impliziten Abhängigkeiten über mehrere Stationen von einem Client zum nächsten führt. Abbildung 2–13 enthält mehr Details des Paketdiagramms und zeigt so das ganze Ausmaß des Entourage-Problems.

Wenn Sie das `Controllers`-Projekt für sich allein erstellen, finden Sie immer noch NHibernate im *bin*-Verzeichnis. Daran erkennen Sie, dass nach wie vor eine implizite Abhängigkeit besteht. Sie haben zwar gute Fortschritte dabei gemacht, die *Klasse* `AccountController` von allen unnötigen Abhängigkeiten zu befreien, aber sie ist immer noch nicht konsequent von den Implementierungen in jeder *Assembly* getrennt, von der sie abhängig ist.

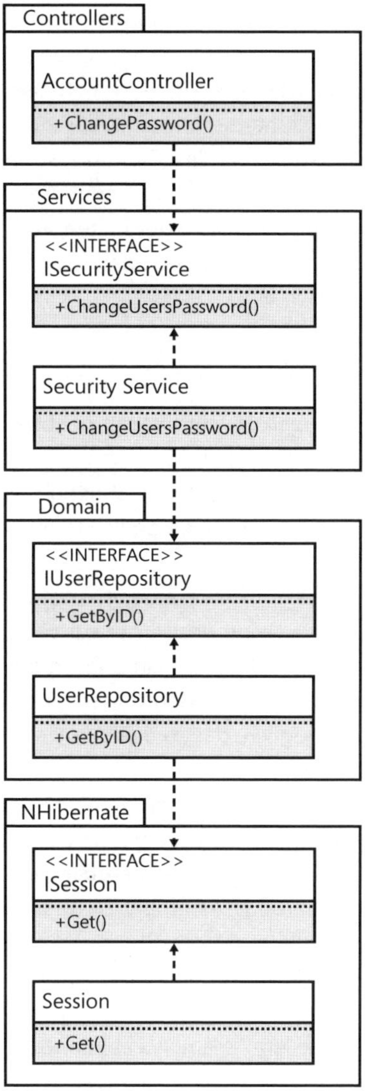

Abb. 2–13 `AccountController` ist immer noch von viel zu vielen Implementierungen abhängig

Dieses Anti-Pattern hat zwei Probleme zur Folge. Das erste ist die Disziplin der Programmierer. Sie müssen die Schnittstellen in jedem der Pakete (`Services`, `Domain` und `NHibernate`) als `public` markieren. Aber Sie müssen auch die einzelnen Klassen (die Implementierungen) als `public` kennzeichnen, damit später Instanzen davon angelegt werden können (allerdings sollte das nicht innerhalb der Clientklassen geschehen). Das bedeutet, dass ein schlampiger Programmierer einfach direkt in die Implementierung verweisen kann. Es besteht die Versuchung, sich ein wenig Aufwand zu sparen und einfach `new` für die Klasse aufzurufen, um eine entsprechende Instanz anzulegen.

Das zweite Problem: Was passiert, wenn Sie eine neue Implementierung von `SecurityService` entwickeln, die nicht mehr von einem Domänenmodell abhängig ist, das mithilfe von NHibernate dauerhaft gespeichert wird, sondern über den Service-Bus eines anderen Herstellers, zum Beispiel NServiceBus, eine Befehlsnachricht an einen Handler schickt? Wenn Sie diese neue Implementierung zur Assembly `Services` hinzufügen, erzeugen Sie wieder eine weitere Abhängigkeit. Das Ergebnis ist eine aufgeblähte, anfällige Codebasis, die sich nur mit größten Schwierigkeiten an neue Anforderungen anpassen lässt.

Sie sollten sich generell an die Regel halten, Implementierungen dadurch von ihren Schnittstellen zu trennen, dass Sie sie in separate Assemblys legen. Für diese Aufgabe können Sie das Stairway-Pattern einsetzen.

Das Stairway-Pattern

Das Stairway-Pattern (Treppen-Muster) ist der richtige Weg, Ihre Klassen und Schnittstellen zu organisieren. Indem Sie Schnittstellen und ihre Implementierungen in unterschiedliche Assemblys legen, können Sie die beiden unabhängig voneinander ändern. Clients kommen dabei mit einem einzigen Verweis aus, nämlich in die Schnittstellen-Assembly.

Sie denken jetzt vielleicht: »Aber wie viele Assemblys habe ich dann am Hals? Wenn ich jede Schnittstelle und Klasse in eine eigene Assembly lege, bekomme ich eine Projektmappe mit 200 Projekten!« Keine Angst, bei Verwendung des Stairway-Patterns sollte die Zahl der Projekte nur leicht ansteigen, während Sie die Vorteile einer gut organisierten und einfach verständlichen Lösung genießen dürfen. Falls die Projekte vorher schlecht organisiert waren, ist es sogar möglich, dass die Gesamtzahl der Projekte *abnimmt*, wenn Sie das Stairway-Pattern anwenden.

Abbildung 2–14 zeigt unser `AccountController`-Beispiel, nachdem es für die Nutzung des Stairway-Patterns refaktoriert wurde. Jede Implementierung, also jede Klasse, verweist nur auf die Assembly, die die Schnittstelle enthält, von der sie abhängig ist. Es gibt keinen Verweis in die Implementierungs-Assembly, nicht einmal implizit. Jede Implementierungsklasse verweist *ebenfalls* auf die Assembly ihrer Schnittstelle. Damit kombinieren Sie alle Vorteile: Schnittstellen ohne irgendwelche Abhängigkeiten, Clientcode ohne irgendwelche impliziten Abhängigkeiten und Implementierungen, die das Muster fortsetzen, indem sie nur von anderen Schnittstellen-Assemblys abhängen.

Auf einen dieser Vorteile will ich genauer eingehen: Schnittstellen sollten niemals externe Abhängigkeiten enthalten. Diese Regel sollten Sie einhalten, wann immer möglich. Schnittstellen sollten keine Methoden oder Eigenschaften haben, die irgendwelche Datenobjekte oder Klassen offenlegen, die in Verweisen auf Assemblys anderer Hersteller definiert sind. Sie dürfen natürlich von Klassen und Datentypen aus anderen Projekten innerhalb der Projektmappe und von gebräuchlichen .NET Framework-Bibliotheken abhängen, aber ein Verweis auf Infrastrukturentitäten sollte vermieden werden. Bibliotheken anderer Hersteller werden oft für Infrastrukturaufgaben eingesetzt. Sogar die Schnittstellen von Bibliotheken wie Log4Net, NHibernate und MongoDB sind Infrastrukturabhängigkeiten, die Ihre Schnittstellen an eine bestimmte Implementierung ketten. Dies liegt daran, dass diese Bibliotheken mit dem Entourage-Anti-Pattern gebaut wurden statt mit dem Stairway-Pattern. Sie alle stellen jeweils eine einzige Assembly zur Verfügung, die sowohl die Schnittstelle, von der Sie abhängen *wollen*, als auch die Implementierung enthält, zu der Sie *keine* Abhängigkeit erzeugen wollen.

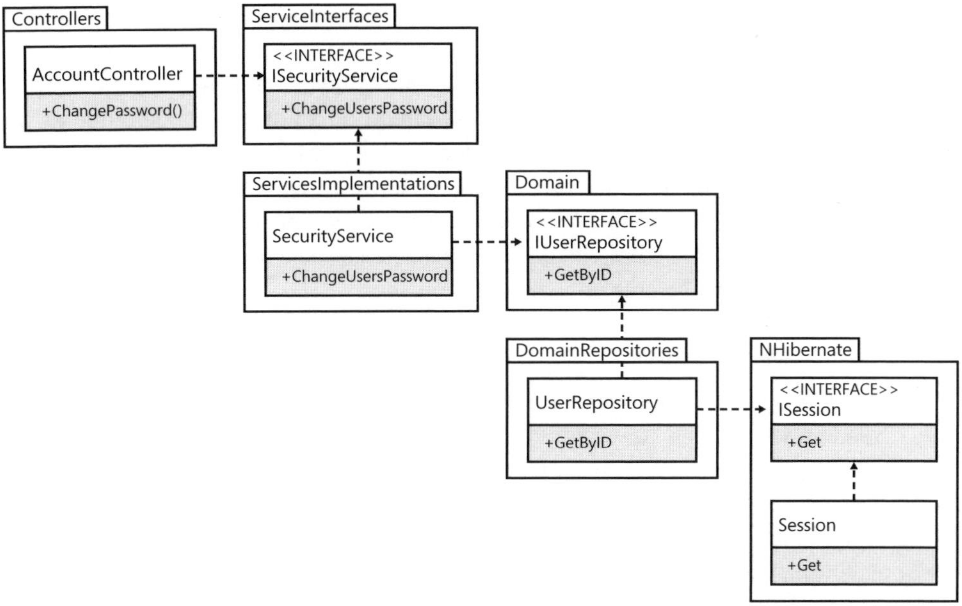

Abb. 2–14 Die Treppenform, von der sich der Name des Stairway-Patterns ableitet, ist offensichtlich

Um dieses Problem zu lösen, können Sie für Aufgaben wie Protokollierung, Domänenpersistenz und Dokumentspeicherung stattdessen auf Ihre eigenen Schnittstellen verweisen. Schreiben Sie eine simple Schnittstelle, die die Fremdabhängigkeit hinter einer Eigenabhängigkeit verbirgt. Falls Sie später einmal die Fremdabhängigkeit beseitigen müssen, brauchen Sie nur einen neuen Adapter für die neue Bibliothek zu schreiben, der zu Ihrer Schnittstelle passt.

In der Praxis ist es nicht immer möglich, dieses Prinzip konsequent durchzuhalten. In Fällen, in denen es gewaltigen Aufwand bedeuten würde, eine Fremdabhängigkeit in eine Eigenabhängigkeit umzuwandeln, muss sich das Team damit abfinden, dass es die Abhängigkeit behalten muss und sie allgegenwärtig wird. Erfüllt die Bibliothek später nicht mehr die Anforderungen, wird es außerordentlich schwierig und zeitaufwendig, sie zu ersetzen. Solche Kompromisse werden häufig für *Frameworks* eingegangen, die viel umfangreicher sind als einfache Bibliotheken.

Auflösen von Abhängigkeiten

Das Wissen, wie Sie Ihre Projekte und die darin enthaltenen Abhängigkeiten organisieren sollten, hilft Ihnen nicht, wenn Sie eine Abhängigkeit zwischen Assemblys debuggen müssen. Manchmal passiert es, dass Assemblys während der Laufzeit nicht verfügbar sind, und dann müssen Sie den Grund herausfinden.

Assemblys

Die CLR (Common Language Runtime) ist die virtuelle Maschine, in der das .NET Framework den Code ausführt. Dies ist ein Softwareprodukt wie jedes andere und es wurde mit dem Ziel programmiert, sich vorhersagbar und logisch zu verhalten, wenn es Anwendungen hostet. Solide Theorie- und Praxiskenntnisse dazu, wie Assemblyverweise aufgelöst und Fehler bei der Auflösung beseitigt werden, können sich als sehr nützlich erweisen. Wenn Sie sich mit diesem Thema auskennen, ist das eine große Hilfe, falls Sie ein Problem wegen fehlenden Assemblys analysieren müssen.

Der Auflösungsprozess

Der Prozess zum Auflösen von Assemblyverweisen ist ein wichtiges Element der CLR. Wenn die Entwickler einen Verweis auf eine Assembly oder ein Projekt hinzugefügt haben, sorgt die CLR dafür, dass diese Assembly geladen ist, sobald die Anwendung sie benötigt. Dieser Prozess umfasst mehrere Schritte, allerdings kommen Sie mit einem Überblick über die Vorgänge aus. Das genügt im Allgemeinen, um die Ursache des Problems aufzuspüren, falls während des Prozesses etwas schiefgeht.

Abbildung 2–15 zeigt den Prozess zum Auflösen von Assemblyverweisen als Flussdiagramm. Dieses Flussdiagramm zeigt eine relativ abstrakte Ebene und unterschlägt einige Details, genügt aber, um die zentralen Elemente im Prozess zu skizzieren. Der Prozess läuft folgendermaßen ab:

- Die CLR bedient sich eines Just-in-Time-Modells (JIT), um Assemblys aufzulösen. Wie bereits weiter oben in diesem Kapitel demonstriert, werden Verweise, die in einer Anwendung enthalten sind, nicht dann aufgelöst, sobald Sie die Anwendung starten, sondern erst, wenn Sie ein Feature dieser Assembly benutzen. Also wörtlich »just in time«, gerade noch rechtzeitig.
- Jede Assembly hat eine Identität, die sich aus der Kombination von Name, Version, Kultur und Token des öffentlichen Schlüssels ergibt. Features wie Bindungsumleitung können diese Identität verändern, daher ist diese Festlegung komplexer, als es auf den ersten Blick aussieht.
- Steht die Identität der Assembly fest, kann die CLR feststellen, ob bereits vorher während der aktuellen Ausführung der Anwendung versucht wurde, die Abhängigkeit aufzulösen. Der folgende Ausschnitt stammt aus einer Visual Studio-Projektdatei.

```
<reference include="MyAssembly, Version=2.1.0.0, Culture=neutral,
  PublicKeyToken=17fac983cbea459c" />
```

- Abhängig von der Antwort auf diese Frage verzweigt sich das weitere Vorgehen der CLR. Falls bereits versucht wurde, die Assembly aufzulösen, war dieser Prozess entweder erfolgreich oder ist fehlgeschlagen. Sofern er erfolgreich war, kann die CLR die bereits geladene Assembly verwenden; der Prozess ist damit abgeschlossen. Ist der vorherige Auflösungsversuch fehlgeschlagen, weiß die CLR, dass sie nicht mehr zu versuchen braucht, die Assembly aufzulösen, weil dieser Versuch ohnehin fehlschlägt.
- Ist dies dagegen der erste Versuch, die Assembly aufzulösen, prüft die CLR zuerst den GAC (Global Assembly Cache). Der GAC ist ein computerweites Assembly-Repository, das es ermöglicht, mehrere Versionen derselben Assembly in derselben Anwendung auszuführen. Ist die Assembly im GAC enthalten, ist der Auflösungsprozess erfolgreich und die passende Assembly wird geladen. Sie wissen nun also, dass zuerst der GAC durchsucht wird, und daher eine passende Assembly, die im GAC abgelegt ist, Vorrang vor einer Assembly im Dateisystem hat.

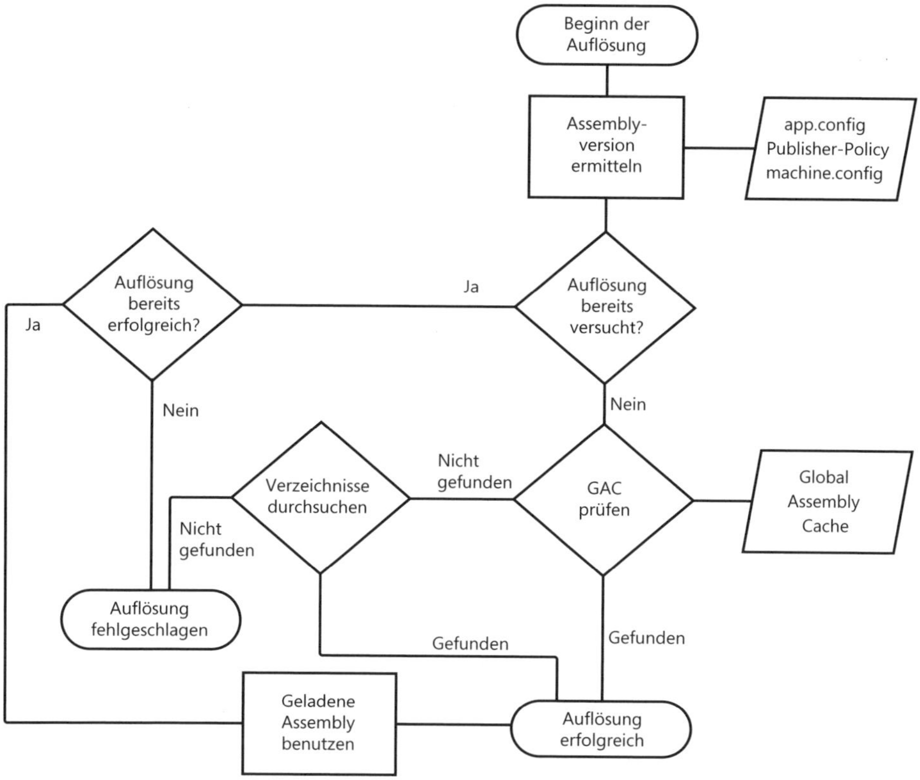

Abb. 2–15 Ein kurzer Überblick des Prozesses zum Auflösen von Assemblyverweisen

- Wurde die Assembly nicht im GAC gefunden, durchsucht die CLR etliche Verzeichnisse nach der Datei. Welche Verzeichnisse durchsucht werden, hängt von den Einstellungen in der Datei *app.config* ab. Gibt es in *app.config* ein `codeBase`-Element, wird der darin angegebene Ort geprüft; wurde die Assembly dort nicht gefunden, werden keine anderen Verzeichnisse mehr durchsucht. In der Standardeinstellung wird allerdings das Stammverzeichnis der Anwendung durchsucht, das heißt üblicherweise der *bin*-Ordner für den Einstiegspunkt oder die Webanwendung. Wird die Assembly dort nicht gefunden, schlägt der Auflösungsprozess fehl und die CLR löst eine Ausnahme aus. Das führt normalerweise dazu, dass die Anwendung beendet wird.

Das Fusion-Protokoll

Das Fusion-Protokoll ist ein sehr nützliches Tool zum Debuggen fehlgeschlagener Versuche der CLR, eine Assembly während der Laufzeit zu binden. Statt zu versuchen, die Anwendung schrittweise im Visual Studio-Debugger durchzugehen, ist es sinnvoller, Fusion einzuschalten und sich die generierte Protokolldatei anzusehen.

Um Fusion zu aktivieren, müssen Sie die Windows-Registrierung bearbeiten. Der folgende Codeausschnitt zeigt, welche Einträge Sie verändern müssen:

```
HKLM\Software\Microsoft\Fusion\ForceLog 1
HKLM\Software\Microsoft\Fusion\LogPath C:\FusionLogs
```

Der Wert `ForceLog` ist vom Typ `DWORD`, während `LogPath` eine Zeichenfolge ist. Sie können in `LogPath` einen beliebigen Pfad eintragen. Listing 2–12 zeigt ein Beispielprotokoll, das aufgrund einer fehlgeschlagenen Bindung aufgezeichnet wurde.

```
*** Protokolleintrag für Assembly-Binder  (21.06.2013 @ 13:50:14) ***

Fehler bei diesem Vorgang.
Ergebnis der Bindung: hr = 0x80070002. Das System kann die angegebene Datei
  nicht finden.

Der Assemblymanager wurde geladen aus:
  C:\Windows\Microsoft.NET\Framework64\v4.0.30319\clr.dll
Als EXE-Datei ausgeführt.  C:\Program Files\1UPIndustries\Bins\v1.1.0.242\Bins.exe
--- Ein detailliertes Fehlerprotokoll folgt.

=== Zustandsinformationen vor Bindung ===
LOG: User = DEV\gmclean
LOG: DisplayName = TaskbarDockUI.Xtensions.Bins.resources, Version=1.0.0.0,
   Culture=en-US, PublicKeyToken=null (Fully-specified)
LOG: Appbase = file:///C:/Program Files/1UPIndustries/Bins/v1.1.0.242/
LOG: Ursprünglicher PrivatePath = NULL
LOG: DynamicBase = NULL
LOG: CacheBase = NULL
LOG: AppName = Bins.exe
Aufruf von Assembly : TaskbarDockUI.Xtensions.Bins, Version=1.0.0.0, Culture=neutral,
   PublicKeyToken=null.
===
```

```
LOG: Diese Bindung startet im default-Load-Kontext.
LOG: Es wurde keine Anwendungskonfigurationsdatei gefunden.
LOG: Die Hostkonfigurationsdatei wird verwendet:
LOG: Die Computerkonfigurationsdatei von C:\Windows\Microsoft.NET\Framework64
   \v4.0.30319\config\machine.config wird verwendet.
LOG: Die Richtlinie wird derzeit nicht auf den Verweis angewendet (private,
   benutzerdefinierte, teilweise oder pfadbasierte Assemblybindung).
LOG: Download von neuem URL file:///C:/Program Files/1UPIndustries/
   Bins/v1.1.0.242/en-US/TaskbarDockUI.Xtensions.Bins.resources.DLL.
LOG: Download von neuem URL file:///C:/Program Files/1UPIndustries/
   Bins/v1.1.0.242/en-US/TaskbarDockUI.Xtensions.Bins.resources/
   TaskbarDockUI.Xtensions.Bins.resources.DLL.
LOG: Download von neuem URL file:///C:/Program Files/1UPIndustries/Bins/
   v1.1.0.242/en-US/TaskbarDockUI.Xtensions.Bins.resources.EXE.
LOG: Download von neuem URL file:///C:/Program Files/1UPIndustries/
   Bins/v1.1.0.242/en-US/TaskbarDockUI.Xtensions.Bins.resources/
   TaskbarDockUI.Xtensions.Bins.resources.EXE.
LOG: Fehler bei allen Such-URLs.
```

List. 2–12 Beispielausgabe von Fusion nach dem fehlgeschlagenen Versuch, eine Assembly zu binden

Sobald Sie die Registrierungseinträge vorgenommen haben, werden alle erfolgreichen oder fehlgeschlagenen Versuche einer verwalteten Anwendung, eine Assembly aufzulösen, in den Protokollen aufgezeichnet. Das generiert offensichtlich eine Menge Protokolldateien, was zweifellos nützlich ist, aber auch zu einer Suche nach der Nadel im Heuhaufen ausarten kann.

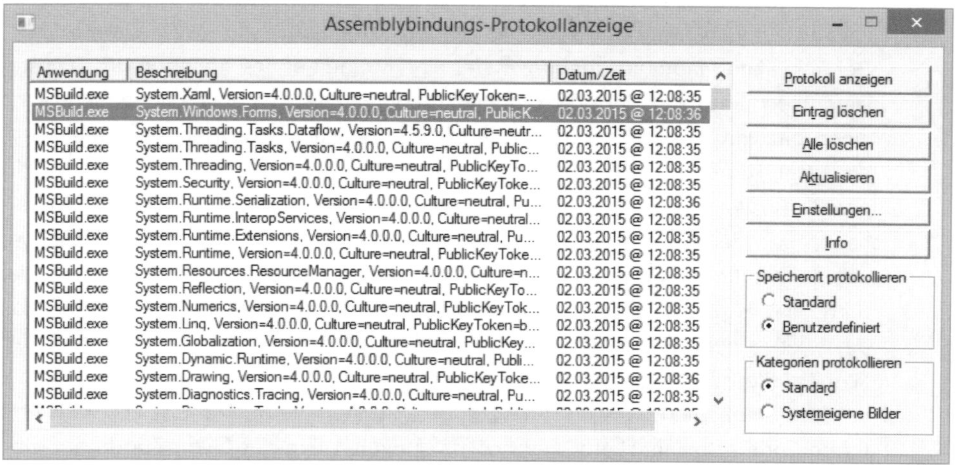

Abb. 2–16 Die Benutzeroberfläche von Fusion hilft Ihnen, die Protokolldatei für Ihre Anwendung zu finden

Glücklicherweise gehört zu Fusion auch eine Benutzeroberfläche (Abbildung 2–16), die es etwas einfacher macht, die richtige Datei für Ihre Anwendung zu finden. So brauchen Sie nicht im Dateisystem herumzusuchen.

Nicht für alle Abhängigkeiten sind Assemblyverweise notwendig. Eine andere Möglichkeit besteht darin, den Dienstcode als gehosteten Dienst bereitzustellen. Das erfordert prozessübergreifende oder Netzwerkkommunikation, verringert aber die Zahl der Assemblyverweise zwischen Client und Server. Der nächste Abschnitt beschreibt diese Möglichkeit genauer.

Dienste

Im Vergleich zu Assemblys kann die Kopplung zwischen einem Client und einem gehosteten Dienst viel loser sein. Das hat sowohl Vor- als auch Nachteile. Abhängig von den Anforderungen Ihrer Anwendung weiß der Client unterschiedlich viel über den Ort des Dienstes. Außerdem können Sie variieren, wie der Dienst implementiert ist und welche Anforderungen daran gestellt werden. Auf Basis dieser Möglichkeiten ergeben sich unterschiedliche Kompromisse, von denen Sie einen geeigneten auswählen müssen.

Bekannter Endpunkt

Wenn die Clients zum Zeitpunkt des Kompilierens den Ort des Dienstes kennen, können Sie auf der Clientseite einen Dienstproxy (engl. service proxy) erstellen. Dafür stehen mindestens zwei Wege zur Auswahl: Fügen Sie im Visual Studio einen Dienstverweis (engl. service reference) zu einem Projekt hinzu oder erstellen Sie den Dienstproxy selbst mithilfe der .NET Framework-Klasse `ChannelFactory`.

Einen Dienstverweis in Visual Studio hinzuzufügen, ist ganz einfach: Wählen Sie im Kontextmenü des Projekts den Befehl *Hinzufügen\Dienstverweis*. Im Dialogfeld *Dienstverweis hinzufügen* brauchen Sie lediglich den Speicherort der WSDL-Datei (Web Services Definition Language) anzugeben, in der eine Metadatenbeschreibung des Dienstes, seiner Datentypen und des verfügbaren Verhaltens stehen. Visual Studio generiert daraufhin einen Satz von Proxyklassen für diesen Dienst, was viel Zeit spart. Es kann sogar asynchrone Versionen der Dienstmethoden generieren, mit denen Sie Blockierungen verhindern können. Diese Vorgehensweise hat allerdings den Nachteil, dass Sie keine Kontrolle darüber haben, wie der Code generiert wird. Der vom Visual Studio generierte Code wird wohl kaum Ihre internen Programmierstandards erfüllen. Abhängig davon, wie strikt diese Standards sind, könnte sich das zu einem echten Problem auswachsen. Ein weiteres Problem ist, dass der generierte Dienstproxy sich schlecht für Unit-Tests eignet: Er definiert keine Schnittstellen, sondern implementiert nur Klassen.

Statt einen Dienstverweis hinzuzufügen, können Sie auch selbst einen Dienstproxy in Ihrem Code erstellen. Diese Methode ist sinnvoll, wenn der Client Zugriff auf die Schnittstelle des Diensts hat und direkt darauf verweisen kann. Listing 2–13 zeigt ein Beispiel, wie Sie einen Dienstproxy mithilfe der Klasse `ChannelFactory` erstellen.

```
var binding = new BasicHttpBinding();
var address = new EndpointAddress("http://localhost/MyService");
var channelFactory = new ChannelFactory<IService>(binding, address);
var service = channelFactory.CreateChannel();
service.MyOperation();
service.Close();
channelFactory.Close();
```

List. 2–13 Mit der Klasse `ChannelFactory` können Sie einen Dienstproxy erstellen

`ChannelFactory` ist eine generische Klasse und ihr Konstruktor benötigt die Schnittstelle des Dienstproxys, den Sie damit erstellen wollen. Weil dieser Code zusätzlich ein `Binding`- und ein `EndpointAddress`-Objekt braucht, müssen Sie die `ChannelFactory` mit der vollständigen Kombination aus Adresse, Bindung und Vertrag ausstatten. In diesem Beispiel ist `IService` dieselbe Schnittstelle, die der Dienst implementiert. Sie erhalten von `ChannelFactory.CreateChannel` einen Proxy, der bei jedem Aufruf die entsprechende Methode der serverseitigen Implementierung aufruft. Weil dieselbe Schnittstelle benutzt wird, können clientseitige Klassen diese Schnittstelle als Konstruktorparameter anfordern, der über Dependency-Injection zur Verfügung gestellt wird. Die Clientklassen werden daher sofort testbar. Außerdem brauchen sie gar nicht zu wissen, dass sie einen Remotedienst aufrufen.

Diensterkennung

Manchmal kennen Sie zwar den Bindungstyp eines Diensts oder seinen Vertrag, aber nicht die Adresse, unter der er gehostet wird. In diesem Fall können Sie die Diensterkennung (engl. service discovery) einsetzen, die mit der WCF (Windows Communication Foundation) im .NET Framework 4 eingeführt wurde.

Es gibt zwei Varianten der Diensterkennung: verwaltet (engl. managed) und Ad-hoc. Im verwalteten Modus kennen die Clients einen zentralen Dienst, den sogenannten Erkennungsproxy. Die Clients senden diesem Proxy direkt Abfragen, um andere Dienste zu finden. Das ist der uninteressantere Modus, weil er eine beträchtliche Schwachstelle einführt: Steht der Erkennungsproxy nicht zur Verfügung, können Clients auf *überhaupt keine* anderen Dienste zugreifen, weil sie deren Adresse nicht herausbekommen.

Der Ad-hoc-Modus macht den Einsatz eines Erkennungsproxys überflüssig, indem er Multicast-Netzwerknachrichten einsetzt. In der Standardimplementierung kommt UDP (User Datagram Protocol) zum Einsatz, wobei jeder verfügbare Dienst auf der angegebenen IP-Adresse[1] auf Abfragen antwortet. Clients fragen praktisch im Netzwerk nach, ob ein Dienst zur Verfügung steht, der den Abfragekriterien genügt, das heißt einem Vertrag oder Bindungstyp. Ist bei diesem Modell einer der Dienste ausgefallen, kann nur dieser Dienst nicht erkannt werden, während die übrigen auf die Anfragen reagieren und benutzt werden können. Listing 2–14 zeigt, wie Sie einen Dienst programmieren, der über Diensterken-

1. Die verwendete IP-Adresse ist 239.255.255.250 (IPv4) oder [FF02::C] (IPv6). Der Port ist 3702. Diese Werte werden durch den WS-Discovery-Standard festgesetzt, daher können sie nicht konfiguriert werden.

nung gesucht werden kann, und Listing 2–15 zeigt, wie Sie einen solchen Dienst über seine Konfiguration für die Diensterkennung verfügbar machen.

```
class Program
{
    static void Main(string[] args)
    {
        using (ServiceHost serviceHost = new ServiceHost(typeof(CalculatorService)))
        {
            serviceHost.Description.Behaviors.Add(new ServiceDiscoveryBehavior());

      serviceHost.AddServiceEndpoint(typeof(ICalculator), new BasicHttpBinding(),
              new Uri("http://localhost:8090/CalculatorService"));
            serviceHost.AddServiceEndpoint(new UdpDiscoveryEndpoint());

            serviceHost.Open();
            Console.WriteLine("Calculator-Dienst mit Diensterkennung läuft...");
            Console.ReadKey();
        }
    }
}
```

List. 2–14 Programmcode zum Hosten eines Diensts, der die Möglichkeit zur Diensterkennung bietet

```
<system.serviceModel>
    <behaviors>
      <serviceBehaviors>
        <behavior>
          <serviceMetadata httpGetEnabled="true" httpsGetEnabled="true"/>
          <serviceDebug includeExceptionDetailInFaults="false"/>
        </behavior>
        <behavior name="calculatorServiceDiscovery">
          <serviceDiscovery />
        </behavior>
      </serviceBehaviors>
      <endpointBehaviors>
        <behavior name="calculatorHttpEndpointDiscovery">
          <endpointDiscovery enabled="true" />
        </behavior>
    </endpointBehaviors>
    </behaviors>
    <protocolMapping>
        <add binding="basicHttpsBinding" scheme="https" />
    </protocolMapping>
    <serviceHostingEnvironment aspNetCompatibilityEnabled="true"
      multipleSiteBindingsEnabled="true" />
    <services>
      <service name="ConfigDiscoverableService.CalculatorService"
        behaviorConfiguration="calculatorServiceDiscovery">
```

```
        <endpoint address="CalculatorService.svc"
          behaviorConfiguration="calculatorHttpEndpointDiscovery"
          contract="ServiceContract.ICalculator" binding="basicHttpBinding" />
        <endpoint kind="udpDiscoveryEndpoint" />
    </service>
     </services>
  </system.serviceModel>
```

List. 2–15 Konfigurationseinstellungen für einen Dienst, der die Möglichkeit zur Diensterkennung bietet

Um über Diensterkennung ansprechbar zu werden, braucht ein Dienst lediglich `ServiceDiscoveryBehavior` hinzuzufügen und einen `DiscoveryEndpoint` zu hosten. In diesem Beispiel wird `UdpDiscoveryEndpoint` verwendet, um Multicast-Netzwerknachrichten von den Clients zu empfangen.

> HINWEIS Die Diensterkennung in WCF entspricht dem WS-Discovery-Standard. Daher funktioniert sie mit unterschiedlichen Plattformen und Sprachen, nicht nur mit dem .NET Framework.

Clients verwenden die Klasse `DiscoveryClient`, um einen Dienst zu finden, der einen `DiscoveryEndpoint` zur Verfügung stellt. Der Client ruft die Methode `Find` auf und übergibt ihr eine konfigurierte `FindCriteria`-Instanz, in der die Attribute des gewünschten Diensts beschrieben sind. `Find` gibt eine `FindResponse`-Instanz zurück, die in ihrer Eigenschaft `Endpoints` eine Auflistung aller `EndpointDiscoveryMetadata`-Instanzen enthält, die die Anforderungen erfüllen. Listing 2–16 zeigt, mit welchen Schritten Sie einen Dienst finden, der eine bestimmte Diensterkennung zur Verfügung stellt.

```
class Program
{
    private const int a = 11894;
    private const int b = 27834;

    static void Main(string[] args)
    {
        var foundEndpoints = FindEndpointsByContract<ICalculator>();

        if (!foundEndpoints.Any())
        {
            Console.WriteLine("Keine Endpunkte gefunden.");
        }
        else
        {
            var binding = new BasicHttpBinding();
            var channelFactory = new ChannelFactory<ICalculator>(binding);
```

```
            foreach (var endpointAddress in foundEndpoints)
            {
                var service = channelFactory.CreateChannel(endpointAddress);
                var additionResult = service.Add(a, b);
                Console.WriteLine("Dienst gefunden: {0}", endpointAddress.Uri);
                Console.WriteLine("{0} + {1} = {2}", a, b, additionResult);
            }
        }

        Console.ReadKey();
    }

    private static IEnumerable<EndpointAddress> FindEndpointsByContract
    <TServiceContract>()
    {
        var discoveryClient = new DiscoveryClient(new UdpDiscoveryEndpoint());
        var findResponse = discoveryClient.Find(new
          FindCriteria(typeof(TServiceContract)));
        return findResponse.Endpoints.Select(metadata => metadata.Address);
    }
}
```

List. 2–16 Diensterkennung ist eine gute Möglichkeit, Code zu entkoppeln

Denken Sie daran, dass die Zustellung der Nachricht bei der Verwendung von UDP nicht garantiert ist (im Gegensatz zu TCP). Es ist möglich, dass Datagramme während der Übertragung verloren gehen, daher kann es passieren, dass eine Anfrage einen verfügbaren Dienst nicht erreicht oder dessen Antwort nicht zurück zum Client gelangt. In beiden Fällen sieht es für den Client so aus, als stünde kein Dienst zur Verfügung, der den Anforderungen entspricht.

> HINWEIS Wenn Sie einen Dienst, der Diensterkennung bietet, in den Internetinformationsdiensten (Internet Information Services, IIS) oder dem Windows-Prozessaktivierungsdienst (Windows Process Activation Service, WAS) hosten, müssen Sie die Microsoft AppFabric-AutoStart-Funktionen nutzen. Die Erkennbarkeit ist nur bei Verfügbarkeit des Dienstes gegeben, das heißt er muss laufen, um auf Abfragen von Clients reagieren zu können. AppFabric-AutoStart erlaubt es, den Dienst auszuführen, sobald die Anwendung in IIS gestartet wird. Ohne AutoStart würde der Dienst erst gestartet, wenn die erste Anfrage eintrifft.

REST-Dienste

Der beste Grund für den Einsatz von REST-Diensten (REpresentational State Transfer) ist, dass Clients wenig Aufwand für die Abhängigkeit aufbringen müssen. Es wird lediglich ein HTTP-Client benötigt, wie er von den Frameworks und Bibliotheken fast aller Sprachen zur

Verfügung gestellt wird. Daher eignet sich das REST-Prinzip ideal zum Entwickeln von Diensten, die weitreichende, plattformübergreifende Unterstützung bieten müssen. Zum Beispiel haben sowohl Facebook als auch Twitter REST-APIs für verschiedene Abfragen und Befehle. Damit wird sichergestellt, dass Clients für sehr viele Plattformen entwickelt werden können: Windows Phone 8, iPhone, Android, iPad, Windows 8, Linux und viele weitere. Ohne die sehr niedrigen Abhängigkeitsanforderungen, auf die sich REST beschränkt, wäre es schwieriger, eine einzige Implementierung zu entwickeln, die all diese Clients bedienen könnte.

Um REST-Dienste zu erstellen, die das .NET Framework benutzen, verwenden Sie die ASP.NET-Web-API. Ähnlich wie das ASP.NET-MVC-Framework ermöglicht sie es den Entwicklern, Methoden zu erstellen, die direkt die verschiedenen Webanforderungen abbilden. Die Web-API stellt eine Controller-Basisklasse namens `ApiController` zur Verfügung. Sie leiten eine Klasse davon ab und fügen Methoden hinzu, deren Namen den HTTP-Verben entsprechen: `GET`, `POST`, `PUT`, `DELETE`, `HEAD`, `OPTIONS` und `PATCH`. Jedes Mal, wenn eine HTTP-Anforderung eintrifft, die eines dieser Verben benutzt, wird die entsprechende Methode aufgerufen. Listing 2–17 zeigt ein Beispiel für einen Dienst, der all diese Verben implementiert.

```
public class ValuesController : ApiController
{
    public IEnumerable<string> Get()
    {
        return new string[] { "value1", "value2" };
    }

    public string Get(int id)
    {
        return "value";
    }

    public void Post([FromBody]string value)
    {
    }

    public void Put(int id, [FromBody]string value)
    {
    }

    public void Head()
    {
    }

    public void Options()
    {
    }
```

```
    public void Patch()
    {
    }

    public void Delete(int id)
    {
    }
}
```

List. 2–17 Die ASP.NET-Web-API unterstützt praktisch alle HTTP-Verben

Listing 2–18 zeigt den Clientcode, der mithilfe der Klasse `HttpClient` auf die `GET`- und `POST`-Methoden dieses Diensts zugreift. Dies ist zwar bei weitem nicht die einzige Möglichkeit, im .NET Framework auf REST-Dienste zuzugreifen, aber sie basiert einzig auf dem Framework.

```
class Program
{
    static void Main(string[] args)
    {
        string uri = "http://localhost:7617/api/values";

        MakeGetRequest(uri);
        MakePostRequest(uri);

        Console.ReadKey();
    }

    private static async void MakeGetRequest(string uri)
    {
        var restClient = new HttpClient();
        var getRequest = await restClient.GetStringAsync(uri);

        Console.WriteLine(getRequest);
    }

    private static async void MakePostRequest(string uri)
    {
        var restClient = new HttpClient();
        var postRequest = await restClient.PostAsync(uri,
                new StringContent("An den Server gesendete Daten"));

        var responseContent = await postRequest.Content.ReadAsStringAsync();
        Console.WriteLine(responseContent);
    }
}
```

List. 2–18 Clients können mithilfe der Klasse `HttpClient` auf REST-Dienste zugreifen

Um zu demonstrieren, dass mehrere Clients mit gleichermaßen geringen Abhängigkeitsanforderungen geschrieben werden können, zeigt Listing 2–19 ein Windows PowerShell 3-Skript, das auf die GET- und POST-Methoden des Diensts zugreift.

```
$request = [System.Net.WebRequest]::Create("http://localhost:7617/api/values")
$request.Method ="GET"
$request.ContentLength = 0

$response = $request.GetResponse()
$reader = new-object System.IO.StreamReader($response.GetResponseStream())
$responseContent = $reader.ReadToEnd()
Write-Host $responseContent
```

List. 2–19 Der Zugriff auf einen REST-Dienst in der Windows PowerShell 3 ist ganz simpel

Dieser Code verwendet `WebRequest` aus dem .NET Framework, um den REST-Dienst aufzurufen. Von dieser Klasse ist `HttpWebRequest` abgeleitet. Die Methode `Create` ist eine Factory-Methode, die eine `HttpWebRequest`-Instanz zurückgibt, weil eine *http://*-URI angegeben wurde.

Abhängigkeitsverwaltung mit NuGet

Sie können sich die Abhängigkeitsverwaltung wesentlich leichter machen, wenn Sie geeignete Verwaltungstools einsetzen. Solche Tools verfolgen die Abhängigkeitsketten und stellen sicher, dass alle Artefakte verfügbar sind, von denen eine Abhängigkeit besteht. Außerdem verwalten sie die Versionen der Abhängigkeiten: Sie können einstellen, dass nur Abhängigkeiten von bestimmten Versionen bestehen sollen, dann erledigt das Abhängigkeitsverwaltungstools den Rest.

NuGet ist ein Paketverwaltungstool für das .NET Framework. In NuGet wird eine Abhängigkeit als *Paket* (engl. package) bezeichnet, aber das Tool ist nicht auf Assemblys beschränkt. NuGet-Pakete können auch Konfigurationsdateien, Skripts und Bilder enthalten – praktisch alles, was Sie brauchen. Eines der besten Argumente für den Einsatz eines Paketmanagers wie NuGet ist, dass er die Abhängigkeiten eines Pakets kennt und die gesamte Abhängigkeitskette mitbringt, wenn ein Projekt auf ein Paket verweist.

Seit der Version Visual Studio 2013 ist NuGet nahtlos als Standardtool für die Paketverwaltung in die IDE integriert.

Nutzen von Paketen

NuGet fügt einige neue Befehle in das Kontextmenü des Projektmappen-Explorers von Visual Studio ein. Hier können Sie das Fenster der NuGet-Paketverwaltung öffnen und einen Verweis auf eine Abhängigkeit hinzufügen.

In diesem Beispiel füge ich eine Abhängigkeit auf CorrugatedIron, den .NET Framework-Clienttreiber für den NoSql-Key/Value-Speicher von Riak hinzu. Abbildung 2–17 zeigt das Fenster der NuGet-Paketverwaltung.

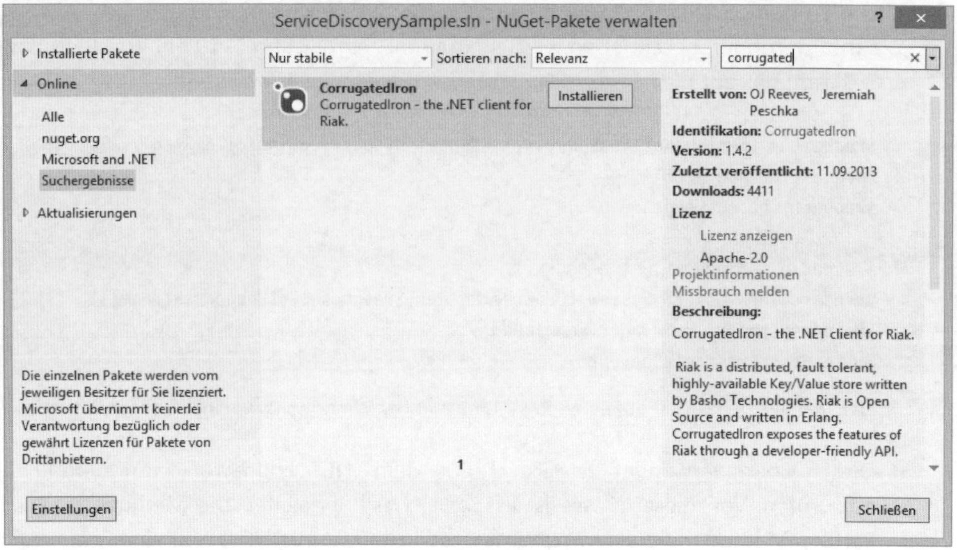

Abb. 2–17 NuGet-Pakete sind mit vielen nützlichen Metadaten verknüpft

Wenn Sie ein Paket in der Liste auswählen, zeigt der rechte Fensterabschnitt einige Metadaten über dieses Paket an. Dazu gehört der eindeutige Name in der Galerie, die Autoren des Pakets, die Version des Pakets, das Datum, an dem es zuletzt veröffentlicht wurde, eine Beschreibung und alle Abhängigkeiten, die es besitzt. Die Abhängigkeiten sind sehr interessant, weil sie zeigen, was zusätzlich zu den benötigten oder unterstützten Versionen der eigentlichen Abhängigkeiten ebenfalls installiert wird, wenn Sie auf dieses Paket verweisen. CorrugatedIron benötigt zum Beispiel mindestens die Version 4.5.10 von Newtonsoft.Json, einem .NET Framework-JSON/class-Serialisierer und mindestens die Version 2.0.0.602 von *protobuf-net*. Beide Pakete können wiederum eigene Abhängigkeiten haben.

Wenn Sie dieses Paket installieren, versucht NuGet zuerst, alle Dateien herunterzuladen und im Ordner *packages* innerhalb des Projektmappen-Stammordners zu speichern. So können Sie dieses gesamte Verzeichnis in die Quellcodeverwaltung legen, genau wie vorher mit dem Ordner *dependencies*. Dann erstellt NuGet in dem Projekt, in dem Sie diese Bibliothek nutzen wollen, Verweise auf die heruntergeladenen Assemblys. Abbildung 2–18 zeigt die Verweise für das Projekt, nachdem Riak hinzugefügt wurde.

Neben den Verweisen erstellt NuGet auch die Datei *packages.config*, die Informationen darüber enthält, auf welche Pakete (und in welchen Versionen) das Projekt verweist. Das ist nützlich, wenn Pakete aktualisiert oder deinstalliert werden; auch diese Aufgaben kann NuGet übernehmen.

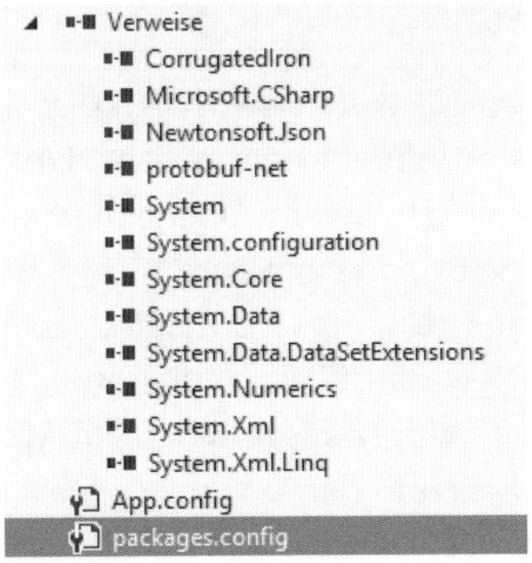

Abb. 2–18 Das Projekt verweist auf das Zielpaket mit all seinen Abhängigkeiten

Riak benötigt außerdem einige Standardkonfigurationseinstellungen, bevor es benutzt werden kann. NuGet hat sich also nicht darauf beschränkt, etliche Assemblys herunterzuladen und Verweise darauf einzutragen, sondern auch Ihre *app.config* so verändert, dass einige vernünftige Standardwerte für die Einstellungen vorhanden sind, die Riak benötigt. Listing 2–20 zeigt den Zustand von *app.config*, nachdem Riak installiert wurde.

```
<configuration>
  <configSections>
    <section name="riakConfig" type="CorrugatedIron.Config.RiakClusterConfiguration,
   CorrugatedIron" />
  </configSections>
  <riakConfig nodePollTime="5000" defaultRetryWaitTime="200" defaultRetryCount="3">
    <nodes>
      <node name="dev1" hostAddress="riak-test" pbcPort="10017" restScheme="http"
        restPort="10018" poolSize="20" />
      <node name="dev2" hostAddress="riak-test" pbcPort="10027" restScheme="http"
        restPort="10028" poolSize="20" />
      <node name="dev3" hostAddress="riak-test" pbcPort="10037" restScheme="http"
        restPort="10038" poolSize="20" />
      <node name="dev4" hostAddress="riak-test" pbcPort="10047" restScheme="http"
        restPort="10048" poolSize="20" />
    </nodes>
  </riakConfig>
</configuration>
```

List. 2–20 NuGet hat für Riak einen neuen Konfigurationsabschnitt zu *app.config* hinzugefügt

Das erspart Ihnen offensichtlich viel Zeit, weil Sie nicht auf der Riak-Site nach einem Download von CorrugatedIron oder einer seiner Abhängigkeiten suchen mussten. Alles befindet sich bereits in einem Zustand, in dem Sie sich auf die weitere Entwicklung konzentrieren können. Und wenn CorrugatedIron auf eine neue Version aktualisiert werden muss, können Sie ebenfalls NuGet benutzen, um alle beteiligten Pakete in der gesamten Projektmappe automatisch zu aktualisieren.

Erstellen von Paketen

Sie können mit NuGet auch Pakete erstellen. Das ist sinnvoll, wenn Sie Pakete in der offiziellen NuGet-Paketgalerie veröffentlichen wollen, damit andere Entwickler sie nutzen, oder wenn Sie einen eigenen Paket-Feed für Eigenabhängigkeiten hosten wollen. Abbildung 2–19 zeigt den NuGet Package Explorer, mit dem Sie Ihre eigenen Pakete erstellen können. In diesem Paket habe ich eingestellt, dass CorrugatedIron eine Abhängigkeit ist, daher hängt es außerdem implizit von Newtonsoft.Json und protobuf-net ab. Ich habe ein Bibliothekartefakt hinzugefügt, das explizit .NET Framework 4.5.1 fordert, und eine Textdatei, die unter dem Namen *My folder/NewFile.txt* in der Assembly erstellt wird. Es ist sogar ein Windows PowerShell-Skript vorhanden, das während der Installation ausgeführt wird. Dank der Flexibilität von Windows PowerShell stehen Ihnen damit fast unbegrenzte Möglichkeiten zur Verfügung.

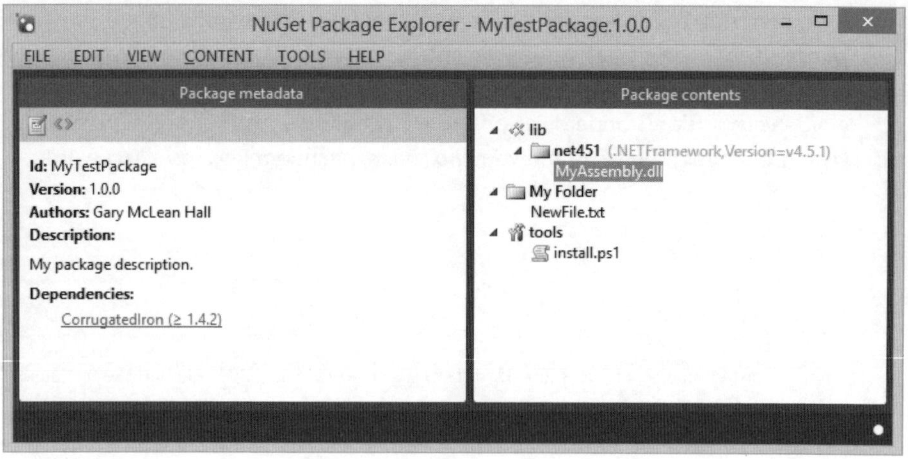

Abb. 2–19 Mit dem NuGet Package Explorer ist es ganz einfach, eigene Pakete zu erstellen

Jedes Paket hat eine XML-Datei, die dieselben Metadaten enthält, die Sie auch im Installationsfenster sehen. Listing 2–21 zeigt einen Ausschnitt aus dieser Datei.

```
<package xmlns="http://schemas.microsoft.com/packaging/2010/07/nuspec.xsd">
    <metadata>
        <id>MyTestPackage</id>
        <version>1.0.0</version>
        <authors>Gary McLean Hall</authors>
        <requireLicenseAcceptance>false</requireLicenseAcceptance>
        <description>My package description.</description>
        <dependencies>
            <dependency id="CorrugatedIron" version="1.0.1" />
        </dependencies>
    </metadata>
</package>
```

List. 2–21 Die XML-Definition für ein Paket mit Metadaten

NuGet steigert die Produktivität so stark, dass es geradezu schmerzhaft wird, Fremdabhängigkeiten in Ausnahmefällen von Hand zu verwalten, weil für eine bestimmte Bibliothek kein Paket vorhanden ist. Der Nutzen von NuGet ist auch nicht auf Fremdabhängigkeiten beschränkt. Wenn eine Projektmappe sehr groß wird, ist es sinnvoll, sie entlang der Schichtgrenzen in mehrere Teile zu untergliedern. Die Assemblys für jede Schicht können Sie dann mithilfe von NuGet verpacken, worauf die darüber liegenden Schichten sie problemlos benutzen können. So bleiben die Projektmappen klein und es ist einfacher, damit zu arbeiten.

Chocolatey

Wie NuGet ist auch Chocolatey ein Paketverwaltungstool, seine Pakete sind aber keine Assemblys, sondern Anwendungen und Tools. Entwickler, die etwas Erfahrung mit Linux haben, stellen fest, dass Chocolatey `apt-get` ähnelt, dem Paketmanager von Debian und Ubuntu. Auch hier kommen viele Vorteile der Paketverwaltung zum Tragen: einfachere Installation, Abhängigkeitsverwaltung und Benutzerfreundlichkeit.

Das folgende Skript lädt Chocolatey mithilfe von Windows PowerShell herunter und installiert es:

```
@powershell -NoProfile -ExecutionPolicy unrestricted -Command "iex ((new-object
   net.webclient).DownloadString('https://chocolatey.org/install.ps1'))" && SET
   PATH=%PATH%;%systemdrive%\chocolatey\bin
```

Sobald Chocolatey installiert ist, können Sie in der Befehlszeile nach verschiedenen Anwendungen und Tools suchen und sie installieren. Der Installationsvorgang ergänzt auch automatisch den Befehlszeilensuchpfad so, dass er die Anwendung *chocolatey.exe* einschließt. Ähnlich wie Git hat auch Chocolatey Unterbefehle, zum Beispiel `list` und `install`, aber dafür stehen auch Synonyme zur Verfügung, die als Abkürzungen benutzt werden können: `clist` beziehungsweise `cinst`. Listing 2–22 zeigt eine Beispielsitzung mit Chocolatey, in der der Paketname für den FTP-Client Filezilla ermittelt und das Paket dann installiert wird.

```
C:\dev> clist filezilla
ferventcoder.chocolatey.utilities 1.0.20130622
filezilla 3.7.1
filezilla.commandline 3.7.1
filezilla.server 0.9.41.20120523
jivkok.tools 1.1.0.2
kareemsultan.developer.toolkit 1.4
UAdevelopers.utils 1.9
C:\dev> cinst filezilla
Chocolatey (v0.9.8.20) is installing filezilla and dependencies. By installing you
  accept the license for filezilla and each dependency you are installing.
 . . .
This Finished installing 'filezilla' and dependencies - if errors not shown in
  console, none detected. Check log for errors if unsure.
```

List. 2–22 Der erste Befehl sucht die Pakete für die gewünschte Anwendung, der zweite installiert sie

Sofern Chocolatey keine Fehler gemeldet hat, ist das angeforderte Paket nun installiert. An sich *sollte* Chocolatey die PATH-Variable Ihres Systems so angepasst haben, dass neue ausführbare Dateien direkt in der Befehlszeile aufgerufen werden können, aber das funktioniert nicht immer. Über Chocolatey steht eine große Auswahl an Paketen zur Verfügung, und die bequeme Installation, die es bietet, ist ein schlagendes Argument für seine Benutzung.

Schichten

Bisher hat sich dieses Kapitel in erster Linie damit beschäftigt, wie Sie Abhängigkeiten auf Assemblyebene verwalten. Das ist ein einleuchtender erster Schritt, wenn es darum geht, Ihre Anwendung zu organisieren. Schließlich sind alle Klassen und Schnittstellen in Assemblys enthalten und es ist immer von Bedeutung, wie sie aufeinander verweisen. Bei richtiger Organisation enthalten Ihre Assemblys Klassen und Schnittstellen, die nur eine einzelne Gruppe zusammengehöriger Funktionen betreffen. Wie können Sie aber sicherstellen, dass auch Gruppen von Assemblys richtig organisiert werden?

Gruppen aus zwei oder mehr zusammenhängenden Assemblys bilden *Komponenten* des Softwaresystems, das entwickelt wird. Es ist mindestens genauso wichtig, dass diese Komponenten in einer ähnlich genau definierten und strukturierten Weise interagieren. Wie Abbildung 2–20 zeigt, sind Komponenten keine physischen Artefakte der Bereitstellung, wie Assembly-DLLs (Dynamic-Link Libraries), sondern logische Gruppen aus Assemblys, die sich mit einem ähnlichen Thema beschäftigen.

Im Diagramm aus Abbildung 2–20 sind drei Assemblys aufgeführt: `Views`, `Controllers` und `ViewModels`. Jede Assembly enthält zwei Klassen, die unterschiedliche Aufgaben erfüllen und unterschiedliche Abhängigkeiten benötigen. Die Klassen und Assemblys sind zwar Konstrukte, die vom .NET Framework bereitgestellt werden, aber das Benutzeroberflächen-Paket, das alles zusammenfasst, ist ein rein logisches Gebilde. Die drei Assemblys könnten innerhalb der Projektmappe in einem Ordner namens *Benutzeroberfläche* liegen, aber es hindert Sie nichts daran, diese Schicht mit einem anderen Projekt zu ruinieren, das nicht an diese Stelle gehört – außer Ihrer Vernunft und Sorgfalt natürlich.

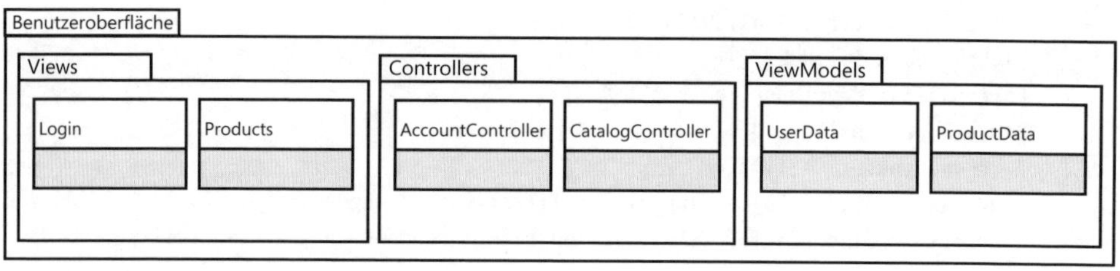

Abb. 2–20 Indem Sie zusammengehörige Assemblys zu Gruppen zusammenfassen, können Sie logische Komponenten definieren

In Bezug auf die Abhängigkeitsverwaltung unterscheiden sich Komponenten nicht von anderen Programmierkonstrukten auf niedrigeren Ebenen. Wie Methoden, Klassen und Assemblys können Sie Schichten als weiteren Knoten im Abhängigkeitsgraphen betrachten, der weiter oben in diesem Kapitel beschrieben wurde. Somit gelten dieselben Regeln: den Digraphen azyklisch zu halten und zentrale Verantwortung sicherzustellen.

Schichtung (engl. layering) ist ein Architektur-Pattern, das fordert, Softwarekomponenten als horizontale Funktionsschichten zu betrachten, die aufeinander aufbauen und so eine vollständige Anwendung bilden. Komponenten liegen in Schichten aufeinander und die Richtung der Abhängigkeit muss immer nach unten zeigen. Die unterste Schicht der Anwendung hat also keine Abhängigkeiten[2], und jede weitere Schicht ist von der Schicht abhängig, die sich direkt unter ihr befindet. Ganz oben in diesem Stapel befindet sich die Benutzeroberfläche. Falls die Anwendung eine Dienstschicht ist, enthält die oberste Schicht die API, über die Clients auf das System zugreifen.

Wichtige Patterns

Für die Schichtung eines Projekts stehen mehrere gebräuchliche Patterns zur Auswahl. Die hier beschriebenen sollten Sie als Anregungen sehen, die Sie an die konkreten Anforderungen und Einschränkungen Ihres Falls anpassen können. Das wichtigste Unterscheidungsmerkmal zwischen den Schichtungs-Patterns ist die *Zahl* der benutzen Schichten. Dieser Abschnitt beginnt mit einer simplen Architektur, die lediglich zwei Schichten umfasst, schiebt dann eine dritte Schicht dazwischen ein und erweitert dieses Konzept schließlich auf eine beliebige Zahl von Schichten.

Die Zahl der benötigten Schichten hängt mit der Komplexität der Lösung zusammen, und die Komplexität der Lösung hängt mit der Komplexität des Problems zusammen. Je komplexer also das Problem, desto sinnvoller dürfte es sein, den Aufwand für eine mehrschichtige Architektur zu investieren. Komplexität wird in diesem Fall von vielen Faktoren bestimmt, hier nur einige Beispiele: Terminvorgaben für das Projekt, seine geforderte Langlebigkeit, wie häufig sich die Anforderungen wahrscheinlich ändern und welchen Wert das Entwicklungsteam Patterns und Best Practices beimisst.

2. Das ist nicht die ganze Wahrheit: Es gibt wahrscheinlich einige Abhängigkeiten, aber weil sie sich in der untersten Schicht befinden, wo sie von keinem andere Eigencode abhängig sind, handelt es sich üblicherweise um Infrastrukturabhängigkeiten anderer Hersteller.

Schichten und Stufen

Die Begriffe Schichten (engl. layers) und Stufen (engl. tiers) stehen für den Unterschied zwischen der logischen Organisation und der physischen Bereitstellung des Codes. Sie können eine Anwendung logisch in drei oder vier *Schichten* untergliedern, aber physisch auf einer *Stufe* bereitstellen. Die Zahl der Stufen hängt lose damit zusammen, auf wie vielen Computern sie bereitgestellt wird. Wenn Sie sie auf einem einzigen Computer bereitstellen, geschieht die Bereitstellung der Anwendung in einer Stufe. Stellen Sie die Anwendung auf zwei Computern bereit, untergliedert in mindestens zwei Schichten, geschieht die Bereitstellung in zwei Stufen.

Bei jeder Stufe, die Sie in einer Bereitstellung nutzen, akzeptieren Sie, dass Sie eine Netzwerkgrenze überschreiten, was Geschwindigkeitsnachteile mit sich bringt: Es ist schon aufwendig, innerhalb eines Computers Prozessgrenzen zu überqueren, aber die Überschreitung einer Netzwerkgrenze ist noch viel aufwendiger. Das Bereitstellen in Stufen hat aber einen entscheidenden Vorteil, weil Sie Ihre Anwendungen auf diese Weise skalieren können. Wenn Sie eine Webanwendung, die eine Benutzeroberflächen-, eine Logik- und eine Datenzugriffsschicht umfasst, auf einem einzigen Computer (also in einer einzigen Stufe) bereitstellen, hat dieser Computer viel Arbeit zu erledigen. Folglich können Sie weniger Nutzer bedienen. Spalten Sie die Bereitstellung der Anwendung dagegen in zwei Stufen auf, indem Sie die Datenbank in die eine Stufe und Benutzeroberflächen- zusammen mit Logikschicht in eine andere legen, können Sie die Benutzeroberflächenschicht sowohl *horizontal* als auch *vertikal* skalieren.

Um vertikal zu skalieren, brauchen Sie lediglich die Leistung des Computers aufzurüsten, indem Sie mehr Arbeitsspeicher oder Prozessoren einbauen. Dann kann der einzelne Computer mehr Arbeit erledigen. Sie können aber auch horizontal skalieren, indem Sie weitere Computer hinzufügen, die genau dieselbe Aufgabe erledigen. Sie können mehrere Computer verwenden, um den Code der Webbenutzeroberfläche zu hosten, und eine Lastverteilung, die Clients an den gerade am geringsten ausgelasteten Computer weiterleitet. Natürlich ist das kein Patentrezept, um mehr gleichzeitige Benutzer in einer Webanwendung zu bedienen. Sie müssen sich dann auch eingehender mit Datencaching und Benutzerauthentifizierung befassen, weil jede Anforderung eines Benutzers von einem anderen Computer bearbeitet werden kann.

Weil sich dieses Buch mit der Anpassungsfähigkeit an Änderungen in den Anforderungen beschäftigt, empfehle ich, sich *zuerst auf die simpelste mögliche Lösung* zu beschränken und später *nur bei Bedarf* zu komplexeren überzugehen. Das hat positive Auswirkungen auf Projekte. Beispielsweise können Sie schon nach kurzer Zeit etwas abliefern. In der Softwareentwicklung sollten Sie frühzeitig und häufig um Feedback bitten. Es ist Unsinn zu versuchen, die perfekte Lösung auszuliefern, wenn der Kunde eine andere Vorstellung von Perfektion hat als das Entwicklungsteam. Eine mehrschichtige Lösung zu entwickeln, dauert länger als eine simple zweischichtige, wodurch sich die außerordentlich wichtige Feedbackschleife verzögert.

Zwei Schichten

Eine zweischichtige Lösung ist der kleinste Schritt gegenüber einer Lösung, die ganz ohne Schichtung auskommt. Sie ist nur in bestimmten Situationen sinnvoll, lässt sich aber sehr schnell implementieren. Die beiden Schichten sind die Benutzeroberflächenschicht (engl. user interface layer) und die Datenzugriffsschicht (engl. data access layer). Das bedeutet nicht, dass Sie dabei auf zwei *Assemblys* beschränkt sind, nur auf zwei logische *Gruppen* von Assemblys: eine befasst sich direkt mit der Benutzeroberfläche, die andere mit dem Datenzugriff.

Abbildung 2–21 zeigt die zwei Schichten als Pakete in einem UML-Diagramm, wobei jede Schicht die Assemblys für die jeweilige Schicht enthält. Die einzige gezeigte Abhängigkeit zeigt von der Benutzeroberflächenschicht hinunter in die Datenzugriffsschicht. In jeder mehrschichtigen Architektur dürfen Abhängigkeiten ausschließlich in diese Richtung zeigen.

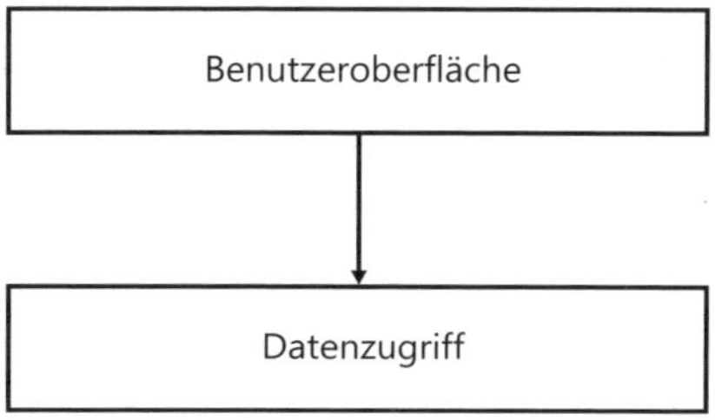

Abb. 2–21 Eine zweischichtige Anwendung besteht aus den Benutzeroberflächen- und den Datenzugriffskomponenten

Benutzeroberfläche

Die Benutzeroberflächenschicht hat folgende Aufgaben:

- Sie stellt dem Benutzer eine Möglichkeit zur Verfügung, die Anwendung zu bedienen (zum Beispiel Desktopfenster und Steuerelemente, eine Webseite oder die Befehlszeile beziehungsweise das Menü einer Konsolenanwendung)
- Sie zeigt dem Benutzer Daten und Informationen an
- Sie nimmt vom Benutzer Anforderungen in Form von Abfragen oder Befehlen entgegen
- Sie überprüft die Eingaben des Benutzers

Die Implementierung der Benutzeroberflächenschicht kann sich von Fall zu Fall unterscheiden. Es kann ein WPF-Client (Windows Presentation Foundation) sein, vollgepackt mit beeindruckenden Grafiken und Animationen, eine Gruppe von Webseiten, durch die sich der Benutzer hindurchklickt, oder eine simple Konsolenanwendung, in der ein Benutzer mit

Befehlszeilenparametern oder einem einfachen Menü den gewünschten Befehl oder eine Abfrage ausführt.

> HINWEIS In manchen Fällen könnte die Benutzeroberfläche durch einen Satz von Diensten ersetzt werden, die ihre Funktionen beliebigen Clients zur Verfügung stellen. Das ist nicht wirklich eine Benutzeroberfläche, aber die zweischichtige Architektur ist auch hier erkennbar, obwohl die Benutzeroberflächenschicht durch eine API-Schicht ersetzt wurde.

Die Benutzeroberflächenschicht liegt über der Datenzugriffsschicht und kann sie benutzen. Wie aber bereits im Zusammenhang mit Assemblyverweisen erklärt, sollte die Benutzeroberflächenschicht niemals direkt auf Implementierungs-Assemblys der Datenzugriffsschicht verweisen. Schnittstellen- und Implementierungs-Assemblys der beiden Schichten sollten strikt getrennt bleiben. Dadurch ergibt sich ein Schichtungsdiagramm, das wie in Abbildung 2–22 aussieht.

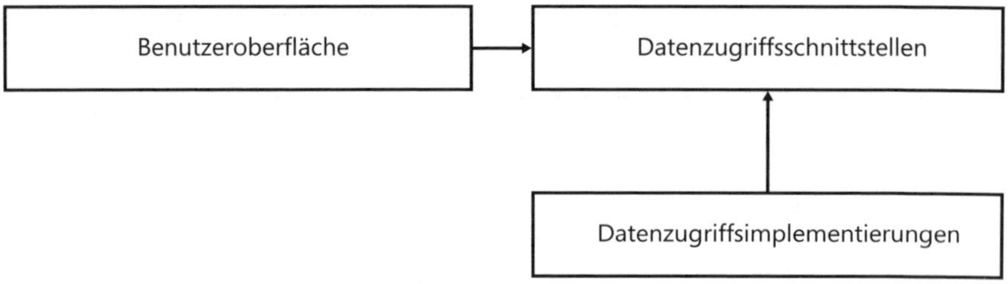

Abb. 2–22 Die beiden Schichten sind in Implementierungs- und Schnittstellen-Assemblys untergliedert

Die Probleme des Entourage-Anti-Patterns werden dabei durch das Stairway-Pattern beseitigt, aber dieses Mal geschieht das auf der Architekturebene. Jede Schicht ist die Kombination aus der Abstraktion aller Funktionen, von der eine höhere Schicht abhängt, und einer Implementierung dieser Abstraktion. Falls eine höhere Schicht auf einen Teil der Implementierung einer niedrigeren Schicht verweist, wird diese Schicht als *undichte Abstraktion* oder *lecke Abstraktion* (engl. leaky abstraction) bezeichnet. Die Abhängigkeiten von der Implementierung dieser Schicht sickern in Schichten durch, die sich weiter oben im Stapel befinden. Das erzeugt vermeidbare Abhängigkeiten.

Datenzugriff

Die Aufgaben der Datenzugriffsschicht sind:

- Sie antwortet auf Abfragen nach Daten
- Sie serialisiert und deserialisiert Objektmodelle in beziehungsweise aus einem relationalen Modell

Für die Implementierung der Datenzugriffsschicht steht ähnlich viel Spielraum zur Verfügung wie bei der Benutzeroberflächenschicht. Diese Schicht umfasst üblicherweise irgendeinen persistenten Datenspeicher, zum Beispiel eine relationale Datenbank wie SQL Server, Oracle, MySQL oder PostgreSQL oder eine Dokumentdatenbank wie MongoDB, RavenDB oder Riak. Neben dem Datenspeicherungsmechanismus gibt es meist eine oder mehrere Assemblys, die Abfragen ausführen und zum Einfügen, Aktualisieren und Löschen von Daten gespeicherte Prozeduren aufrufen oder die Daten über Entity Framework oder NHibernate auf eine relationale Datenbank abbilden.

Datenzugriffsschichten sollten hinter Schnittstellen versteckt sein, die nicht von irgendeiner dieser Technologien abhängen. Wie bei allen Schnittstellen sollte es keine Verweise auf eine Fremdabhängigkeit geben, damit Clients von der gewählten Implementierung isoliert bleiben.

Eine gut entworfene Datenzugriffsschicht lässt sich in anderen Anwendungen wiederverwenden. Falls zwei unterschiedliche Benutzeroberflächen dieselben Daten brauchen, sie aber in unterschiedlicher Form anzeigen, können sie sich dieselbe Datenzugriffsschicht teilen. Stellen Sie sich eine Anwendung vor, die auf mehreren Plattformen läuft: Windows 8 und Windows Phone 8. Beide stellen unterschiedliche Anforderungen an die Benutzeroberfläche, aber beide können dieselbe Datenzugriffsschicht nutzen.

Wie jede Architektur weist auch der zweischichtige Entwurf einige Nachteile auf, die Sie sorgfältig analysieren müssen, bevor Sie sich entscheiden. Die zweischichtige Architektur ist eine gute Wahl, wenn:

- abgesehen von einigen trivialen Überprüfungen wenig oder gar keine Geschäftslogik in der Anwendung steckt. Diese Überprüfungen können problemlos in der Datenzugriffsschicht oder der Benutzeroberflächenschicht gekapselt werden.
- die Anwendung Daten hauptsächlich anlegt, liest, aktualisiert und löscht. Solche Operationen werden mit jeder weiteren Schicht schwieriger, die zwischen Benutzeroberfläche und den eigentlichen Daten liegt.
- nur wenig Zeit zur Verfügung steht. Muss lediglich ein Prototyp oder Bootstrap entwickelt werden, können Sie sich viel Zeit sparen, wenn Sie die Zahl der Schichten einschränken. Sie können auf diese Weise schnell die Machbarkeit eines Konzepts überprüfen. Wenn Sie sich an Empfehlungen wie das Stairway-Pattern halten, ist es einfacher, bei Bedarf später zusätzliche Schichten einzuschieben.

Allerdings hat die zweischichtige Architektur auch einige offensichtliche Nachteile. Sie ist eine schlechte Wahl, wenn:

- es wesentliche Geschäftslogik in der Anwendung gibt oder die Geschäftslogik sich verändert. Jegliche Geschäftslogik, die in Benutzeroberflächen- oder Datenzugriffsschicht liegt, ist technisch gesehen eine Unsauberkeit und vermindert Flexibilität und Wartungsfreundlichkeit der betroffenen Schicht.
- sicher ist, dass die Anwendung nach einem oder zwei Sprints über zwei Schichten hinauswächst. Kompromisse, die dazu dienen, schnell Feedback zu erhalten, lohnen sich nicht, wenn diese Architektur lediglich wenige Wochen überlebt.

Die zweischichtige Architektur ist weiterhin in vielen Situationen sinnvoll. Zu viele Entwickler lassen sich von den neuesten Architekturtrends blenden und übersehen simplere Entwürfe. Eine andernfalls triviale Anwendung erhält dann zu spät Feedback und wird anfällig und schwierig zu warten. Oft ist die simpelste Möglichkeit die beste.

Drei Schichten

Die dreischichtige Architektur schiebt eine weitere Schicht zwischen Benutzeroberflächen- und Datenzugriffsschicht ein. Dies ist die Geschäftslogikschicht (engl. business logic layer) oder kurz Logikschicht. Mithilfe der Logikschicht kann die Anwendung komplexere Verarbeitungsschritte kapseln. Wie die Datenzugriffsschicht können sich mehrere Anwendungen auch die Logikschicht teilen, daher braucht sie nicht mehrmals implementiert zu werden. Abbildung 2–23 zeigt die typische dreischichtige Architektur.

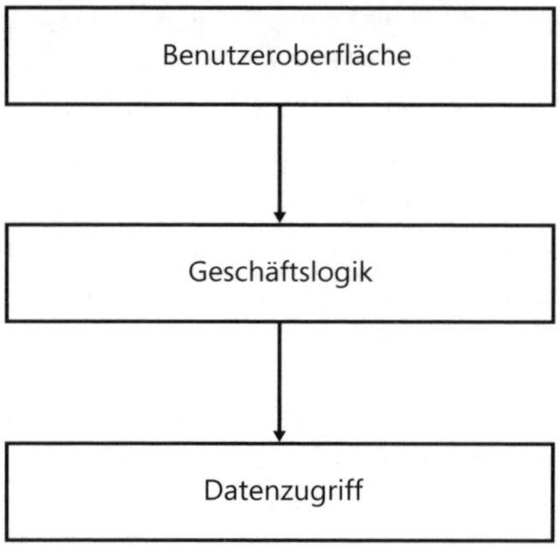

Abb. 2–23 Die dritte Schicht erledigt die Verarbeitung oder Geschäftslogik für die Anwendung

Wie die Datenzugriffsschicht stellt die Logikschicht den Clients Schnittstellen- und Implementierungs-Assemblys zur Verfügung, um eine undichte Abstraktion zu verhindern.

> HINWEIS Die dreischichtige Architektur ist zwar bei Webanwendungen sehr verbreitet, aber sie werden normalerweise nur in zwei *Stufen* bereitgestellt. Ein Knoten ist für die Datenbank zuständig, der andere erledigt praktisch alles andere: Benutzeroberfläche, Logik und sogar Teil des Datenzugriffs.

Geschäftslogik

Die Geschäftslogikschicht hat folgende Aufgaben:

- Sie verarbeitet Befehle, die aus der Benutzeroberflächenschicht kommen
- Sie modelliert den Geschäftsbereich, um Geschäftsprozesse, Regeln und Workflow abzubilden

Die Logikschicht kann eine Befehlsverarbeitung sein, die über die Benutzeroberflächenschicht Befehle vom Benutzer empfängt und in Zusammenarbeit mit der Datenzugriffsschicht ein bestimmtes Problem löst oder eine bestimmte Aufgabe ausführt. Sie kann auch ein vollständig entwickeltes Domänenmodell sein, das die Geschäftsprozesse auf Software abbildet. Im zweiten Fall ist es üblich, dass die Datenzugriffsschicht eine Komponente für die objektrelationale Abbildung enthält, damit die Logikschicht direkt in Klassen implementiert werden kann. Oft kommt dabei ein DDD-Ansatz (Domain-Driven Design, domänenorientierter Entwurf) zum Einsatz. In einem Domänenmodell sollte es keine Abhängigkeiten geben, weder nach unten in den Stapel noch über implementierungsspezifische Technologie. Zum Beispiel sollten die Assemblys des Domänenmodells nicht von einer Bibliothek für objektrelationale Abbildung abhängen. Stattdessen sollten Sie für diese Aufgabe eine separate, implementierungsspezifische Assembly erstellen und den ORM anweisen, wie er die Abbildung in das Domänenmodell vornehmen soll. So können die Kernklassen des Domänenmodells wiederverwendet werden, ohne dass Abhängigkeiten vom ORM bestehen, und der ORM kann ersetzt werden, ohne dass dies Auswirkungen auf das Domänenmodell oder seine Clients hat. Abbildung 2–24 zeigt eine mögliche Implementierung einer Logikschicht, die ein Domänenmodell nutzt.

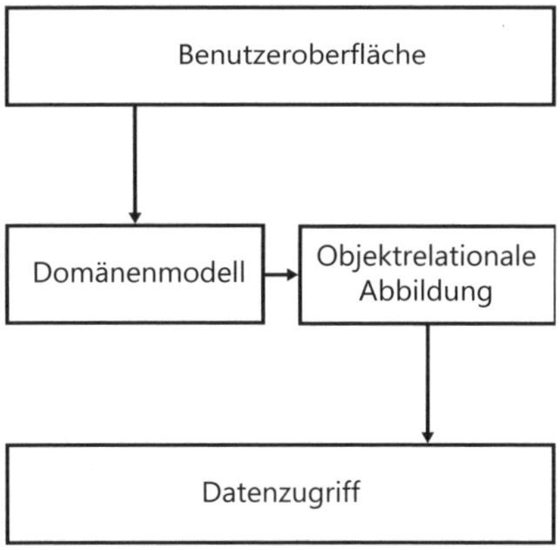

Abb. 2–24 Die Assemblys eines Domänenmodells arbeiten zusammen und bilden eine Logikschicht

Sie brauchen eine Logikschicht, wenn die Anwendung komplexe Geschäftslogik umfasst, zum Beispiel Geschäftsregeln, die tatsächliche Workflows der Mitarbeiter widerspiegeln sollen. Auch wenn die Logik zwar nicht sonderlich komplex ist, sich aber oft ändert, ist es sinnvoll, eine separate Schicht einzuziehen, um dieses Verhalten zu kapseln. Das vereinfacht die Benutzeroberflächen- und Datenzugriffsschichten, weil sie sich ganz auf ihre eigentlichen Aufgaben konzentrieren können.

Grenzüberschreitende Angelegenheiten

Manchmal lassen sich die Aufgaben einer Komponente nicht so einfach auf eine einzelne Schicht festlegen. Funktionen wie Überwachung, Sicherheit und Caching können sich durch die gesamte Anwendung ziehen, weil sie in *jeder* Schicht gebraucht werden. Nachdem die Anwendung bereitgestellt wurde und es nicht mehr möglich ist, mit dem Visual Studio-Debugger schrittweise den Code durchzugehen, ist es zum Beispiel ein nützliches Debuggingwerkzeug, wenn sich die Aktionen des Codes bei jedem Methodenaufruf und jeder Methodenrückkehr nachverfolgen lassen. Sie können dazu ausgeben, welche Werte in den Parametern übergeben wurden und welche Rückgabewerte verschiedene Methoden geliefert haben (Listing 2–23).

```
public void OpenNewAccount(Guid ownerID, string accountName, decimal openingBalance)
{
    log.WriteInfo(
      "Neues Konto für Kunde {0} mit dem Namen '{1}' und Anfangssaldo {2} eröffnet.",
      ownerID, accountName, openingBalance);

    using(var transaction = session.BeginTransaction())
    {
        var user = userRepository.GetByID(ownerID);
        user.CreateAccount(accountName);
        var account = user.FindAccount(accountName);
        account.SetBalance(openingBalance);

        transaction.Commit();
    }
}
```

List. 2–23 Werden grenzüberschreitende Angelegenheiten in den Code eingebracht, tritt dadurch schnell seine eigentliche Aufgabe in den Hintergrund

Das ist mühsam und fehlerträchtig, und es überschwemmt jede Methode mit irrelevantem Standardcode, wodurch es schwieriger wird, sich auf ihren eigentlichen Zweck zu konzentrieren. Stattdessen können Sie solche grenzüberschreitenden Angelegenheiten (engl. cross-cutting concerns) in gekapselten Funktionseinheiten isolieren und dann wesentlich unaufdringlicher auf den Code anwenden. Die verbreitetste Methode, Funktionen unaufdringlich hinzuzufügen, ist die aspektorientierte Programmierung.

Aspektorientierte Programmierung

Aspektorientierte Programmierung (Aspect-Oriented Programming, AOP) bedeutet die Anwendung grenzüberschreitender Angelegenheiten (sogenannter Aspekte) auf mehrere Schichten im Code. Das .NET Framework stellt mehrere AOP-Bibliotheken zur Auswahl bereit (suchen Sie in NuGet nach *AOP*), für die hier gezeigten Beispiele wird PostSharp verwendet, für das eine kostenlose Express-Version zur Verfügung steht, wenn auch mit verringertem Funktionsumfang. Listing 2–24 zeigt, wie Ablaufverfolgungscode in einen PostSharp-Aspekt ausgelagert und als Attribut auf einige Methoden angewendet wird.

```
[Logged]
[Transactional]
public void OpenNewAccount(Guid ownerID, string accountName, decimal openingBalance)
{
    var user = userRepository.GetByID(ownerID);
    user.CreateAccount(accountName);
    var account = user.FindAccount(accountName);
    account.SetBalance(openingBalance);
}
```

List. 2–24 Aspekte sind eine hervorragende Möglichkeit, grenzüberschreitende Angelegenheiten zu implementieren

Die beiden Attribute, die vor die Methode `OpenNewAccount` gestellt wurden, bieten dieselbe Funktion wie in Listing 2–23, aber die Aufgabe der Methode ist klarer. Das Attribut `Logged` schreibt Informationen über den Methodenaufruf samt den Werten der Parameter in ein Protokoll. Das Attribut `Transactional` bettet die Methode in eine Datenbanktransaktion ein und bestätigt die Transaktion im Erfolgsfall beziehungsweise widerruft die Transaktion im Fehlerfall. Der wesentliche Punkt ist, dass diese beiden Attribute so universell sind, dass sie auf *jede* Methode angewendet werden können, nicht nur auf diese. Sie können daher beliebig oft wiederverwendet werden.

Asymmetrische Schichteinteilung

Alle Anfragen der Benutzer an eine Anwendung laufen über die Benutzeroberfläche. Der Pfad, über den die Anfragen danach geführt werden, ist aber nicht immer derselbe. Je nachdem, welche Art von Anfrage gemacht wird, kann die Schichteinteilung asymmetrisch sein. Anlass ist der Wunsch, pragmatisch zu sein und zu überlegen, ob die vorhandene Schichteinteilung für manche Anfragen übertrieben, für andere sogar ungenügend ist.

Ein Pattern für asymmetrische Schichteinteilung, das in den letzten Jahren sehr beliebt geworden ist, ist CQRS (Command/Query Responsibility Segregation, »Trennung der Verantwortungsbereiche für Befehl und Abfrage«). Bevor ich näher auf CQRS, ein Architektur-Pattern, eingehe, müssen wir uns ihr Vorbild auf Methodenebene ansehen, die Trennung von Befehl und Abfrage.

Trennung von Befehl und Abfrage

In seinem Buch *Object-Oriented Software Construction* (Prentice Hall, 1997) prägt Bertrand Meyer den Begriff *Command/Query Separation (CQS, Befehl-Abfrage-Trennung)*, um zu erklären, dass alle Objektmethoden eine von genau zwei Aufgaben ausführen sollten: einen *Befehl* oder eine *Abfrage*.

- Befehle fordern eine bestimmte Aktion, sie schreiben vor, dass der Code etwas *tut*. Diese Methoden dürfen den Zustand eines Systems verändern, sollten aber nicht zusätzlich einen Wert zurückgeben. Listing 2–25 zeigt ein Beispiel für eine CQS-kompatible Befehlsmethode, gefolgt von einer, die nicht diesen Vorgaben entspricht.

```
// CQS-kompatibler Befehl
Public void SaveUser(string name)
{
    session.Save(new User(name));
}
// Nicht CQS-kompatibler Befehl
public User SaveUser(string name)
{
    var user = new User(name);
    session.Save(user);
    return user;
}
```

List. 2–25 CQS-kompatible und nicht CQS-kompatible Befehlsmethoden

Abfragen fordern dagegen Daten an, sie schreiben vor, dass der Code etwas *liefert*. Diese Methoden geben Daten an aufrufende Clients zurück, sollen aber nicht den Zustand eines Systems verändern. Listing 2–26 zeigt ein Beispiel für eine CQS-kompatible Abfragemethode, gefolgt von einer, die sich nicht an dieses Prinzip hält.

```
// CQS-kompatible Abfrage
Public IEnumerable<User> FindUserByID(Guid userID)
{
    return session.Get<User>(userID);
}
// Nicht CQS-kompatible Abfrage
public IEnumerable<User> FindUserByID(Guid userID)
{
    var user = session.Get<User>(userID);
    user.LastAccessed = DateTime.Now;
    return user;
}
```

List. 2–26 CQS-kompatible und nicht CQS-kompatible Abfragemethoden

Befehle und Abfragen lassen sich also daran erkennen, ob ein Rückgabewert vorhanden ist oder nicht. Wenn eine Methode einen Wert zurückgibt (und sofern sie CQS-kompatibel ist), können Sie davon ausgehen, dass sie den Objektzustand nicht verändert. Der Vorteil besteht darin, dass Sie die Reihenfolge von Abfrageaufrufen jederzeit ändern können, weil Sie sicher sein können, dass sie keine Auswirkungen auf das Objekt haben. Bei einer Methode, die keinen Rückgabewert hat (und CQS-kompatibel ist), können Sie davon ausgehen, dass sie den Zustand des Objekts verändert. Bei solchen Aufrufen müssen Sie die Reihenfolge genau beachten.

Command/Query Responsibility Segregation

Das Pattern *Command/Query Responsibility Segregation* (CQRS) wird Greg Young zugeschrieben. Dieses Pattern überträgt das Prinzip von CQS auf die Architekturebene. Es ist ein Beispiel für asymmetrische Schichteinteilung. Befehle und Abfragen folgen ähnlichen Regeln wie bei CQS, aber CQRS geht einen Schritt weiter: Es berücksichtigt, dass Befehle und Abfragen manchmal unterschiedlichen Pfaden durch die Schichten folgen, damit die Verarbeitung nicht unnötig komplex wird.

Ein Beispiel für den minimalen Einsatz von CQRS ist die Entwicklung einer dreischichtigen Architektur mit einem Domänenmodell. In diesem Fall wird das Domänenmodell nur von der Befehlsseite der Anwendung benutzt, während die Abfrageseite mit einer viel einfacheren zweischichtigen Architektur auskommt. Abbildung 2–25 zeigt diesen Entwurf.

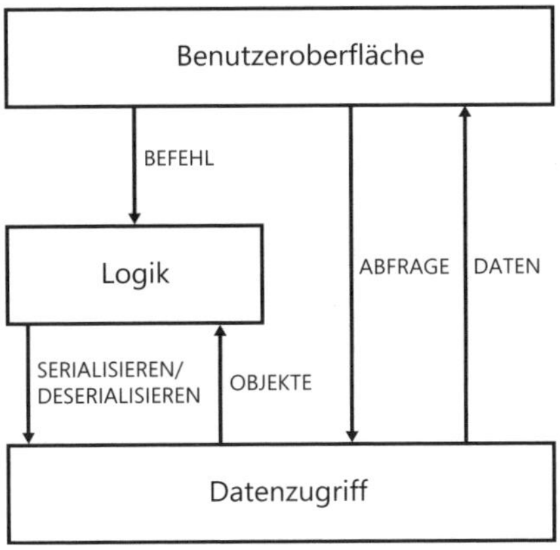

Abb. 2–25 Domänenmodelle sollten nur zum Verarbeiten von Befehlen genutzt werden

Die Abfrage von Daten muss oft schnell sein und kann auf einige Garantien der transaktionalen Konsistenz verzichten: Phantomlesevorgänge oder nicht-wiederholbare Lesevorgänge können ein Preis sein, den Sie für schnellere Reaktionszeiten zu zahlen bereit sind. Bei der Befehlsverarbeitung ist es dagegen oft nötig, transaktionale Konsistenz sicherzustellen, daher werden Befehle und Abfragen unterschiedlich durch die Schichten geführt. Manchmal können auch die Datenzugriffsschichten zwischen Befehlen und Abfragen unterscheiden. Für Befehle brauchen Sie unter Umständen eine vollständig ACID-kompatible (*ACID* steht für »Atomic, Consistent, Isolated, Durable«, also »atomar, konsistent, isoliert, dauerhaft«) Datenbank, während für Abfragen eine simple Dokumentspeicherung ausreicht. Die Dokumentspeicherung kann asynchron aktualisiert werden, sobald die Befehlsschicht Ereignisse veröffentlicht, sodass Konsistenz für die Abfragen gewährleistet ist.

Zusammenfassung

Dieses Kapitel hat gezeigt, warum die Organisation von Abhängigkeiten beim Erstellen von Softwareanwendungen erhebliche Probleme verursachen kann. Die langfristige Stabilität, die Anpassungsfähigkeit und möglicherweise sogar die Realisierbarkeit eines Projekts beruhen auf einer sorgfältigen Verwaltung ihrer Abhängigkeiten. Wenn Entwickler planlos Klassen erstellen, die aufeinander verweisen, entsteht ein Spaghetti-artiges Chaos aus gegenseitigen Abhängigkeiten. Das kann die Fähigkeit des Teams, auf konsistente, berechenbare Weise wirtschaftlichen Wert zu generieren, ernsthaft einschränken.

Abhängigkeiten müssen auf allen Ebenen verwaltet werden, von einzelnen Klassen und Methoden, die aufeinander zugreifen, über Assemblyverweise bis hin zur abstrakten Architektur der Komponenten. Entwickler müssen ständig aufpassen, dass keine überflüssigen Abhängigkeiten aus ihren Methoden, Klassen, Assemblys oder Schichten nach außen durchsickern.

In gewisser Weise bildet dieses Kapitel die Basis für große Teile des übrigen Buchs. Sein Inhalt bietet eine solide Grundlage für einfach wartbaren, adaptiven Code; auf dieser Basis bauen die weiteren Kapitel auf. Falls Ihre Assemblys ein verflochtener Haufen von Verweisen sind und Ihre Schichten nicht ihre Infrastrukturabhängigkeiten verbergen, wird Ihr Code schwieriger zu testen, zu erweitern und zu verstehen, unabhängig davon, welche anderen Patterns oder Best Practices Sie einzuhalten versuchen.

Kapitel 3

Schnittstellen und Entwurfs-Patterns

Am Ende dieses Kapitels werden Sie in der Lage sein, die folgenden Aufgaben durchzuführen:

- Definieren von Schnittstellen und Beschreiben der wichtigsten Unterschiede gegenüber Klassen
- Anwenden von Entwurfs-Patterns wie Adapter- und Strategy-Pattern auf Schnittstellen
- Beschreiben der Vielseitigkeit einer Schnittstelle, die durch Duck-Typing, Mixins und flüssige Schnittstellen ermöglicht wird
- Beschreiben der Grenzen von Schnittstellen und Umgehen dieser Einschränkungen
- Erkennen häufiger Anti-Patterns und Missbräuche von Schnittstellen

Die Schnittstelle (engl. interface) ist ein leistungsfähiges Konstrukt in der Microsoft .NET Framework-Entwicklung. Das Schlüsselwort `interface` sieht zwar ganz unscheinbar aus, es steht aber für ein sehr leistungsfähiges Prinzip. Werden Schnittstellen richtig eingesetzt, versehen sie Ihren Code mit Erweiterungspunkten, die ihn außerordentlich adaptiv machen. Es gibt aber auch Situationen, in denen es nicht sinnvoll ist, Schnittstellen einzusetzen; leider werden sie auch in solchen Fällen oft genutzt.

Dieses Kapitel beschreibt kurz die Unterschiede zwischen Klassen und Schnittstellen und erklärt, wie Sie die beiden am besten kombinieren, um den Clientcode vor Implementierungsänderungen zu schützen und Polymorphie zu ermöglichen.

Außerdem beschäftigt es sich mit der Vielseitigkeit von Schnittstellen und erklärt, welch universelles Werkzeug sie in modernen Softwarelösungen sind. Das umfasst einige leistungsfähige Entwurfs-Patterns, die bei richtiger Anwendung (in Kombination mit anderen Patterns aus diesem Buch) Code erzeugen, der hochflexibel ist und einfach an veränderte Anforderungen angepasst werden kann. Diese Eigenschaften sind in agilen Projekten unverzichtbar.

Schnittstellen sind für sich allein gesehen kein Patentrezept. Eine sinnvolle Anreicherung mit Schnittstellen kann einem Projekt sicherlich weiterhelfen, aber die Schnittstellen müssen auch richtig benutzt werden. Dieses Kapitel stellt einige der häufigsten Fehler bei der Verwendung von Schnittstellen vor.

Was ist eine Schnittstelle?

Eine Schnittstelle definiert das Verhalten, das eine Klasse zur Verfügung stellt, aber nicht, *wie* dieses Verhalten implementiert ist. Schnittstellen sind eigenständige Konstrukte, die nicht zu Klassen gehören. Aber es ist eine Klasse nötig, deren Code die Schnittstelle mit Leben füllt.

Schnittstellen werden einerseits durch ihre Syntax definiert, das heißt bezüglich der Programmiersprache: das Schlüsselwort `interface` und alles, was dadurch impliziert wird. Sie werden aber andererseits durch ihre Funktionen definiert: die Konzepte, die sie repräsentieren und ermöglichen.

Syntax

Schnittstellen werden mit dem Schlüsselwort `interface` definiert. Sie können Eigenschaften, Methoden und Ereignisse enthalten, genau wie Klassen. Allerdings kann kein Element einer Schnittstelle mit einem Zugriffsmodifizierer versehen werden: Die implementierende Klasse muss eine Schnittstelle als `public` implementieren. Listing 3–1 zeigt die Deklaration einer Schnittstelle sowie eine denkbare Implementierung.

```
public interface ISimpleInterface
{
    // Diese Methode muss implementiert werden.
    void ThisMethodRequiresImplementation();

    // Diese String-Eigenschaft muss ebenfalls implementiert werden.
    string ThisStringPropertyNeedsImplementingToo
    {
        get;
        set;
    }

    // Diese Integer-Eigenschaft braucht nur einen Getter.
    int ThisIntegerPropertyOnlyNeedsAGetter
    {
        get;
    }

    // Schnittstellen können auch Ereignisse enthalten.
    event EventHandler<EventArgs> InterfacesCanContainEventsToo;
}
// . . .
public class SimpleInterfaceImplementation : ISimpleInterface
{

    public void ThisMethodRequiresImplementation()
```

```
    {

    }

    public string ThisStringPropertyNeedsImplementingToo
    {
        get;
        set;
    }

    public int ThisIntegerPropertyOnlyNeedsAGetter
    {
        get
        {
            return this.encapsulatedInteger;
        }
        set
        {
            this.encapsulatedInteger = value;
        }
    }

    public event EventHandler<EventArgs> InterfacesCanContainEventsToo = delegate { };

    private int encapsulatedInteger;
}
```

List. 3–1 Deklarieren und Implementieren einer Schnittstelle

Das .NET Framework unterstützt bei Klassen nicht das Konzept der Mehrfachvererbung, aber sie bietet die Möglichkeit, mehrere Schnittstellen in derselben Klasse zu implementieren.

Es gibt keine Beschränkung für die Zahl der Schnittstellen, die eine Klasse implementieren kann, aber Sie müssen natürlich überlegen, wie sinnvoll es ist, sehr viele Schnittstellen in derselben Klasse zu implementieren. Die Klasse in Listing 3–2 implementiert zwei Schnittstellen.

```
public interface IInterfaceOne
{
    void MethodOne();
}
// . . .
public interface IInterfaceTwo
{
    void MethodTwo();
}
// . . .
```

```
public class ImplementingMultipleInterfaces : IInterfaceOne, IInterfaceTwo
{
    public void MethodOne()
    {
    }

    public void MethodTwo()
    {
    }
}
```

List. 3–2 Dieselbe Klasse kann mehrere Schnittstellen implementieren

Es ist nicht nur möglich, mehrere Schnittstellen in derselben Klasse zu implementieren, dieselbe Schnittstelle kann auch mehrmals von unterschiedlichen Klassen implementiert werden.

> **Mehrfachvererbung**
>
> Manche Sprachen unterstützen das Konzept der Vererbung von mehreren Basisklassen. C++ erlaubt beispielsweise ein solches Konstrukt. Die .NET Framework-Sprachen erlauben es allerdings nicht und der Compiler gibt eine Warnung aus, falls Sie versuchen, eine Klasse von zwei oder mehr Klassen abzuleiten (Abbildung 3–1).
>
> 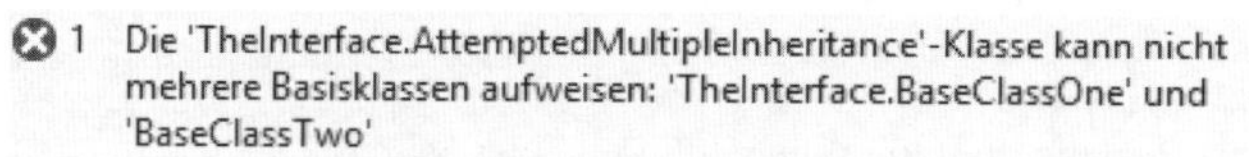
>
>
> **Abb. 3–1** Der Compiler verhindert eine Mehrfachvererbung
>
> Das Diamond-Vererbungsproblem
>
> Das Diamond-Vererbungsproblem (benannt nach der Diamantform, die in Abbildung 3–2 sichtbar wird) ist einer der Gründe, warum Mehrfachvererbung verboten ist. Dieses Problem tritt auf, wenn eine Klasse von mehreren Basisklassen abgeleitet wird. Wenn jede dieser Basisklassen dieselbe Methode enthält, welche soll dann benutzt werden? Abbildung 3–2 zeigt ein UML-Diagramm (Unified Modeling Language) des Problems.

→

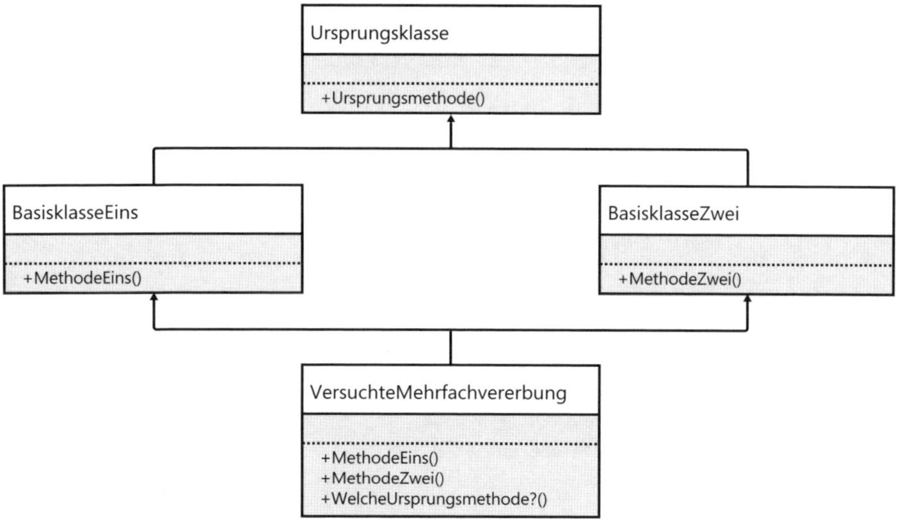

Abb. 3–2 Das Diamond-Vererbungsproblem

Welche Version von `Ursprungsmethode` soll die Klasse `VersuchteMehrfachvererbung` erben? Diejenige, die `BasisklasseEins` von `Ursprungsklasse` geerbt hat, oder diejenige, die `BasisklasseZwei` von `Ursprungsklasse` geerbt hat? Wegen dieser Unklarheit verbietet das .NET Framework die Mehrfachvererbung bei Klassen.

Explizite Implementierung

Schnittstellen können auch *explizit* implementiert werden. Die explizite Schnittstellenimplementierung unterscheidet sich von der impliziten Schnittstellenimplementierung, die in den vorherigen Beispielen demonstriert wurde. Listing 3–3 zeigt eine ähnliche Klasse wie in den letzten Beispielen, aber sie implementiert ihre Schnittstelle explizit.

```
public class ExplicitInterfaceImplementation : ISimpleInterface
{
    public ExplicitInterfaceImplementation()
    {
        this.encapsulatedInteger = 4;
    }

    void ISimpleInterface.ThisMethodRequiresImplementation()
    {
        encapsulatedEvent(this, EventArgs.Empty);
    }

    string ISimpleInterface.ThisStringPropertyNeedsImplementingToo
    {
```

```
            get;
            set;
        }

        int ISimpleInterface.ThisIntegerPropertyOnlyNeedsAGetter
        {
            get
            {
                return encapsulatedInteger;
            }
        }

        event EventHandler<EventArgs> ISimpleInterface.InterfacesCanContainEventsToo
        {
            add { encapsulatedEvent += value; }
            remove { encapsulatedEvent -= value; }
        }

        private int encapsulatedInteger;
        private event EventHandler<EventArgs> encapsulatedEvent;
    }
```

List. 3–3 Explizite Implementierung einer Schnittstelle

Um eine explizit implementierte Schnittstelle nutzen zu können, brauchen Clients einen Verweis auf eine Instanz der Schnittstelle. Ein Verweis auf eine Implementierung der Schnittstelle genügt nicht. Listing 3–4 demonstriert diesen Punkt genauer.

```
public class ExplicitInterfaceClient
{
    public ExplicitInterfaceClient(ExplicitInterfaceImplementation
        implementationReference, ISimpleInterface interfaceReference)
    {
        // Wenn Sie die Kommentarzeichen der folgenden Zeilen löschen, erhalten
        //  Sie Fehler beim Kompilieren.
        //var instancePropertyValue =
        //implementationReference.ThisIntegerPropertyOnlyNeedsAGetter;
        //implementationReference.ThisMethodRequiresImplementation();
        //implementationReference.ThisStringPropertyNeedsImplementingToo = "Hello";
        //implementationReference.InterfacesCanContainEventsToo += EventHandler;

        var interfacePropertyValue =
            interfaceReference.ThisIntegerPropertyOnlyNeedsAGetter;
        interfaceReference.ThisMethodRequiresImplementation();
        interfaceReference.ThisStringPropertyNeedsImplementingToo = "Hello";
        interfaceReference.InterfacesCanContainEventsToo += EventHandler;
    }
```

```
    void EventHandler(object sender, EventArgs e)
    {

    }
}
```

List. 3–4 Ist eine Schnittstelle explizit implementiert, sind die Schnittstellenmethoden in Klasseninstanzen nicht sichtbar

Die explizite Implementierung ist eigentlich nur dann nützlich, wenn Sie einen Signaturkonflikt vermeiden wollen, weil die Klasse bereits eine Methode mit derselben Signatur besitzt, wie sie für die Schnittstelle implementiert werden muss.

Jede Methode, die im .NET Framework definiert werden kann, hat eine eindeutige Methodensignatur. Diese Signatur hilft dabei, Methoden eindeutig zu identifizieren und Methoden zu unterscheiden, die überschrieben wurden. Die Signatur einer Methode besteht aus ihrem Namen und ihrer Parameterliste. Auch die Zugriffsebene einer Methode sowie `abstract`- oder `sealed`-Modifizierer fließen in die Methodensignatur ein. Listing 3–5 zeigt eine Vielzahl von Methodensignaturen, von denen einige einen Konflikt auslösen. Ein solcher Konflikt entsteht, wenn Methodensignaturen in allen aufgezählten Aspekten identisch sind. Kein `class`-, `interface`- oder `struct`-Element darf Methoden enthalten, deren Signaturen einen Konflikt auslösen.

```
public class ClashingMethodSignatures
{
    public void MethodA()
    {

    }

    // Konflikt mit der vorherigen Methode.
    //public void MethodA()
    //{

    //}

    // Ebenfalls ein Konflikt: Rückgabewerte fließen nicht in die Signatur ein.
    //public int MethodA()
    //{
    //    return 0;
    //}

    public int MethodB(int x)
    {
        return x;
    }

    // Diesmal kein Konflikt: Die Parameter unterscheiden sich.
```

```
    // Dies ist eine Überladung der vorherigen MethodB.
    public int MethodB(int x, int y)
    {
        return x + y;
    }
}
```

List. 3–5 Einige der Methoden haben dieselbe Signatur

Weil Eigenschaften keine Parameterlisten haben, werden sie nur anhand ihres Namens unterschieden. Die Signaturen von zwei Eigenschaften lösen daher einen Konflikt aus, wenn sie denselben Namen tragen.

Nehmen wir an, die Klasse aus Listing 3–6 soll die Beispielschnittstelle `IInterfaceOne` implementieren.

```
public class ClassWithMethodSignatureClash
{
    public void MethodOne()
    {
    }
}
```

List. 3–6 Wenn diese Klasse die Schnittstelle `IInterfaceOne` implementiert, ergibt sich ein Konflikt bei der Methodensignatur

Weil die Methodensignaturen gleich sind, brauchen Sie lediglich die Schnittstelle zur Klassendeklaration hinzuzufügen (Listing 3–7).

```
public class ClassWithMethodSignatureClash : IInterfaceOne
{
    public void MethodOne()
    {
    }
}
```

List. 3–7 Wenn Sie die Schnittstelle implizit implementieren, können Sie die vorhandenen Methoden dafür nutzen

Wenn ein Client die Schnittstellenmethoden dieser Klasse aufruft, werden die Methoden benutzt, die bereits vorhanden sind. Das ist beispielsweise nützlich, wenn Sie das MVP-Pattern (Model-View-Presenter) in Windows Forms implementieren und zu einer von `Form` abgeleiteten Klasse die Schnittstelle `IView` hinzufügen, für die die Methode `Close` implementiert werden muss. Listing 3–8 zeigt, wie das in der Praxis aussieht.

```
public interface IView
{
    void Close();
}
// . . .
public partial class Form1 : Form, IView
{
    public Form1()
    {
        InitializeComponent();
    }
}
```

List. 3–8 Manchmal ist es ganz praktisch, wenn ein Konflikt bei Methodensignaturen besteht

Muss die Klasse für die Schnittstellenimplementierung dagegen anders implementierte Methoden bereitstellen, sollte sie die Schnittstelle explizit implementieren. Auf diese Weise wird ein Konflikt der Methodensignatur vermieden. Listing 3–9 zeigt eine Klasse, die Methoden, deren Signaturen übereinstimmen, unterschiedlich implementiert.

```
public class ClassAvoidingMethodSignatureClash : IInterfaceOne
{
    public void MethodOne()
    {
        // Ursprüngliche Implementierung
    }

    void IInterfaceOne.MethodOne()
    {
        // Neue Implementierung
    }
}
```

List. 3–9 Wenn Sie eine Schnittstelle explizit implementieren, können Sie Konflikte bei den Methodensignaturen vermeiden

Wenn eine Klasse zwei unterschiedliche Schnittstellen implementieren muss, die nichts miteinander zu tun haben, aber beide eine Methode mit derselben Signatur enthalten, können Sie beide Schnittstellen implizit implementieren. In diesem Fall verwenden beide Schnittstellen dieselbe Methodenimplementierung. Stattdessen können Sie auch beide explizit implementieren, um deutlich zu machen, welche Implementierung zu welcher Schnittstelle gehört (Listing 3–10).

```
public class ClassImplementingClashingInterfaces : IInterfaceOne, IAnotherInterfaceOne
{
    void IInterfaceOne.MethodOne()
    {

    }

    void IAnotherInterfaceOne.MethodOne()
    {

    }
}
```

List. 3–10 Werden zwei Schnittstellen implementiert, die eine identische Methodensignatur enthalten, ist eine explizite Implementierung verständlicher

Polymorphie

Die Fähigkeit, das Objekt eines Typs zu verwenden, während es sich implizit verhält, als hätte es einen anderen Typ, wird als *Polymorphie* (engl. polymorphism) bezeichnet. Clientcode kann auf ein Objekt zugreifen, als hätte es einen bestimmten Typ, obwohl es in Wirklichkeit einen anderen Typ hat. Dieser Programmiertrick ist eines der wichtigsten Konzepte der objektorientierten Programmierung (Object-Oriented Programming, OOP). Es ist die Grundlage, auf der einige der elegantesten adaptiven Lösungen für Programmierprobleme aufbauen.

Abbildung 3–3 zeigt die Schnittstelle `IVehicle`, die das Verhalten von Fahrzeugen definiert, und einige mögliche Implementierungsklassen für Autos (`Car`), Motorräder (`Motorcycle`) und Motorboote (`Speedboat`). Offensichtlich unterscheiden sich diese drei Fahrzeugtypen recht stark, aber dank der einheitlichen Schnittstelle zeigen sie alle dasselbe Verhalten.

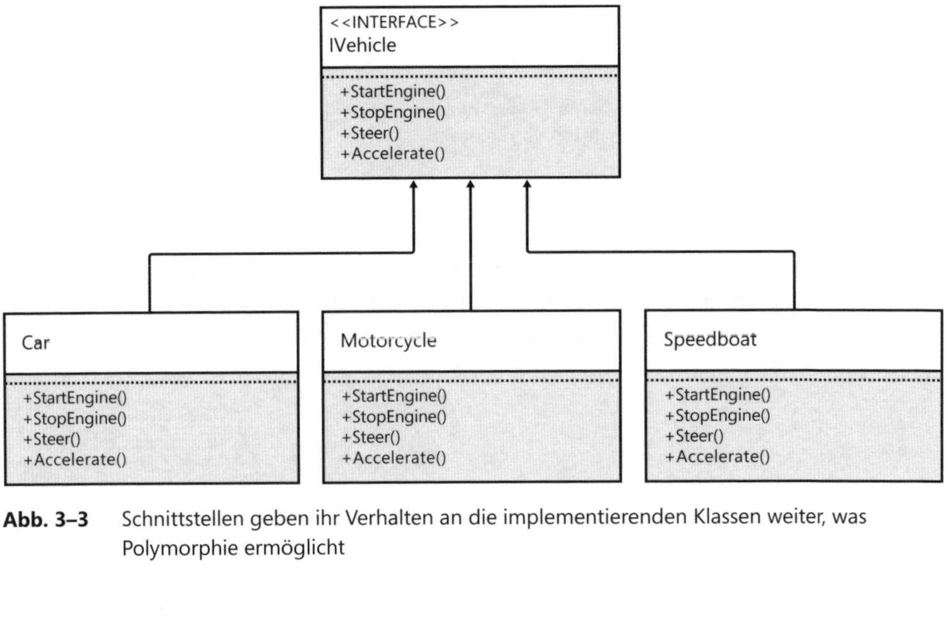

Abb. 3–3 Schnittstellen geben ihr Verhalten an die implementierenden Klassen weiter, was Polymorphie ermöglicht

In diesem Beispiel wird angenommen, dass Fahrzeuge einen Motor haben, der gestartet (`StartEngine`) und abgestellt (`StopEngine`) werden kann, dass es irgendeine Form der Lenkung gibt (`Steer`) und dass das Fahrzeug beschleunigen kann (`Accelerate`). Dank Polymorphie kann sich Clientcode einen Verweis auf die Schnittstelle `IVehicle` besorgen und alle spezialisierten Typen gleich behandeln. Dass ein Auto auf andere Weise gelenkt wird als ein Motorrad oder dass der Motor eines Boots anders gestartet oder abgestellt wird als der einer Lokomotive, ist für den Client unwichtig. Und das ist gut so. In der Praxis sind wir alle Clients dieser Schnittstelle, wenn wir ein Fahrzeug benutzen. Natürlich ist eine echte Schnittstelle für ein Fahrzeug komplexer als in diesem Beispiel, aber das Prinzip ist dasselbe. Müssen Sie wissen, wie der Motor in Ihrem Auto funktioniert, um ihn anzulassen oder abzustellen? Eindeutig Nein. Dies sind Implementierungsdetails, die Sie meist nicht benötigen, um das Fahrzeug zu benutzen. So sieht guter Schnittstellenentwurf aus.

Alle Entwurfs-Patterns und Schnittstellenfeatures, die in den weiteren Abschnitten dieses Kapitels vorgestellt werden, helfen beim Erstellen von adaptivem Code. Dank Polymorphie sind sie für jede Klasse nützlich, die eine benötigte Schnittstelle anbietet, unabhängig davon, ob sie bereits geschrieben ist oder erst noch entwickelt werden muss.

Adaptive Entwurfs-Patterns

Entwurfs-Patterns (engl. design patterns, auch als Entwurfsmuster bezeichnet) wurden durch das Gang-of-Four-Buch[1] *Software Patterns* (Addison-Wesley Professional, 1994; erste dt. Ausgabe *Entwurfsmuster*, Addison-Wesley, 1996) bekannt gemacht. Obwohl dieses Buch 20 Jahre alt ist (mindestens vier Eiszeiten in Softwareentwicklungsjahren), ist es auch heute noch relevant. Einige der Patterns werden zwar heute als Anti-Patterns eingestuft, aber andere werden ständig eingesetzt und verbessern die Anpassungsfähigkeit von Code.

Gute Entwurfs-Patterns sind wieder verwendbare Kombinationen aus Schnittstellen und Klassen, die in vielen unterschiedlichen Szenarien über Projekte, Plattformen, Sprachen und Frameworks hinweg angewendet werden können. Wie die meisten sinnvollen Empfehlungen sind auch Entwurfs-Patterns ein theoretisches Werkzeug, das Sie kennen sollten. Sie werden manchmal übertrieben eingesetzt und lassen sich nicht immer anwenden. Manchmal verkomplizieren sie eine andernfalls simple Lösung durch eine riesige Zahl von Klassen, Schnittstellen, Umleitung und Abstraktion.

Ich habe die Erfahrung gemacht, dass Entwurfs-Patterns entweder zu wenig oder zu viel genutzt werden. In manchen Projekten gibt es nicht genug Entwurfs-Patterns und der Code leidet unter einem Mangel an erkennbarer Struktur. Andere Projekte wenden Entwurfs-Patterns zu großzügig an und fügen Umleitungen und Abstraktion ein, wo das kaum einen Vorteil bringt. Die Kunst besteht darin, die richtigen Stellen zu finden und dort die richtigen Patterns anzuwenden.

1. Der Name leitet sich davon ab, dass vier Autoren beteiligt sind: Erich Gamma, Richard Helm, Ralph Johnson und John Vlissides.

Das Null-Object-Pattern

Das Null-Object-Pattern ist eines der bekanntesten Entwurfs-Patterns. Außerdem ist es leicht zu verstehen und einfach zu implementieren. Es verhindert, dass Sie versehentlich eine Ausnahme des Typs `NullReferenceException` auslösen, und macht eine Menge Code überflüssig, der auf `null`-Objekte prüft. Das UML-Klassendiagramm in Abbildung 3–4 zeigt, wie das Null-Object-Pattern angewendet wird.

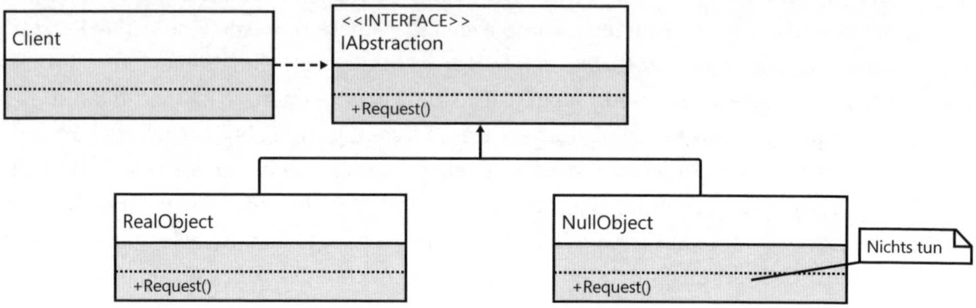

Abb. 3–4 Das Null-Object-Pattern als UML-Klassendiagramm

Listing 3–11 zeigt typischen Code, der eine `NullReferenceException` auslösen kann.

```
class Program
{
    static IUserRepository userRepository = new UserRepository();

    static void Main(string[] args)
    {
        var user = userRepository.GetByID(Guid.NewGuid());
        // Ohne Null-Object-Pattern könnte diese Zeile eine Ausnahme auslösen.
        user.IncrementSessionTicket();
    }
}
```

List. 3–11 Wenn Sie den Rückgabewert nicht auf `null` prüfen, besteht die Möglichkeit, eine `NullReferenceException` auszulösen

Jeder Client, der `IUserRepository.GetByID(Guid userID)` aufruft, läuft Gefahr, einen `null`-Verweis zu erhalten. In der Praxis bedeutet das, dass jeder Client prüfen muss, ob der Rückgabewert ungleich `null` ist. Ansonsten könnte beim Versuch, den `null`-Verweis zu benutzen, eine `NullReferenceException` ausgelöst werden. Der Clientcode sähe dann aus wie in Listing 3–12.

```
class Program
{
    static IUserRepository userRepository = new UserRepository();

    static void Main(string[] args)
    {
        var user = userRepository.GetByID(Guid.NewGuid());
        if(user != null)
        {
            user.IncrementSessionTicket();
        }
    }
}
```

List. 3–12 Soll wirklich *jeder* Client prüfen, ob er `null` zurückbekommt?

Das Prinzip des Null-Object-Patterns besagt in diesem Fall, dass Sie die Clients von `IUserRepository` zu stark belasten. Je mehr Clients die Methode verwenden, desto höher die Wahrscheinlichkeit, dass jemand vergisst, auf `null` zu prüfen. Stattdessen sollten Sie die Quelle des Problems so verändern, dass sie diese Überprüfung selbst erledigt. Das Ergebnis sehen Sie in Listing 3–13.

```
public class UserRepository : IUserRepository
{
    public UserRepository()
    {
        users = new List<User>
        {
            new User(Guid.NewGuid()),
            new User(Guid.NewGuid()),
            new User(Guid.NewGuid()),
            new User(Guid.NewGuid())
        };
    }

    public IUser GetByID(Guid userID)
    {
        IUser userFound = users.SingleOrDefault(user => user.ID == userID);
        if(userFound == null)
        {
            userFound = new NullUser();
        }
        return userFound;
    }

    private ICollection<User> users;
}
```

List. 3–13 Der Dienstcode sollte das Null-Object-Pattern implementieren

Dieser Code versucht zuerst, das User-Objekt in der Collection der vorhandenen Benutzer zu finden; hier hat sich noch nichts gegenüber der bisherigen Implementierung geändert. Anschließend wird aber geprüft, ob die zurückgegebene User-Instanz in Wirklichkeit ein null-Verweis ist. Ist das der Fall, wird ein Objekt einer speziellen Klasse zurückgegeben, die von IUser abgeleitet ist: NullUser. Diese abgeleitete Klasse überschreibt die Methode IncrementSessionTicket so, dass sie überhaupt nichts tut (Listing 3–14). Eine richtige NullUser-Implementierung überschreibt *alle* Methoden so, dass sie so wenig wie möglich tun.

```
public class NullUser : IUser
{
    public void IncrementSessionTicket()
    {
        // Nichts tun.
    }
}
```

List. 3–14 Die Methodenimplementierungen von NullUser tun überhaupt nichts

Außerdem sollte eine Methode oder Eigenschaft von NullUser immer dann, wenn von ihr erwartet wird, einen Verweis auf ein anderes Objekt zurückzugeben, eine spezielle Null-Object-Implementierung *dieser* Typen liefern. Anders ausgedrückt: Alle Null-Object-Implementierungen sollten rekursiv Null-Object-Implementierungen zurückgeben. Auf diese Weise brauchen die Clients überhaupt nicht mehr auf null-Verweise zu prüfen.

Das hat den zusätzlichen Vorteil, dass Sie weniger Unit-Tests schreiben müssen. Als vorher jeder Client die null-Prüfung implementieren musste, wurden entsprechende Unit-Tests gebraucht, um sicherzustellen, dass die Prüfung tatsächlich durchlaufen wurde. Stattdessen wird nun die Repository-Implementierung mit Unit-Tests darauf geprüft, ob sie eine NullUser-Implementierung zurückgibt.

Das IsNull-Property-Anti-Pattern

Manchmal erfordert es das Null-Object-Pattern, eine boolesche Eigenschaft namens IsNull zur Schnittstelle hinzuzufügen. Alle echten Implementierungen dieser Schnittstelle geben für diese Eigenschaft den Wert false zurück. Nur die Null-Object-Implementierung der Schnittstelle liefert den Wert true. Listing 3–15 zeigt auf Basis des vorherigen Beispiels, wie das funktioniert.

```
public interface IUser
{
    void IncrementSessionTicket();

    bool IsNull
    {
        get;
    }
}
```

```
// . . .
public class User : IUser
{
    // . . .
    public bool IsNull
    {
        get
        {
            return false;
        }
    }

    private DateTime sessionExpiry;
}
// . . .
public class NullUser : IUser
{
    public void IncrementSessionTicket()
    {
        // Nichts tun.
    }

    public bool IsNull
    {
        get
        {
            return true;
        }
    }
}
```

List. 3–15 Die Eigenschaft `IsNull` liefert nur für Null-Object-Implementierungen den Wert `true`

Das Problem bei dieser Eigenschaft besteht darin, dass Logik aus den Objekten entweicht, deren Zweck es eigentlich ist, Verhalten zu kapseln. Zum Beispiel werden `if`-Anweisungen im Clientcode auftauchen, um zwischen echten Implementierungen und der Null-Object-Implementierung zu unterscheiden. Das führt den ganzen Zweck des Patterns ad absurdum, das ja gerade verhindern sollte, die Prüflogik in die verschiedenen Clients zu tragen. Listing 3–16 zeigt ein typisches Beispiel für dieses Problem.

```
static void Main(string[] args)
{
    var user = userRepository.GetByID(Guid.NewGuid());
    // Ohne Null-Object-Pattern könnte diese Zeile eine Ausnahme auslösen.
    user.IncrementSessionTicket();

    string userName;
```

```
    if(!user.IsNull)
    {
        userName = user.Name;
    }
    else
    {
        userName = "unbekannt";
    }

    Console.WriteLine("Der Name des Benutzers ist {0}", userName);

    Console.ReadKey();
}
```

List. 3–16 Logik, mit der die Eigenschaft `IsNull` ausgewertet wird, macht dies zu einem Anti-Pattern

Das lässt sich leicht korrigieren, indem Sie den Namen eines `null`-Benutzers innerhalb der Klasse `NullUser` kapseln (Listing 3–17).

```
public class NullUser : IUser
{
    public void IncrementSessionTicket()
    {
        // Nichts tun.
    }

    public string Name
    {
        get
        {
            return "unbekannt";
        }
    }
}
// . . .
static void Main(string[] args)
{
    var user = userRepository.GetByID(Guid.NewGuid());
    // Ohne Null-Object-Pattern könnte diese Zeile eine Ausnahme auslösen.
    user.IncrementSessionTicket();

    Console.WriteLine("Der Name des Benutzers ist {0}", user.Name);

    Console.ReadKey();
}
```

List. 3–17 Bei durchdachter Kapselung wird die Eigenschaft `IsNull` obsolet

Cascading-Nulls-Operator

Als Erweiterung der Sprache C# wird gelegentlich gewünscht, ähnlich wie in Groovy[2] einen »Cascading Nulls«-Operator einzuführen. Sehen Sie sich dazu den folgenden Codeausschnitt an:

```
if(person != null && person.Address != null && person.Address.Country == "England")
{
    // . . .
}
```

Bei Einführung des neuen Sprachfeatures könnte dieser Code durch den folgenden ersetzt werden:

```
if(person?.Address?.Country == "England")
{
    // . . .
}
```

Der Operator `?.` wäre dann also eine Möglichkeit, jeden Objektverweis auf sichere Weise abzuarbeiten. Im schlimmsten Fall erhalten Sie den `default(T)` des Eigenschaftstyps zurück. Ich bin nicht grundsätzlich gegen Erweiterungen an der Syntax der Sprache, wenn andere sie nützlich finden, aber ich kann drei Argumente dagegen anführen, dies als Ersatz zu einer sorgfältigen Null-Object-Implementierung einzuführen.

Erstens gibt es zu viele Fälle, in denen der Standardwert eines Typs einfach nicht genügt. Das obige Beispiel, einen vernünftigen Benutzernamen zu liefern, damit keine `NullReferenceException` ausgelöst wird, zeigt, dass nicht ein Standardwert zurückgegeben werden sollte, sondern etwas, das für die Anwendung sinnvoll ist.

Zweitens müssten Sie dann beim Programmieren aller Clients dieses Codes die Möglichkeit eines `null`-Verweises im Hinterkopf behalten. Ein Anlass für die Verwendung des Null-Object-Patterns ist aber, die `null`-Prüfungen überflüssig zu machen und Ihnen zu ermöglichen, die Verweise unbesehen zu benutzen. Wenn Sie das Null-Object-Pattern durch die Cascading-Nulls-Syntax ersetzen, lauert wieder die Gefahr, dass jemand bei der Verweisauflösung schlampt.

Ein dritter, eher subjektiver Grund ist, dass eine solche Syntax wahrscheinlich überall Einzug halten würde. Wenn gelegentlich `int` mit Nullable-Option durch `int?` dargestellt wird, mag das ja noch akzeptabel sein, aber den Code bei allen Verweisauflösungen mit `?.` zu durchsetzen? Nein danke.

→

2. Groovy ist eine Java-Variante (*http://groovy-lang.org*) mit dynamischer Typisierung

Mit einer sinnvollen Null-Object-Implementierung können Sie dieses Beispiel folgendermaßen schreiben:

```
if(person.Address.Country == "England")
{
    // . . .
}
```

Das ist zweifellos die beste Lösung: Clientcode ohne Ballast, der dennoch vor den Gefahren einer `NullReferenceException` geschützt ist.

Das Adapter-Pattern

Mithilfe des Adapter-Patterns können Sie einem Client, der von einer Schnittstelle abhängig ist, eine passende Objektinstanz zur Verfügung stellen, obwohl Ihre Instanz diese Schnittstelle nicht implementiert. Dazu wird eine `Adapter`-Klasse erstellt, die die vom Client benötigte Schnittstelle bereitstellt, aber die Methoden dieser Schnittstelle dadurch implementiert, dass sie sie an unterschiedliche Methoden eines anderen Objekts delegiert. Dieses Pattern wird meist eingesetzt, wenn die Zielklasse nicht so geändert werden kann, dass sie die gewünschte Schnittstelle anbietet. Das kann den Grund haben, dass sie mit `sealed` markiert ist oder dass sie in einer Assembly liegt, deren Quellcode Sie nicht besitzen. Es stehen zwei Wege zur Wahl, das Adapter-Pattern zu implementieren: mit dem Class-Adapter-Pattern oder dem Object-Adapter-Pattern.

Das Class-Adapter-Pattern

Abbildung 3–5 zeigt, welche Klassen und Schnittstellen im Class-Adapter-Pattern zusammenarbeiten.

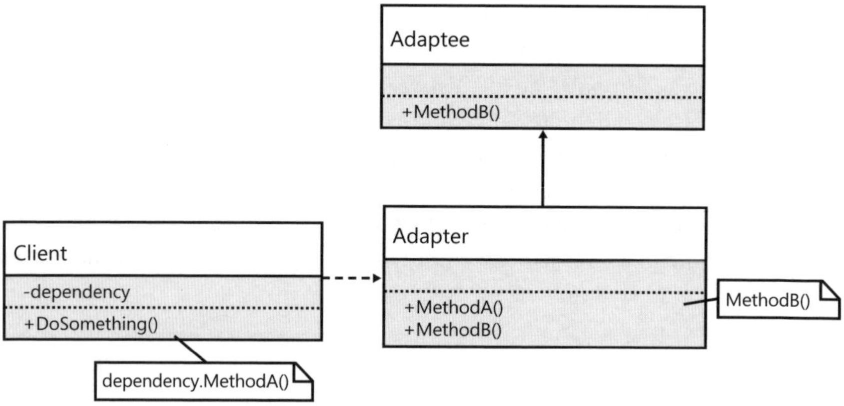

Abb. 3–5 Das UML-Klassendiagramm für das Class-Adapter-Pattern

Das Class-Adapter-Pattern nutzt Vererbung, um den Adapter zu erstellen. Es muss eine Klasse von der Zielklasse abgeleitet werden, um dem Client die benötigte Schnittstelle zur Verfügung stellen zu können. Listing 3–18 zeigt, wie das in der Praxis aussieht.

```
public class Adaptee
{
    public void MethodB()
    {

    }
}
// . . .
public class Adapter : Adaptee
{
    public void MethodA()
    {
        MethodB();
    }
}
// . . .
class Program
{
    static Adapter dependency = new Adapter();
    static void Main(string[] args)
    {
        dependency.MethodA();
    }
}
```

List. 3–18 Das Class-Adapter-Pattern arbeitet mit Implementierungsvererbung

Von den beiden Adapter-Patterns wird dieses seltener benutzt, vor allem weil Entwickler gepredigt bekommen, Komposition den Vorzug gegenüber der Vererbung zu geben. Das liegt daran, dass die abgeleitete Klasse bei der Vererbung von der Implementierung einer Klasse abhängig wird, nicht nur von ihrer Schnittstelle. Dagegen beschränkt sich die Abhängigkeit bei der Komposition auf die Schnittstelle, daher kann die Implementierung geändert werden, ohne dass dies Auswirkungen auf die Clients hätte.

Das Object-Adapter-Pattern

Das Object-Adapter-Pattern nutzt Komposition, um die Methoden der Schnittstelle an die eines intern gekapselten Objekts zu delegieren. Abbildung 3–6 zeigt, welche Klassen und Schnittstellen beim Object-Adapter-Pattern zusammenarbeiten.

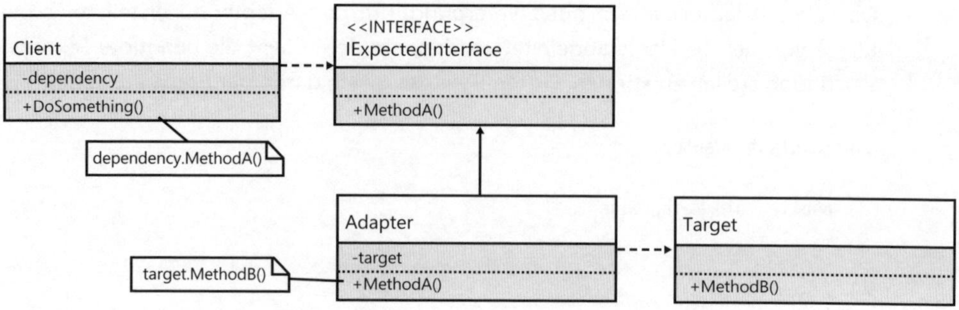

Abb. 3–6 Das UML-Klassendiagramm für das Object-Adapter-Pattern

Listing 3–19 zeigt, wie das Pattern in der Praxis aussieht.

```
public interface IExpectedInterface
{
    void MethodA();
}
// . . .
public class Adapter : IExpectedInterface
{
    public Adapter(TargetClass target)
    {
        this.target = target;
    }

    public void MethodA()
    {
        target.MethodB();
    }

    private TargetClass target;
}
//
public class TargetClass
{
    public void MethodB()
    {

    }
}
// . . .
class Program
{
    static IExpectedInterface dependency = new Adapter(new TargetClass());
    static void Main(string[] args)
    {
```

```
        dependency.MethodA();
    }
}
```

List. 3–19 Der Adapter bekommt die Zielklasse als Konstruktorargument übergeben und delegiert die Methoden dorthin

Das Strategy-Pattern

Mit dem Strategy-Pattern (»Strategie-Muster«) können Sie das Verhalten einer Klasse ändern, ohne sie neu zu kompilieren, unter Umständen sogar während der Laufzeit. Abbildung 3–7 zeigt das UML-Klassendiagramm für das Strategy-Pattern.

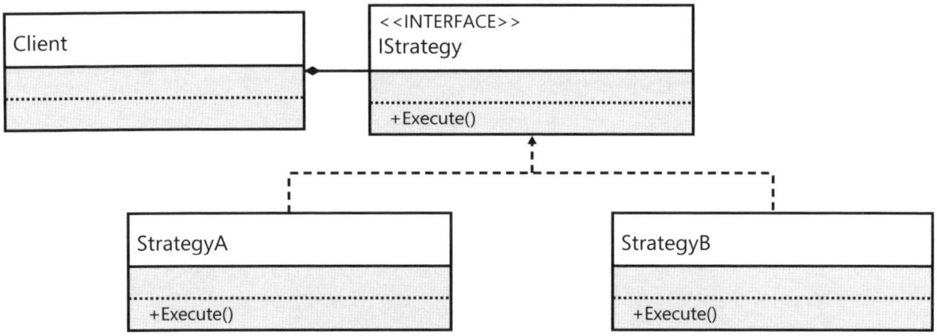

Abb. 3–7 Das UML-Klassendiagramm des Strategy-Patterns

Das Strategy-Pattern wird immer dann benutzt, wenn eine Klasse abhängig vom Zustand eines Objekts unterschiedliche Verhaltensweisen zeigen muss. Falls sich dieses Verhalten während der Laufzeit abhängig vom aktuellen Zustand der Klasse verändert, eignet sich das Strategy-Pattern perfekt, um dieses abweichende Verhalten zu kapseln. Listing 3–20 zeigt, wie Sie das Strategy-Pattern erstellen und in einer Klasse benutzen.

```
public interface IStrategy
{
    void Execute();
}
// . . .
public class ConcreteStrategyA : IStrategy
{
    public void Execute()
    {
        Console.WriteLine("ConcreteStrategyA.Execute()");
    }
}
// . . .
public class ConcreteStrategyB : IStrategy
{
```

```
    public void Execute()
    {
        Console.WriteLine("ConcreteStrategyB.Execute()");
    }
}
// . . .
public class Context
{
    public Context()
    {
        currentStrategy = strategyA;
    }

    public void DoSomething()
    {
        currentStrategy.Execute();

        // Strategie bei jedem Aufruf wechseln.
        currentStrategy = (currentStrategy == strategyA) ? strategyB : strategyA;
    }

    private readonly IStrategy strategyA = new ConcreteStrategyA();
    private readonly IStrategy strategyB = new ConcreteStrategyB();

    private IStrategy currentStrategy;
}
```

List. 3–20 Das Strategy-Pattern

Bei jedem Aufruf von `Context.DoSomething` delegiert die Methode die Aktion an die aktuelle Strategie weiter und wechselt dann zwischen Strategie A und Strategie B. Beim nächsten Aufruf delegiert sie die Aktion an die neu ausgewählte Strategie, bevor sie wieder zur ursprünglichen Strategie zurückwechselt.

Wie die Strategien ausgewählt werden, ist ein Implementierungsdetail, auf den eigentlichen Zweck des Patterns hat das keinen Einfluss: Das Verhalten der Klasse wird hinter einer Schnittstelle versteckt, deren Implementierungen benutzt werden, um die tatsächliche Arbeit zu erledigen.

Mehr Vielseitigkeit

Der Nutzen von Schnittstellen beschränkt sich nicht auf Entwurfs-Patterns. Es gibt andere, noch weiter spezialisierte Nutzungen von Schnittstellen, die eine genauere Betrachtung verdienen. Diese Features sind zwar nicht überall einsetzbar, aber es gibt Situationen, in denen sie das passende Werkzeug für die Aufgabe sind.

Ähnlich wie bei Entwurfs-Patterns kann *übertriebene Nutzung* dieser Schnittstellentechniken die Lesbarkeit und Wartungsfreundlichkeit Ihres Codes verschlechtern. Sie müssen einen sinnvollen Kompromiss für die richtige Menge aus kombinierten Patterns und Schnittstellentechniken finden, um ein Problem elegant zu lösen. Analysieren Sie daher sorgfältig, wann es sinnvoll ist, auf die hier gezeigte Verwendung von Schnittstellen zurückzugreifen.

Duck-Typing

C# ist eine statisch typisierte Sprache, während Duck-Typing (»Enten-Typfestlegung«) eher in dynamisch typisierten Sprachen zu Hause ist. Duck-Typing wendet den Enten-Test an:

> *Wenn ich einen Vogel sehe, der watschelt wie eine Ente, schwimmt wie eine Ente und quakt wie eine Ente, nenne ich diesen Vogel eine Ente.*
>
> *– James Whitcomb Riley*

Auf die Typen in einer Programmiersprache übertragen legt der Enten-Test nahe, dass ein Objekt, das das *Verhalten* einer bestimmten Schnittstelle zeigt, als diese Schnittstelle behandelt werden soll. Leider ist das in C# nicht standardmäßig so. Sehen Sie sich dazu das Beispiel in Listing 3–21 an.

```
public interface IDuck
{
    void Walk();

    void Swim();

    void Quack();
}
// . . .
public class Swan
{
    public void Walk()
    {
        Console.WriteLine("Der Schwan watschelt.");
    }

    public void Swim()
    {
        Console.WriteLine("Der Schwan kann schwimmen wie eine Ente.");
    }

    public void Quack()
    {
        Console.WriteLine("Der Schwan quakt.");
    }
}
```

```
//. . .
class Program
{
    static void Main(string[] args)
    {
        var swan = new Swan();

        var swanAsDuck = swan as IDuck;

        if(swan is IDuck || swanAsDuck != null)
        {
            swanAsDuck.Walk();
            swanAsDuck.Swim();
            swanAsDuck.Quack();
        }
    }
}
```

List. 3–21 Das Objekt Swan bietet zwar alle Methoden von IDuck an, ist aber kein IDuck

Das is-Prädikat und die as-Typumwandlung geben false beziehungsweise null zurück. Die Common Language Runtime (CLR) betrachtet Swan nicht als IDuck, obwohl die Klasse diese Schnittstelle bedienen könnte. Ein Typ muss die Schnittstelle über Schnittstellenvererbung tatsächlich *implementieren*.

Es gibt mehrere Tricks, wie Sie dafür sorgen können, dass die Klasse Swan als Instanz der Schnittstelle IDuck dienen kann, *ohne* dass sie diese Schnittstelle implementiert. Sie können entweder die Erweiterungen für dynamische Typisierung in neueren Versionen der CLR nutzen oder eine Fremdherstellerbibliothek namens Impromptu Interface einsetzen.

Verwenden der Dynamic Language Runtime

Seit Version 4 ist das .NET Framework nicht mehr rein statisch typisiert. Dank der Einführung des Schlüsselworts dynamic und einiger Hilfstypen können Sie die statische Typisierung der CLR umgehen und auf die dynamische Typisierung der Dynamic Language Runtime (DLR) wechseln. Ein Beispiel für dynamisch typisierten Code in C# finden Sie in Listing 3–22.

```
class Program
{
    static void Main(string[] args)
    {
        var swan = new Swan();

        DoDuckLikeThings(swan);

        Console.ReadKey();
    }
```

```
    static void DoDuckLikeThings(dynamic duckish)
    {
        if (duckish != null)
        {
            duckish.Walk();
            duckish.Swim();
            duckish.Quack();
        }
    }
}
```

List. 3–22 Sie können die DLR für Duck-Typing nutzen

Beachten Sie, dass der Methodenparameter vom Typ `dynamic` ist. Sie müssen nicht nur das .NET Framework 4 verwenden, dynamische Typisierung muss explizit in den Clients geplant werden. Für beide Voraussetzungen gilt, dass sie nicht immer zu erfüllen sind. Sie können zum Beispiel nicht einfach überall sämtliche Methoden mit `dynamic`-Parametern erstellen, ansonsten wäre es sinnvoller, gleich eine dynamisch typisierte .NET Framework-Sprache wie IronPython[3] zu nehmen.

Verwenden von Impromptu Interface

Impromptu Interface ist eine .NET Framework-Bibliothek, die Sie über NuGet installieren können. Sobald sie installiert ist, können Sie Ihr `Swan`-Objekt an die Methode `ActLike<T>()` übergeben und sich eine `IDuck`-Instanz zurückgeben lassen, die an Ihre Instanz delegiert. Listing 3–23 zeigt, wie das funktioniert.

```
class Program
{
    static void Main(string[] args)
    {
        var swan = new Swan();

        var swanAsDuck = Impromptu.ActLike<IDuck>(swan);

        if(swanAsDuck != null)
        {
            swanAsDuck.Walk();
            swanAsDuck.Swim();
            swanAsDuck.Quack();
        }

        Console.ReadKey();
    }
}
```

List. 3–23 Impromptu Interface ermöglicht Duck-Typing in C#

3. *http://ironpython.net*

Die Methode `ActLike` erstellt während der Laufzeit mithilfe von `Reflection.Emit` einen neuen Typ. Dies ist ein leistungsfähiger Teil der .NET Framework-Reflection-API, die es ermöglicht, während der Laufzeit neue Typen zu erstellen. Dieser neue Typ bedient die Schnittstelle `IDuck`, enthält aber auch die `Swan`-Instanz als gekapseltes Feld. Jedes Mal, wenn eine der `IDuck`-Schnittstellenmethoden aufgerufen wird, delegiert der neue Typ ihn einfach an die `Swan`-Instanz. Es handelt sich praktisch um eine Laufzeitversion des Adapter-Patterns. Impromptu Interface bietet die Möglichkeit, das Object-Adapter-Pattern automatisch anzuwenden.

Duck-Typing-Unterstützung der CLR

Interessanterweise unterstützt die CLR bereits Duck-Typing. Leider aber nur für einen ungewöhnlichen Spezialfall: Implementieren von etwas, das aufzählbar ist. Ein Typ, der das Ziel der `foreach`-Schleife ist, muss eine bestimmte Schnittstelle anbieten, aber diese Schnittstelle ist nicht formal definiert und kann im *Ad-hoc-Verfahren* in der Zielklasse implementiert werden. Im Beispiel aus Listing 3–24 ist die Klasse `Duck` das Ziel einer `foreach`-Schleife.

```
class Program
{
    static void Main(string[] args)
    {
        var duck = new Duck();

        foreach (var duckling in duck)
        {
            Console.WriteLine("Quak {0}", duckling);
        }

        Console.ReadKey();
    }
}
```

List. 3–24 Die CLR unterstützt Duck-Typing implizit für aufzählbare Typen

`Duck` implementiert überhaupt keine Schnittstellen, aber für die `foreach`-Schleife wird die Methode `GetEnumerator` gebraucht, wie die Compilermeldung klarmacht (Abbildung 3–8).

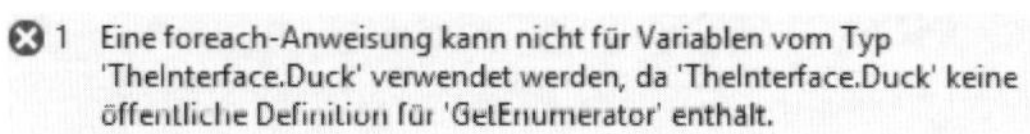

Abb. 3–8 Es wird zwar keine bestimmte Schnittstelle gefordert, aber der Compiler beschwert sich, dass eine öffentliche Methode in der Klasse fehlt

Wenn Sie diese Methode mit dem Rückgabetyp `void` implementieren, erhalten Sie eine neue Fehlermeldung, dass dieser Typ einige andere benötigte Methoden und Eigenschaften nicht unterstützt (Abbildung 3–9).

> 2 Für 'foreach' muss der Rückgabetyp 'void' von 'TheInterface.Duck.GetEnumerator()' über eine passende öffentliche MoveNext-Methode und eine öffentliche Current-Eigenschaft verfügen.

Abb. 3–9 Der Rückgabetyp der Methode `GetEnumerator` muss ebenfalls einem impliziten Vertrag entsprechen

Diese Eigenschaften können Sie wie in Listing 3–25 implementieren.

```
public class DuckEnumerator
{
    int i = 0;

    public bool MoveNext()
    {
        return i++ < 10;
    }

    public int Current
    {
        get
        {
            return i;
        }
    }
}
```

List. 3–25 Fertigstellen der implizierten Schnittstelle für die Klasse `DuckEnumerator`

Jetzt haben Sie erfolgreich die implizite Schnittstelle implementiert, die für `foreach` benötigt wird. Das ist Duck-Typing in Aktion!

Mixins

Eine Erweiterung von Duck-Typing ist das Konzept des Mixins. Ein *Mixin* ist eine Klasse, die die Implementierungen mehrerer anderer Klassen enthält, ohne von Implementierungsvererbung Gebrauch zu machen. Wie Sie bereits wissen, unterstützt C# keine Mehrfachvererbung über Klassenimplementierungen, daher müssen Sie andere Lösungen suchen, um Mixins zu implementieren.

Eine triviale, aber beschränkte Möglichkeit, Mixins zu implementieren, besteht darin, Erweiterungsmethoden einzusetzen. Auf diese Weise können Sie Methoden zu einem Typ hinzufügen, nachdem er bereits definiert wurde. Das kann sehr nützlich sein. Stattdessen können Sie aber auch die Bibliothek eines anderen Herstellers einsetzen, zum Beispiel Re-motion Re-mix. Diese Bibliothek arbeitet ähnlich wie Impromptu Interface: Sie generiert während der Laufzeit einen neuen Typ, der alle Schnittstellen enthält, die Sie angegeben haben, und der als Mehrfachadapter arbeitet.

Nutzen von Erweiterungsmethoden

Seit .NET Framework bieten Erweiterungsmethoden (engl. extension methods) die Möglichkeit, den Funktionsumfang bereits vorhandener Typen zu erweitern. Bei dieser Technik können Sie einen Typ auch dann erweitern, wenn Sie keinen Zugriff auf seinen Quellcode haben; der Typ muss auch keine `partial`-Definition haben. Listing 3–26 zeigt die Schnittstelle, die wir in diesem Abschnitt erweitern, zusammen mit zwei simplen Erweiterungsmethoden.

```
public interface ITargetInterface
{
    void DoSomething();
}
// . . .
public static class MixinExtensions
{
    public static void FirstExtensionMethod(this ITargetInterface target)
    {
        Console.WriteLine("Die erste Erweiterungsmethode wurde aufgerufen.");
    }

    public static void SecondExtensionMethod(this ITargetInterface target)
    {
        Console.WriteLine("Die zweite Erweiterungsmethode wurde aufgerufen.");
    }
}
```

List. 3–26 Erweiterungsmethoden können eine vorhandene Schnittstelle erweitern

Wann immer nun ein Client Zugriff auf eine `ITargetInterface`-Instanz hat und auf die Klasse `MixinExtensions` verweist, stehen ihm diese beiden Erweiterungsmethoden zur Verfügung. Sie können beliebig viele Erweiterungsmethoden erstellen und über mehrere statische Klassen verteilen. Listing 3–27 zeigt zwei zusätzliche Erweiterungsmethoden, die Parameter haben.

```
public static class MoreMixinExtensions
{
    public static void FurtherExtensionMethodA(this ITargetInterface target, int
        extraParameter)
    {
        Console.WriteLine(
            "Zusätzliche Erweiterungsmethode A wurde mit Argument {0} aufgerufen.",
            extraParameter);
```

```
    }

    public static void FurtherExtensionMethodB(this ITargetInterface target, string
        stringParameter)
    {
        Console.WriteLine(
            "Zusätzliche Erweiterungsmethode B wurde mit Argument {0} aufgerufen.",
            stringParameter);
    }
}
```

List. 3–27 Erweiterungsmethoden können Parameter haben

Jeder Client kann diese Erweiterungsmethoden wie jede andere Schnittstellenmethode aufrufen, Kapitel 3–28 zeigt einige Beispiele.

```
public class MixinClient
{
    public MixinClient(ITargetInterface target)
    {
        this.target = target;
    }

    public void Run()
    {
        target.DoSomething();
        target.FirstExtensionMethod();
        target.SecondExtensionMethod();
        target.FurtherExtensionMethodA(30);
        target.FurtherExtensionMethodB("Hello!");
    }

    private readonly ITargetInterface target;
}
```

List. 3–28 Clients können auf Erweiterungsmethoden so zugreifen, als wären sie direkt in der Zielschnittstelle deklariert

Dieser Ansatz für Mixins weist einige Einschränkungen auf. Die erste betrifft die Testbarkeit des Clients. Wie Kapitel 4, »Unit-Tests und Refaktorierung«, genauer erklärt, ist es nicht einfach, für statische Klassen Mockups zu erstellen. Daher ist es schwieriger, alle Clients dieser Erweiterungsmethoden mit umfassenden Unit-Tests zu überprüfen.

Noch schwerer wiegt ein anderes Problem, das ebenfalls dadurch verursacht wird, dass Erweiterungsmethoden statische Klassen sind: Sie können keine zusätzlichen Zustandsdaten über das betroffene Objekt speichern. Natürlich gibt es Hilfskonstruktionen, beispielsweise können Sie ein statisches Dictionary anlegen, das den Instanzen einige zusätzliche Werte zuordnet, aber das ist keine ideale Lösung.

Beachten Sie auch, dass sich solche Erweiterungsmethoden auf eine bestimmte Schnittstelle beschränken und alle Instanzen, die auf diese Weise erweitert werden sollen, diese Schnittstelle implementieren müssen. Echte Mixins implementieren dagegen mehrere unterschiedliche Schnittstellen und agieren als Aggregatadapter.

Verwenden von Re-motion Re-mix

Eine andere Möglichkeit, Mixins zu implementieren, bieten Fremdherstellerbibliotheken wie zum Beispiel Re-motion Re-mix. Mit Re-mix können Sie über die Laufzeitkonfiguration festlegen, welche Klassen kombiniert werden sollen, wenn eine neue Instanz einer bestimmten Zielklasse angelegt wird. Wie Impromptu Interface generiert es dynamisch einen neuen Typ, der alle in den Mixins angeforderten Schnittstellen bedient. Dabei delegiert jede Instanz dieses Typs an eine Instanz des Mixins, wenn eine Schnittstellenmethode aufgerufen wird. Listing 3–29 zeigt die Schnittstellen und einige Beispielimplementierungen.

```
public interface ITargetInterface
{
    void DoSomething();
}
// . . .
public class TargetImplementation : ITargetInterface
{
    public void DoSomething()
    {
        Console.WriteLine("ITargetInterface.DoSomething()");
    }
}
// . . .
public interface IMixinInterfaceA
{
    void MethodA();
}
// . . .
public class MixinImplementationA : IMixinInterfaceA
{
    public void MethodA()
    {
        Console.WriteLine("IMixinInterfaceA.MethodA()");
    }
}
// . . .
public interface IMixinInterfaceB
{
    void MethodB(int parameter);
}
// . . .
public class MixinImplementationB : IMixinInterfaceB
{
    public void MethodB(int parameter)
    {
```

```
        Console.WriteLine("IMixinInterfaceB.MethodB({0})", parameter);
    }
}
// . . .
public interface IMixinInterfaceC
{
    void MethodC(string parameter);
}
// . . .
public class MixinImplementationC : IMixinInterfaceC
{
    public void MethodC(string parameter)
    {
        Console.WriteLine("IMixinInterfaceC.MethodC(\"{0}\")", parameter);
    }
}
```

List. 3–29 Die unterschiedlichen Schnittstellen, die zu einem Mixin kombiniert werden sollen

Beachten Sie, dass keine einzelne Klasse vorhanden ist, die all diese Schnittstellen implementiert. Stattdessen konfigurieren wir im nächsten Schritt Re-mix so, dass es dann, wenn eine Instanz von `TargetImplementation` angefordert wird, ein Mixin zurückgibt, das alle Schnittstellen und Klassen kombiniert. Listing 3–30 zeigt eine solche Konfiguration.

```
var config = MixinConfiguration.BuildFromActive()
    .ForClass<TargetImplementation>()
    .AddMixin<MixinImplementationA>()
    .AddMixin<MixinImplementationB>()
    .AddMixin<MixinImplementationC>()
    .BuildConfiguration();

MixinConfiguration.SetActiveConfiguration(config);
```

List. 3–30 Re-mix erhält die Anweisung, wie es `TargetImplementation`-Instanzen erstellen soll

Leider können Sie nicht einfach `new` für die Klasse `TargetImplementation` aufrufen und ein Mixin zurückerhalten. Stattdessen müssen Sie Re-mix anweisen, eine `TargetImplementation`-Instanz zu erstellen, damit es einen neuen Typ auf Basis Ihrer Spezifikation erstellen und eine Instanz davon anlegen kann. Listing 3–31 zeigt, wie das geht, glücklicherweise ist der Aufruf trivial.

```
ITargetInterface target = ObjectFactory.Create<TargetImplementation>(ParamList.Empty);
```

List. 3–31 Re-mix erstellt ein gewünschtes Mixin

Eine der Einschränkungen von Re-mix besteht darin, dass Sie den genauen Typ der von `ObjectFactory.Create` zurückgegebenen Instanz nicht wissen und auch gar nicht wissen können. Ihnen ist lediglich bekannt, dass es sich um die Instanz einer von `TargetImplementation` *abgeleiteten Klasse* handelt. Für Clients ist das nicht optimal, weil `ITargetInterface` die einzige Schnittstelle ist, von der sie zum Zeitpunkt des Kompilierens sicher wissen, dass `TargetImplementation` sie bedient. Clients des Mixins müssen daher Typ-Sniffing mithilfe von `is` und `as` betreiben, um das Mixin in die gewünschte Schnittstelle umzuwandeln. Listing 3–32 verdeutlicht dieses Problem.

```
public class MixinClient
{
    public MixinClient(ITargetInterface target)
    {
        this.target = target;
    }

    public void Run()
    {
        target.DoSomething();

        var targetAsMixinA = target as IMixinInterfaceA;
        if(targetAsMixinA != null)
        {
            targetAsMixinA.MethodA();
        }

        var targetAsMixinB = target as IMixinInterfaceB;
        if(targetAsMixinB != null)
        {
            targetAsMixinB.MethodB(30);
        }

        var targetAsMixinC = target as IMixinInterfaceC;
        if(targetAsMixinC != null)
        {
            targetAsMixinC.MethodC("Hello!");
        }
    }

    private readonly ITargetInterface target;
}
```

List. 3–32 Typ-Sniffing ist keine gute Technik, lässt sich aber beim Einsatz von Mixins nicht vermeiden

Der Einsatz von Mixins in einer Lösung funktioniert am besten, wenn Typ-Sniffing bereits eingesetzt wird oder unvermeidlich ist. Das gilt für einige Bibliotheken und Frameworks. Zum Beispiel nutzt Prism (die Windows Presentation Foundation/Model-View-Viewmodel-Bibliothek) das Typ-Sniffing und der von Clientklassen benötigte Funktionsumfang kann auf unterschiedliche Implementierungen verteilt und über Mixins wieder kombiniert werden.

Flüssige Schnittstellen

Eine Schnittstelle wird als *flüssig* (engl. fluent) bezeichnet, wenn sie in einer oder mehrerer ihrer Methoden sich selbst zurückgibt. Damit können Clients Aufrufe miteinander verketten (Listing 3–33).

```
public class FluentClient
{
    public FluentClient(IFluentInterface fluent)
    {
        this.fluent = fluent;
    }

    public void Run()
    {
        // Ohne Nutzung der flüssigen Schnittstelle
        fluent.DoSomething();
        fluent.DoSomethingElse();
        fluent.DoSomethingElse();
        fluent.DoSomething();
        fluent.ThisMethodIsNotFluent();

        // Mit Nutzung der flüssigen Schnittstelle
        fluent.DoSomething()
            .DoSomethingElse()
            .DoSomethingElse()
            .DoSomething()
            .ThisMethodIsNotFluent();
    }

    private readonly IFluentInterface fluent;
}
```

List. 3–33 Flüssige Schnittstellen erlauben das Verketten von Methoden

Das verbessert die Lesbarkeit, weil es wiederholte Verweise auf die Instanz der Schnittstelle vermeidet. Diese Technik wird immer beliebter, um Konfigurations- oder Finite-State-Machines zu implementieren, wie in Kapitel 8, »Interface-Segregation«, genauer beschrieben wird.

Flüssige Schnittstellen sind auch einfach zu implementieren. Die Klasse braucht in der Methode lediglich `this` zurückzugeben. Weil die Klasse bereits eine Implementierung der Schnittstelle ist, gibt sie mit `this` lediglich den Schnittstellenteil ihrer selbst zurück und verbirgt so die übrige Implementierung. Listing 3–34 zeigt die Definition von `IFluentInterface` und die im Beispiel benutzte Implementierung.

```
public interface IFluentInterface
{
    IFluentInterface DoSomething();

    IFluentInterface DoSomethingElse();

    void ThisMethodIsNotFluent();
}
//. . .
public class FluentImplementation : IFluentInterface
{
    public IFluentInterface DoSomething()
    {
        return this;
    }

    public IFluentInterface DoSomethingElse()
    {
        return this;
    }

    public void ThisMethodIsNotFluent()
    {

    }
}
```

List. 3–34 Die Implementierung einer flüssigen Schnittstelle ist simpel

Beachten Sie, dass eine der Methoden dieser Schnittstelle nicht flüssig ist, sie gibt `void` zurück. Falls eine Methode etwas anderes als eine Schnittstelle zurückgibt, ist sie nicht flüssig. Jede Verkettung von Methoden, die ein Client vornimmt, wird durch den Aufruf einer nicht flüssigen Methode gestoppt.

Zusammenfassung

In diesem Kapitel haben Sie erfahren, was Schnittstellen sind und warum sie eine zentrale Technik für das Schreiben von adaptivem Code sind. Sie sind wichtige Bausteine für Polymorphie, die es Ihnen ermöglicht, Variationen in einer Klassenfamilie zu kapseln. Sie bilden die Grundlage, auf der Entwurfs-Patterns aufbauen. Und dennoch *tun* sie überhaupt nichts.

Vergessen Sie nie, dass Schnittstellen ohne zugehörige Implementierungen nutzlos sind. Aber ohne Schnittstellen würden Implementierungen (und ihre unvermeidlichen Abhängigkeiten) Ihren Code verseuchen, ihn schwierig zu warten und zu erweitern machen. Eine sinnvoll angeordnete Schnittstelle bildet eine Trennmauer zwischen den schmutzigen Implementierungsdetails von Dienstcode und einem sauberen, durchorganisierten Client.

Schnittstellen bieten noch andere, stärker spezialisierte Features, zum Beispiel Duck-Typing und Mixins. Sie werden selten genutzt, aber wenn sie in der richtigen Situation zum Einsatz kommen, können sie andernfalls verworrenen Code einfacher machen und seine Anpassungsfähigkeit deutlich verbessern.

Die Grundlagen aus diesem Kapitel sind sehr wichtig, denn Schnittstellen werden in den weiteren Kapiteln dieses Buchs immer wieder eine bedeutende Rolle spielen.

Kapitel 4

Unit-Tests und Refaktorierung

Am Ende dieses Kapitels werden Sie in der Lage sein, die folgenden Aufgaben durchzuführen:

- Definieren von Unit-Tests und Refaktorierung und Erklären, warum beide sehr nützliche Techniken sind
- Beschreiben, inwiefern Unit-Tests und Refaktorierung eng miteinander verknüpft sind
- Schreiben von Code nach dem Test-First-Prinzip, bei dem nur implementiert wird, was für die Tests erforderlich ist
- Refaktorieren von Produktivcode, um seinen Entwurf zu verbessern
- Erkennen von überspezifischen Unit-Tests und Refaktorieren solcher Tests

Dieses Kapitel konzentriert sich auf zwei unterschiedliche Techniken, die aktuell als Best Practices in der Programmierung gelten: Unit-Tests und Refaktorierung.

Beim Durchführen von *Unit-Tests* schreiben Sie Code, der anderen Code testet. Da Unit-Tests selbst Quellcode sind, können sie kompiliert und ausgeführt werden. Während ein Unit-Test läuft, meldet er Erfolg oder Fehlschlag durch ein simples `true` oder `false`, oft angezeigt durch ein grünes beziehungsweise rotes Symbol. Verlaufen alle Unit-Tests erfolgreich, kann davon ausgegangen werden, dass der Produktivcode, der damit geprüft wurde, möglicherweise funktioniert. Schlägt auch nur ein einziger Unit-Test (von möglicherweise Tausenden) fehl, muss der Produktivcode als defekt eingestuft werden.

Refaktorierung ist ein Prozess, bei dem der Entwurf von vorhandenem Code schrittweise verbessert wird. Es ähnelt dem Schreiben verschiedener Codeentwürfe, genauso wie ich für dieses Buch mehrere Entwürfe verfasst habe. Mit dem Eingeständnis, dass wir Entwickler nur selten beim ersten Mal alles richtig machen, ermöglicht es uns die Refaktorierung, zuerst die simpelsten Dinge zu tun und später, nach mehreren schrittweisen Verbesserungen, eine bessere Lösung zu erreichen.

Die Freiheit, Code ungehemmt zu refaktorieren, wird durch Unit-Tests möglich gemacht. Wenn Sie Unit-Test möglichst früh im Prozess durchführen (also noch bevor Sie irgendwelchen Produktivcode schreiben), ziehen Sie ein Sicherheitsnetz auf, das alle späteren Fehler beim Refaktorieren des Codes auffängt. Schlägt ein vorher erfolgreicher Unit-

Test plötzlich fehl, wissen Sie, dass Ihre letzte Änderung für die Beschädigung des Codes verantwortlich ist. Der Prozess zum Schreiben von Unit-Tests und anschließendem Refaktorieren, um einen besseren Entwurf zu erreichen, führt sie durch eine ständige Aufwärtsspirale, bei der sich die Codequalität verbessert, während Sie gleichzeitig Fortschritte beim Implementieren neuer Features machen.

Unit-Tests

In gewisser Weise sollten Unit-Tests als tägliche Pflichtarbeit für jeden Programmierer gelten. Manche Entwickler betrachten es als ideal, wenn der Produktivcode (das heißt der Code, der die Basis des Softwareprodukts bildet) *vollständig* aus den Tests resultiert, die geschrieben wurden, um das Verhalten der Anwendung zu prüfen. Weiter unten in diesem Kapitel erfahren Sie, wie Sie das im Rahmen einer testorientierten Entwicklung erreichen. Denken Sie aber daran, dass das Ziel darin besteht, pragmatisch zu sein und sich nicht auf die reine Theorie zu versteifen: Es ist besser, etwas auszuliefern und eine gewisse, vernünftige Technical Debt zu akzeptieren, als sich zu verspäten, nur weil mehr Unit-Tests geschrieben werden sollen. Allerdings muss jedes Projekt seinen eigenen Kompromiss zwischen Pünktlichkeit und Vollständigkeit finden.

Es gibt einige anerkannte Patterns und Richtlinien für Unit-Tests, die einen reproduzierbaren Erfolg sicherstellen. Diese Patterns und Richtlinien sind nicht neu, aber verbreitet, bewährt und geprüft. Wichtige Aspekte sind neben der Anordnung und der Benennung von Unit-Tests vor allem, wie Sie sicherstellen, dass der Code testbar ist. Werden diese Punkte vernachlässigt, sind die Unit-Tests nicht mehr mit dem Code synchronisiert, den sie testen sollen. Schleicht sich das ein, werden fehlgeschlagene Test toleriert; das Sicherheitsnetz wird morsch und versagt schließlich.

Arrange, Act, Assert

Jeder Unit-Test setzt sich aus drei separaten Teilen zusammen:

- Das Anordnen (engl. arrange) der Vorbedingungen für den Test
- Das Ausführen des Vorgangs (engl. act), der getestet wird
- Das Prüfen (engl. assert), ob das erwartete Verhalten aufgetreten ist

Diese drei Teile bilden das *Arrange, Act, Assert-Pattern* (AAA). Jeder Test, den Sie schreiben, sollte diesem Pattern folgen, damit andere Leute Ihre Unit-Tests besser verstehen.

> HINWEIS Manche Leser kennen dieses Pattern wahrscheinlich als *Given, When, Then* oder deutsch *Gegeben, wenn, dann*. Damit ist letztlich dasselbe gemeint wie bei Arrange, Act, Assert, aber der Gedankengang lautet: *Gegeben* (engl. given) seien bestimmte Vorbedingungen; *wenn* (engl. when) das Ziel des Tests ausgeführt wird, *dann* (engl. then) sollte ein erwartetes Verhalten stattfinden.

Anordnen der Vorbedingungen

Bevor Sie die Aktion ausführen können, die Sie testen wollen, müssen Sie das Szenario einrichten, das der Test abdecken soll. Bei manchen Tests genügt es, das SUT (System Under Test, getestetes System) zu erstellen. Das getestete System ist die Klasse, die Sie testen. Ohne gültige Instanz der Klasse können Sie keine ihrer Methoden testen.

Listing 4–1 zeigt einen minimalen Arrange-Abschnitt eines Tests für die Klasse `Account`, die den Kontostand und die Buchungen eines Kunden abbildet. In diesem Beispiel setze ich MSTest ein. Dieses Kapitel baut auch für die Act- und Assert-Teile des Tests auf diesem Beispiel auf. Der Name der Testmethode, `AddingTransactionChangesBalance` (»Hinzufügen des Geschäftsvorgangs verändert Saldo«) beschreibt die Absicht des Tests: Er soll sicherstellen, dass bei jedem Geschäftsvorgang, der mit dem Konto ausgeführt wird, der Saldo des Kontos so geändert wird, dass die neue Buchung berücksichtigt wurde.

```
[TestClass]
public class AccountTest
{
    [TestMethod]
    public void AddingTransactionChangesBalance()
    {
        // Arrange
        var account = new Account();
    }
}
```

List. 4–1 Das Erstellen des getesteten Systems ist häufig der erste Schritt beim Erstellen eines Unit-Tests

Der Arrange-Schritt ist in diesem Fall recht simpel. Die einzige Vorbedingung für den Test ist eine neue Instanz der Klasse `Account`. Sie erstellen diese Instanz direkt in Ihrem Test, indem Sie den Operator `new` aufrufen. Nun ist alles bereit für den nächsten Schritt im AAA-Pattern.

Durchführen des testbaren Vorgangs

Nachdem sich nun das getestete System in einem geeigneten Zustand befindet, können Sie die Methode ausführen, die Sie testen wollen. Die Act-Phase in jedem Test sollte nur genau eine Interaktion mit dem getesteten System umfassen, zum Beispiel einen Methodenaufruf oder das Abrufen oder Ändern einer Eigenschaft. So ist sichergestellt, dass die Tests einfach zu lesen und zu schreiben sind und dass sie klar umrissene Ausführungspfade haben.

Listing 4–2 zeigt, wie der Act-Teil zum Test hinzugefügt wurde. In Anlehnung an den Namen der Testmethode heißt die entsprechende Methode `account.AddTransaction` (Geschäftsvorgang hinzufügen).

```
[TestClass]
public class AccountTest
{
    [TestMethod]
    public void AddingTransactionChangesBalance()
    {
        // Arrange
        var account = new Account();

        // Act
        account.AddTransaction(200m);
    }
}
```

List. 4–2 Jede Act-Phase sollte nur eine einzige Interaktion mit dem getesteten System umfassen

Der Test übergibt einen Wert an die Methode `AddTransaction`. Dies ist die Geldsumme, die bei dem Geschäftsvorgang auf das Konto eingezahlt wird. Es handelt sich um einen `decimal`-Wert, das heißt er hat eine sehr hohe Präzision, es ist aber keine Währung angegeben. Wir nehmen für die Tests einfach an, dass alle Konten und Buchungen in Euro geführt werden.

Nachdem nun die Arrange- und Act-Phasen abgeschlossen sind, können Sie sich mit dem letzten Teil des Tests beschäftigen.

Überprüfen der Erwartungen

Die ersten beiden Phasen sind im Grund nur Vorarbeiten für das Ziel jedes Unit-Tests: die Überprüfung (engl. assertion). Dieser Teil entscheidet, ob der gesamte Test erfolgreich war und grünes Licht erhält oder fehlgeschlagen ist und mit einem roten Symbol bestraft wird. Der Name der Testmethode `AddingTransactionChangesBalance` (»Hinzufügen des Geschäftsvorgangs verändert Saldo«) verrät, welche Behauptung Sie aufstellen: dass sich der Saldo des Kontos verändert hat. In diesem Fall ist die Überprüfung ein Vergleich von *tatsächlichem* Wert und *erwartetem* Wert. Eine solche Prüfung finden Sie häufig bei zustandsbasierten Tests, also Tests, deren Ergebnis vom Zustand des getesteten Systems abhängt. Bei der Überprüfung in diesem Beispiel müssen tatsächlicher und erwarteter Wert gleich sein.

Der tatsächliche Wert wird aus der Eigenschaft `Balance` der Klasse `Account` ausgelesen, den erwarteten Wert geben Sie als Konstante an. Das bedeutet, dass Sie den erwarteten Wert schon vorher wissen müssen. Dies ist ein Schlüsselfaktor, wenn Sie Tests schreiben. Statt den erwarteten Wert im Code zu berechnen, sollten Sie schon vorher wissen, welcher Wert richtig ist. In diesem Fall ist das ganz einfach. Es handelt sich um ein neues Konto, dessen Anfangssaldo nicht festgelegt wurde und somit Null beträgt. Wie hoch sollte der Saldo nun sein, wenn Sie 200,00 € eingezahlt haben?

0,00 € + 200,00 € = 200,00 €

Somit können Sie Ihre Assert-Phase schreiben und Ihren AAA-Test damit abschließen. Listing 4–3 zeigt das Ergebnis.

```
[TestClass]
public class AccountTest
{
    [TestMethod]
    public void AddingTransactionChangesBalance()
    {
        // Arrange
        var account = new Account();

        // Act
        account.AddTransaction(200m);

        // Assert
        Assert.AreEqual(200m, account.Balance);
    }
}
```

List. 4–3 Eine Überprüfung des erwarteten Verhaltens wurde zum Unit-Test hinzugefügt

Dieser Test kann jetzt ausgeführt werden. Wenn Sie den Test starten, können Sie prüfen, ob sich das getestete System wie erwartet verhält.

Ausführen der Tests

Sobald der Test fertig ist, können Sie ihn mit einem sogenannten Unit-Test-Runner, das heißt mit einem Ausführungsmodul, durchführen. Unit-Tests liegen in Testprojekten, die Assemblys generieren, keine ausführbaren Dateien. Das bedeutet, dass die Testprojekte nicht eigenständig laufen, sondern an einen Unit-Test-Runner übergeben werden müssen. Microsoft Visual Studio unterstützt MSTest-Unit-Tests mit seinem integrierten Test-Runner, wohingegen manche anderen Unit-Tests Plug-Ins erfordern, um die Unterstützung in Visual Studio zu integrieren.

In Visual Studio führen Sie MSTest-Unit-Tests aus, indem Sie einen der Befehle aus dem Menü *Test\Ausführen* verwenden. Wählen Sie zuerst den Befehl *Alle Tests*, den Sie auch über die Tastenkombination [Strg]+[R], [A] erreichen. Abbildung 4–1 zeigt die Ausgabe nach dem Ausführen des AAA-Unit-Tests.

Der *Test-Explorer* ist ein zweiteiliges Fenster mit Informationen zu den Unit-Tests, die Sie ausgeführt haben. Die Liste der Tests steht im linken Fensterabschnitt, während der rechte Fensterabschnitt Details zum links ausgewählten Test anzeigt. Sie sehen in diesem Beispiel, dass die Ausführung des Tests 19 Millisekunden gedauert hat, was recht schnell ist. Das ist einer der Vorteile beim Schreiben von Unit-Tests: Es dauert nicht lange, Tausende von Unit-Tests auszuführen, ganz im Gegensatz zum Aufwand, der bei manuellen Tests nötig wäre.

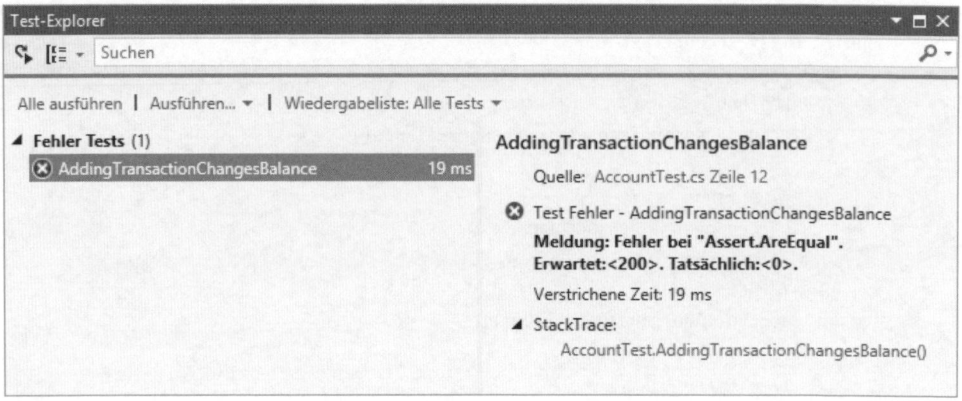

Abb. 4–1 Ausführen des Unit-Tests im integrierten MSTest-Unit-Test-Runner von Visual Studio

Sicherlich ist Ihnen aufgefallen, dass die Prüfung des Tests *fehlgeschlagen* ist, weil der erwartete Wert 200 nicht dem tatsächlich ausgelesenen Wert entspricht. In der Überprüfung wurde die Eigenschaft `account.Balance` benutzt, um den tatsächlichen Wert auszulesen, und sie hat 0 geliefert.

Das liegt daran, dass Sie die Klasse `Account` noch nicht implementiert haben. Listing 4–4 zeigt die minimale Implementierung der Klasse `Account`, wie sie bisher benutzt wurde.

```
public class Account
{
    public void AddTransaction(decimal amount)
    {

    }

    public decimal Balance
    {
        get;
        private set;
    }
}
```

List. 4–4 Das getestete System braucht nicht vor dem Unit-Test implementiert zu werden

Offensichtlich tut diese Klasse in der Methode `AddTransaction` nichts mit der Summe, die für den Geschäftsvorgang angegeben wird, und `Balance` ist lediglich eine automatische Eigenschaft, allerdings mit privatem Setter. Damit dieser Test erfolgreich ist, müssen Sie die Klasse `Account` so implementieren, dass sie Ihre aktuellen Erwartungen erfüllt.

Testorientierte Entwicklung

Um einen Unit-Test zu implementieren, brauchen Sie keine vollständige Implementierung des getesteten Systems. In der testorientierten Entwicklung (Test-Driven Development, TDD) wird sogar empfohlen, dass Sie noch *kein* funktionierendes getestetes System haben, bevor Sie die Unit-Tests schreiben. Wenn Sie Software nach dem Prinzip der testorientierten Entwicklung schreiben, programmieren Sie Unit-Tests und Produktivcode parallel, wobei Sie für jedes erwartete Verhalten jeder Methode jeder Klasse aus dem Produktivcode einen Test schreiben, der fehlschlagen kann. Der letzte Test schlug nur fehl, weil der Produktivcode noch nicht vorhanden ist. Der Test prüft, ob sich der Produktivcode auf bestimmte Weise verhält. Aber weil der Produktivcode das noch nicht tut, schlägt der Test fehl. Sobald der Produktivcode gerade so weit implementiert ist, dass er die Anforderungen des Tests erfüllt, wird der Test erfolgreich verlaufen.

Rot, grün, refaktorieren!

Der AAA-Test in `AddingTransactionChangesBalance` hat bisher den ersten Teil eines dreistufigen Prozesses produziert, der als *rot, grün, refaktorieren* (engl. red, green, refactor) bezeichnet wird.

1. Schreiben Sie einen Test, der das erwartete Verhalten des getesteten Systems prüft und fehlschlägt.
2. Implementieren Sie gerade so viel Code im getesteten System, dass der neue Test erfolgreich ist, aber keine vorhandenen, bisher erfolgreichen Tests fehlschlagen.
3. Falls im getesteten System irgendwelche Refaktorierungen sinnvoll sind, um seinen Entwurf oder seine Gesamtqualität zu verbessern, ist nun ein geeigneter Zeitpunkt.

Die erste Phase produziert einen Test, der fehlschlägt. Ein Test-Runner wird ihn mit einem roten Symbol markieren. Die zweite Phase sorgt dafür, dass dieser Test erfolgreich ist, sein Symbol wird grün. In der dritten Phase können Sie den Produktivcode Stück für Stück verbessern, ohne sich Sorgen machen zu müssen, seine Funktion zu beschädigen.

Um den fehlgeschlagenen Test in unserem Beispiel von Rot nach Grün zu bekommen (also von fehlgeschlagen zu erfolgreich), müssen Sie die zweite Phase des Prozesses angehen: *gerade so viel Code im getesteten System implementieren, dass der Test erfolgreich ist.* Weil es in unserem Beispiel momentan nur einen einzigen Test gibt, brauchen Sie sich nicht darum zu kümmern, ob bereits vorhandene, bisher erfolgreiche Tests fehlschlagen.

Der Test prüft, ob der Saldo 200 beträgt, nachdem diese Summe bei einem Geschäftsvorgang in das neue Konto eingezahlt wurde. Listing 4–5 zeigt eine Minimallösung, die bewirkt, dass der Unit-Test erfolgreich ist.

```
public class Account
{
    public Account()
    {
        Balance = 200m;
    }

    public void AddTransaction(decimal amount)
    {

    }

    public decimal Balance
    {
        get;
        private set;
    }
}
```

List. 4–5 Beschränken Sie sich immer auf eine Minimallösung, um einen Test von Rot nach Grün zu bekommen

Der geänderte Code ist fett hervorgehoben. Um den Test von Rot nach Grün zu bekommen, führt der Code einen Standardkonstruktor für die Klasse `Account` ein, der die Eigenschaft `Balance` mit dem Wert `200m` initialisiert. Es lässt sich leicht beweisen, dass dies funktioniert und der Test nun erfolgreich ist: Abbildung 4–2 zeigt den Test-Explorer von Visual Studio, nachdem der vorher fehlgeschlagene Test erneut ausgeführt wurde.

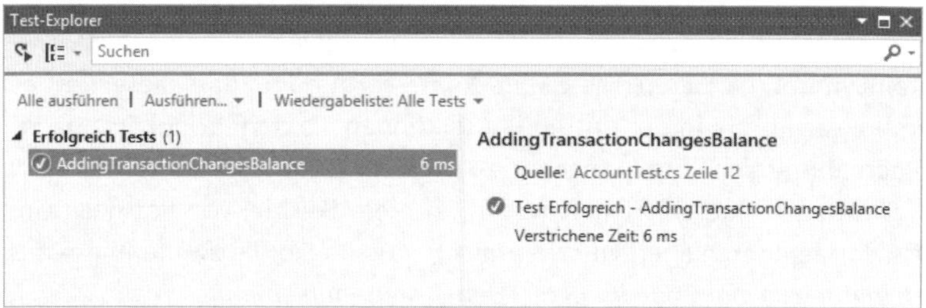

Abb. 4–2 Diesmal ist der Test tatsächlich erfolgreich – aber ist das richtig?

Bevor Sie sich nun selbst lobend auf die Schulter klopfen und zur letzten Phase, der Refaktorierung übergehen, sollten Sie sich überlegen, ob das der richtige Weg war, um das erwartete Verhalten zu implementieren, mit dem sich der Test beschäftigt. Sie können beweisen, dass die Implementierung *nicht* richtig ist, indem Sie eine weitere Erwartung in Form eines anderen Unit-Tests hinzufügen.

Der Test definiert den erwarteten Wert für das Feld `Balance` mithilfe eines neu erstellten `Account`-Objekts. Wie Sie gesehen haben, wurde der erwartete Wert des Felds `Balance` berechnet, nachdem eine Summe von 200 € in das Konto eingezahlt wurde; dabei wurde die *Annahme* getroffen, dass ein unspezifizierter Anfangssaldo bei *null* liegt. Das ist ein erwartetes Verhalten, genau wie viele andere, daher sollten Sie einen Test schreiben, der prüft, ob Ihre Erwartungen im Code richtig implementiert sind. Listing 4–6 zeigt, wie das AAA-Pattern auf einen solchen Unit-Test angewendet wird.

```
[TestMethod]
public void AccountsHaveAnOpeningBalanceOfZero()
{
    // Arrange

    // Act
    var account = new Account();

    // Assert
    Assert.AreEqual(0m, account.Balance);
}
```

List. 4–6 Der Arrange-Part bleibt bei diesem Test leer

Auch hier verrät der Name der Testmethode `AccountsHaveAnOpeningBalanceOfZero` (»Konten haben den Anfangssaldo null«) direkt das erwartete Verhalten, das überprüft wird. In diesem Fall bleibt allerdings der Arrange-Teil des Unit-Tests leer, das heißt, dass dieser Teil des AAA-Schemas optional ist. Geprüft wird hier das Verhalten des Standardkonstruktors im getesteten System, daher beschränkt sich die Act-Phase auch auf den entsprechenden Zugriff. Die Überprüfung in der Assert-Phase legt schließlich die Annahme fest, dass ein neues Konto den Anfangssaldo `0m` hat.

Die Tatsache, dass dieser Unit-Test fehlschlägt, obwohl der erste Unit-Test erfolgreich ist, weist darauf hin, dass die Erwartungen im ersten Unit-Test falsch implementiert wurden. Abbildung 4–3 zeigt die Ausgabe im Test-Explorer.

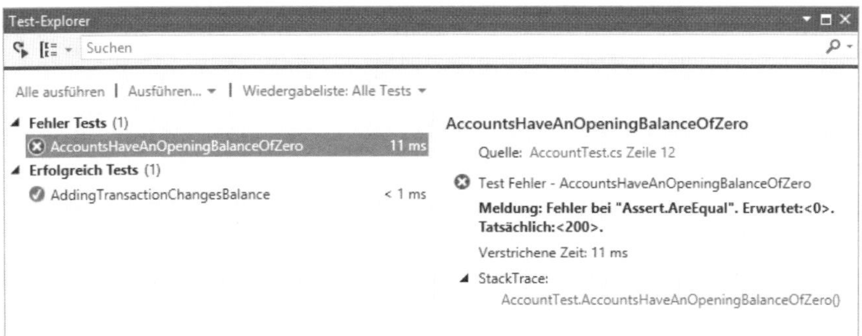

Abb. 4–3 Der zweite Unit-Test schlägt fehl, weil die Erwartungen im ersten Unit-Test falsch implementiert sind

Wenn Sie nun die vorherigen Änderungen an der Klasse `Account` rückgängig machen, schaltet Ihr fehlgeschlagener Test des *Anfangssaldos* von Rot auf Grün, während der Test zum *Hinzufügen eines Geschäftsvorgangs* erneut fehlschlägt. Sie haben dadurch bewiesen, dass Sie die Klasse `Account` für den Test des *Anfangssaldos* richtig implementiert haben, aber die Implementierung für den Test zum *Hinzufügen eines Geschäftsvorgangs* falsch ist.

Mit jedem neuen Test, den Sie hinzufügen, wird der Spielraum für funktionsfähige Implementierungen des getesteten Systems weiter eingeschränkt. Jeder Test bringt Erwartungen für das Verhalten mit und jede Erwartung muss im getesteten System erfüllt werden. Listing 4–7 zeigt die kleinstmögliche Implementierung, die sicherstellt, dass beide Tests erfolgreich sind.

```
public class Account
{
    public void AddTransaction(decimal amount)
    {
        Balance = 200m;
    }

    public decimal Balance
    {
        get;
        private set;
    }
}
```

List. 4–7 Bei dieser Implementierung sind beide Tests erfolgreich, aber ist sie richtig?

Der Saldo eines neu erstellten Kontos ist nun null, ändert sich aber auf 200, wenn `AddTransaction` aufgerufen wird. Natürlich sollten Sie sehen, dass dies völliger Unsinn ist, auch wenn beide Tests jetzt erfolgreich sind. Dass Sie zuerst die simpelste Version schreiben sollen, statt gleich die offensichtlich richtige Lösung zu implementieren, hat den Zweck, Ihre intuitiven Annahmen in programmierte Überprüfungen umzusetzen. Können Sie einen weiteren Unit-Test schreiben, der fehlschlägt und beweist, dass diese Implementierung nicht richtig ist? Listing 4–8 zeigt ein Beispiel.

```
[TestMethod]
public void Adding100TransactionChangesBalance()
{
    // Arrange
    var account = new Account();

    // Act
    account.AddTransaction(100m);

    // Assert
    Assert.AreEqual(100m, account.Balance);
}
```

List. 4–8 Dieser Test unterscheidet sich von der vorherigen Version nur dadurch, dass ein anderer Wert verwendet wird

Diese Testmethode erledigt dieselbe Aufgabe wie die erste, die ebenfalls eine Einzahlung vorgenommen hat, aber diesmal sind es 100 € statt 200 €. Die beiden Methoden unterscheiden sich kaum, aber es reicht aus, um zu beweisen, dass die Methode Account.AddTransaction falsch ist.

Wie erwartet schlägt dieser neue Test fehl. Wenn Sie die Klasse Account so ändern, dass der Wert 100m fest in die Methode AddTransaction einprogrammiert ist, schlägt der ursprüngliche Test fehl, schaltet den neuen Test aber von Rot auf Grün. Stattdessen können Sie jetzt die richtige Lösung implementieren (Listing 4–9).

```
public class Account
{
    public void AddTransaction(decimal amount)
    {
        Balance = amount;
    }

    public decimal Balance
    {
        get;
        private set;
    }
}
```

List. 4–9 Bei dieser Implementierung sind alle drei Tests erfolgreich, aber sie ist *immer noch* falsch!

Sie haben jetzt also diese Implementierung, alle drei Unit-Tests sind erfolgreich, obwohl sie alle vorher schon einmal fehlgeschlagen sind. Die Sonne lacht, der Feierabend lockt, ein perfekter Tag. Aber nicht so schnell! Erneut ist es so, dass die Erwartungen der Methode AddTransaction nicht mit der Implementierung übereinstimmen. Ein vierter Unit-Test beleuchtet das Problem (Listing 4–10).

```
[TestMethod]
public void AddingTwoTransactionsCreatesSummationBalance()
{
    // Arrange
    var account = new Account();
    account.AddTransaction(50m);

    // Act
    account.AddTransaction(75m);

    // Assert
    Assert.AreEqual(125m, account.Balance);
}
```

List. 4–10 Dieser Unit-Test sollte helfen, die Methode AddTransaction endlich zu knacken

Dieser Test bringt Sie schließlich zur wirklich richtigen Funktionsweise der Methode AddTransaction – zumindest für den Augenblick. Wenn sich nämlich die Anforderungen verändern und neue Features hinzugefügt werden, müssen Sie die Erwartungen an Ihre Klassen so festschreiben, dass Sie auf vorhandene Unit-Tests zurückfallen können, die damit ein Sicherheitsnetz aufspannen. Ohne diese Vorkehrung wäre es einfach, etwas an Ihrem Code zu ändern, das in den eng eingegrenzten Situationen, die Sie von Hand testen, zu funktionieren scheint, aber an ungewöhnlichen Eingaben scheitert oder etwas anderes beschädigt, was gar nichts mit Ihrem neuen Code zu tun zu haben scheint.

Der Test, den Sie hinzugefügt haben, prüft, ob der Saldo des Kontos die Summe aller Einzahlungen ist. Vorher setzte Ihre am wenigsten falsche Implementierung den Saldo auf den Wert der letzten Einzahlung, daher schlägt dieser Test fehl. Ihre Implementierung ist noch nicht richtig. Listing 4–11 zeigt eine Implementierung der Methode AddTransaction, bei der alle vier Unit-Tests erfolgreich sind.

```
public class Account
{
    public void AddTransaction(decimal amount)
    {
        Balance += amount;
    }

    public decimal Balance
    {
        get;
        private set;
    }
}
```

List. 4–11 Dies ist die bisher beste Implementierung für AddTransaction

Jedes Mal, nachdem ein Unit-Test von Rot auf Grün gesprungen ist, hätten Sie die Möglichkeit gehabt, die Implementierung des getesteten Systems zu refaktorieren, aber dieses Beispiel war sehr simpel. Diese Phase des Prozesses wird allerdings mit jeder neuen Methode wichtiger, die Sie zum getesteten System hinzufügen. Diese Form der Refaktorierung wird weiter unten in diesem Kapitel genauer behandelt.

Komplexere Tests

Das Beispiel im letzten Abschnitt beschäftigte sich mit Unit-Tests für eine Klasse, die Teil des Domänenmodells einer Anwendung bildet. Dabei wurde das Test-First-Prinzip angewendet. Wie in Kapitel 2, »Abhängigkeiten und Schichten«, beschrieben, ist das Domänenmodell die Implementierung einer Geschäftslogikschicht, die zwischen Benutzeroberflächen- und Datenzugriffsschicht liegt.

Spezifikation

In der nächsten Gruppe von Tests, die auf der Klasse `Account` aufbauen, nehmen Sie sich einen anderen Teil der Geschäftslogikschicht vor: einen Dienst. Die Benutzeroberfläche für diese hypothetische Anwendung könnte auf jedem beliebigen Framework aufsetzen, zum Beispiel ASP.NET-MVC, Windows Presentation Foundation (WPF) oder Windows Forms, aber Ihr Dienst sollte sich unabhängig vom Framework immer wieder verwenden lassen. Das bedeutet, dass der Dienst keine Abhängigkeiten von irgendeinem dieser Frameworks enthalten darf. Er hängt allerdings von der Klasse `Account` ab, wenn auch indirekt. Abbildung 4–4 zeigt die Abhängigkeiten zwischen den Schichten und Klassen, die dieses Beispiel bilden.

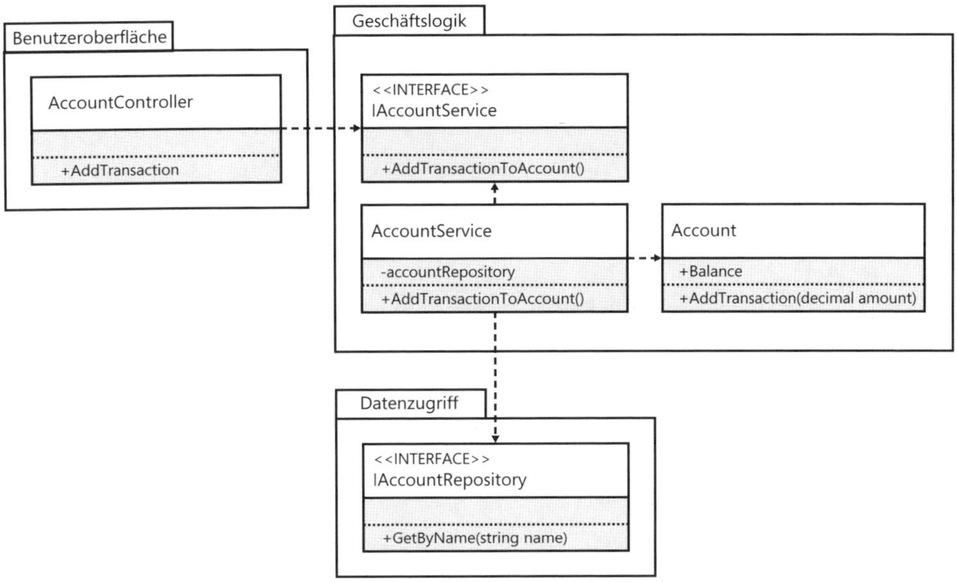

Abb. 4–4 Die Abhängigkeiten und Implementierungen für das Subsystem, das Sie nun testen

Das UML-Diagramm (Unified Modeling Language) zeigt die drei Pakete, aus denen die dreischichtige Architektur gebildet wird. Die Benutzeroberfläche enthält Controller für das MVC-Pattern (Model-View-Controller), möglich wären aber auch Viewmodels für MVVM (Model-View-ViewModel) oder Presenter für MVP (Model-View-Presenter). Wichtig in `AccountController` ist ein Handler für die Benutzeroberflächenaktion, mit der ein Geschäftsvorgang für ein Konto ausgelöst wird. Dieser Controller ist von der Schnittstelle von `AccountService` abhängig, die Sie hier implementieren wollen.

Die Klasse `AccountService` ist in der Geschäftslogikschicht zu Hause, zusammen mit ihrer Schnittstelle und dem Domänenmodell, das durch die bereits implementierte Klasse `Account` zur Verfügung gestellt wird. Beachten Sie, dass diese Pakete für die logischen Schichten der Anwendung stehen, aber nicht direkt auf Visual Studio-Projekte und somit Assemblys abgebildet werden. Das bedeutet, dass Sie weiterhin dem Stairway-Pattern gegenüber dem Entourage-Anti-Pattern den Vorzug geben. `AccountService` braucht eine Möglichkeit, `Account`-Instanzen aus dem persistenten Speicher abzurufen, den Sie einsetzen. Weil Sie in der Geschäftslogikschicht ein Domänenmodell nutzen, wird die Datenzugriffsschicht mit einem ORM (Object/Relational Mapper) implementiert.

Eine Repository-Schnittstelle dient dazu, die Details der Persistenzlogik vor dem Clientcode zu verstecken. Die Schnittstelle `IAccountRepository` hat die Aufgabe, `Account`-Instanzen zurückzugeben. Der Dienst hängt von dieser Schnittstelle ab, weil er im Rahmen der Implementierung ein Konto abrufen muss.

Entwerfen des Tests

Die Tests für die Methode `AccountService.AddTransactionToAccount` werden mithilfe der TDD- und AAA-Pattern geschrieben, genau wie vorher. Überlegen Sie zuerst, was Sie von der Methode erwarten: dass sie die Operation an die Methode `AddTransaction` der richtigen `Account`-Instanz delegiert und dabei den richtigen Wert übergibt. Definieren wir die Arrange-, Act- und Assert-Phasen:

- **Arrange**
  Stellen Sie sicher, dass eine Instanz des getesteten Systems verfügbar ist, also der Klasse `AccountService`
- **Act**
  Rufen Sie die Methode `AddTransactionToAccount` auf
- **Assert**
  Das getestete System ruft die Methode `AddTransaction` einer `Account`-Instanz auf und übergibt die richtige Summe

Listing 4–12 zeigt einen ersten Versuch, diesen Test zu schreiben.

```
[TestClass]
public class AccountServiceTests
{
    [TestMethod]
    public void AddingTransactionToAccountDelegatesToAccountInstance()
    {
        // Arrange
        var sut = new AccountService();

        // Act
        sut.AddTransactionToAccount("Trading Account", 200m);

        // Assert
        Assert.Fail();
    }
}
```

List. 4–12 Der erste Versuch für den neuen Test ist unvollständig

Alles scheint nach Plan zu laufen, bis Sie zur Überprüfung im Assert-Teil kommen. Die Annahme ist, dass eine bestimmte Methode eines Objekts aufgerufen wird und einen bestimmten Wert übergeben bekommt, aber wie prüfen Sie das? Hier kommen *Fakes* und *Mocks* ins Spiel.

Testen mit Fakes

Damit Sie die Prüfung für Ihren Assert-Teil schreiben können, brauchen Sie erst einmal eine `Account`-Instanz, die Sie untersuchen können. `AccountService` verwendet die Schnittstelle `IAccountRepository`, um das `Account`-Objekt abzurufen, mit dem sie arbeitet, daher können Sie `AccountService` nicht einfach eine solche Instanz übergeben. Stattdessen müssen Sie `AccountService` ein `IAccountRepository`-Objekt übergeben – aber dafür steht noch keine Implementierung zur Verfügung. Weil Sie nicht von Klassen, sondern von Schnittstellen abhängen, können Sie eine Fake-Implementierung (»Fälschung«) einer Schnittstelle schreiben, die für diesen Test gerade ausreicht. Listing 4–13 zeigt eine solche Klasse, die in der Assembly mit den Unit-Tests implementiert wird.

```
public class FakeAccountRepository : IAccountRepository
{
    public FakeAccountRepository(Account account)
    {
        this.account = account;
    }

    public Account GetByName(string accountName)
    {
        return account;
    }

    private Account account;
}
```

List. 4–13 Eine ganz simple Implementierung eines Repositorys, das sich nur für Testzwecke eignet

Nun verändern Sie Ihre `AccountService`-Implementierung so, dass Sie ihr dieses Fake-Repository zur Verfügung stellen können. Listing 4–14 zeigt die neue Implementierung der Klasse `AccountService`.

```
public class AccountService : IAccountService
{
    public AccountService(IAccountRepository repository)
    {
        this.repository = repository;
    }

    public void AddTransactionToAccount(string uniqueAccountName,
      decimal transactionAmount)
```

```
    {

    }

    private readonly IAccountRepository repository;
}
```

List. 4–14 Die aktuelle Version der Klasse `AccountService`

Jetzt können Sie den Unit-Test fertigstellen, wobei Sie neue Arrange-Kriterien brauchen:

- Stellen Sie sicher, dass eine `Account`-Instanz zur Verfügung steht, an der die Annahmen überprüft werden können
- Stellen Sie sicher, dass eine Fake-`IAccountRepository`-Instanz verfügbar ist, die Sie dem Dienst beim Erstellen übergeben können

Diese Kriterien und die richtige Assert-Überprüfung bilden den fehlschlagenden Test in Listing 4–15.

```
[TestClass]
public class AccountServiceTests
{
    [TestMethod]
    public void AddingTransactionToAccountDelegatesToAccountInstance()
    {
        // Arrange
        var account = new Account();
        var fakeRepository = new FakeAccountRepository(account);
        var sut = new AccountService(fakeRepository);

        // Act
        sut.AddTransactionToAccount("Trading Account", 200m);

        // Assert
        Assert.AreEqual(200m, account.Balance);
    }
}
```

List. 4–15 Dieser Test schlägt aus den richtigen Gründen fehl: Die Dienstmethode ist noch nicht implementiert

Zuerst legen Sie ein Konto an, das den Anfangssaldo Null hat. Dann erstellen Sie eine Instanz Ihres Fake-Kontenrepositorys und übergeben ihr das Konto. Weil das Fake die Schnittstelle `IAccountRepository` implementiert, kann es einfach an die Klasse `AccountService`, also Ihr getestetes System, übergeben werden.

Nachdem Sie die Methode aufgerufen haben, die das Ziel des Tests ist, prüfen Sie, ob das Konto den erwarteten Saldo von 200 hat. Wie in Abbildung 4–5 zu sehen, schlägt diese Überprüfung fehl, weil die Zielmethode noch nicht implementiert ist.

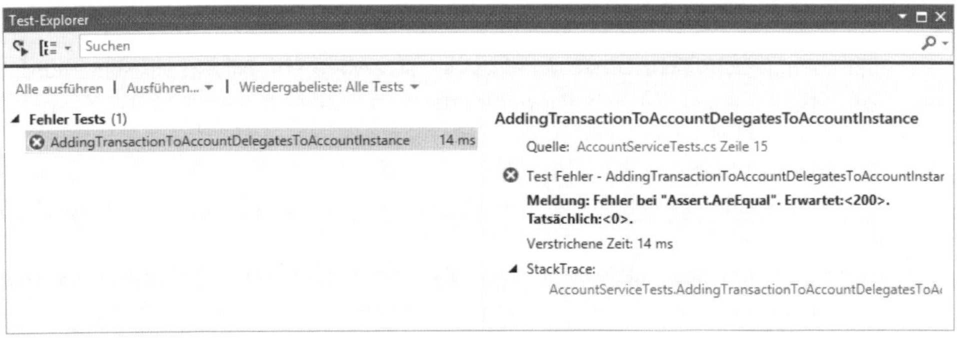

Abb. 4–5 Der erste fehlgeschlagene Test, er muss nun von Rot auf Grün gebracht werden

Sie verfügen nun über einen Unit-Test, der ein bestimmtes Verhalten prüft, das noch in Ihrem Produktivcode fehlt. Es ist klar, was Sie tun müssen, damit dieser Unit-Test erfolgreich ist: Listing 4–16 zeigt die Implementierung der Methode.

```
public class AccountService : IAccountService
{
    public AccountService(IAccountRepository repository)
    {
        this.repository = repository;
    }

    public void AddTransactionToAccount(string uniqueAccountName,
      decimal transactionAmount)
    {
        var account = repository.GetByName(uniqueAccountName);
        account.AddTransaction(transactionAmount);
    }

    private readonly IAccountRepository repository;
}
```

List. 4–16 Bei dieser Implementierung von `AccountService` ist der Test erfolgreich

Der Unit-Test hat Sie veranlasst, in dieser Implementierung das Richtige zu tun. Sie mussten das Repository benutzen, um das Konto abzurufen, und mussten die Methode `AddTransaction` des Kontos aufrufen, um die schreibgeschützte Eigenschaft `Balance` zu verändern. Falls jemand später diese Methode so beschädigt, dass sie nicht mehr die Erwartungen erfüllt, die im Unit-Test festgeschrieben sind, werden Sie das sofort merken.

Testen mit Mocks

Sie können sich leicht vorstellen, dass das Schreiben von Fakes bald sehr mühselig wird. Überlegen Sie nur, wie viele Permutationen von Unit-Tests Sie schreiben müssten und wie viele unterschiedliche Schnittstellen Ihre getesteten Systeme möglicherweise brauchen. Das ist eine Menge zusätzlicher Code, nur für Ihre Unit-Tests.

Es gibt einen anderen Weg, ein `IAccountRepository`-Objekt zu simulieren, aber dafür brauchen Sie ein externes Mocking-Framework (von engl. mock, Attrappe). Ein Vorteil beim Schreiben von Fakes besteht darin, dass Sie sie isoliert schreiben können und ohne Fremdabhängigkeiten auskommen. Immerhin sind Mocking-Frameworks heutzutage allgegenwärtig, und die Auswahl ist groß. Das folgende Beispiel verwendet eines der beliebtesten: Moq.

Mit NuGet können Sie schnell einen Verweis auf Moq hinzufügen, indem Sie in der Galerie nach dem entsprechenden Paket suchen. Das besondere an Moq ist, dass es dynamische Proxys jeder Schnittstelle erstellen kann, die Sie anfordern. Sie brauchen dann nur noch Ihren vorhandenen Test so zu ändern, dass er ein Moq-Mock statt Ihres selbst geschriebenen Fakes verwendet (Listing 4–17).

```
[TestMethod]
public void AddingTransactionToAccountDelegatesToAccountInstance()
{
    // Arrange
    var account = new Account();
    var mockRepository = new Mock<IAccountRepository>();
    mockRepository.Setup(r => r.GetByName("Trading Account")).Returns(account);
    var sut = new AccountService(mockRepository.Object);

    // Act
    sut.AddTransactionToAccount("Trading Account", 200m);

    // Assert
    Assert.AreEqual(200m, account.Balance);
}
```

List. 4–17 Mit Mocking-Frameworks wie Moq können Sie Mocks ganz einfach erstellen

Die Änderungen im Test sind fett hervorgehoben. Statt ein eigenes Fake-Repository anzulegen, erstellen Sie nun ein neues `Mock<IAccountRepository>()`-Objekt. Dieses Objekt ist sehr leistungsfähig, Sie können damit viele unterschiedliche Erwartungen und Verhaltensweisen Ihrer Schnittstellen simulieren. Diese Klasse implementiert nicht Ihre Schnittstelle, im Unterschied zu Ihrem Fake ist sie daher keine gültige Instanz von `IAccountRepository`. Das liegt daran, dass die CLR (Common Language Runtime) es nicht zulässt, Klassen von generischen Parametern abzuleiten. Stattdessen wird hier eine Kompositionsbeziehung zwischen dem Mock und der davon erstellten Proxyinstanz aufgebaut. Über die Eigenschaft `Object` greifen Sie auf die zugrunde liegende Schnittstelle zu, die in diesem Beispiel an das `AccountService`-Objekt übergeben wird.

Bevor Sie dem getesteten System Ihren Mock zur Verfügung stellen, müssen Sie festlegen, wie er sich verhalten soll. In der Standardeinstellung definiert Moq sogenannte *lose* Mocks (engl. loose mocks), das bedeutet, dass alle Rückgabewerte `default` sind. Bei allen Verweistypen ist das der Wert `null`, und das betrifft hier die Klasse `Account`. Das Gegenstück zum losen Mock ist der *strikte* Mock (engl. strict mock), der immer eine Ausnahme auslöst, wenn eine Methode aufgerufen oder auf eine Eigenschaft zugegriffen wird, die Sie noch nicht festgelegt haben. Keine dieser Möglichkeiten bietet, was Sie hier brauchen, daher müssen Sie einige Verhaltensweisen von Hand einrichten.

Die Methode `Setup` einer `Mock`-Instanz ist sehr schlau. Sie übergeben Ihr einen Lambdaausdruck, der als Kontextparameter eine Instanz des zugrunde liegenden Typs bereitstellt, für den ein Mock erstellt wird. Indem Sie eine Methode des Typs aufrufen, legen Sie letztlich fest, dass etwas Bestimmtes passieren soll, wenn diese Methode künftig mit denselben Argumenten aufgerufen wird. Was Sie hier festlegen, hängt von Ihrer Testsituation ab. Moq bietet für einen Methodenaufruf die folgenden Reaktionen an:

- Aufrufen eines anderen Lambdaausdrucks
- Zurückgeben eines bestimmten Werts
- Auslösen einer Ausnahme des angegebenen Typs
- Überprüfen, ob diese Methode aufgerufen wurde

In diesem Test brauchen Sie die zweite Möglichkeit: Zurückgeben eines bestimmten Werts. Dank der flüssigen Schnittstelle können Sie den Aufruf der Methode `Mock.Setup` mit dem Aufruf der Methode `Returns` verketten. Das verbessert die Lesbarkeit und verkürzt die Arrange-Phase des Tests, die schon beachtliche Ausmaße annimmt. Die Methode `Returns` bekommt die `Account`-Instanz übergeben, die Sie bereits erstellt haben. Damit haben Sie Ihre Erwartungen an den Mock vollständig festgelegt. Kurz zusammengefasst haben Sie dem Mock die folgende Anweisung gegeben:

> *Wenn die Methode* `GetByName` *dieser* `IAccountRepository`*-Instanz aufgerufen wird und der angegebene Kontoname* `"Trading Account"` *lautet, sollst du diese Instanz der Klasse* `Account` *zurückgeben.*

Wenn Sie Ihren Test erneut ausführen, verläuft er auch diesmal erfolgreich (Abbildung 4–6).

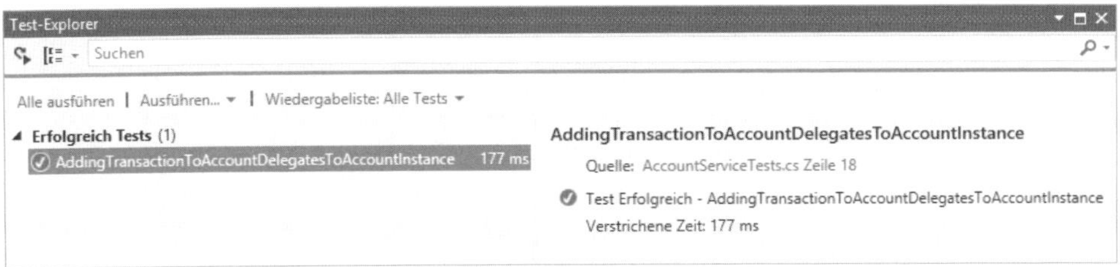

Abb. 4–6 Nach Erstellung eines Mocks verläuft der Test ebenfalls erfolgreich

Bevor Sie losjubeln, müssen Sie eingestehen, dass Sie geschummelt haben. Sie haben einen Unit-Test verändert und nicht von Rot nach Grün gebracht. Der Test war bereits erfolgreich und ist weiterhin erfolgreich, möglicherweise trotz der Änderung. Damit dieser Test fehlschlägt und Sie dann sicherstellen können, dass er nur aufgrund eines richtig implementierten getesteten Systems erfolgreich läuft, sollten Sie den Code aus der Methode `AddTransactionToAccount` löschen. Wenn Sie das tun, wird der Test fehlschlagen, und erst nachdem Sie den Code wieder eingefügt haben, ist der Test erfolgreich. Das ist ein wichtiges Element beim Schreiben von Unit-Tests, mit dem Sie ein falsch-positives Ergebnis verhindern. Das heißt, es verhindert, dass Sie einen Test schreiben, der erfolgreich ist, obwohl er falsch implementiert wurde.

Mocks und überspezifische Tests

Das Testen mit Mocks ist ein häufiges, aber oft mühsames Verfahren. Tests, die auf Mocks beruhen, werden leicht *überspezifisch* (engl. over-specified). Ein überspezifischer Test ist anfällig, aber Sie können diese Schwäche vermeiden, indem Sie ändern, worauf Sie prüfen. Das Problem entsteht, wenn sich der Test Detailwissen darüber, wie das getestete System arbeitet, zunutze macht. Anders ausgedrückt: Ein Test ist überspezifisch, wenn er die *Implementierung* eines getesteten Systems kennt statt lediglich dessen erwartetes Verhalten.

Ein Unit-Test, der Mocks einsetzt, muss unter Umständen wissen, wie das getestete System implementiert ist. Sie sollten aber immer daran denken, dass ein Unit-Test ein erwartetes Verhalten festschreibt, daher sollten Sie in Tests keine Implementierungsdetails überprüfen. Zu solchen Details gehören auch Aufrufe anderer Schnittstellen, von denen das getestete System abhängt. Wenn Sie prüfen, ob eine Methode einer Schnittstelle aufgerufen wurde, ketten Sie den Test nicht an ein bestimmtes Verhalten, sondern an eine bestimmte Implementierung.

Überspezifische Tests sind unerwünscht, weil sie die Refaktorierung des Produktivcodes verhindern, den sie testen. Ist zu einer Methode oder Klasse eine Gruppe erfolgreicher Unit-Tests vorhanden, ist das ein Zeichen, dass die Implementierung der Methode oder Klasse jederzeit geändert werden kann: Die Tests schlagen nur fehl, falls das erwartete Verhalten des Codes nicht stimmt. Überspezifische Tests geben keine solche Garantie, weil sie fehlschlagen, falls sich die Implementierung der Methode oder Klasse verändert hat – sogar wenn das erwartete Verhalten bestehen bleibt.

→

Sie haben zwei Möglichkeiten, überspezifische Tests zu vermeiden, wenn Sie mit Mocks testen. Erstens sollten Sie sich strikt darauf beschränken, das Verhalten zu testen. Zustandsbasierte Tests sind die besten Beispiele dafür, erwartetes Verhalten zu überprüfen. Wenn eine Methode Daten als Eingabe erhält und geänderte Daten zurückgibt, können Sie diese Methode für Testzwecke als Blackbox betrachten. Wenn die Methode die Eingaben A, B und C annimmt und die Ausgaben X, Y und Z liefert, ist es für den Test völlig egal, wie sie zu ihren Ergebnissen gelangt. Die Methode kann refaktoriert werden, ohne dass die Unit-Tests fehlschlagen.

Die zweite Möglichkeit ist weniger attraktiv, aber manchmal die einzig verfügbare. Sie können den Unit-Test und die Implementierung, die er testet, als atomare Einheit betrachten: Ändert sich das eine, muss sich auch das andere ändern. Damit akzeptieren Sie praktisch, dass der Unit-Test überspezifisch ist und dass Sie ihn zusammen mit der Produktivimplementierung wegwerfen werden, sollte jemals eine Refaktorierung nötig werden. Das ist nicht ganz so verschwenderisch, wie es vielleicht klingt. Wie Sie in Teil II, »Schreiben von SOLID-Code«, sehen werden, liefert SOLID-Code kleinere Klassen mit engeren Aufgabenbereichen, die ohnehin niemals verändert werden.

Weitere Tests

Ihr erster Versuch, `AccountService` im Rahmen einer testorientierten Entwicklung funktionsfähig zu machen, war erfolgreich. Es gibt aber potenzielle Probleme, die weitere Tests erforderlich machen. Die Methode muss noch wesentlich robuster werden. Bisher haben Sie nur den Idealfall geprüft: den Ausführungspfad durch den Code, der keine Fehler auslöst und keine Probleme verursacht. Es klaffen noch einige Lücken, mit denen Sie sich befassen müssen:

- Was passiert, wenn das Konto-Repository ein `null`-Verweis ist?
- Was passiert, wenn das Repository das Konto nicht findet?
- Was passiert, wenn die Kontomethode eine Ausnahme auslöst?

Mit jedem weiteren Test, den Sie schreiben, decken Sie entweder einen Defekt in Ihrer Implementierung auf (falls der Test fehlschlägt) oder erhöhen die Zuversicht, dass Ihre Implementierung nicht nur im Idealfall korrekt ist, sondern auch im Problemfall (sofern der Test erfolgreich ist).

Unter welchen Umständen könnte das Konto-Repository ein `null`-Verweis sein? Das passiert nur, wenn beim Anlegen der `AccountService`-Instanz der Wert `null` als Konstruktorargument übergeben wird. Weil ein gültiges Konto-Repository unbedingt für `AccountService` gebraucht wird, können Sie sagen, dass es sich um eine *Vorbedingung* (engl. precondition) des Konstruktors handelt. Dafür können Sie den Test in Listing 4–18 schreiben.

```
[TestMethod]
[ExpectedException(typeof(ArgumentNullException))]
public void CannotCreateAccountServiceWithNullAccountRepository()
{
    // Arrange

    // Act
    new AccountService(null);

    // Assert
}
```

List. 4–18 Keine Arrange- und Assert-Teile, dennoch ist dies ein gültiges Test-Pattern für Ausnahmen

Dieser Test unterscheidet sich von den bisherigen dadurch, dass die Prüfung nicht im eigentlichen Assert-Teil stattfindet. MSTest fordert, dass Sie die Testmethode mit einem `ExpectedExceptionAttribute` versehen und dabei als Argument den Typ der benötigten Ausnahme übergeben. Dieser Test legt fest, dass Sie die Auslösung einer `ArgumentNullException` erwarten, falls Sie ein `AccountService`-Objekt mit einem `null`-Verweis für die `IAccountRepository`-Instanz anlegen. Genau diese Vorbedingung brauchen Sie, um sicherzustellen, dass Sie in allen Methoden von `AccountService` immer eine gültige Instanz des Repositorys zur Verfügung haben und nicht den Fall abfangen müssen, dass der Verweis `null` ist. Dieser Test schlägt aus den richtigen Gründen fehl:

```
Von der Testmethode
  "ServiceTests.AccountServiceTests.CannotCreateAccountServiceWithNullAccountRepository"
  wurde keine Ausnahme ausgelöst. Von dem in der Testmethode definierten Attribut
  "Microsoft.VisualStudio.TestTools.UnitTesting.ExpectedExceptionAttribute"
  wurde eine Ausnahme erwartet.
```

Damit dieser Test erfolgreich ist, müssen Sie die Vorbedingung implementieren. Listing 4–19 zeigt den manuellen Ansatz.

```
public AccountService(IAccountRepository repository)
{
    if (repository == null) throw new ArgumentNullException("repository",
     "Es muss ein gültiges Konto-Repository angegeben werden.");

    this.repository = repository;
}
```

List. 4–19 Wenn Sie als Konto-Repository einen `null`-Verweis an den Konstruktor übergeben, löst das eine Ausnahme aus

Die neu eingefügte Anweisung ist fett hervorgehoben. Das ist ein Beispiel, wie Sie sicherstellen, dass Sie sofort auf ein Problem aufmerksam gemacht werden. Ohne diese Vorbedingungen würde irgendwann eine Ausnahme ausgelöst werden, aber das wäre eine `NullReferenceException`, und es würde erst passieren, wenn Sie zum ersten Mal auf das `null`-Repository zuzugreifen versuchen.

Nachdem Ihr Konstruktortest erfolgreich ist, können Sie sich dem nächsten Testfall widmen: wenn das Repository das Konto nicht findet. Nehmen wir an, Ihr Repository implementiert nicht das Null-Object-Pattern. Wie in Kapitel 3, »Schnittstellen und Entwurfs-Patterns«, beschrieben, würde dann niemals ein `null`-Objekt oder eine Ausnahme ausgelöst werden, falls das Repository das angeforderte Konto nicht findet. Stattdessen sollte Ihr Repository einen `null`-Verweis für das Konto zurückgeben. Listing 4–20 zeigt den Unit-Test, der das erwartete Verhalten für diesen Fall prüft.

```
[TestMethod]
public void DoNotThrowWhenAccountIsNotFound()
{
    // Arrange
    var mockRepository = new Mock<IAccountRepository>();
    var sut = new AccountService(mockRepository.Object);

    // Act
    sut.AddTransactionToAccount("Trading Account", 100m);

    // Assert
}
```

List. 4–20 Kein Attribut für eine erwartete Ausnahme und kein Assert-Teil!

Die Assert-Phase in diesem Test ist leer und es gibt auch kein `ExpectedException`-Attribut. Das liegt daran, dass Ihre Erwartungen darin bestehen, dass während der Act-Phase des Tests *keine* Ausnahme ausgelöst werden sollte. Wird an diesem Punkt dennoch eine Ausnahme ausgelöst, schlägt der Test fehl. Wenn keine Ausnahme ausgelöst wird und es keine anderen Überprüfungen gibt, die möglicherweise fehlschlagen könnten, verläuft der Test standardmäßig *erfolgreich*.

In der Arrange-Phase des Tests erstellen Sie den Mock für das Repository und übergeben ihn an das getestete System (somit erfüllen Sie die Vorbedingung, weil Sie eine gültige Instanz des Repositorys übergeben), legen aber keine Erwartungen fest. Der Aufruf von `IAccountRepository.GetByName` gibt daher `null` zurück. Anschließend versuchen Sie, über diesen Rückgabewert `Account.AddTransaction` aufzurufen. Weil die Instanz `null` ist, löst das eine `NullReferenceException` aus und der Test schlägt fehl. Um diesen Test auf Grün zu bringen, müssen Sie verhindern, dass diese Ausnahme in Ihrer Methode ausgelöst wird. Listing 4–21 zeigt, wie Sie das Problem beseitigen.

```
public void AddTransactionToAccount(string uniqueAccountName, decimal transactionAmount)
{
    var account = repository.GetByName(uniqueAccountName);
    if (account != null)
```

```
    {
        account.AddTransaction(transactionAmount);
    }
}
```

List. 4–21 Die if-Anweisung schützt diese Methode vor einer NullReferenceException

Mit einer simplen if-Anweisung stellen Sie sicher, dass kein null-Verweis für das Konto vorliegt, bevor Sie versuchen, darauf zuzugreifen. Somit verhindern Sie, dass die Ausnahme ausgelöst wird, und der Test ist erfolgreich.

Der letzte neue Testfall betrifft das Verhalten, das von AccountService erwartet wird, wenn beim Aufruf der Methode AddTransaction eine Ausnahme ausgelöst wird. Um vermeidbare Abhängigkeiten zwischen Schichten zu vermeiden, ist es sinnvoll, eine Ausnahme, die in einer niedrigeren Schicht ausgelöst wurde, in eine neue Ausnahme für die aktuelle Schicht zu verpacken. Abbildung 4–7 verdeutlicht dieses Prinzip.

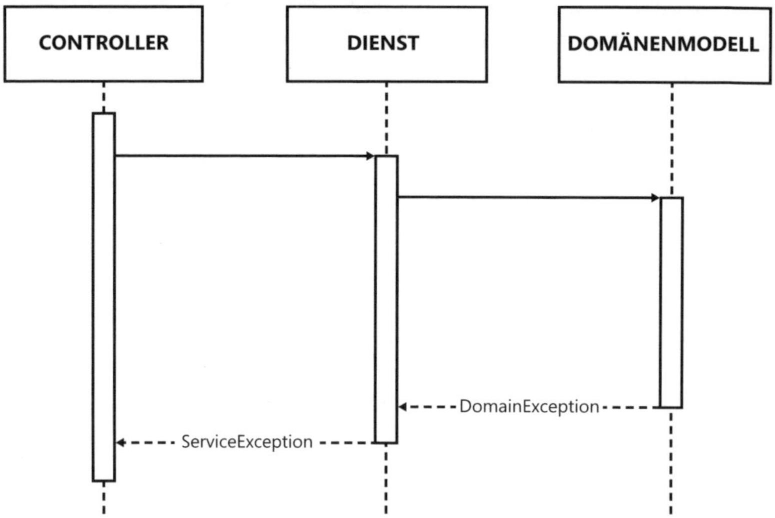

Abb. 4–7 Jede Schicht definiert einen Ausnahmetyp, in den Ausnahmen aus niedrigeren Schichten verpackt werden

Die Ausnahmen, die das Domänenmodell auslöst, sind für diese Schicht spezifisch. Würde die Dienstschicht es erlauben, diese Ausnahmen an den Controller weiterzuleiten, müsste der Controller den Typ DomainException kennen, um die Ausnahmen sinnvoll abzufangen und verarbeiten zu können. Das würde eine Abhängigkeit zwischen der Controller- und der Domänenmodellschicht einführen, die Sie vermeiden sollten. Stattdessen fängt der Dienst die Ausnahmen des Domänenmodells ab und *verpackt* sie in ServiceException-Instanzen, bevor er sie erneut auslöst und dadurch an den Controller weiterreicht. Weil der Controller von der Dienstschicht abhängig ist, kann er die Ausnahmen abfangen, die dort definiert sind. Trotzdem enthält ServiceException die DomainException als innere Ausnahme – andernfalls gingen wertvolle Kontextdaten darüber verloren, warum die ursprüngliche

Ausnahme ausgelöst wurde. Listing 4–22 zeigt, welcher Unit-Test nötig ist, um dieses Verhalten zwischen Ihren zusammenarbeitenden Klassen zu erzwingen.

```
[TestMethod]
[ExpectedException(typeof(ServiceException))]
public void AccountExceptionsAreWrappedInThrowServiceException()
{
    // Arrange
    var account = new Mock<Account>();
    account.Setup(a => a.AddTransaction(100m)).Throws<DomainException>();
    var mockRepository = new Mock<IAccountRepository>();
    mockRepository.Setup(r => r.GetByName("Trading Account")).Returns(account.Object);
    var sut = new AccountService(mockRepository.Object);

    // Act
    sut.AddTransactionToAccount("Trading Account", 100m);

    // Assert
}
```

List. 4–22 Das Mock-Konto wird angewiesen, beim Aufruf eine Ausnahme auszulösen

Mit dem Attribut `ExpectedException` wird sichergestellt, dass das getestete System eine `ServiceException` auslöst, während der Konto-Mock angewiesen wird, eine `DomainException` auszulösen. Daher muss das getestete System eine Ausnahme in die andere konvertieren. Ihre Methode tut das bisher nicht, daher schlägt dieser Test fehl:

```
Von der Testmethode
  "ServiceTests.AccountServiceTests.AccountExceptionsAreWrappedInThrowServiceException"
  wurde die Ausnahme "Domain.DomainException" ausgelöst, erwartet wurde jedoch Ausnahme
  "Services.ServiceException". Ausnahmeldung: Domain.DomainException: Eine Ausnahme
  vom Typ "Domain.DomainException" wurde ausgelöst.
```

Das Attribut `ExpectedException` hat festgestellt, dass die ausgelöste Ausnahme einen anderen Typ hat als angegeben. Der Code in Listing 4–23 zeigt, welche Änderungen an der Methode `AddTransactionToAccount` vorgenommen werden müssen.

```
public void AddTransactionToAccount(string uniqueAccountName, decimal transactionAmount)
{
    var account = repository.GetByName(uniqueAccountName);
    if (account != null)
    {
        try
        {
            account.AddTransaction(transactionAmount);
        }
        catch(DomainException)
```

```
            {
                throw new ServiceException();
            }
        }
    }
```

List. 4–23 Der try/catch-Block wird eingeführt, um eine Ausnahme auf eine andere abzubilden

Dank der Einführung des `try/catch`-Blocks wechselt Ihr Test zwar von Rot auf Grün, es fehlt aber eine Erwartung. Daher sind die Tests noch nicht fertig.

Tests zum Beheben von Defekten schreiben

Nehmen wir an, Sie bekommen einen Defektbericht über den aktuellen Beispielcode. Der Bericht erklärt:

> *Ich habe eine* `ServiceException` *bekommen, als ich eine Buchung an meinem Konto vorgenommen habe.*

Sie reproduzieren das Problem und finden heraus, welche Ausnahme ausgelöst wird. Damit haben Sie einen Hinweis auf die Ursache. Aber weil die `DomainException` durch eine `ServiceException` ersetzt wurde, ist es sehr schwierig, die tatsächliche Ursache des Fehlers auszumachen. Ihre ursprüngliche Erwartung, dass die neue Ausnahme die vorhandene verpacken sollte, wurde nicht erfüllt, weil Sie in Ihren Unit-Tests eine Überprüfung vergessen haben.

Wenn sich ein Defekt auf diese Weise zeigt, sollten Sie als Erstes einen Unit-Test schreiben, der fehlschlägt und dabei zwei Punkte behandelt: die genau reproduzierten Schritte, bei denen der Defekt auftritt, und das erwartete Verhalten, das momentan nicht erzwungen wird. Listing 4–24 zeigt diese beiden Elemente in einem Unit-Test, der fehlschlägt.

```
[TestMethod]
public void AccountExceptionsAreWrappedInThrowServiceException()
{
    // Arrange
    var account = new Mock<Account>();
    account.Setup(a => a.AddTransaction(100m)).Throws<DomainException>();
    var mockRepository = new Mock<IAccountRepository>();
    mockRepository.Setup(r => r.GetByName("Trading Account")).Returns(account.Object);
    var sut = new AccountService(mockRepository.Object);

    // Act
    try
    {
        sut.AddTransactionToAccount("Trading Account", 100m);
    }
    catch(ServiceException serviceException)
    {
```

```
        // Assert
        Assert.IsInstanceOfType(serviceException.InnerException,
          typeof(DomainException));
    }
}
```

List. 4–24 Sie prüfen nun von Hand, welche Ausnahme ausgelöst wird

Für diesen Test reicht das Attribut `ExpectedException` allein nicht aus. Sie müssen die Eigenschaft `InnerException` der ausgelösten Ausnahme untersuchen und prüfen, ob es sich um eine `DomainException` handelt. Das beweist, dass Sie die `DomainException` verpackt und somit die Details des ursprünglich aufgetretenen Fehlers bewahrt haben. Alle Softwarefehler lassen sich als Ergebnis eines fehlenden Unit-Tests interpretieren: eine unvollständige Spezifikation des erwarteten Verhaltens. Listing 4–25 zeigt, welche Änderungen Sie im Produktivcode vornehmen müssen, damit der Test erfolgreich ist.

```
public void AddTransactionToAccount(string uniqueAccountName,
  decimal transactionAmount)
{
    var account = repository.GetByName(uniqueAccountName);
    if (account != null)
    {
        try
        {
            account.AddTransaction(transactionAmount);
        }
        catch(DomainException domainException)
        {
            throw new ServiceException(
              "Ein Domänenobjekt hat eine Ausnahme ausgelöst",
              domainException);
        }
    }
}
```

List. 4–25 Die ursprüngliche Ausnahme wird nun ordentlich in die neue Ausnahme verpackt

Wenn Sie dafür gesorgt haben, dass dieser Test erfolgreich verläuft, können Sie erneut die ursprüngliche Ausnahme aus dem Defektbericht reproduzieren und diesmal die eigentliche Ursache für das Problem herausfinden.

Testsetup

Ziehen wir Bilanz bei den Tests, die Sie bisher geschrieben haben. Sie wurden zunehmend komplexer und es war immer mehr Code nötig, um Ihre Erwartungen einzurichten. Es wäre praktisch, könnten Sie diese Aufgabe irgendwohin auslagern, um die Tests aufzuräumen und etwas zu verkürzen. MSTest bietet wie andere Unit-Test-Frameworks die Möglichkeit, eine spezielle Initialisierungsmethode zu schreiben, die vor jedem Test in Ihrer Testklasse aufgerufen wird. Sie können dieser Setupmethode einen beliebigen Namen geben, müssen sie aber mit dem Attribut `TestInitialize` versehen.

Schreiben Sie Code in diese Methode, den fast alle Unit-Tests brauchen: Instanzen der Mock-Objekte anlegen. Sie können Mock-Objekte als private Felder in der Klasse speichern, dann stehen sie in allen Tests zur Verfügung. Sie können dasselbe auch mit dem getesteten System tun, weil es nur das Mock-Repository als Konstruktorargument benötigt und seine Erstellung nicht von spezifischen Elementen einzelner Unit-Tests abhängt. Listing 4–26 zeigt, welche Änderungen an der Testklasse nötig sind, um die Setupmethode zu unterstützen.

```
[TestClass]
public class AccountServiceTests
{

    [TestInitialize]
    public void Setup()
    {
        mockAccount = new Mock<Account>();
        mockRepository = new Mock<IAccountRepository>();
        sut = new AccountService(mockRepository.Object);
    }

    private Mock<Account> mockAccount;
    private Mock<IAccountRepository> mockRepository;
    private AccountService sut;
}
```

List. 4–26 Die Mock-Objekte und das getestete System können in einer Setupmethode erstellt werden

Weil diese Objekte in der Initialisierungsmethode, die für jede Testmethode individuell aufgerufen wird, angelegt werden, können Sie den Code einiger Unit-Tests vereinfachen, indem Sie die Objekterstellung herausnehmen. Listing 4–27 zeigt die Änderungen am neuesten Unit-Test, `AccountExceptionsAreWrappedInThrowServiceException`.

```
[TestMethod]
public void AccountExceptionsAreWrappedInThrowServiceException()
{
    // Arrange
    mockAccount.Setup(a => a.AddTransaction(100m)).Throws<DomainException>();
    mockRepository.Setup(r => r.GetByName("Trading Account")).Returns(
      mockAccount.Object);

    // Act
    try
```

```
    {
        sut.AddTransactionToAccount("Trading Account", 100m);
    }
    catch(ServiceException serviceException)
    {
        // Assert
        Assert.IsInstanceOfType(serviceException.InnerException,
          typeof(DomainException));
    }
}
```

List. 4–27 Dieser Test ist etwas kürzer und einfacher zu lesen

Drei gelöschte Zeilen sind keine Riesenmenge Code, aber wenn Sie alle Unit-Tests in die Bilanz einbeziehen, ergibt sich deutlich besser lesbarer Code. Es ist sinnvoll, wenn Sie sich an die Konvention halten, dass jede Variable mit dem Präfix `mock` ein Mock-Objekt ist und die Variable `sut` Ihr getestetes System (System Under Test, SUT).

Refaktorieren

Ihr Code wird robuster, wenn Sie einem TDD-Prozess folgen, bei dem Sie einen fehlschlagenden Unit-Test schreiben, bevor Sie das erwartete Verhalten implementieren. Unter Umständen ist dieser Code aber nicht so organisiert oder verständlich, wie er sein könnte. Während der Entwicklung sollten Sie daher immer wieder das Schreiben von Unit-Tests und Code unterbrechen und sich stattdessen auf die *Refaktorierung* (engl. refactoring) konzentrieren.

Refaktorierung ist der Prozess, bei dem der Entwurf vorhandenen Codes verbessert wird, nachdem er bereits geschrieben wurde. Größe und Umfang von Refaktorierungen schwanken stark. Eine Refaktorierung kann eine kleine Änderung an einem Variablennamen sein, um die Verständlichkeit zu verbessern. Am anderen Ende des Spektrums kann sie aber auch eine umfassende Umgestaltung der Architektur sein, etwa das Abspalten der Benutzeroberflächenlogik von der Domänenlogik, weil die beiden unangenehm eng miteinander verstrickt sind.

Vorhandenen Code ändern

Im Rest dieses Kapitels nehmen Sie inkrementelle Änderungen an einer Klasse vor, wodurch sich der Code bei jedem Schritt auf irgendeine Weise verbessert. Die Klasse `Account` dient wieder als Anschauungsobjekt für die Refaktorierung, aber sie hat seit dem letzten Beispiel eine neue Methode bekommen: `CalculateRewardPoints` (»Berechne Bonuspunkte«). Wie viele Firmen wollen die Abnehmer Ihrer Software die Loyalität ihrer Kunden mithilfe von Bonuspunkten belohnen. Es gibt eine Vielzahl von Kriterien, wie die Kunden sich solche Punkte verdienen können. Listing 4–28 zeigt die neue Version der Klasse `Account`.

```
public class Account
{
    public Account(AccountType type)
    {
        this.type = type;
    }

    public decimal Balance
    {
        get;
        private set;
    }

    public int RewardPoints
    {
        get;
        private set;
    }

    public void AddTransaction(decimal amount)
    {
        RewardPoints += CalculateRewardPoints(amount);
        Balance += amount;
    }

    public int CalculateRewardPoints(decimal amount)
    {
        int points;
        switch(type)
        {
            case AccountType.Silver:
                points = (int)decimal.Floor(amount / 10);
                break;
            case AccountType.Gold:
                points = (int)decimal.Floor((Balance / 10000 * 5) + (amount / 5));
                break;
            case AccountType.Platinum:
                points = (int)decimal.Ceiling((Balance / 10000 * 10) + (amount / 2));
                break;
            default:
                points = 0;
                break;
        }
        return Math.Max(points, 0);
    }

    private readonly AccountType type;
}
```

List. 4–28 Die neue Klasse berücksichtigt neben dem Saldo des Kontos auch Bonuspunkte

Die wichtigsten Änderungen an der Klasse sind:

- Eine neue Eigenschaft verwaltet die Zahl der Bonuspunkte, die der Kunde mit diesem Konto verknüpft hat
- Jedes Konto hat einen Typcode, der die Stufe des Kontos festlegt: Silber, Gold oder Platin
- Bei jedem Geschäftsvorgang verdient der Kunde Bonuspunkte
- Wie viele Bonuspunkte der Kunde erhält, hängt von mehreren Faktoren ab, was die Berechnungsmethode komplizierter macht:
    - Kontotyp: Höhere Stufen verdienen mehr Punkte
    - Summe des Einkaufs: Je mehr der Kunde ausgibt, desto mehr Punkte bekommt er
    - Aktueller Kontostand: Kunden mit Gold- und Platin-Konten erhalten mehr Punkte, wenn sie mehr Geld auf ihrem Konto haben

Sofern dieser Code parallel zu seinen Unit-Tests geschrieben wurde, helfen diese Tests Ihnen sicherzustellen, dass sich Änderungen nicht auf das angegebene Verhalten auswirken. Das ist ein wichtiger Punkt: Die Refaktorierung verändert die *Anordnung* des Codes, aber nicht sein *Ergebnis*. Wie merken Sie, dass Sie versehentlich das erwartete Verhalten verändert haben, wenn Sie eine Refaktorierung ohne Unit-Tests versuchen? Es würden sich nicht gleich Fehler zeigen, sondern erst viel später beim Ausführen während der Testphase oder – viel schlimmer – nach der Bereitstellung.

»Magische Zahlen« durch Konstanten ersetzen

Die erste Refaktorierung ist eine simple, aber dennoch wichtige Verbesserung für die Lesbarkeit des Codes. Die Methode `CalculateRewardPoints` wird durch etliche »magische Zahlen« verunstaltet. Es werden sechs unterschiedliche Zahlen verwendet, ohne jeden Kontext, was sie bedeuten oder warum sie notwendig sind. Dem Programmierer des Codes ist ihre Bedeutung wahrscheinlich klar, weil er sich längere Zeit damit beschäftigt hat. In der Praxis dauert es aber wahrscheinlich nur ein oder zwei Wochen, bis er die Details langsam vergisst und nicht mehr genau sagen kann, was diese `5` oder jene `2` bedeuten. Listing 4–29 zeigt, welche Änderungen im Rahmen dieser Refaktorierung an der Klasse vorgenommen werden.

```
public class Account
{
    public int CalculateRewardPoints(decimal amount)
    {
        int points;
        switch(type)
        {
            case AccountType.Silver:
                points = (int)decimal.Floor(amount / SilverTransactionCostPerPoint);
                break;
```

```
            case AccountType.Gold:
                points = (int)decimal.Floor((Balance / GoldBalanceCostPerPoint) +
                  (amount / GoldTransactionCostPerPoint));
                break;
            case AccountType.Platinum:
                points = (int)decimal.Ceiling((Balance / PlatinumBalanceCostPerPoint) +
                  (amount / PlatinumTransactionCostPerPoint));
                break;
            default:
                points = 0;
                break;
        }
        return Math.Max(points, 0);
    }

    private const int SilverTransactionCostPerPoint = 10;
    private const int GoldTransactionCostPerPoint = 5;
    private const int PlatinumTransactionCostPerPoint = 2;

    private const int GoldBalanceCostPerPoint = 2000;
    private const int PlatinumBalanceCostPerPoint = 1000;
}
```

List. 4–29 Dieser Code ist für Leute, die nicht damit vertraut sind, besser lesbar

Alle »magischen Zahlen« wurden durch jeweils eine (konstante) Variable ersetzt. Es gibt eine Gruppe mit drei Variablen (eine pro Kontotyp) für den Nenner, durch den die Beträge dividiert werden, um die Zahl der Bonuspunkte zu berechnen. Außerdem gibt es zwei Variablen für den Nenner, durch den bei Gold- und Platin-Konten der Kontostand dividiert wird; dies sind die beiden einzigen Kontotypen, die diesen Bonus bieten.

Diese Refaktorierung bietet den Vorteil, dass Personen, die nicht mit dem Code vertraut sind, ihn besser verstehen, weil Sie über die Variablennamen erklären, was die Werte bedeuten. Es wäre keine Verbesserung, hätten Sie einfach die »magischen Zahlen« durch Variablen mit Namen wie `A`, `B` oder `X` ersetzt. Bemühen Sie sich, Variablennamen zu finden, die ihren Zweck aussagekräftig beschreiben. Machen Sie sich keine Sorgen, dass der Code zu lang wird, und nutzen Sie jede Gelegenheit, Ihren Code mithilfe von Variablen-, Klassen- und Methodennamen selbsterklärend zu machen.

Ersetzen eines Bedingungsausdrucks durch Polymorphie

Die nächste Refaktorierung ist deutlich komplexer. Die `switch`-Anweisung in `CalculateRewardPoints`, die den Algorithmus abhängig vom Kontotyp variiert, ist aus zwei Gründen problematisch. Erstens verschlechtert sie die Lesbarkeit, aber vor allem erhöht sie den Wartungsaufwand. Stellen Sie sich vor, Sie bekommen später als neue Anforderung, dass ein weiterer Kontotyp eingeführt wird. Es wurde festgestellt, dass nicht genug Kunden die Kriterien für das Silberkonto erfüllen, daher soll ein neues Bronzekonto aus der Taufe gehoben werden. Um dieses Bronzekonto hinzuzufügen, müssen Sie die Klasse `Account` verändern und durch weitere Tests ergänzen. Grundsätzlich sollten Sie aber vermeiden, vorhandenen Code auf diese Weise zu bearbeiten, nachdem er überprüft, abgenommen und bereitgestellt wurde. Stattdessen sollten Sie nach anderen Wegen suchen, den Code so zu erweitern, dass er sich auch ohne direkte Veränderung anpassen lässt.

Ihr Ziel besteht darin, das Hinzufügen eines neuen Kontotyps einfacher zu machen und gleichzeitig die Lesbarkeit des Codes zu verbessern. Dafür bietet sich Polymorphie an. Modellieren Sie die Kontotypen als unterschiedliche abgeleitete Klassen der Klasse `Account`. Die Klasse `GoldAccount` steht für das Goldkonto und genauso funktioniert es mit `SilverAccount` und `PlatinumAccount`.

Der erste Schritt besteht darin, diese Klassen zu definieren (Listing 4–30).

```
public class SilverAccount
{
    public int CalculateRewardPoints(decimal amount)
    {
        return Math.Max((int)decimal.Floor(amount / SilverTransactionCostPerPoint), 0);
    }

    private const int SilverTransactionCostPerPoint = 10;
}
// ...
public class GoldAccount
{

    public decimal Balance
    {
        get;
        set;
    }

    public int CalculateRewardPoints(decimal amount)
    {
        return Math.Max((int)decimal.Floor((Balance / GoldBalanceCostPerPoint) +
          (amount / GoldTransactionCostPerPoint)), 0);
    }

    private const int GoldTransactionCostPerPoint = 5;
    private const int GoldBalanceCostPerPoint = 2000;
}
// ...
public class PlatinumAccount
{

    public decimal Balance
    {
```

```
        get;
        set;
    }

    public int CalculateRewardPoints(decimal amount)
    {
        return Math.Max((int)decimal.Ceiling((Balance / PlatinumBalanceCostPerPoint) +
          (amount / PlatinumTransactionCostPerPoint)), 0);
    }

    private const int PlatinumTransactionCostPerPoint = 2;
    private const int PlatinumBalanceCostPerPoint = 1000;
}
```

List. 4–30 Jeder Kontotyp hat nun eine eigene Klasse

In dieser Phase wurde die ursprüngliche `Account`-Klasse noch nicht verändert. Diese Klassen wurden als eigenständige Klassen definiert. Die Unit-Tests für diese Klassen spiegeln die Erwartungen der Methode `CalculateRewardPoints` wider, aber bei jedem Kontotyp für ein anderes getestetes System. Die Algorithmen, mit denen die Bonuspunkte für Platin- und Goldkonten berechnet werden, hängen vom aktuellen Kontostand ab; es wurde eine entsprechende Eigenschaft hinzugefügt, damit sich die Klassen isoliert kompilieren lassen. Die Eigenschaft `Balance` kann auch öffentlich geändert werden, was Unit-Tests mit unterschiedlichen Werten ermöglicht. Das UML-Klassendiagramm in Abbildung 4–8 beschreibt die gewünschten Beziehungen zwischen diesen Klassen.

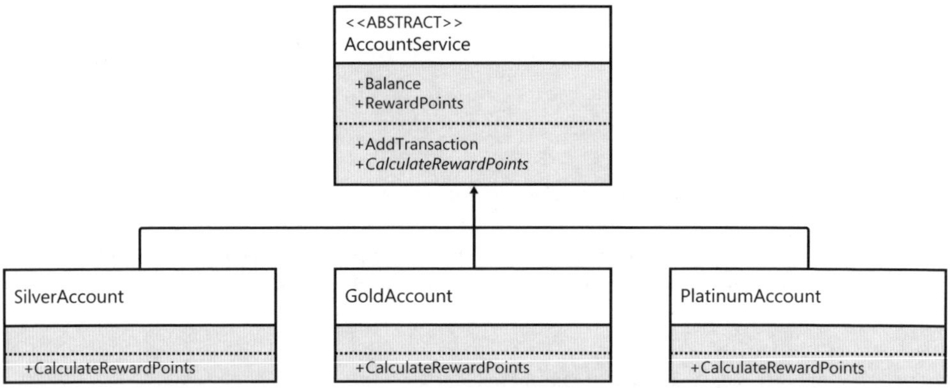

Abb. 4–8 Die Klasse `Account` wird mit der abstrakten Methode `CalculateRewardPoints` abstrakt gemacht

Dies ist lediglich ein Etappenziel bei der Aufgabe, die `switch`-Anweisung zu ersetzen. Es ist wichtig, dass Sie nicht zu viel auf einmal machen, denn nur wenn Sie mehrere kleinere Änderungen vornehmen, können Sie konsequent überprüfen, ob Sie auf dem richtigen Weg sind. Die nächste Änderung besteht darin, alle vier Klassen in einer Vererbungshierarchie zu verbinden (Listing 4–31).

```
public abstract class AccountBase
{
    public decimal Balance
    {
        get;
        private set;
    }

    public int RewardPoints
    {
        get;
        private set;
    }

    public void AddTransaction(decimal amount)
    {
        RewardPoints += CalculateRewardPoints(amount);
        Balance += amount;
    }

    public abstract int CalculateRewardPoints(decimal amount);
}
```

List. 4–31 Die Komplexität wurde aus der Klasse Account genommen

Ohne die switch-Anweisung gibt es für diese Klasse keinen Grund mehr, den Kontentyp zu kennen, daher wurde auch der Konstruktor entfernt. Die Klasse ist abstrakt, weil sie die abstrakte Berechnungsmethode hat, aber das bedeutet, dass Sie keine Instanzen mehr davon anlegen können. Folglich können Sie die Klasse auch nicht mehr testen.

Unit-Tests sind nur möglich, wenn Sie über eine Objektinstanz verfügen, daher leiten Sie im nächsten Schritt die Klassen der drei Kontotypen von dieser Basisklasse ab. Es ist eine nützliche Namenskonvention (neben dem vorangestellten I bei Schnittstellennamen), an den Namen abstrakter Klassen das Wort Base anzuhängen. Das verrät sofort, dass keine Instanzen dieser Klasse angelegt werden können und es abgeleitete Klassen gibt.

Sobald Sie die drei abgeleiteten Klassen erstellt haben, können Sie die Eigenschaft Balance aus GoldAccount und PlatinumAccount löschen, weil sie die Member Balance und AddTransaction von ihrer Basisklasse erben. Listing 4–32 zeigt alle drei Klassen nach diesem Schritt.

```
public class SilverAccount : AccountBase
{
    public override int CalculateRewardPoints(decimal amount)
    {
        return Math.Max((int)decimal.Floor(amount / SilverTransactionCostPerPoint), 0);
    }
```

```
    private const int SilverTransactionCostPerPoint = 10;
}
// . . .
public class GoldAccount : AccountBase
{
    public override int CalculateRewardPoints(decimal amount)
    {
        return Math.Max((int)decimal.Floor((Balance / GoldBalanceCostPerPoint) +
          (amount / GoldTransactionCostPerPoint)), 0);
    }

    private const int GoldTransactionCostPerPoint = 5;
    private const int GoldBalanceCostPerPoint = 2000;
}
// . . .
public class PlatinumAccount : AccountBase
{
    public override int CalculateRewardPoints(decimal amount)
    {
        return Math.Max((int)decimal.Ceiling((Balance / PlatinumBalanceCostPerPoint) +
          (amount / PlatinumTransactionCostPerPoint)), 0);
    }

    private const int PlatinumTransactionCostPerPoint = 2;
    private const int PlatinumBalanceCostPerPoint = 1000;
}
```

List. 4–32 Die Refaktorierung wird durch Ableiten von Klassen von der Basisklasse abgeschlossen

Damit ist die Refaktorierung abgeschlossen. Künftig ist es ganz einfach, einen neuen Kontotyp hinzuzufügen. Sie brauchen dazu nur eine Klasse von `AccountBase` abzuleiten und eine Implementierung der Methode `CalculateRewardPoints` bereitzustellen. Sie brauchen keinen vorhandenen Code zu ändern. Es genügt, wenn Sie einige wenige Unit-Tests schreiben, um den neuen Algorithmus zum Berechnen der Bonuspunkte zu überprüfen.

Ersetzen eines Konstruktors durch eine Factory-Methode

Dadurch, dass Sie die Klasse `Account` verbessert haben, haben Sie wahrscheinlich Probleme an anderer Stelle im Code verursacht. Clients der Klasse haben die Kontoobjekte bisher mit dem `Account`-Konstruktor angelegt und ihm bei Bedarf den Typ des gewünschten Kontos übergeben. Welche Möglichkeit stellen Sie ihnen nun zur Verfügung, um ein Objekt der jeweiligen abgeleiteten Klasse für den gewünschten Kontotyp anzulegen?

Sie können die Enumeration `AccountType` als Parameter für eine neue Factory-Methode in `AccountBase` verwenden. Während ein Konstruktor in Kombination mit dem Operator `new` eine Instanz des Typs zurückgibt, in dem er definiert ist, kann eine Factory-Methode viele unterschiedliche Objekttypen zurückgeben, die alle zur selben Vererbungshierarchie gehören. Listing 4–33 zeigt, wie Sie eine solche Factory-Methode in der Basisklasse implementieren.

```
public abstract class AccountBase
{
    public static AccountBase CreateAccount(AccountType type)
    {
        AccountBase account = null;
        switch(type)
        {
            case AccountType.Silver:
                account = new SilverAccount();
                break;
            case AccountType.Gold:
                account = new GoldAccount();
                break;
            case AccountType.Platinum:
                account = new PlatinumAccount();
                break;
        }
        return account;
    }
}
```

List. 4–33 Die `switch`-Anweisung taucht wieder auf, aber in einfacherer Form

Zwei wichtige Elemente der Factory-Methode erleichtern den Clients ihre Aufgabe. Erstens ist sie `static`, das heißt, dass die Clients sie für den Typ aufrufen, nicht für eine Instanz dieses Typs. Zweitens ist ihr Rückgabetyp die Basisklasse, sodass Sie die Tatsache, dass für unterschiedliche Kontentypen abgeleitete Klassen verwendet werden, vor den Clients verbergen. Sie können das Versteckspiel sogar so weit treiben, dass diese Klassen `internal` und somit außerhalb der eigenen Assembly unsichtbar sind. Es ist Clients dann nicht möglich, direkt Instanzen der abgeleiteten Klassen anzulegen: eine Gelegenheit weniger, sich potenzielle Probleme mit dem Operator `new` einzufangen. Listing 4–34 vergleicht, wie ein Client vor und nach der Refaktorierung ein Konto anlegt.

Es gibt zwar immer noch eine `switch`-Anweisung, aber sie ist in diesem Fall wesentlich simpler und unterstützt die vorherige Refaktorierung, in der sie durch Polymorphie ersetzt wurde.

```
// Vor der Refaktorierung
public void CreateAccount(AccountType accountType)
{
    var newAccount = new Account(accountType);
    accountRepository.NewAccount(newAccount);
}
```

```
// Nach der Refaktorierung
public void CreateAccount(AccountType accountType)
{
    var newAccount = AccountBase.CreateAccount(accountType);
    accountRepository.NewAccount(newAccount);
}
```

List. 4–34 Wie AccountService vor und nach der Refaktorierung ein neues Konto anlegt

Dieser Code liefert ein Beispiel dafür, wie ein Client (in diesem Fall AccountService) vor und nach der Refaktorierung ein neues Konto anlegt. Der Unterschied sieht gering aus, aber der Operator new ist verschwunden und wurde durch den Aufruf der statischen Factory-Methode ersetzt. Das ist eine beliebte Möglichkeit, etwas sehr Starres durch etwas Adaptives zu ersetzen. Factory-Methoden machen den Weg für viele weitere Möglichkeiten frei, weil ihr Rückgabetyp flexibler ist als der von Methoden, die immer denselben Typ liefern.

Aufmerksame Leser werden anmerken, dass die Wahl einer statischen Factory-Methode nicht optimal ist: Das ist ein Lufthaken statt eines Krans und verschlechtert daher die Testbarkeit und Anpassungsfähigkeit des Codes. Eine bessere Implementierung verlegt die Methode CreateAccount in eine geeignete Schnittstelle, wie im nächsten Abschnitt beschrieben.

Ersetzen eines Konstruktors durch eine Factory-Klasse

Es gibt eine Alternative zur Factory-Methode: die Factory-Klasse. Tatsächlich brauchen Sie Clients gar nicht an die Implementierung einer eigenständigen Factory zu koppeln, es genügt, ihnen die Schnittstelle zur Verfügung zu stellen (Listing 4–35).

```
public interface IAccountFactory
{
    AccountBase CreateAccount(AccountType accountType);
}
```

List. 4–35 Die Factory versteckt die Implementierungsdetails zum Anlegen einer Kontoinstanz

Die Schnittstellenmethode gleicht der vorherigen Factory-Methode, allerdings ist sie eine Instanzmethode. Die Implementierung *könnte* identisch sein, dann müsste sie alle unterschiedlichen Kontotypen genau kennen. AccountService und andere Clients müssten dann diese Schnittstelle als Konstruktorparameter übergeben bekommen (Listing 4–36).

```
public class AccountService
{
    public AccountService(IAccountFactory accountFactory,
      IAccountRepository accountRepository)
    {
        this.accountFactory = accountFactory;
        this.accountRepository = accountRepository;
    }
```

```
    public void CreateAccount(AccountType accountType)
    {
        var newAccount = accountFactory.CreateAccount(accountType);
        accountRepository.NewAccount(newAccount);
    }

    private readonly IAccountRepository accountRepository;
    private readonly IAccountFactory accountFactory;
}
```

List. 4–36 Der Dienst empfängt nun eine Factory als Konstruktorparameter und legt damit das Konto an

Dieser Dienst beginnt so langsam auszusehen, wie er sollte: eine Inszenierung feinkörniger Schnittstellen, mit dem Ziel entworfen, die Benutzeroberflächenschicht zu unterstützen. Aus Platzgründen und um die wesentlichen Elemente herauszuarbeiten, fehlen einige Wächterbedingungen am Konstruktor, mit denen `null`-Abhängigkeiten abgefangen werden, sowie einige `try`/`catch`-Blöcke in der Methode `CreateAccount`, mit denen Domänenausnahmen in Dienstausnahmen umgesetzt werden.

Ein neuer Kontotyp

Können Sie an diesem Punkt mit Zuversicht sagen, dass nur minimale Änderungen am vorhandenen Code nötig sind, wenn ein neuer Kontotyp gefordert wird? Ja und Nein. In einem Fall ist es ganz einfach, einen Kontotyp hinzuzufügen, aber in einem anderen werden Sie feststellen, dass Ihr aktuelles Modell einige falsche Annahmen macht, die eine *Technical Debt* bilden.

Ein Kontotyp mit weniger Bonuspunkten

Nehmen wir an, Sie werden beauftragt, einen weiteren Kontotyp, das Bronzekonto, hinzuzufügen. Es bekommt halb so viele Bonuspunkte wie das Silberkonto. In der Domänenschicht brauchen Sie dafür nur zwei Änderungen vorzunehmen. Erstens müssen Sie eine neue Klasse von der Klasse `AccountBase` ableiten (Listing 4–37).

```
internal class BronzeAccount : AccountBase
{
    public override int CalculateRewardPoints(decimal amount)
    {
        return Math.Max((int)decimal.Floor(amount / BronzeTransactionCostPerPoint), 0);
    }

    private const int BronzeTransactionCostPerPoint = 20;
}
```

List. 4–37 Das Bronzekonto wird als neuer Kontotyp hinzugefügt

Das ist eine simple Änderung, für die Sie neue Unit-Tests schreiben müssen, um Ihre Erwartungen zu überprüfen, sowie eine neue Methode, die den Algorithmus zum Berechnen der Bonuspunkte für diese Klasse übernimmt.

Unabhängig davon, ob Sie eine Factory-Klasse oder eine Factory-Methode haben, müssen Sie sie an Ihren neuen Kontotyp anpassen, zusammen mit der Enumeration, die alle verfügbaren Kontotypen definiert. Listing 4–38 zeigt, wie Sie eine Factory-Klasse so ändern, dass sie das neue Bronzekonto unterstützt.

```
public AccountBase CreateAccount(AccountType accountType)
{
    AccountBase account = null;
    switch (accountType)
    {
        case AccountType.Bronze:
            account = new BronzeAccount();
            break;
        case AccountType.Silver:
            account = new SilverAccount();
            break;
        case AccountType.Gold:
            account = new GoldAccount();
            break;
        case AccountType.Platinum:
            account = new PlatinumAccount();
            break;
    }
    return account;
}
```

List. 4–38 Die `switch`-Anweisung hat einen neuen Zweig bekommen, in dem Bronzekonten angelegt werden

Bevor Sie sich daran machen, den nächsten neuen Kontotyp hinzuzufügen, sollten Sie überlegen, ob Sie diese Methode so refaktorieren können, dass Sie sie nicht bei jedem neuen Kontotyp erweitern müssen. Sie können nicht die Refaktorierung nutzen, die weiter oben im Abschnitt »Ersetzen eines Bedingungsausdrucks durch Polymorphie« beschrieben wurde, weil dieser Code bereits das Ergebnis einer solchen Refaktorierung ist. Gibt es stattdessen einen Weg, anhand eines `accountType`-Namens ein `AccountBase` anzulegen, ohne direkt auf die einzelnen Aufzählungswerte und die verschiedenen abgeleiteten Klassen zu verweisen? Listing 4–39 zeigt die Antwort.

```
public AccountBase CreateAccount(string accountType)
{
    var objectHandle = Activator.CreateInstance(null,
      string.Format("{0}Account", accountType));
    return (AccountBase)objectHandle.Unwrap();
}
```

List. 4–39 Sofern sich die Klassen für Kontentypen an eine bestimmte Namenskonvention halten, genügt diese Factory für alle von `AccountBase` abgeleiteten Klassen

Wie Sie sehen, wurde die Enumeration entfernt und es kommt ein flexibler Stringwert zum Einsatz. Das könnte ein Problem werden, weil beliebige Stringwerte übergeben werden können, nicht nur solche, die gültige Kontotypen bezeichnen. Natürlich ist genau das Zweck der Übung.

Diese Art der Refaktorierung ist etwas riskant, weil eine undichte Abstraktion der Factory entstehen könnte; sie funktioniert möglicherweise nicht in allen erforderlichen Szenarien. Es müssen mehrere Voraussetzungen erfüllt sein, damit dieser Code einwandfrei läuft:

- Die Klasse für jeden Kontotyp muss der Namenskonvention *[Typ]Account* folgen, wobei das Präfix *[Typ]* ein Wert aus der Enumeration ist
- Die Klassen aller Kontotypen müssen in derselben Assembly liegen wie diese Factory-Methode
- Die Klassen aller Kontotypen müssen einen öffentlichen Standardkonstruktor haben, die Typen können nicht durch irgendwelche Werte parametrisiert werden

Angesichts dieser Einschränkungen wird deutlich, dass Sie die Refaktorierung zu weit getrieben haben. Es werden später wahrscheinlich Probleme entstehen, wenn eine dieser Einschränkungen umgangen werden muss. Seien Sie vorsichtig.

Verdächtiger Code: verweigertes Erbe

Eine Weile nach dem Start des neuen Bonusprogramms fragt die Marketingabteilung Ihres Kunden nach, wie viele Leute die unterschiedlichen Kontotypen verwenden. Ihre Antwort stößt den Kunden auf die Tatsache, dass 100 Prozent der Leute ein Bonuskonto haben: Jeder einzelne Kunde hat entweder ein Bronze-, Silber-, Gold- oder Platinkonto. Aber das ist nicht richtig. Es wurden keine Vorkehrungen getroffen, um einen Kontotyp zu erstellen, der *nicht* am Bonusprogramm teilnimmt. Jeder Kunde bekam also mindestens ein Bronzekonto. Als Ergebnis dieser Unterhaltung wird ein weiterer Kontotyp geschaffen: das Standardkonto.

Dieser Kontotyp erfüllt eine andere Aufgabe: Er vergibt überhaupt keine Bonuspunkte. Es gibt zwei Möglichkeiten, dies zu modellieren. Erstens können Sie eine neue Klasse von `AccountBase` ableiten (Listing 4–40), die in ihrer überschriebenen `CalculateRewardPoints` nichts tut, sondern einfach Null zurückgibt. Somit werden keine Bonuspunkte vergeben.

```
internal class StandardAccount : AccountBase
{
    public override int CalculateRewardPoints(decimal amount)
    {
        return 0;
    }
}
```

List. 4–40 Ein einfacher Kontotyp ohne Berechnung von Bonuspunkten

Die alternative Lösung besteht darin zu akzeptieren, dass nicht alle Konten Bonuspunkte vergeben und es somit im Domänenmodell zwei unterschiedliche Typen gibt. In diesem Fall stellt die abgeleitete Klasse keine »Standardimplementierung« für die Methode CalculateRewardPoints zur Verfügung, sondern *verweigert*, was die Basisklasse ihr *vererbt* hat. Davon leitet sich der Ausdruck ab, der Code riecht verdächtig nach »verweigertem Erbe« (engl. refused bequest). Im diesem Fall ignoriert StandardAccount die Schnittstelle nicht, die Klasse weigert sich aber, sie zu implementieren. Dagegen verweigert die nächste Refaktorierung die Schnittstelle gänzlich.

Ersetzen von Vererbung durch Delegierung

Konkret heißt das, dass Sie die Klasse AccountBase in zwei Teile aufspalten müssen. Ein Teil der Schnittstelle bleibt bei der Kontoklasse, ein anderer Teil kommt in eine neue Klassenhierarchie, die Bonuskarten (engl. reward cards) repräsentiert. Auf diese Weise wird die Vererbung der Kontentypklassen durch Delegierung an Bonuskarten ersetzt.

Bei der ersten Änderung führen Sie eine neue Schnittstelle namens IRewardCard ein, mit der Sie die Eigenschaften und das Verhalten jeder Bonuskarte definieren (Listing 4–41).

```
public interface IRewardCard
{
    int RewardPoints
    {
        get;
    }

    void CalculateRewardPoints(decimal transactionAmount, decimal accountBalance);
}
```

List. 4–41 Die Bonuspunkte und ihre Berechnung wurden aus der Klasse AccountBase herausgenommen

Diese beiden Member waren vorher Teil der Klasse AccountBase, wurden aber herausgenommen, weil sie völlig vom Vorhandensein einer Bonuskarte abhängig sind. Die Schnittstelle von CalculateRewardPoints wurde in zwei Punkten verändert. Erstens hat die Methode keinen Rückgabewert mehr, weil sie die Eigenschaft RewardPoints direkt verändern soll. Zweitens müssen Sie den Kontostand als Argument an diese Methode übergeben, weil er ansonsten nicht mehr zur Verfügung steht. Das ist eine wichtige Nebenwirkung beim Aufteilen in zwei Objekte: Jeder Kontext, der nicht direkt im Bonuskartenobjekt gekapselt ist, muss ihm übergeben werden. Das könnte in Zukunft dazu führen, dass die Schnittstelle dieser Methode geändert werden muss.

Listing 4–42 zeigt, wie diese Schnittstelle nach der Refaktorierung für die Bronze- und Platinkarten implementiert ist.

```
internal class BronzeRewardCard : IRewardCard
{
    public int RewardPoints
    {
        get;
        private set;
    }

    public void CalculateRewardPoints(decimal transactionAmount, decimal accountBalance)
    {
        RewardPoints += Math.Max((int)decimal.Floor(transactionAmount /
          BronzeTransactionCostPerPoint), 0);
    }
    private const int BronzeTransactionCostPerPoint = 20;
}
// . . .
internal class PlatinumRewardCard : IRewardCard
{
    public int RewardPoints
    {
        get;
        private set;
    }

    public void CalculateRewardPoints(decimal transactionAmount, decimal accountBalance)
    {
        RewardPoints += Math.Max((int)decimal.Ceiling((accountBalance /
          PlatinumBalanceCostPerPoint) + (transactionAmount /
          PlatinumTransactionCostPerPoint)), 0);
    }

    private const int PlatinumTransactionCostPerPoint = 2;
    private const int PlatinumBalanceCostPerPoint = 1000;
}
```

List. 4–42 Beispiele für die Implementierung der Bonuskarten

Diese Klassen sind den vorherigen Versionen sehr ähnlich, hinzugekommen ist die lokale Eigenschaft RewardPoints.

Wie Sie in Listing 4–43 sehen, ist die Klasse Account nicht mehr abstrakt, daher verschwindet das Suffix Base. Wenn Sie eine Instanz davon anlegen, müssen Sie eine IRewardCard-Instanz übergeben, an die delegiert wird, wenn ein Geschäftsvorgang verarbeitet wird. Diese Kontoklasse ähnelt ihrer früheren Version, bevor die Anforderung gestellt wurde, Bonuspunkte zu verarbeiten.

```
public class Account
{
    public Account(IRewardCard rewardCard)
    {
        this.rewardCard = rewardCard;
    }

    public decimal Balance
    {
        get;
        private set;
    }

    public void AddTransaction(decimal amount)
    {
        rewardCard.CalculateRewardPoints(amount, Balance);
        Balance += amount;
    }

    private readonly IRewardCard rewardCard;
}
```

List. 4–43 Jedes Konto enthält eine Bonuskarte

Um ein Standardkonto, also ein Konto ohne Bonuskarte, zu modellieren, können Sie dem Konstruktor entweder einen `null`-Verweis als Bonuskarte übergeben (und sich vor einer `NullReferenceException` schützen, indem Sie vor der Delegierung auf `null` prüfen) oder eine `NullRewardCard` erstellen. Die zweite Variante wäre eine Implementierung des Null-Object-Patterns, bei der keine Bonuspunkte vergeben werden, wenn `CalculateRewardPoints` aufgerufen wird.

Zusammenfassung

Dieses Kapitel hat sich mit den Themen Unit-Tests und Refaktorierung beschäftigt, weil die beiden kombiniert und abwechselnd durchgeführt werden sollten.

Jeder Unit-Test, den Sie schreiben, sollte eine Erwartung des Codes darstellen, die im Idealfall auch einem Laien erklärt werden kann. Als Teil des Programmcodes sind Unit-Tests zwar technische Artefakte, aber sie erzwingen reales Verhalten in Objekten, genauso wie diese Objekte reale Konzepte kapseln.

Wenn Sie konsequent einem Test-First-Ansatz folgen, schreiben Sie Produktivcode erst, nachdem Sie einen fehlschlagenden Unit-Test erstellt haben. Dann schreiben Sie möglichst einfachen Produktivcode, der den Unit-Test von Rot (fehlgeschlagen) auf Grün (erfolgreich) bringt. In letzter Konsequenz ist der Produktivcode ein Nebenprodukt der Anstrengungen, die Erwartungen seiner Unit-Tests zu erfüllen.

Wenn Sie Code mit Unit-Tests prüfen, verschaffen Sie sich eine solide Grundlage, um den Produktivcode anschließend so verändern zu können, dass er leichter an künftige Anforderungen anzupassen ist. Die Refaktorierung von Code ist ein inkrementeller Prozess, bei dem Sie den Entwurf des Codes verbessern. Es gibt viele Möglichkeiten für Refaktorierung, in diesem Kapitel wurde nur eine kleine Auswahl vorgestellt. Bei jeder Refaktorierung besteht die Möglichkeit, dass Verbesserungen in einem Bereich durch Nachteile in einem anderen Bereich erkauft werden. Wie bei vielen Aspekten der Programmierung ist natürlich auch diese Bewertung stark subjektiv.

Mit Abschluss dieses Kapitels ist der Teil zu Grundlagen der agilen Entwicklung beendet. Der nächste Teil des Buchs beschäftigt sich mit SOLID-Code und erklärt, wie Sie mithilfe dieser Technik die Anpassungsfähigkeit Ihres Codes weiter steigern.

Teil II

Schreiben von SOLID-Code

SOLID ist ein Akronym für mehrere Prinzipien, die zusammen angewendet werden sollten, um Code anpassungsfähig zu machen. Die SOLID-Prinzipien wurden vor fast 15 Jahren von Bob Martin formuliert. Trotzdem sind sie nicht so bekannt, wie sie sein könnten – und vielleicht sein sollten.

In diesem Buchteil beschäftigt sich jedes Kapitel mit einem der SOLID -Prinzipien:

- **S** Single-Responsibility-Prinzip (einzelner Verantwortungsbereich)
- **O** Open/Closed-Prinzip (Offen/Geschlossen)
- **L** Liskov-Substitution-Prinzip (Liskovsches Ersetzbarkeitsprinzip)
- **I** Interface-Segregation-Prinzip (Schnittstellentrennung)
- **D** Dependency-Injection (Abhängigkeitseinbringung)

Jedes dieser Prinzipien ist für sich allein sinnvoll, daher tut jeder Softwareentwickler gut daran, sie zu lernen. Werden sie kombiniert, geben diese Patterns Ihrem Code eine völlig andere Struktur – eine, die sich leicht an Änderungen anpassen lässt.

Beachten Sie aber, dass diese Patterns und Prinzipien, genauso wie alle anderen, lediglich Werkzeuge sind, die Sie einsetzen können. Die Kunst besteht bei der Softwareentwicklung darin zu entscheiden, wann und wo ein bestimmtes Pattern oder Prinzip angewendet werden sollte. Übertriebene Nutzung produziert Code, der zwar adaptiv, aber zu feinkörnig ist, um wirklich nützlich zu sein. Außerdem hat die übertriebene Nutzung Auswirkungen auf einen anderen Schlüsselaspekt der Codequalität: Lesbarkeit. Software wird nur noch selten von einzelnen Programmierern geschrieben, sondern meist in Teams entwickelt. Sorgfältig auszuwählen, wann und wo ein Pattern, ein Verfahren oder ein SOLID-Prinzip angewendet wird, ist daher unverzichtbar, um sicherzustellen, dass der Code auch in Zukunft verständlich bleibt.

Kapitel 5

Das Single-Responsibility-Prinzip

Am Ende dieses Kapitels werden Sie in der Lage sein, die folgenden Aufgaben durchzuführen:

- Bewerten der Bedeutung des Single-Responsibility-Prinzips
- Erkennen von Klassen, die zu viele Verantwortungsbereiche haben
- Schreiben von Modulen, Klassen und Methoden, die sich auf einen Verantwortungsbereich beschränken
- Refaktorieren monolithischer Klassen in kleinere Klassen mit einem einzigen Verantwortungsbereich
- Anwenden von Entwurfs-Patterns, um Verantwortungsbereiche voneinander zu trennen

Das Single-Responsibility-Prinzip (SRP, »Prinzip eines einzigen Verantwortungsbereichs«) schreibt Entwicklern vor, Code zu schreiben, der nur aus *genau einem* Grund geändert wird. Gibt es mehrere Gründe, warum sich eine Klasse ändern sollte, hat sie mehrere Verantwortungsbereiche. Klassen mit mehreren Verantwortungsbereichen sollten in kleinere Klassen unterteilt werden, die sich jeweils auf einen einzigen Verantwortungsbereich und einen Grund für Änderungen beschränken.

Dieses Kapitel erklärt diesen Prozess und zeigt, wie Sie Klassen erstellen, die nützlich sind, obwohl sie nur einen einzigen Verantwortungsbereich haben. Mithilfe von Delegierung und Abstraktion sollte eine Klasse, die aus zu vielen Gründen geändert werden müsste, einen oder mehrere Verantwortungsbereiche an andere Klassen delegieren.

Ich kann gar nicht genug betonen, wie wichtig es ist, an Abstraktionen zu delegieren. Dies ist der Dreh- und Angelpunkt für adaptiven Code. Bei Nichtachtung dieses Prinzips hätten Entwickler große Mühe, geänderte Anforderungen zu implementieren, wie sie bei Scrum und anderen agilen Prozessen alltäglich sind.

Das Problem

Um das Problem von Klassen, die zu viele Verantwortungsbereiche haben, besser erklären zu können, stellt dieser Abschnitt ein Fallbeispiel vor. Listing 5–1 zeigt eine simple Batch-Prozessor-Klasse, die Datensätze aus einer Datei liest und eine Datenbank aktualisiert. Die Daten enthalten Details über einzelne Transaktionen (engl. trades) beim Wertpapierhandel. Trotz seiner geringen Größe müssen Sie ständig neue Features zu diesem Batch-Prozessor hinzufügen, damit er alle Anforderungen Ihres Unternehmens erfüllt.

```
public class TradeProcessor
{
    public void ProcessTrades(System.IO.Stream stream)
    {
        // Zeilen lesen.
        var lines = new List<string>();
        using(var reader = new System.IO.StreamReader(stream))
        {
            string line;
            while((line = reader.ReadLine()) != null)
            {
                lines.Add(line);
            }
        }

        var trades = new List<TradeRecord>();

        var lineCount = 1;
        foreach(var line in lines)
        {
            var fields = line.Split(new char[] { ',' });

            if(fields.Length != 3)
            {
                Console.WriteLine(
                  "WARNUNG: Zeile {0} ungültig. Nur {1} Feld(er) gefunden.",
                  lineCount, fields.Length);
                continue;
            }

            if(fields[0].Length != 6)
            {
                Console.WriteLine(
                  "WARNUNG: Währungen in Zeile {0} ungültig: '{1}'",
                  lineCount, fields[0]);
                continue;
            }

            int tradeAmount;
```

```
    if(!int.TryParse(fields[1], out tradeAmount))
    {
        Console.WriteLine(
          "WARNUNG: Menge in Zeile {0} ist kein gültiger integer: '{1}'",
          lineCount, fields[1]);
    }

    decimal tradePrice;
    if (!decimal.TryParse(fields[2], out tradePrice))
    {
        Console.WriteLine(
          "WARNUNG: Preis in Zeile {0} ist kein gültiger decimal-Wert: '{1}'",
          lineCount, fields[2]);
    }

    var sourceCurrencyCode = fields[0].Substring(0, 3);
    var destinationCurrencyCode = fields[0].Substring(3, 3);

    // Werte berechnen.
    var trade = new TradeRecord
    {
        SourceCurrency = sourceCurrencyCode,
        DestinationCurrency = destinationCurrencyCode,
        Lots = tradeAmount / LotSize,
        Price = tradePrice
    };

    trades.Add(trade);

    lineCount++;
}

using (var connection = new System.Data.SqlClient.SqlConnection(
  "Data Source=(local);Initial Catalog=TradeDatabase;Integrated Security=True"))
{
    connection.Open();
    using (var transaction = connection.BeginTransaction())
    {
        foreach(var trade in trades)
        {
            var command = connection.CreateCommand();
            command.Transaction = transaction;
            command.CommandType = System.Data.CommandType.StoredProcedure;
            command.CommandText = "dbo.insert_trade";
            command.Parameters.AddWithValue("@sourceCurrency",
              trade.SourceCurrency);
            command.Parameters.AddWithValue("@destinationCurrency",
              trade.DestinationCurrency);
            command.Parameters.AddWithValue("@lots", trade.Lots);
            command.Parameters.AddWithValue("@price", trade.Price);
```

```
                command.ExecuteNonQuery();
            }

            transaction.Commit();
        }
        connection.Close();
    }

    Console.WriteLine("INFO: {0} Transaktionen verarbeitet", trades.Count);
}

private static float LotSize = 100000f;
}
```

List. 5–1 Ein Beispiel für eine Klasse mit zu vielen Verantwortungsbereichen

Dies ist nicht nur ein Beispiel für eine Klasse, die zu viele Verantwortungsbereiche hat, sondern auch für eine einzelne *Methode*, die zu viele Verantwortungsbereiche hat. Wenn Sie den Code sorgfältig lesen, können Sie herausfinden, welche Aufgaben diese Klasse zu erfüllen versucht:

1. Sie liest jede Zeile aus einem als Parameter übergebenen `Stream` und speichert sie in einer Liste aus Strings.
2. Sie wertet in jeder Zeile die einzelnen Felder aus und speichert sie in einer besser strukturierten Liste aus `TradeRecord`-Instanzen.
3. Diese Auswertung umfasst auch eine Überprüfung und die Protokollierung in der Konsole.
4. Sie geht alle `TradeRecord`-Einträge durch und ruft jeweils eine gespeicherte Prozedur auf, um die Einträge in eine Datenbank zu schreiben.

Die Verantwortungsbereiche von `TradeProcessor` sind das Lesen von Streams, das Auswerten von Strings, das Überprüfen von Feldern, das Protokollieren und das Schreiben in eine Datenbank. Das Single-Responsibility-Prinzip schreibt vor, dass es nur einen einzigen Grund geben sollte, warum diese Klasse (wie alle anderen) geändert wird. Wenn Sie sich aber `TradeProcessor` ansehen, stellen Sie fest, dass sie in allen folgenden Situationen geändert werden muss:

- Wenn Sie entscheiden, keinen `Stream` als Eingabe zu verwenden, sondern die Transaktionen aus Remoteaufrufen bei einem Webdienst zu lesen
- Wenn sich das Format der Eingabedaten verändert, weil beispielsweise ein zusätzliches Feld für den Makler der Transaktion hinzugefügt wird
- Wenn sich die Gültigkeitsregeln für die Eingabedaten ändern

- Wenn Sie Warnungen, Fehler und Informationen auf andere Weise protokollieren wollen. Falls Sie einen gehosteten Webdienst nutzen, ist es nicht sinnvoll, Ausgaben in die Konsole zu schreiben.
- Wenn sich die Datenbank in irgendeiner Weise verändert. Zum Beispiel könnte es sein, dass die gespeicherte Prozedur `insert_trade` ebenfalls einen neuen Parameter für den Makler braucht. Vielleicht entscheiden Sie auch, dass Sie die Daten nicht mehr in einer relationalen Datenbank speichern, sondern auf Dokumentspeicher wechseln. Oder die Datenbank wird hinter einen Webdienst verlegt, den Sie aufrufen müssen.

Bei jeder dieser Änderungen müsste die Klasse geändert werden. Und sofern Sie nicht eine ganze Reihe unterschiedlicher Versionen verwalten, gibt es keine Möglichkeit, `TradeProcessor` so anzupassen, dass er seine Daten aus einer anderen Eingabequelle liest. Stellen Sie sich nur vor, wie komplex die Wartung wird, wenn Sie beauftragt werden, die Fähigkeit zu ergänzen, die Transaktionen in einem Webdienst zu speichern, aber nur dann, wenn ein bestimmtes Befehlszeilenargument verwendet wird.

Refaktorieren, um die Übersichtlichkeit zu verbessern

Sie wollen also `TradeProcessor` so refaktorieren, dass es nur einen Grund gibt, die Klasse zu ändern. Die erste Aufgabe bei diesem Prozess besteht darin, die Methode `ProcessTrades` in kleinere Teile zu zerlegen, die sich jeweils auf einen einzigen Verantwortungsbereich beschränken. Die Listings in diesem Abschnitt zeigen jeweils eine einzelne Methode aus der refaktorierten Klasse `TradeProcessor`, anschließend werden die Änderungen erläutert.

Listing 5–2 zeigt die neue Version der Methode `ProcessTrades`, die ihre Aufgaben jetzt lediglich an andere Methoden delegiert.

```
public void ProcessTrades(System.IO.Stream stream)
{
    var lines = ReadTradeData(stream);
    var trades = ParseTrades(lines);
    StoreTrades(trades);
}
```

List. 5–2 Die Methode `ProcessTrades` ist sehr kurz, weil sie die Arbeit an andere Methoden delegiert

Der ursprüngliche Code ließ drei Teile eines Prozesses erkennen: Auslesen der Transaktionsdaten aus einem Stream (`ReadTradeData`), Konvertieren der Stringdaten des Streams in `TradeRecord`-Instanzen (`ParseTrades`) und Speichern der Transaktionseinträge im persistenten Speicher (`StoreTrades`). Beachten Sie, dass die Ausgabe der einen Methode zur Eingabe der nächsten Methode wird. Sie können `StoreTrades` erst aufrufen, nachdem Sie die Transaktionsdatensätze haben, die von der Methode `ParseTrades` zurückgegeben wurden. Und `ParseTrades` können Sie erst aufrufen, wenn Sie die Zeilen bereitstehen haben, die von der Methode `ReadTradeData` zurückgegeben wurden.

Sehen wir uns diese Methoden nun genauer an. Den Anfang macht `ReadTradeData` (Listing 5–3).

```
private IEnumerable<string> ReadTradeData(System.IO.Stream stream)
{
    var tradeData = new List<string>();
    using (var reader = new System.IO.StreamReader(stream))
    {
        string line;
        while ((line = reader.ReadLine()) != null)
        {
            tradeData.Add(line);
        }
    }
    return tradeData;
}
```

List. 5–3 `ReadTradeData` kapselt den ursprünglichen Code

Dieser Code wurde direkt aus der ursprünglichen Implementierung der Methode `ProcessTrades` übernommen. Er wurde einfach in einer Methode gekapselt, die die entstandenen Stringdaten in Form einer String-Enumeration zurückgibt. Der Rückgabewert wird dadurch schreibgeschützt, während in der ursprünglichen Implementierung die nachfolgenden Teile des Prozesses überflüssigerweise in der Lage waren, weitere Zeilen hinzuzufügen.

Als nächste folgt die Methode `ParseTrades` (Listing 5–4). Sie wurde gegenüber der ursprünglichen Implementierung etwas verändert, weil auch sie einige Aufgaben an andere Methoden delegiert.

```
private IEnumerable<TradeRecord> ParseTrades(IEnumerable<string> tradeData)
{
    var trades = new List<TradeRecord>();
    var lineCount = 1;
    foreach (var line in tradeData)
    {
        var fields = line.Split(new char[] { ',' });

        if(!ValidateTradeData(fields, lineCount))
        {
            continue;
        }

        var trade = MapTradeDataToTradeRecord(fields);

        trades.Add(trade);

        lineCount++;
    }
```

```
    return trades;
}
```

List. 5–4 ParseTrades delegiert an andere Methoden, um ihre eigene Komplexität zu verringern

Diese Methode delegiert die Überprüfung der Eingabedaten und die Abbildung auf Datensätze an andere Methoden. Ohne diese Delegierung wäre dieser Abschnitt des Prozesses immer noch zu komplex und würde zu viele Verantwortungsbereiche in sich vereinigen. Die Methode ValidateTradeData (Listing 5–5) gibt einen booleschen Wert zurück, um darüber Auskunft zu geben, ob irgendwelche Felder einer Transaktionszeile ungültig sind.

```
private bool ValidateTradeData(string[] fields, int currentLine)
{
    if (fields.Length != 3)
    {
        LogMessage("WARNUNG: Zeile {0} ungültig. Nur {1} Feld(er) gefunden.",
          currentLine, fields.Length);
        return false;
    }

    if (fields[0].Length != 6)
    {
        LogMessage("WARNUNG: Währungen in Zeile {0} ungültig: '{1}'",
          currentLine, fields[0]);
        return false;
    }

    int tradeAmount;
    if (!int.TryParse(fields[1], out tradeAmount))
    {
        LogMessage("WARNUNG: Menge in Zeile {0} ist kein gültiger integer: '{1}'",
          currentLine, fields[1]);
        return false;
    }

    decimal tradePrice;
    if (!decimal.TryParse(fields[2], out tradePrice))
    {
        LogMessage("WARNUNG: Preis in Zeile {0} ist gültiger decimal-Wert: '{1}'",
          currentLine, fields[2]);
        return false;
    }

    return true;
}
```

List. 5–5 Der gesamte Überprüfungscode befindet sich in einer einzigen Methode

Am ursprünglichen Überprüfungscode wurde nur geändert, dass er nun eine andere Methode aufruft, um Meldungen zu protokollieren. Statt überall Aufrufe von `Console.WriteLine` einzubetten, wird nun die Methode `LogMessage` benutzt (Listing 5–6).

```
private void LogMessage(string message, params object[] args)
{
    Console.WriteLine(message, args);
}
```

List. 5–6 Die Methode LogMessage ist momentan lediglich ein Synonym für `Console.WriteLine`

Kehren wir wieder nach oben zur Methode `ParseTrades` zurück. Listing 5–7 zeigt die zweite neue Methode, an die sie Aufgaben delegiert. Diese Methode bildet ein Stringarray, das die einzelnen Felder aus dem Stream enthält, auf eine Instanz der Klasse `TradeRecord` ab.

```
private TradeRecord MapTradeDataToTradeRecord(string[] fields)
{
    var sourceCurrencyCode = fields[0].Substring(0, 3);
    var destinationCurrencyCode = fields[0].Substring(3, 3);
    var tradeAmount = int.Parse(fields[1]);
    var tradePrice = decimal.Parse(fields[2]);

    var tradeRecord = new TradeRecord
    {
        SourceCurrency = sourceCurrencyCode,
        DestinationCurrency = destinationCurrencyCode,
        Lots = tradeAmount / LotSize,
        Price = tradePrice
    };

    return tradeRecord;
}
```

List. 5–7 Einen Typ auf einen anderen abzubilden, ist ein separater Verantwortungsbereich

Die sechste und letzte neue Methode, die bei dieser Refaktorierung eingeführt wird, ist `StoreTrades` (Listing 5–8). Diese Methode kapselt den Code, mit dem der Zugriff auf die Datenbank erfolgt. Auch sie delegiert die Protokollierung der Informationsmeldung an die bereits erwähnte Methode `LogMessage`.

```
private void StoreTrades(IEnumerable<TradeRecord> trades)
{
    using (var connection = new System.Data.SqlClient.SqlConnection(
      "Data Source=(local);Initial Catalog=TradeDatabase;Integrated Security=True"))
    {
        connection.Open();
        using (var transaction = connection.BeginTransaction())
```

```
        {
            foreach (var trade in trades)
            {
                var command = connection.CreateCommand();
                command.Transaction = transaction;
                command.CommandType = System.Data.CommandType.StoredProcedure;
                command.CommandText = "dbo.insert_trade";
                command.Parameters.AddWithValue("@sourceCurrency",
                  trade.SourceCurrency);
                command.Parameters.AddWithValue("@destinationCurrency",
                  trade.DestinationCurrency);
                command.Parameters.AddWithValue("@lots", trade.Lots);
                command.Parameters.AddWithValue("@price", trade.Price);

                command.ExecuteNonQuery();
            }

            transaction.Commit();
        }
        connection.Close();
    }

    LogMessage("INFO: {0} Transaktionen verarbeitet", trades.Count());
}
```

List. 5–8 Sobald die Methode `StoreTrades` fertig ist, sind die Verantwortungsbereiche in dieser Klasse klar voneinander getrennt

Wenn Sie sich diese Refaktorierung ansehen, ist offensichtlich, dass sie die ursprüngliche Implementierung verbessert. Aber was haben Sie wirklich erreicht? Die neue `ProcessTrades`-Methode ist zweifellos kleiner als das monolithische Original und der Code ist eindeutig besser lesbar, aber in Bezug auf die Anpassungsfähigkeit haben Sie nur wenig erreicht. Sie können die Implementierung der Methode `LogMessage` so ändern, dass sie beispielsweise in eine Datei schreibt statt in die Konsole, aber dafür müssten Sie die Klasse `TradeProcessor` ändern. Und genau das wollten Sie ja vermeiden.

Diese Refaktorierung war dennoch ein wichtiger Teilschritt innerhalb der Aufgabe, die Verantwortungsbereiche dieser Klasse strikt voneinander zu trennen. Diese erste Refaktorierung hatte Übersichtlichkeit zum Ziel, nicht Anpassungsfähigkeit. Die nächste Aufgabe besteht darin, die Verantwortungsbereich in unterschiedliche Klassen auszulagern und hinter Schnittstellen zu legen. Um hohe Anpassungsfähigkeit zu erreichen, brauchen Sie echte Abstraktion.

Refaktorieren, um Abstraktion zu erreichen

Aufbauend auf der neuen `TradeProcessor`-Implementierung führt die nächste Refaktorierung mehrere Abstraktionen ein, die es Ihnen erlauben, praktisch jeden Änderungsauftrag bei dieser Klasse zu erfüllen. Das aktuelle Beispiel mag zwar sehr klein aussehen, vielleicht sogar bedeutungslos, aber es ist ein gutes Anschauungsobjekt für das Ziel dieses Kapitels. Außerdem kommt es *sehr* häufig vor, dass eine Anwendung wie dieses Beispiel zu etwas viel Größerem heranwächst. Wenn erst einmal mehrere Leute damit arbeiten, werden immer mehr Features gefordert.

Oft werden solch vermeintlich kleinen Anwendungen als *Prototyp* oder *Proof of Concept* eingestuft und die Umwandlung vom Prototyp zur Produktivanwendung verläuft relativ nahtlos. Aus diesem Grund spielt die Fähigkeit, mithilfe von Refaktorierung die Abstraktion zu erhöhen, eine solch zentrale Rolle in der adaptiven Entwicklung. Ohne sie würden die unzähligen Anforderungen zu einem gewaltigen Wirrwarr verkommen – zu einer Klasse oder Gruppe von Klassen in einer Assembly, ohne klare Trennung der Verantwortungsbereiche und ohne erkennbare Abstraktionen. Das Ergebnis ist eine Anwendung, die keine Unit-Tests enthält und schwierig zu warten und zu verbessern ist, aber dennoch eine wichtige Rolle für die Wirtschaftlichkeit des Unternehmens spielt.

Der erste Schritt bei dem Prozess, `TradeProcessor` im Rahmen der Refaktorierung abstrakter zu machen, besteht darin, eine oder mehrere Schnittstellen zu entwerfen, über die diese Klasse die drei Aufgabenbereiche Lesen, Verarbeiten und Speichern der Transaktionsdaten abwickelt. Abbildung 5–1 zeigt den ersten Satz Abstraktionen.

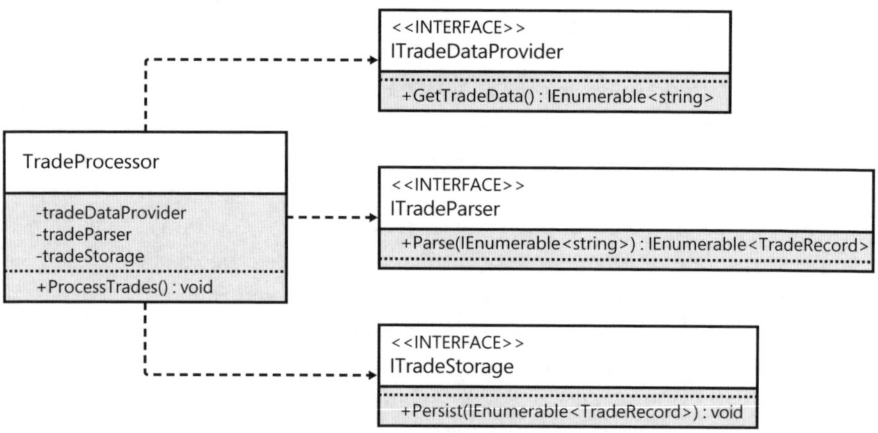

Abb. 5–1 `TradeProcessor` hängt nun von drei neuen Schnittstellen ab

Weil Sie bei der ersten Refaktorierung den gesamten Code aus `ProcessTrades` in separate Methoden verlegt haben, sollte Ihnen klar sein, wo die ersten Abstraktionen angewendet werden sollten. Das Single-Responsibility-Prinzip schreibt vor, dass die drei Hauptverantwortungsbereiche von unterschiedlichen Klassen wahrgenommen werden. Wie Sie aus früheren Kapiteln wissen, sollten Sie keine direkten Abhängigkeiten von einer Klasse zu einer anderen einführen, sondern stattdessen mit Schnittstellen arbeiten. Daher werden die drei Verantwortungsbereiche auf drei separate Schnittstellen verteilt. Listing 5–9 zeigt, wie die Klasse `TradeProcessor` nach dieser Änderung aussieht.

```
public class TradeProcessor
{
    public TradeProcessor(ITradeDataProvider tradeDataProvider,
      ITradeParser tradeParser, ITradeStorage tradeStorage)
    {
        this.tradeDataProvider = tradeDataProvider;
        this.tradeParser = tradeParser;
        this.tradeStorage = tradeStorage;
    }

    public void ProcessTrades()
    {
        var lines = tradeDataProvider.GetTradeData();
        var trades = tradeParser.Parse(lines);
        tradeStorage.Persist(trades);
    }

    private readonly ITradeDataProvider tradeDataProvider;
    private readonly ITradeParser tradeParser;
    private readonly ITradeStorage tradeStorage;
}
```

List. 5–9 `TradeProcessor` beschränkt sich nun darauf, einen Prozess zu kapseln

Die Klasse unterscheidet sich jetzt deutlich von ihren vorherigen Versionen. Sie enthält keine Implementierungsdetails mehr für den gesamten Prozess, sondern nur den *Bauplan* für den Prozess. Die Klasse modelliert den Prozess dadurch, dass sie Transaktionsdaten aus einem Format in ein anderes überführt. Dies sind ihre einzige Verantwortung, ihre einzige Aufgabe und der einzige Grund, warum diese Klasse geändert werden müsste. Falls sich der Prozess selbst verändert, muss diese Klasse so angepasst werden, dass sie die Änderung widerspiegelt. Aber wenn Sie entschieden, dass Sie die Daten nicht mehr aus einem `Stream` abrufen, Meldungen nicht mehr in die Konsole ausgeben oder die Transaktionsdaten nicht mehr in einer Datenbank speichern wollen, bleibt diese Klasse unverändert.

Wie vom Stairway-Pattern (eingeführt in Kapitel 2, »Abhängigkeiten und Schichten«) vorgeschrieben, liegen alle Schnittstellen, von denen `TradeProcessor` abhängt, nun in einer eigenen Assembly. So ist sichergestellt, dass weder der Client noch die Implementierungs-Assemblys aufeinander verweisen. Die drei Klassen, die diese Schnittstellen implementieren, sind in einer anderen Assembly isoliert, sie heißen `StreamTradeDataProvider`, `SimpleTradeParser` und `AdoNetTradeStorage`. Beachten Sie die Namenskonvention für diese Klassen. Das Präfix `I` wurde aus dem Schnittstellennamen entfernt und durch den implementierungsspezifischen Kontext ersetzt, den die Klasse benötigt. Der Name `StreamTradeDataPro-`

vider verrät also, dass es sich um eine Implementierung der Schnittstelle ITradeDataProvider handelt, die ihre Daten aus einem Stream-Objekt einliest. Die Klasse AdoNetTradeStorage greift auf ADO.NET zurück, um die Transaktionsdaten dauerhaft zu speichern. Der ITradeParser-Implementierung habe ich das Wort Simple vorangestellt, um deutlich zu machen, dass sie keinen Abhängigkeitskontext hat.

Sie können alle drei Implementierungen in derselben Assembly unterbringen, weil sie dieselben Abhängigkeiten haben: Kern-Assemblys des Microsoft .NET Frameworks. Falls Sie eine Implementierung einführen, die eine Fremdabhängigkeit, eine Eigenabhängigkeit oder eine Abhängigkeit von Ergänzungsklassen des .NET Frameworks benötigt, sollten Sie diese Implementierungen in separate Assemblys auslagern. Falls Sie zum Beispiel von ADO.NET auf die Mapping-Bibliothek Dapper wechseln, sollten Sie eine Assembly namens Services.Dapper erstellen, in der Sie eine ITradeStorage-Implementierung namens DapperTradeStorage anlegen.

Die Schnittstelle ITradeDataProvider hängt nicht von der Klasse Stream ab. Die Vorgängerversion der Methode zum Auslesen der Transaktionsdaten benötigte eine Stream-Instanz als Parameter, aber das kettete die Methode künstlich an eine Abhängigkeit. Wenn Sie Schnittstellen entwerfen und auf mehr Abstraktionen hin refaktorieren, ist es wichtig, dass Sie keine Abhängigkeiten behalten, wo das die Anpassungsfähigkeit des Codes verschlechtert. Die Möglichkeit, die Transaktionsdaten aus anderen Quellen als Stream auszulesen, wurde bereits erwähnt, daher stellt die Refaktorierung sicher, dass diese Abhängigkeit aus der Schnittstelle verschwindet. StreamTradeDataProvider benötigt eine Stream-Instanz als Konstruktorparameter, nicht mehr als Methodenparameter. Indem Sie den Konstruktor verwenden, können Sie praktisch beliebige Abhängigkeiten erzeugen, ohne die Schnittstelle zu verunreinigen. Listing 5–10 zeigt die Implementierung von StreamTradeDataProvider.

```
public class StreamTradeDataProvider : ITradeDataProvider
{
    public StreamTradeDataProvider(Stream stream)
    {
        this.stream = stream;
    }

    public IEnumerable<string> GetTradeData()
    {
        var tradeData = new List<string>();
        using (var reader = new StreamReader(stream))
        {
            string line;
            while ((line = reader.ReadLine()) != null)
            {
                tradeData.Add(line);
            }
```

```
        }
        return tradeData;
    }

    private Stream stream;
}
```

List. 5–10 Kontext kann über Konstruktorparameter an Klassen übergeben werden, wodurch die Schnittstelle sauber bleibt

Die Klasse `TradeProcessor`, der Client dieses Codes, kennt einzig die Signatur der Methode `GetTradeData` aus der Schnittstelle `ITradeDataProvider`. Sie weiß absolut nichts darüber, auf welche Weise die Implementierung die Daten abruft – und das sollte sie auch nicht.

Es gibt noch mehr Abstraktionen, die in diesem Beispiel extrahiert werden können. Die ursprüngliche `ParseTrades`-Methode delegierte die Verantwortung zum Überprüfen und Abbilden der Daten. Sie können den Refaktorierungsprozess wiederholen, damit die Klasse `SimpleTradeParser` nicht mehr als einen Verantwortungsbereich hat. Das UML-Diagramm (Unified Markup Language) in Abbildung 5–2 zeigt, wie Sie das erreichen.

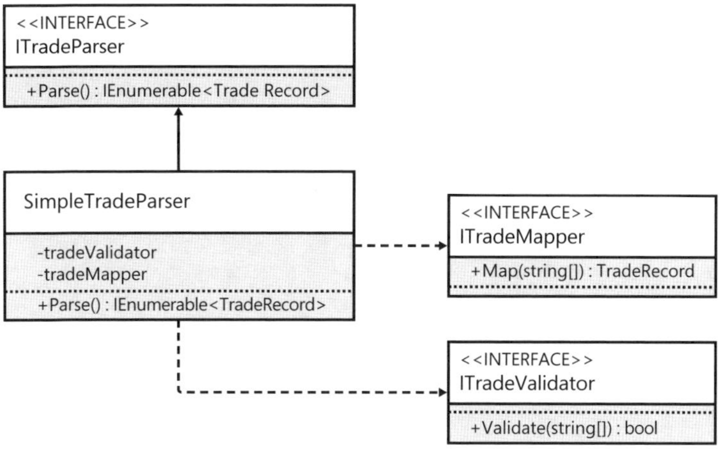

Abb. 5–2 Auch `SimpleTradeParser` wird refaktoriert, um sicherzustellen, dass jede Klasse nur einen einzigen Verantwortungsbereich hat

Dieser Prozess, Verantwortungsbereiche in Form von Schnittstellen (und ihren zugehörigen Implementierungen) zu abstrahieren, ist rekursiv. Wenn Sie eine Klasse untersuchen, müssen Sie ermitteln, welche Verantwortungsbereiche sie hat, und bei Bedarf einige auslagern, bis die Klasse sich auf einen einzigen Verantwortungsbereich beschränkt. Listing 5–11 zeigt die Klasse `SimpleTradeParser`, die ihre Aufgaben an Schnittstellen delegiert, wo es sinnvoll ist. Sie braucht nur noch geändert werden, falls sich der Aufbau der Transaktionsdaten verändert, zum Beispiel wenn die Daten nicht mehr als kommagetrennte Werte vorliegen, sondern Tabulatorzeichen verwenden, oder wenn sie im XML-Format geliefert werden.

```
public class SimpleTradeParser : ITradeParser
{
    public SimpleTradeParser(ITradeValidator tradeValidator, ITradeMapper tradeMapper)
    {
        this.tradeValidator = tradeValidator;
        this.tradeMapper = tradeMapper;
    }

    public IEnumerable<TradeRecord> Parse(IEnumerable<string> tradeData)
    {
        var trades = new List<TradeRecord>();
        var lineCount = 1;
        foreach (var line in tradeData)
        {
            var fields = line.Split(new char[] { ',' });

            if (!tradeValidator.Validate(fields))
            {
                continue;
            }

            var trade = tradeMapper.Map(fields);

            trades.Add(trade);

            lineCount++;
        }
        return trades;
    }

    private readonly ITradeValidator tradeValidator;
    private readonly ITradeMapper tradeMapper;
}
```

List. 5–11 Der Algorithmus zum Auswerten der Transaktionsdaten ist in `ITradeParser`-Implementierungen gekapselt

Die letzte Refaktorierung soll die Protokollierung in zwei Klassen abstrahieren. Sowohl die `ITradeValidator`- als auch die `ITradeStorage`-Implementierung schreiben ihre Protokollmeldungen direkt in die Konsole. Statt eine eigene Protokollierungsklasse zu implementieren, erstellen Sie nun einen Adapter für die beliebte Protokollierungsbibliothek Log4Net. Das UML-Klassendiagramm in Abbildung 5–3 zeigt, wie die Elemente zusammenpassen.

Wenn Sie eine Adapterklasse wie `Log4NetLoggerAdapter` erstellen, hat das den Vorteil, dass Sie einen Fremdverweis in einen Eigenverweis verwandeln. Sowohl `AdoNetTradeStorage` als auch `SimpleTradeValidator` hängen von Ihrer eigenen Schnittstelle `ILogger` ab. Aber während der Laufzeit benutzen beide in Wirklichkeit Log4Net. Die einzigen Verweise auf Log4Net, die benötigt werden, befinden sich im Einstiegspunkt der Anwendung (siehe Kapitel 9, »Dependency-Injection«) und in der neu erstellten Assembly `Service.Log4Net`. Jeglicher Code, der von Log4Net abhängig ist, zum Beispiel ein Custom Appender, sollte in der Assembly `Service.Log4Net` liegen. Vorerst enthält diese neue Assembly nur den Adapter.

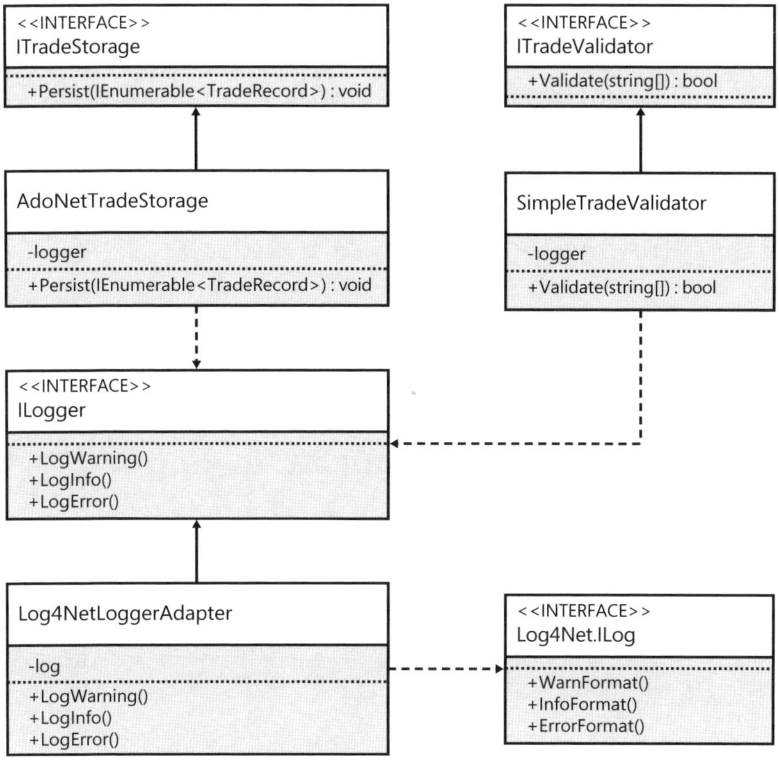

Abb. 5–3 Indem Sie einen Adapter für Log4Net implementieren, brauchen Sie nicht in jeder Assembly darauf zu verweisen

Listing 5–12 zeigt die refaktorierte Validator-Klasse. Sie enthält nun keinerlei Verweis mehr zur Konsole. Dank der Flexibilität von Log4Net können Sie praktisch überallhin protokollieren. Soweit es die Protokollierung betrifft, haben Sie optimale Anpassungsfähigkeit erreicht.

```
public class SimpleTradeValidator : ITradeValidator
{
    private readonly ILogger logger;    public SimpleTradeValidator(ILogger logger)
    {
        this.logger = logger;
    }

    public bool Validate(string[] tradeData)
    {
        if (tradeData.Length != 3)
        {
```

```
            logger.LogWarning("Zeile ungültig. Nur {1} Feld(er) gefunden.",
              tradeData.Length);
            return false;
        }

        if (tradeData[0].Length != 6)
        {
            logger.LogWarning("Währung ungültig: '{1}'", tradeData[0]);
            return false;
        }

        int tradeAmount;
        if (!int.TryParse(tradeData[1], out tradeAmount))
        {
            logger.LogWarning("Menge ist kein gültiger integer: '{1}'", tradeData[1]);
            return false;
        }

        decimal tradePrice;
        if (!decimal.TryParse(tradeData[2], out tradePrice))
        {
            logger.LogWarning("WARNUNG: Preis ist kein gültiger decimal-Wert: '{1}'",
              tradeData[2]);
            return false;
        }

        return true;
    }
}
```

List. 5–12 Die Klasse `SimpleTradeValidator` nach der Refaktorierung

An diesem Punkt ist eine kurze Rückschau angebracht. Bemerkenswert ist, dass Sie noch nichts an der eigentlichen Funktion des Codes verändert haben. Dieser Code tut genau dasselbe wie am Anfang. Wenn Sie ihn allerdings auf irgendeine Weise verbessern wollen, ist das nun ganz einfach. Die neue Möglichkeit, diesen Code an neue Aufgaben anzupassen, rechtfertigt auf jeden Fall den Aufwand für die Refaktorierung.

Wenn Sie sich noch einmal die ursprüngliche Liste potenzieller Verbesserungen an diesem Code ansehen, stellen Sie fest, dass die neue Version Ihnen erlaubt, jede Verbesserung zu implementieren, ohne die vorhandenen Klassen anzufassen:

- *Anforderung:*
  Sie entscheiden, keinen `Stream` als Eingabe zu verwenden, sondern die Transaktionen aus Remoteaufrufen bei einem Webdienst zu lesen
  - *Lösung:*
    Erstellen Sie eine neue `ITradeDataProvider`-Implementierung, die die Daten vom Dienst abruft

- *Anforderung:*
  Das Format der Eingabedaten verändert sich, weil beispielsweise ein zusätzliches Feld für den Makler der Transaktion hinzugefügt wird
  - *Lösung:*
    Ändern Sie die Implementierungen der Schnittstellen `ITradeValidator`, `ITradeMapper` und `ITradeStorage` so, dass sie das neue Feld für den Makler berücksichtigen
- *Anforderung:*
  Die Gültigkeitsregeln für die Eingabedaten ändern sich
  - *Lösung:*
    Passen Sie die `ITradeValidator`-Implementierung so an, dass sie die Regeländerung widerspiegelt
- *Anforderung:*
  Sie wollen Warnungen, Fehler und Informationen auf andere Weise protokollieren. Falls Sie einen gehosteten Webdienst nutzen, ist es nicht sinnvoll, Ausgaben in die Konsole zu schreiben.
  - *Lösung:*
    Wie beschrieben bietet Log4Net dank des Adapters fast unbegrenzte Möglichkeit für die Protokollierung
- *Anforderung:*
  Die Datenbank verändert sich in irgendeiner Weise. Zum Beispiel könnte es sein, dass die gespeicherte Prozedur `insert_trade` ebenfalls einen neuen Parameter für den Makler braucht. Vielleicht entscheiden Sie auch, dass Sie die Daten nicht mehr in einer relationalen Datenbank speichern, sondern auf Dokumentspeicher wechseln. Oder die Datenbank wird hinter einen Webdienst verlegt, den Sie aufrufen müssen.
  - *Lösung:*
    Wenn sich die gespeicherte Prozedur verändert, müssen Sie die Klasse `AdoNetTradeStorage` so ändern, dass sie das Maklerfeld berücksichtigt. In den beiden anderen Fällen können Sie beispielsweise eine Klasse namens `MongoTradeStorage` erstellen, die die Transaktionsdaten in MongoDB speichert, beziehungsweise eine Klasse namens `ServiceTradeStorage`, um die Implementierung hinter einem Webdienst zu verstecken.

Ich hoffe, Sie sind jetzt überzeugt, dass eine Kombination aus Abstrahierung mithilfe von Schnittstellen, dem Entkoppeln von Assemblys nach dem Stairway-Pattern, aggressiver Refaktorierung und Befolgung des Single-Responsibility-Prinzips die Grundlage für adaptiven Code ist.

Wenn Sie ein Szenario vorfinden, in dem Ihr Code sauber an Abstraktionen delegiert, eröffnen sich endlose Möglichkeiten. Der Rest dieses Kapitels konzentriert sich auf andere Wege, wie Sie eine Klasse auf einen einzigen Verantwortungsbereich zu beschränken.

SRP und das Decorator-Pattern

Das Decorator-Pattern (Dekorierer-Muster) eignet sich hervorragend, um sicherzustellen, dass sich jede Klasse auf einen einzigen Verantwortungsbereich beschränkt. Klassen erledigen oft zu viele Dinge, ohne dass ein klarer Weg erkennbar ist, die Verantwortungsbereiche in andere Klassen auszulagern. Die Verantwortungsbereiche scheinen zu eng ineinander verflochten zu sein.

Das Grundprinzip des Decorator-Patterns besagt, dass jede Decorator-Klasse den Vertrag eines Typs erfüllt und mindestens einen dieser Typen als Konstruktorparameter entgegennimmt. Das ist nützlich, weil Sie Funktionen zu einer vorhandenen Klasse hinzufügen können, die eine bestimmte Schnittstelle implementiert, und der Decorator ebenfalls (ohne dass die Clients es wissen) als Implementierung der benötigten Schnittstelle agiert. Abbildung 5–4 zeigt ein UML-Diagramm des Decorator-Entwurfs-Patterns.

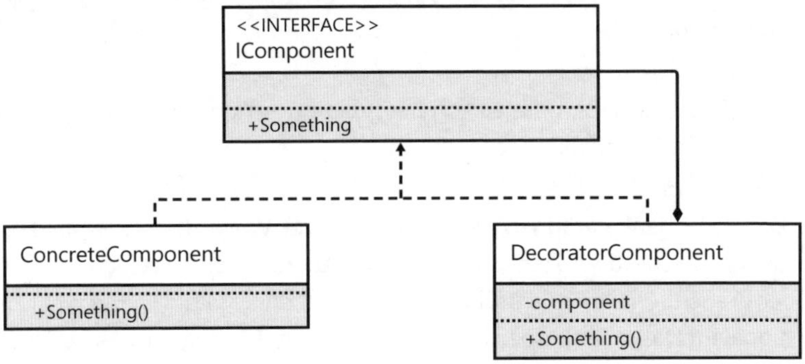

Abb. 5–4 Das UML-Diagramm für eine Implementierung des Decorator-Patterns

Listing 5–13 zeigt ein einfaches Beispiel für das Pattern. In diesem Fall geht es nicht um eine konkrete Verwendung des Patterns, das Beispiel soll lediglich das grundsätzliche Prinzip deutlich machen.

```
public interface IComponent
{
    void Something();
}
// . . .
public class ConcreteComponent : IComponent
{
    public void Something()
    {

    }
}
// . . .
public class DecoratorComponent : IComponent
```

```
{
    public DecoratorComponent(IComponent decoratedComponent)
    {
        this.decoratedComponent = decoratedComponent;
    }

    public void Something()
    {
        SomethingElse();
        decoratedComponent.Something();
    }

    private void SomethingElse()
    {

    }

    private readonly IComponent decoratedComponent;
}
// . . .
class Program
{
    static IComponent component;

    static void Main(string[] args)
    {
        component = new DecoratorComponent(new ConcreteComponent());
        component.Something();
    }
}
```

List. 5–13 Ein allgemeines Beispiel für das Decorator-Pattern

Weil ein Client die im Listing gezeigte Schnittstelle als Methodenparameter entgegennimmt, können Sie dem Client entweder den ursprünglichen, undekorierten Typ zur Verfügung stellen oder die dekorierte Version. Der Client merkt davon nichts: Er braucht sich nicht abhängig davon, welche Version er bekommt, zu ändern.

Das Composite-Pattern

Das Composite-Pattern (Kompositions-Muster) ist eine Spezialisierung des Decorator-Patterns und eine häufige Anwendung seines Ursprungs-Patterns. Das UML-Diagramm in Abbildung 5–5 zeigt, welche Elemente beim Composite-Pattern zusammenarbeiten.

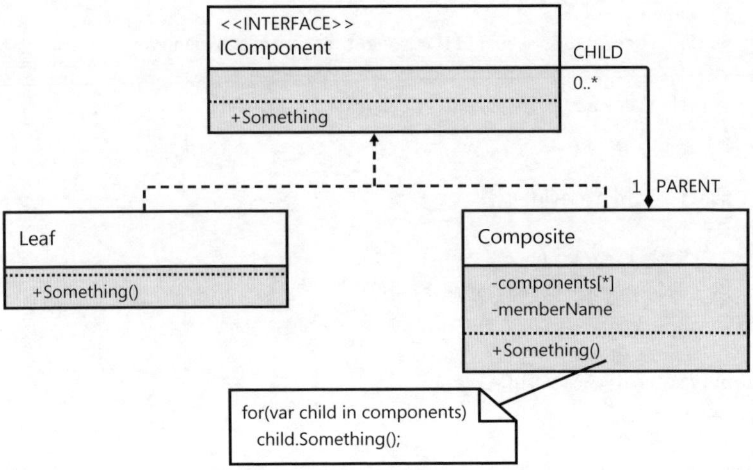

Abb. 5–5 Das Composite-Pattern ist dem Decorator-Pattern sehr ähnlich

Das Composite-Patterns soll es Ihnen ermöglichen, viele unterschiedliche Instanzen einer Schnittstelle so zu behandeln, als wären sie eine einzige Instanz. Clients können eine Instanz einer Schnittstelle entgegennehmen, während sie implizit viele Instanzen zur Verfügung gestellt bekommen. Dazu braucht im Client nichts geändert zu werden. Listing 5–14 zeigt einen Composite-Decorator im Einsatz.

```
public interface IComponent
{
    void Something();
}
// . . .
public class Leaf : IComponent
{
    public void Something()
    {

    }
}
// . . .
public class CompositeComponent : IComponent
{
    public CompositeComponent()
    {
        children = new List<IComponent>();
    }

    public void AddComponent(IComponent component)
    {
        children.Add(component);
```

```
    }

    public void RemoveComponent(IComponent component)
    {
        children.Remove(component);
    }

    public void Something()
    {
        foreach(var child in children)
        {
            child.Something();
        }
    }

    private ICollection<IComponent> children;
}
// . . .
class Program
{
    static void Main(string[] args)
    {
        var composite = new CompositeComponent();
        composite.AddComponent(new Leaf());
        composite.AddComponent(new Leaf());
        composite.AddComponent(new Leaf());

        component = composite;
        component.Something();
    }

    static IComponent component;
}
```

List. 5–14 Die Composite-Implementierung einer Schnittstelle

Die Klasse `CompositeComponent` enthält Methoden, die andere Instanzen der Schnittstelle `IComponent` hinzufügen oder löschen. Diese Methoden gehören nicht zur Schnittstelle, sie sollen von Clients der Klasse `CompositeComponent` direkt benutzt werden. Die Factory-Methode oder -Klasse, die Instanzen der Klasse `CompositeComponent` anlegt, muss auch die dekorierten Instanzen anlegen und an die Methode `Add` übergeben. Andernfalls müssten die Clients von `IComponent` geändert werden, damit sie die Composition-Instanzen nutzen können.

Jedes Mal, wenn ein `IComponent`-Client die Methode `Something` aufruft, geht diese Methode die Liste der Composite-Instanzen durch und ruft die jeweilige `Something`-Methode auf. Auf diese Weise leiten Sie den Aufruf einer einzigen `IComponent`-Instanz (vom Typ `CompositeComponent`) an viele andere Typen weiter.

Jede Instanz, die Sie der Klasse `CompositeComponent` zur Verfügung stellen, muss die Schnittstelle `IComponent` implementieren (dies wird vom Compiler aufgrund der strengen Typisierung in C# erzwungen), aber die Instanzen brauchen nicht alle denselben konkreten Typ zu haben. Dank der Vorteile der Polymorphie können Sie alle Implementierungen einer Schnittstelle als Instanzen dieser Schnittstelle behandeln. Im Beispiel aus Listing 5–15 haben die zur Verfügung gestellten `CompositeComponent`-Instanzen unterschiedliche Typen, was die Nützlichkeit dieses Patterns noch weiter steigert.

```
public class SecondTypeOfLeaf : IComponent
{
    public void Something()
    {

    }
}
// . . .
public class AThirdLeafType : IComponent
{
    public void Something()
    {

    }
}
// . . .
public void AlternativeComposite()
{
    var composite = new CompositeComponent();
    composite.AddComponent(new Leaf());
    composite.AddComponent(new SecondTypeOfLeaf());
    composite.AddComponent(new AThirdLeafType());

    component = composite;
    composite.Something();
}
```

List. 5–15 Die Instanzen, die dem Composite zur Verfügung gestellt werden, können unterschiedliche Typen haben

Wenn Sie dieses Pattern auf die Spitze treiben, können Sie sogar eine oder mehrere Instanzen der Schnittstelle `CompositeComponent` an die Methode `Add` übergeben und so eine Kette aus Composite-Instanzen in einer hierarchischen Struktur bilden.

Wo sollte das Composite liegen?

Kapitel 2 hat das Entourage-Anti-Pattern beschrieben, aus dem hervorgeht, dass Implementierungen nicht in denselben Assemblys liegen sollten wie ihre Schnittstellen. Es gibt aber eine Ausnahme von dieser Regel: Implementierungen, deren Abhängigkeiten eine Teilmenge der Abhängigkeiten ihrer Schnittstelle sind.

Je nachdem, wie das Composite implementiert ist, werden wahrscheinlich keine zusätzlichen Abhängigkeiten eingeführt. Sofern das zutrifft, kann die Assembly, in der die Schnittstelle liegt, daher auch die Composite-Implementierung enthalten.

Kapitel 2 hat beschrieben, wie Klassen als Objektgraphen modelliert werden können. Diese Technik nutzen wir hier erneut, um zu demonstrieren, wie das Composite-Pattern funktioniert. In Abbildung 5–6 stehen die Knoten des Graphen für Objektinstanzen und die Kanten für Methodenaufrufe. Jedes Composite bildet wiederum einen Ast, mit dem mehrere Blätter (engl. leaf) verbunden sein können.

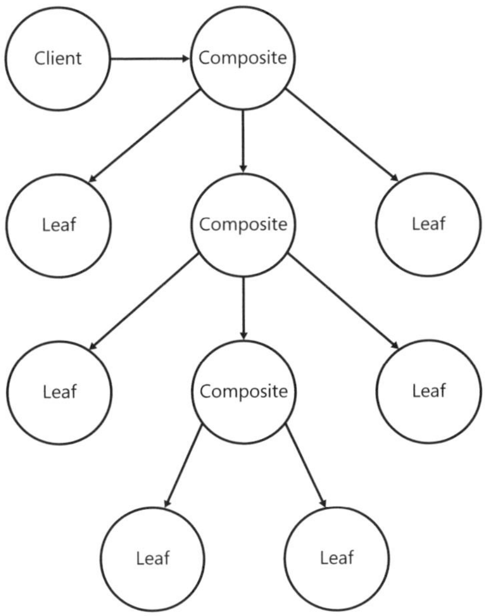

Abb. 5–6 Der Objektgraph macht die Laufzeitstruktur des Programms deutlich

Predicate-Decorator

Der Predicate-Decorator (Prädikat-Dekorierer) ist ein nützliches Konstrukt, um die bedingte Ausführung von Code vor den Clients zu verstecken. Listing 5–16 zeigt ein Beispiel.

```
public class DateTester
{
    public bool TodayIsAnEvenDayOfTheMonth
    {
        get
        {
            return DateTime.Now.Day % 2 == 0;
        }
    }
}
//. . .
class PredicatedDecoratorExample
{
    public PredicatedDecoratorExample(IComponent component)
    {
        this.component = component;
    }

    public void Run()
    {
        DateTester dateTester = new DateTester();
        if (dateTester.TodayIsAnEvenDayOfTheMonth)
        {
            component.Something();
        }
    }

    private readonly IComponent component;
}
```

List. 5–16 Dieser Client führt die Methode `Something` nur an geraden Tagen des Monats aus

In diesem Beispiel ist die Klasse `DateTester` eine Abhängigkeit, die nicht in die Klasse gehört. Es entsteht die Versuchung, den Code so zu ändern, wie er in Listing 5–17 aussieht. Das wäre aber nur eine Teillösung.

```
class PredicatedDecoratorExample
{
    public PredicatedDecoratorExample(IComponent component)
    {
        this.component = component;
    }
```

```
    public void Run(DateTester dateTester)
    {
        if (dateTester.TodayIsAnEvenDayOfTheMonth)
        {
            component.Something();
        }
    }

    private readonly IComponent component;
}
```

List. 5–17 Als Verbesserung wird gefordert, dass die Abhängigkeit an die Klasse übergeben wird

Sie müssen nun ein Argument an die Methode `Run` übergeben, wodurch die öffentliche Schnittstelle beschädigt und ihre Clients gezwungen werden, eine Implementierung der Klasse `DateTester` bereitzustellen. Wenn Sie dagegen das Decorator-Pattern einsetzen, können Sie die Clientschnittstelle unverändert lassen, aber dennoch die Funktion der bedingten Ausführung zur Verfügung stellen. Listing 5–18 beweist, dass sich das tatsächlich verwirklichen lässt.

```
public class PredicatedComponent : IComponent
{
    public PredicatedComponent(IComponent decoratedComponent, DateTester dateTester)
    {
        this.decoratedComponent = decoratedComponent;
        this.dateTester = dateTester;
    }

    public void Something()
    {
        if(dateTester.TodayIsAnEvenDayOfTheMonth)
        {
            decoratedComponent.Something();
        }
    }

    private readonly IComponent decoratedComponent;
    private readonly DateTester dateTester;
}
// . . .
class PredicatedDecoratorExample
{
    public PredicatedDecoratorExample(IComponent component)
    {
        this.component = component;
    }
```

```
    public void Run()
    {
        component.Something();
    }

    private readonly IComponent component;
}
```

List. 5–18 Die Predicate-Decoration enthält die Abhängigkeit, der Client ist deutlich sauberer

In diesem Listing ist eine bedingte Verzweigung des Codes hinzugekommen, ohne dass dazu der Clientcode oder die ursprüngliche Implementierungsklasse geändert werden mussten. Die Klasse `DateTester` wird in diesem Beispiel als Abhängigkeit akzeptiert, aber Sie können auch einen Schritt weitergehen und Ihre eigene Predicate-Schnittstelle definieren, um diesen Fall universell abzuhandeln. Nach einigen Änderungen sieht der Code wie in Listing 5–19 aus.

```
public interface IPredicate
{
    bool Test();
}
// . . .
public class PredicatedComponent : IComponent
{
    public PredicatedComponent(IComponent decoratedComponent, IPredicate predicate)
    {
        this.decoratedComponent = decoratedComponent;
        this.predicate = predicate;
    }

    public void Something()
    {
        if (predicate.Test())
        {
            decoratedComponent.Something();
        }
    }

    private readonly IComponent decoratedComponent;
    private readonly IPredicate predicate;
}
// . . .
public class TodayIsAnEvenDayOfTheMonthPredicate : IPredicate
{
    public TodayIsAnEvenDayOfTheMonthPredicate(DateTester dateTester)
    {
```

```
        this.dateTester = dateTester;
    }

    public bool Test()
    {
        return dateTester.TodayIsAnEvenDayOfTheMonth;
    }

    private readonly DateTester dateTester;
}
```

List. 5–19 Die Definition einer dedizierten `IPredicate`-Schnittstelle macht die Lösung universeller

Die Klasse `TodayIsAnEvenDayOfTheMonthPredicate` konvertiert die ursprüngliche Klasse `DateTester`, von der eine Abhängigkeit bestand, in ein `IPredicate`. Dies ist ein Beispiel für das Adapter-Pattern, das weiter oben im Abschnitt »Refaktorieren, um Abstraktion zu erreichen« dieses Kapitels beschrieben wurde.

> HINWEIS Seit Version 2.0 enthält das .NET Framework den Delegaten `Predicate<T>`, der ein Prädikat modelliert, dem ein einzelner, generischer Parameter als Kontext übergeben wird. Es gibt zwei Gründe, warum ich für dieses Beispiel nicht den Delegaten `Predicate<T>` verwende: Erstens braucht hier kein Kontext zur Verfügung gestellt zu werden, weil die ursprüngliche Bedingungsprüfung keine Parameter verwendet. Ich hätte allerdings einen `Func<bool>`-Delegaten verwenden können, um ein kontextfreies Prädikat zu modellieren, was mich zum zweiten Grund bringt: *Delegaten sind nicht so vielseitig wie Schnittstellen.* Mit der Modellierung von `IPredicate` erhalte ich die Möglichkeit, diese Schnittstelle (wie auch jede andere) in Zukunft zu dekorieren. Anders ausgedrückt: Ich habe einen anderen Erweiterungspunkt definiert, der unbegrenzt dekoriert werden kann.

Branching-Decorator

Sie können den Predicate-Decorator dadurch erweitern, dass Sie eine dekorierte Instanz der Schnittstelle entgegennehmen, um im `false`-Zweig der Bedingung etwas auszuführen (Listing 5–20). Dies ist der Branching-Decorator (»Verzweigungs-Dekorierer«).

```
public class BranchedComponent : IComponent
{
    public BranchedComponent(IComponent trueComponent, IComponent falseComponent,
      IPredicate predicate)
    {
        this.trueComponent = trueComponent;
        this.falseComponent = falseComponent;
        this.predicate = predicate;
    }
```

```
    public void Something()
    {
        if (predicate.Test())
        {
            trueComponent.Something();
        }
        else
        {
            falseComponent.Something();
        }
    }

    private readonly IComponent trueComponent;
    private readonly IComponent falseComponent;
    private readonly IPredicate predicate;
}
```

List. 5–20 Der Branching-Decorator nimmt zwei Komponenten und ein Prädikat entgegen

Jedes Mal, wenn das Prädikat geprüft wird und das Ergebnis `true` ist, rufen Sie die entsprechende Schnittstellenmethode der `trueComponent`-Instanz auf. Ist das Ergebnis `false`, rufen Sie stattdessen die Schnittstellenmethode der `falseComponent`-Instanz auf.

Lazy-Decorator

Der Lazy-Decorator (Bedarfs-Dekorierer) ermöglicht es, Clients einen Verweis auf eine Schnittstelle zur Verfügung zu stellen, von der erst dann eine Instanz angelegt wird, wenn sie zum ersten Mal tatsächlich benutzt wird. Meist und fälschlicherweise wird Clients das Vorhandensein einer Lazy-Instanz bekanntgemacht, weil ihnen `Lazy<T>` übergeben wird (Listing 5–21).

```
public class ComponentClient
{
    public ComponentClient(Lazy<IComponent> component)
    {
        this.component = component;
    }

    public void Run()
    {
        component.Value.Something();
    }

    private readonly Lazy<IComponent> component;
}
```

List. 5–21 Diesem Client wurde ein Lazy<T> übergeben

Dieser Client muss sich damit abfinden, dass er ausschließlich Lazy-Instanzen von IComponent zur Verfügung gestellt bekommt. Wenn Sie allerdings zu der üblichen Nutzung der Schnittstelle zurückkehren, können Sie einen Lazy-Decorator erstellen, der verhindert, dass der Client erfährt, dass er es mit einem Lazy<T> zu tun hat, und der einigen ComponentClient-Objekten erlaubt, IComponent-Instanzen anzunehmen, die nicht keine Lazy-Instanzen sind. Listing 5–22 zeigt diesen Decorator.

```
public class LazyComponent : IComponent
{
    public LazyComponent(Lazy<IComponent> lazyComponent)
    {
        this.lazyComponent = lazyComponent;
    }

    public void Something()
    {
        lazyComponent.Value.Something();
    }

    private readonly Lazy<IComponent> lazyComponent;
}
// . . .
public class ComponentClient
{

    public ComponentClient(IComponent component)
    {
        this.component = component;
    }

    public void Run()
    {
        component.Something();
    }

    private readonly IComponent component;
}
```

List. 5–22 LazyComponent implementiert eine Lazy-Instanz von IComponent, aber ComponentClient merkt davon nichts

Logging-Decorator

Listing 5–23 zeigt ein häufiges Muster, das sich immer dann breitmacht, wenn der Code eine ausführliche Protokollierung enthält. Der Protokollierungscode ist in der Anwendung allgegenwärtig und macht es schwieriger, die relevanten Elemente zu erkennen.

```
public class ConcreteCalculator : ICalculator
{
    public int Add(int x, int y)
    {
        Console.WriteLine("Add(x={0}, y={1})", x, y);

        var addition = x + y;

        Console.WriteLine("Ergebnis={0}", addition);

        return addition;
    }
}
```

List. 5–23 Protokollierungscode macht es schwer, die eigentliche Aufgabe von Methoden zu erkennen.

Statt den Protokollierungscode über die ganze Anwendung zu verteilen, können Sie ihn auf eine Assembly beschränken, die Logging-Decorator (Protokollierungs-Dekorierer) implementiert. Listing 5–24 zeigt ein Beispiel.

```
public class LoggingCalculator : ICalculator
{
    public LoggingCalculator(ICalculator calculator)
    {
        this.calculator = calculator;
    }

    public int Add(int x, int y)
    {
        Console.WriteLine("Add(x={0}, y={1})", x, y);

        var result = calculator.Add(x, y);

        Console.WriteLine("Ergebnis={0}", result);

        return result;
    }

    private readonly ICalculator calculator;
}
// . . .
public class ConcreteCalculator : ICalculator
{
    public int Add(int x, int y)
    {
        return x + y;
    }
}
```

List. 5–24 Ein Logging-Decorator lagert den Protokollierungscode aus, was die Hauptimplementierung vereinfacht

Clients der Schnittstelle `ICalculator` übergeben verschiedene Argumente und einige der Methoden liefern Rückgabewerte. Weil `LoggingCalculator` in der Lage ist, diese Artefakte abzufangen, kann er sie direkt auswerten.

Beim Einsatz von Logging-Decoratoren gilt es einige Einschränkungen zu beachten. Erstens bleiben alle privaten Zustandsdaten, die in der dekorierten Klasse gespeichert sind, für den Logging-Decorator unerreichbar. Er ist daher nicht in der Lage, auf diese Zustandsdaten zuzugreifen und sie in ein Protokoll zu schreiben. Zweitens müssen Sie für jede Schnittstelle in der Anwendung einen Logging-Decorator erstellen – der Aufwand wäre erheblich. Bei einer so häufig benötigten Aufgabe wie der Protokollierung ist es sinnvoller, sie als Protokollierungsaspekt zu implementieren. Die aspektorientierte Programmierung (Aspect-Oriented Programming, AOP) wurde in Kapitel 2 behandelt.

Profiling-Decorator

Ein Hauptgrund, das .NET Framework als Zielplattform bei der Entwicklung einer Anwendung zu wählen, besteht darin, dass es sich gut für eine schnelle Anwendungsentwicklung (Rapid Application Development, RAD) eignet. Sie brauchen wesentlich weniger Zeit, um eine lauffähige Anwendung zu entwickeln, als in einer maschinennäheren Sprache wie zum Beispiel C++. Dafür gibt es mehrere Gründe, darunter die automatische Speicherverwaltung des .NET Frameworks, die umfangreiche und vielseitige Liste der verfügbaren Bibliotheken und das .NET Framework selbst. C# wird oft als schnell bei der Entwicklung, aber langsam während der Laufzeit eingestuft. C++ hat dagegen den Ruf, langsam in der Entwicklung, aber schnell während der Laufzeit zu sein.

Das .NET Framework kann sehr schnell sein, aber es kommt durchaus vor, dass Leistungsengpässe auftreten. Wie finden Sie heraus, welcher Teil des Codes langsam ist? Indem Sie ein *Profiling* der Methoden Ihrer Anwendung ausführen, sammeln Sie Statistiken darüber, welche Teile des Codes langsamer sind als andere. Als Beispiel soll der Code in Listing 5–25 dienen.

```
public class SlowComponent : IComponent
{
    public SlowComponent()
    {
        random = new Random((int)DateTime.Now.Ticks);
    }

    public void Something()
    {
        for(var i = 0; i<100; ++i)
        {
            Thread.Sleep(random.Next(i) * 10);
        }
    }

    private readonly Random random;
}
```

List. 5–25 Dieser Code ist (absichtlich und künstlich) langsam

In diesem Beispiel ist die Methode `Something` der Komponente sehr langsam. Die Bedeutung von *langsam* und *schnell* ist natürlich relativ. In diesem Fall definieren wir eine Methode als langsam, wenn sie über 1 Sekunde läuft. Wie können Sie feststellen, ob eine Methode langsam ist? Sie können die Methode messen und ermitteln, wie lange sie von Anfang bis Ende braucht. Listing 5–26 zeigt, wie eine solche Messung aussehen kann.

```
public class SlowComponent : IComponent
{
    public SlowComponent()
    {
        random = new Random((int)DateTime.Now.Ticks);
        stopwatch = new Stopwatch();
    }

    public void Something()
    {
        stopwatch.Start();
        for(var i = 0; i<100; ++i)
        {
            System.Threading.Thread.Sleep(random.Next(i) * 10);
        }
        stopwatch.Stop();
        Console.WriteLine("Die Methode lief {0} Sekunden",
          stopwatch.ElapsedMilliseconds / 1000);
    }

    private readonly Random random;
    private readonly Stopwatch stopwatch;
}
```

List. 5–26 Die Klasse `System.Diagnostics.Stopwatch` kann messen, wie lange die Ausführung einer Methode dauert

Hier wird die Klasse `Stopwatch` aus der Assembly `System.Diagnostics` benutzt, um zu messen, wie lange die Methode von Anfang bis Ende läuft. Die Methode `Something` der Klasse startet die Zeitmessung am Anfang der Methode und hält sie vor dem Rücksprung wieder an.

Natürlich kann das in einen Profiling-Decorator ausgelagert werden. Die ganze Schnittstelle wird dekoriert und Sie starten die Zeitmessung, bevor Sie den Aufruf an die dekorierte Instanz delegieren. Sobald die delegierte Methode zurückkehrt, halten Sie die Zeitmessung wieder an, bevor die Methode zum aufrufenden Client zurückkehrt. Listing 5–27 zeigt den Code für diesen Profiling-Decorator.

```
public class ProfilingComponent : IComponent
{
    public ProfilingComponent(IComponent decoratedComponent)
    {
```

```
        this.decoratedComponent = decoratedComponent;
        stopwatch = new Stopwatch();
    }

    public void Something()
    {
        stopwatch.Start();
        decoratedComponent.Something();
        stopwatch.Stop();
        Console.WriteLine("Die Methode lief {0} Sekunden",
          stopwatch.ElapsedMilliseconds / 1000);
    }

    private readonly IComponent decoratedComponent;
    private readonly Stopwatch stopwatch;
}
```

List. 5–27 Der Code des Profiling-Decorators

Es gibt eine weitere Änderung, die Sie an der Klasse `ProfilingComponent` vornehmen können: Sorgen Sie dafür, dass das Profiling transparent protokolliert. Zuerst müssen Sie den `Stopwatch`-Code hinter eine Schnittstelle verlagern, damit Sie mehrere Implementierungen zur Verfügung stellen können, also auch Decorator. Das ist häufig der erste Schritt, wenn Sie eine Refaktorierung durchführen, die eine bessere Trennung der Verantwortungsbereiche zum Ziel hat. Listing 5–28 zeigt diesen Zwischenschritt.

```
public class ProfilingComponent : IComponent
{
    public ProfilingComponent(IComponent decoratedComponent, IStopwatch stopwatch)
    {
        this.decoratedComponent = decoratedComponent;
        this.stopwatch = stopwatch;
    }

    public void Something()
    {
        stopwatch.Start();
        decoratedComponent.Something();
        var elapsedMilliseconds = stopwatch.Stop();
        Console.WriteLine("Die Methode lief {0} Sekunden",
          elapsedMilliseconds / 1000);
    }

    private readonly IComponent decoratedComponent;
    private readonly IStopwatch stopwatch;
}
```

List. 5–28 Bevor Sie einen Decorator implementieren können, müssen Sie konkrete Implementierungen durch Schnittstellen ersetzen

Die Klasse ProfilingComponent hängt nun nicht mehr direkt von der Klasse System.Diagnostics.Stopwatch ab und Sie können die Implementierung der IStopwatch-Klasse abändern. Indem Sie einen LoggingStopwatch-Decorator erstellen (Listing 5–29), stellen Sie allen künftigen IStopwatch-Implementierungen Protokollierungsfunktionen zur Verfügung.

```
public class LoggingStopwatch : IStopwatch
{
    public LoggingStopwatch(IStopwatch decoratedStopwatch)
    {
        this.decoratedStopwatch = decoratedStopwatch;
    }

    public void Start()
    {
        decoratedStopwatch.Start();
        Console.WriteLine("Stoppuhr gestartet...");
    }

    public long Stop()
    {
        var elapsedMilliseconds = decoratedStopwatch.Stop();
        Console.WriteLine("Stoppuhr angehalten nach {0} Sekunden",
          TimeSpan.FromMilliseconds(elapsedMilliseconds).TotalSeconds);
        return elapsedMilliseconds;
    }

    private readonly IStopwatch decoratedStopwatch;
}
```

List. 5–29 Der LoggingStopwatch-Decorator ist eine IStopwatch-Implementierung, die protokolliert und delegiert

Natürlich brauchen Sie eine normale Implementierung der Schnittstelle IStopwatch, die als tatsächliche Stoppuhr agiert. Dazu brauchen Sie lediglich an die .NET Framework-Klasse System.Diagnostics.Stopwatch zu delegieren (Listing 5–30).

```
public class StopwatchAdapter : IStopwatch
{
    public StopwatchAdapter(Stopwatch stopwatch)
    {
        this.stopwatch = stopwatch;
    }

    public void Start()
    {
        stopwatch.Start();
    }
```

```
    public long Stop()
    {
        stopwatch.Stop();
        var elapsedMilliseconds = stopwatch.ElapsedMilliseconds;
        stopwatch.Reset();
        return elapsedMilliseconds;
    }

    private readonly Stopwatch stopwatch;
}
```

List. 5–30 Die primäre IStopwatch-Implementierung verwendet die Klasse Stopwatch

Sie hätten IStopwatch auch als abgeleitete Klasse der Klasse System.Diagnostics.Stopwatch implementieren und die vorhandenen Start- und Stop-Methoden verwenden können. Die Methode Start setzt die letzte Messung fort, falls die Zeitmessung vorher angehalten wurde, daher müssen Sie nach dem Aufruf von Stop erst den Wert der Eigenschaft ElapsedMilliseconds auslesen und dann Reset aufrufen. Dies ist ein weiteres Beispiel für das Adapter-Pattern.

Asynchronous-Decorator

Asynchrone Methoden laufen in einem anderen Thread als der Client. Das ist nützlich, wenn die Ausführung einer Methode lange dauert, denn während der synchronen Ausführung ist der Client blockiert, bis die aufgerufene Methode zurückkehrt. In einer Desktopanwendung, die auf Windows Presentation Foundation (WPF) und dem MVVM-Pattern (Model-View-ViewModel) aufsetzt, sind zum Beispiel die Viewmodels an den View gebunden und jeder ausgeführte Befehl wird synchron von diesen Viewmodels *im Benutzeroberflächen-Thread* verarbeitet. In der Praxis heißt das, dass ein lang laufender Befehl die Benutzeroberfläche so lange blockiert, bis die Verarbeitung des Befehls beendet ist. Listing 5–31 zeigt einen Ausschnitt dieses Verhaltens.

```
public class MainWindowViewModel : INotifyPropertyChanged
{
    public MainWindowViewModel(IComponent component)
    {
        this.component = component;
        calculateCommand = new RelayCommand(Calculate);
    }

    public string Result
    {
        get
        {
            return result;
```

```
            }
            private set
            {
                if (result != value)
                {
                    result = value;
                    PropertyChanged(this, new PropertyChangedEventArgs("Result"));
                }
            }
        }

        public ICommand CalculateCommand
        {
            get
            {
                return calculateCommand;
            }
        }

        public event PropertyChangedEventHandler PropertyChanged = delegate { };

        private void Calculate(object parameter)
        {
            Result = "Verarbeitung...";
            component.Process();
            Result = "Fertig!";
        }

        private string result;
        private IComponent component;
        private RelayCommand calculateCommand;
    }
```

List. 5–31 Befehle, die im Benutzeroberflächen-Thread verarbeitet werden, blockieren ihn und lassen die Benutzeroberfläche einfrieren

Indem Sie einen Asynchronous-Decorator (asynchroner Dekorierer) erstellen, können Sie veranlassen, dass die aufgerufene Methode in einem separaten Thread ausgeführt wird. Dazu delegieren Sie die Arbeit an die Klasse `Task`, von der Ihr Decorator abhängig wird (Listing 5–32).

```
public class AsyncComponent : IComponent
{
    public AsyncComponent(IComponent decoratedComponent)
    {
        this.decoratedComponent = decoratedComponent;
    }
```

```
    public void Process()
    {
        Task.Run((Action)decoratedComponent.Process);
    }

    private readonly IComponent decoratedComponent;
}
```

List. 5–32 Ein Asynchronous-Decorator, der an die Klasse `Task` delegiert

Die Klasse `AsyncComponent` hat ein Problem: Ihre Abhängigkeit von der Klasse `Task` ist implizit, daher ist es schwierig, diese Klasse zu testen. Unit-Tests mit statischen Abhängigkeiten sind schwierig zu programmieren, daher sollten Sie diesen *Lufthaken* durch einen *Kran* ersetzen.

Einschränkungen von Asynchronous-Decoratorn

Nicht alle Methoden können das Decorator-Pattern nutzen, um asynchrone Versionen bereitzustellen, von denen die Clients nichts wissen. Die einzigen asynchronen Methoden, bei denen dieser Ansatz zulässig ist, sind sogenannte *Fire-and-forget*-Methoden.

Eine Fire-and-forget-Methode hat keinen Rückgabewert und die Clients brauchen nicht zu wissen, wann eine solche Methode zurückkehrt. Wenn sie als Asynchronous-Decorator implementiert wird, *können* die Clients gar nicht wissen, wenn ein Methodenaufruf tatsächlich beendet ist, weil der Aufruf sofort zurückkehrt, während die eigentliche Arbeit wahrscheinlich noch erledigt wird.

Request-response-Methoden (»Anforderung-Antwort«) sind häufig eingesetzte Datenabrufmethoden, bei denen eine asynchrone Implementierung oft sehr nützlich ist, weil sie meist lange brauchen und den Benutzeroberflächen-Thread blockieren. Clients müssen wissen, dass die Methode asynchron ist, damit sie explizit so programmiert werden, einen Rückruf entgegenzunehmen, sobald die asynchrone Methode abgeschlossen ist. Daher können Sie Request-response-Methoden nicht mit Asynchronous-Decoratoren implementieren.

Decorator für Eigenschaften und Ereignisse

Sie haben erfahren, wie Sie die Methoden einer Schnittstelle dekorieren, aber wie steht es mit Eigenschaften und Ereignissen? Beide syntaktische Elemente können Sie ebenfalls dekorieren, solange Sie keine automatischen Eigenschaften oder Ereignisse verwenden: Sie müssen beide explizit definieren, um sie richtig dekorieren zu können.

Listing 5–33 zeigt, wie eine Eigenschaft manuell erstellt wird. Aber statt ein zugehöriges Feld zu verwenden, delegiert dieser Code sowohl für den Getter als auch den Setter an die dekorierte Instanz der Schnittstelle.

```
public class ComponentDecorator : IComponent
{
    public ComponentDecorator(IComponent decoratedComponent)
    {
        this.decoratedComponent = decoratedComponent;
    }

    public string Property
    {
        get
        {
            // Hier können wir etwas ändern, nachdem wir den Wert abgerufen haben.
            return decoratedComponent.Property;
        }
        set
        {
            // Und/oder hier, bevor wir den Wert eintragen.
            decoratedComponent.Property = value;
        }
    }

    private readonly IComponent decoratedComponent;
}
```

List. 5–33 Eigenschaften können genauso wie Methoden das Decorator-Pattern nutzen

Listing 5–34 zeigt, wie ein Ereignis manuell erstellt wird, statt ein zugehöriges Feld zu verwenden. Sowohl das `add`- als auch das `remove`-Member in diesem Code delegiert an die dekorierte Instanz der Schnittstelle.

```
public class ComponentDecorator : IComponent
{
    public ComponentDecorator(IComponent decoratedComponent)
    {
        this.decoratedComponent = decoratedComponent;
    }

    public event EventHandler Event
    {
        add
        {
            // Hier können wir etwas tun, wenn der Ereignishandler registriert wird.
            decoratedComponent.Event += value;
        }
        remove
        {
            // Und/oder hier, wenn der Ereignishandler deregistriert wird.
            decoratedComponent.Event -= value;
```

```
        }
    }

    private readonly IComponent decoratedComponent;
}
```

List. 5–34 Ereignisse können ebenfalls das Decorator-Pattern nutzen

Verwenden des Strategy-Patterns statt *switch*

Um zu verstehen, wann das Strategy-Pattern am besten angewendet wird, können Sie sich Fälle bedingter Verzweigungen ansehen. Immer wenn Sie `switch`-Anweisungen benutzen, können Sie den Client mit dem Strategy-Pattern vereinfachen und auf diese Weise Komplexität an die Schnittstellen delegieren, von denen er abhängig ist. Listing 5–35 zeigt ein Beispiel für eine `switch`-Anweisung, die Sie durch das Strategy-Pattern ersetzen können.

```
public class OnlineCart
{
    public void CheckOut(PaymentType paymentType)
    {
        switch(paymentType)
        {
            case PaymentType.CreditCard:
                ProcessCreditCardPayment();
                break;
            case PaymentType.Paypal:
                ProcessPaypalPayment();
                break;
            case PaymentType.GoogleCheckout:
                ProcessGooglePayment();
                break;
            case PaymentType.AmazonPayments:
                ProcessAmazonPayment();
                break;
        }
    }

    private void ProcessCreditCardPayment()
    {
        Console.WriteLine("Kreditkartenzahlung gewählt");
    }

    private void ProcessPaypalPayment()
    {
        Console.WriteLine("Paypal-Zahlung gewählt");
    }
```

```
    private void ProcessGooglePayment()
    {
        Console.WriteLine("Google Payment-Zahlung gewählt");
    }

    private void ProcessAmazonPayment()
    {
        Console.WriteLine("Amazon Payment-Zahlung gewählt");
    }
}
```

List. 5–35 Diese Methode verwendet eine `switch`-Anweisung, aber das Strategy-Pattern wäre adaptiver

In diesem Beispiel zeigt die Klasse in jedem Zweig der `switch`-Anweisung ein anderes Verhalten. Das verursacht Probleme bei der Codewartung, weil Sie die Klasse verändern müssen, wenn Sie eine neue `case`-Option hinzufügen wollen. Wenn Sie stattdessen jede `case`-Anweisung durch eine neue Implementierung einer Schnittstelle ersetzen, können einfach weitere Implementierungen erstellt werden, um die neuen Funktionen zu kapseln. Der Client braucht dann nicht geändert zu werden. Listing 5–36 zeigt diese Vorgehensweise.

```
public class OnlineCart
{
    public OnlineCart()
    {
        paymentStrategies = new Dictionary<PaymentType, IPaymentStrategy>();
        paymentStrategies.Add(PaymentType.CreditCard, new PaypalPaymentStrategy());
        paymentStrategies.Add(PaymentType.GoogleCheckout,
          new GoogleCheckoutPaymentStrategy());
        paymentStrategies.Add(PaymentType.AmazonPayments,
          new AmazonPaymentsPaymentStrategy());
        paymentStrategies.Add(PaymentType.Paypal, new PaypalPaymentStrategy());
    }

    public void CheckOut(PaymentType paymentType)
    {
        paymentStrategies[paymentType].ProcessPayment();
    }

    private IDictionary<PaymentType, IPaymentStrategy> paymentStrategies;
}
```

List. 5–36 Nachdem die `switch`-Anweisung ersetzt wurde, ist es viel einfacher, den Client anzupassen

Ganz im Sinn der objektorientierten Programmierung hat dieser Code die unterschiedlichen Zahlungsverfahren in verschiedene Klassen gekapselt, die jeweils die Schnittstelle `IPaymentStrategy` implementieren. In diesem Beispiel verwaltet die Klasse `OnlineCart` ein privates Dictionary, das jedem Wert der Enumeration `PaymentType` eine Instanz dieser Schnittstelle zuordnet. Das vereinfacht die Methode `CheckOut` ganz erheblich. Die `switch`-Anweisung ist verschwunden, und damit auch die Details, wie die einzelnen Zahlungsverfahren verarbeitet werden. Die Klasse `OnlineCart` braucht nicht zu wissen, wie die Zahlungen abgewickelt werden; die Abläufe bei den verschiedenen Zahlungsverfahren würden sich ja stark voneinander unterscheiden und viele unnötige Abhängigkeiten in diese Klasse einführen. Jetzt beschränkt sich die Aufgabe der Klasse darauf, das richtige Objekt für das gewählte Zahlungsverfahren auszuwählen und die Verarbeitung dorthin zu delegieren.

Es wird immer noch ein gewisser Wartungsaufwand fällig, wenn neue Zahlungsverfahren hinzukommen sollen. Wenn Sie beispielsweise Unterstützung für WePay hinzufügen wollen, müssen Sie den Konstruktor so ändern, dass er die neue Klasse `WePayPaymentStrategy` dem Enumerationswert `WePay` zuordnet.

Zusammenfassung

Das Single-Responsibility-Prinzip (SRP) verbessert die Anpassungsfähigkeit von Code sehr stark. Im Vergleich zu ähnlichem Code, der diesem Prinzip nicht folgt, führt SRP-kompatibler Code zu mehr Klassen, die kleiner und zielgerichteter sind. Wo Sie andernfalls eine einzelne Klasse oder eine Klassenfamilie mit gegenseitigen Abhängigkeiten und verflochtenen Verantwortungsbereich hätten, bringt SRP Ordnung und Klarheit.

Sie verwirklichen das SRP in erster Linie dadurch, dass Sie Code hinter Schnittstellen abstrahieren und die Verantwortung für die benötigten Funktionen an die Implementierung delegieren, die sich während der Laufzeit hinter der jeweiligen Schnittstelle befindet. Manche Entwurfs-Patterns eignen sich hervorragend, um die strikten Vorgaben des SRPs umzusetzen, vor allem das Adapter- und das Decorator-Pattern. Dank des Adapter-Patterns kommen weite Teile Ihres Codes mit internen Verweisen auf Schnittstellen aus, die direkt Ihrer Kontrolle unterliegen, obwohl sie in Wirklichkeit auf eine Fremdherstellerbibliothek zurückgreifen. Das Decorator-Pattern können Sie immer anwenden, wenn einige Funktionen einer Klasse ausgelagert werden müssen, sie aber zu eng mit der Aufgabe der Klasse verflochten sind, um völlig eigenständig implementiert zu werden.

Was dieses Kapitel nicht angesprochen hat, ist die Frage, wie all diese Klassen während der Laufzeit verwaltet werden. Es wurde davon ausgegangen, dass Sie einfach Schnittstellen an Konstruktoren übergeben. Kapitel 9 vertieft dieses Thema und stellt eine Vielzahl von Möglichkeiten vor, wie Sie dabei vorgehen können.

Kapitel 6

Das Open/Closed-Prinzip

Am Ende dieses Kapitels werden Sie in der Lage sein, die folgenden Aufgaben durchzuführen:

- Beschreiben der unterschiedlichen Interpretationen des Open/Closed-Prinzips
- Behandeln von SOLID-Code als unveränderbar
- Vergleichen der unterschiedlichen Mechanismen für Klassenerweiterungspunkte
- Verwenden geschützter Variation als Richtlinie für Erweiterungspunkte

Die scheinbar widersprüchliche Natur des Open/Closed-Prinzips (OCP, Offen/Geschlossen-Prinzip) verursacht oft Verwirrung. Sein prägnanter Name suggeriert Code, der freizügig, aber gleichzeitig restriktiv ist. Die unterschiedlichen Variationen der Definition verstärken die Verwirrung noch weiter.

Es wäre falsch von mir, eine Definition herauszugreifen und ihr den Vorzug gegenüber allen anderen zu geben. Stattdessen vergleicht dieses Kapitel die einzelnen Definitionen mit ihren jeweiligen Konsequenzen und versucht, den Kern des Prinzips herauszuarbeiten. Das Ziel ist eine äußerst nützliche Richtlinie, die Ihnen hilft, Code zu schreiben, der adaptiver ist und sich somit einfacher an spätere Änderungen anpassen lässt.

Einführung in das Open/Closed-Prinzip

Wir müssen zwei Definitionen des Open/Closed-Prinzips untersuchen, die ursprüngliche Version aus den 1980er Jahren und eine modernere Definition. Die modernere versucht die ältere zu erweitern, indem sie mehr Kontext gibt und den Geltungsbereich des Prinzips klarstellt.

Die Meyer-Definition

Bertrand Mayer definiert das Open/Closed-Prinzip (OCP) in seinem 1988 erschienenen Buch *Object-Oriented Software Construction* (Prentice Hall, 1988) folgendermaßen:

> *Softwareentitäten sollten für Erweiterungen offen, aber für Modifikationen geschlossen sein.*
>
> *–Bertrand Meyer*

Die Meyer-Definition ist die am häufigsten zitierte Definition des Prinzips, aber es gibt noch eine zweite: die Martin-Definition.

Die Martin-Definition

Robert C. Martin hat das OCP über etliche Jahre hinweg in vielen unterschiedlichen Texten definiert. Hier eine ausführlichere Version, die den Unterschied zum knapp formulierten Original besonders deutlich macht:

> *»Offen für Erweiterungen«: Das bedeutet, dass das Verhalten des Moduls erweitert werden kann. Wenn sich die Anforderungen an die Anwendung verändern, können wir das Modul durch neue Verhaltensweisen erweitern, um diese Änderungswünsche zu befriedigen. Anders ausgedrückt: Wir können ändern, was das Modul tut.*
>
> *»Geschlossen für Modifikation«: Wenn Sie das Verhalten eines Moduls erweitern, hat das keine Änderungen an Quell- oder Binärcode des Moduls zur Folge. Die ausführbare Binärdatei des Moduls, sei es eine verlinkte Bibliothek, eine DLL oder ein Java-.jar, wird nicht angefasst.*
>
> *– Robert C. Martin, Agile Software Development: Principles, Patterns, and Practices (Prentice Hall, 2003)*

Zu beiden Seiten des Open/Closed-Prinzips erklärt Martin im Einzelnen, was die Schlüsselbegriffe in der Meyer-Definition bedeuten. Um offen für Erweiterungen zu sein, müssen Entwickler laut Martin in der Lage sein, auf geänderte Anforderungen zu reagieren und neue Features zu unterstützen. Diese Ziele müssen erreicht werden, obwohl Module für Modifikationen geschlossen sind. Entwickler müssen neue Funktionen zur Verfügung stellen, ohne den Quellcode (oder eine kompilierte Assembly) der vorhandenen Module zu bearbeiten.

Bevor dieses Kapitel beschreibt, wie das möglich ist, sollte ich erwähnen, dass manchmal Ausnahmen von der strikten »Geschlossen für Modifikation«-Regel des OCPs geltend gemacht werden: Änderungen zum Korrigieren von Bugs oder Fehlern sowie Änderungen, die vorgenommen werden können, ohne dass irgendein Client etwas davon merkt.

Fehlerkorrekturen

Bugs sind ein alltägliches Problem in Software und es ist unmöglich, sie völlig auszumerzen. Wenn sie auftauchen, müssen Sie reagieren, indem Sie den fehlerhaften Code korrigieren. Natürlich hat das die Modifikation einer vorhandenen Klasse zur Folge, jedenfalls sofern Sie die Klasse nicht duplizieren und die Korrektur in der neuen Version implementieren wollen. Das klingt unnötig kompliziert und widerspricht dem Prinzip, im Zweifelsfall dem Pragmatismus Vorzug gegenüber der hehren Theorie zu geben.

Der zweistufige Prozess zum Korrigieren eines Bugs sieht folgendermaßen aus:

1. Schreiben Sie einen fehlschlagenden Unit-Test und/oder Integrationstest, der konkret den Bug aufdeckt. Es sind verlässliche und reproduzierbare Schritte nötig, um die Bedingungen herzustellen, unter denen der Fehler auftritt. In Bezug auf die AAA-Syntax eines Unit-Tests müssen Sie das getestete System (System Under Test, SUT) in der *Arrange*-Phase so einrichten, dass es sich in dem Zustand befindet, in dem der Defekt auftritt. Dann führen Sie in der *Act*-Phase eine bestimmte Aktion aus, in der sich der Fehler zeigt. Und schließlich prüfen Sie in der *Assert*-Phase, ob das *erwartete* Verhalten aufgetreten ist. Wenn Sie einen solchen Test schreiben, schlägt er anfangs fehl. Das demonstriert erneut, dass alle Bugs das Ergebnis fehlender Tests sind. Ist ein Test vorhanden, der den Defekt abfängt, schlägt der Test und in Folge auch der Build auf dem Buildserver fehl (sofern kontinuierliche Integration eingesetzt wird).
2. Sie *ändern* den Quellcode so, dass der Unit-Test erfolgreich ist. An dieser Stelle müssen Sie eine Ausnahme vom OCP beantragen, weil Sie andernfalls keinen vorhandenen Code verändern dürften. Indem Sie das getestete System bearbeiten, bringen Sie den fehlschlagenden Test von Rot (fehlgeschlagen) nach Grün (erfolgreich). Wenn Sie sicherstellen, dass keine anderen Tests aufgrund von Nebenwirkungen fehlschlagen, ist der Bug korrigiert.

Lose Kopplung

Eine umfassendere Ausnahme von der »Geschlossen für Modifikation«-Regel ist, dass alle Änderungen an vorhandenem Code erlaubt sind, solange dies keine Änderung an irgendeinem Client dieses Codes erforderlich macht. Dabei ist wichtig, wie die Softwaremodule auf allen Ebenen gekoppelt sind: zwischen Klassen und Klassen, Assemblys und Assemblys sowie Subsystemen und Subsystemen.

Falls eine Änderung in einer Klasse eine Änderung in einer anderen erzwingt, sind die beiden *eng* gekoppelt (engl. tightly coupled). Wenn eine Klasse dagegen isoliert verändert werden kann, ohne dass dies Änderungen in anderen Klassen erforderlich macht, sind diese Klassen *lose* gekoppelt (engl. loosely coupled). Die lose Kopplung ist immer und überall besser. Das OCP hat nur beschränkte Auswirkungen, wenn Sie eine lose Kopplung sicherstellen und Veränderungen an vorhandenem Code erlauben, sofern sie keine weiteren Änderungen an Clients nach sich ziehen.

Erweiterungspunkte

Nachdem die »Geschlossen für Modifikation«-Regel des OCPs klarer ist, sehen wir uns die »Offen für Erweiterung«-Regel an. Klassen, die dem OCP folgen, sollten eine Erweiterung ermöglichen, indem sie definierte Erweiterungspunkte (engl. extension points) bereitstellen, an denen künftige Funktionen sich in den vorhandenen Code einhaken und neue Verhaltensweisen zur Verfügung stellen können.

Dieser Abschnitt stellt einige Möglichkeiten für unterschiedliche Arten von Erweiterungspunkten vor und beschreibt ihre jeweiligen Vor- und Nachteile. Die Beispiele setzen auf dem `TradeProcessor`-Beispiel aus dem letzten Kapitel auf, diesmal konzentrieren sie sich aber auf die Interaktion des Clients mit der Klasse.

Code ohne Erweiterungspunkte

Wie sieht Code aus, wenn er keine Erweiterungspunkte hat? Abbildung 6–1 zeigt, was passiert, wenn eine Klasse, die nicht über Erweiterungspunkte verfügt, neue Funktionen benötigt.

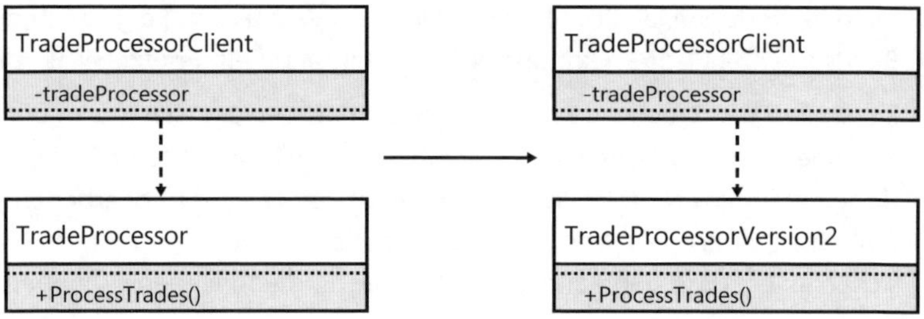

Abb. 6–1 Wenn es keine Erweiterungspunkte gibt, müssen die Clients geändert werden

Der Client `TradeProcessorClient` hängt direkt von der Klasse `TradeProcessor` ab. Sie bekommen nun eine neue Anforderung, für die es notwendig ist, Änderungen in der Klasse `TradeProcessor` vorzunehmen. Ohne die ursprüngliche Klasse zu verändern, erstellen Sie eine neue Version (`TradeProcessorVersion2`), die den Funktionsumfang enthält, der in Ihrer neuen Anforderung beschrieben ist. Weil der Client direkt von der Klasse `TradeProcessor` abhängt und diese Klasse keine Erweiterungspunkte bietet, müssen Sie die neuen Funktionen in eine neue Klasse packen. Als Folge muss `TradeProcessorClient` so angepasst werden, dass er von der neuen Version der Klasse abhängt.

Wenn Sie Änderungen an vorhandenem Code erlauben, sofern das keine Auswirkung auf den Client hat, bräuchten Sie wahrscheinlich keine ganz neue Version von `TradeProcessor` zu erstellen. Sofern sich aber die Signatur der Methode `ProcessTrades` verändert, bleibt es nicht bei einer einfachen Implementierungsänderung in der Klasse, Sie müssten dann auch eine Schnittstelle verändern. Alle Schnittstellenänderungen erzwingen Änderungen am Client, weil die Clients immer eng an die Schnittstellen ihrer Dienste gekoppelt sind.

Virtuelle Methoden

Eine alternative Implementierung der Klasse `TradeProcessor` enthält einen Erweiterungspunkt: Die Methode `ProcessTrades` ist *virtuell*. Abbildung 6–2 zeigt, wie die drei Klassen jetzt angeordnet sind.

Jede Klasse, die mindestens eines ihrer Member als virtuell kennzeichnet, öffnet sich für Erweiterungen. Diese Art der Erweiterung arbeitet mit Implementierungsvererbung. Wenn Ihre Anforderung nach einer neuen Funktion in der Klasse `TradeProcessor` ankommt, können Sie eine Klasse von der vorhandenen `TradeProcessor` ableiten und dort die Methode `ProcessTrades` ändern, ohne den Quellcode der Basisklasse anzufassen.

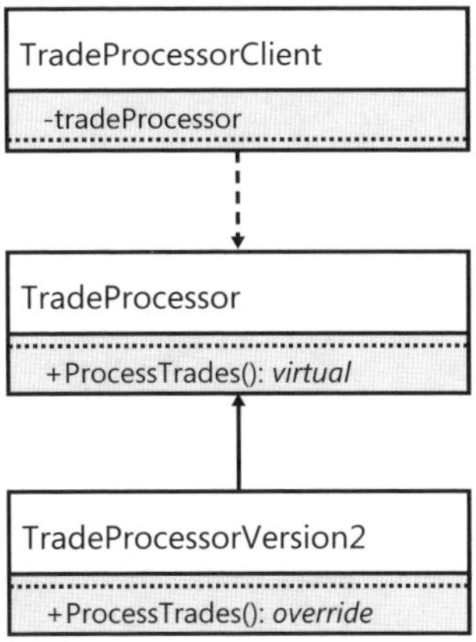

Abb. 6–2 Der Client hängt von der Klasse `TradeProcessor` ab, die über Vererbung erweitert werden kann

`TradeProcessorClient` braucht in diesem Fall nichts von der Änderung zu erfahren, weil Sie Polymorphie nutzen können, um dem Client die neue Version von `TradeProcessor` zur Verfügung zu stellen. Der Client ruft die Implementierung der Methode `ProcessTrades` auf, die sich in der abgeleiteten Klasse befindet.

Allerdings gibt es einige Beschränkungen bei den Möglichkeiten für Ihre Neuimplementierungen. Sie haben Zugriff auf die Basisklasse (Sie können also `TradeProcessor.ProcessTrades` aufrufen), können aber keine einzelnen Zeilen in der ursprünglichen Methode ändern. Entweder rufen Sie die ursprüngliche Methode komplett auf, wobei Sie die neue Funktion vor oder nach dem Aufruf implementieren, oder Sie implementieren die Methode ganz neu. Bei einer virtuellen Methode gibt es keine Zwischenlösung. Denken Sie daran, dass abgeleitete Klassen nur auf Member ihrer Basisklasse Zugriff haben, die als geschützt (`protected`) markiert sind. Wurde `TradeProcessor` mit vielen privaten Membern erstellt, haben Sie darauf keinen Zugriff und eine Änderung in der ursprünglichen Klasse wird natürlich vom OCP verboten.

Abstrakte Methoden

Ein flexibler Erweiterungspunkt, der von der Implementierungsvererbung Gebrauch macht, ist eine *abstrakte* Methode (`abstract`). In diesem Fall ist `TradeProcessor` eine abstrakte Klasse, die eine öffentliche Methode namens `ProcessTrades` definiert. Diese Methode delegiert die Arbeit für den Verarbeitungsalgorithmus an drei geschützte, abstrakte Methoden. Der Client weiß nichts von diesen geschützten Methoden und weil sie abstrakt sind, wird keine Implementierung bereitgestellt. Abbildung 6–3 zeigt die Beziehungen zwischen den beteiligten Klassen.

Es werden zwei Versionen der Verarbeitungsklasse bereitgestellt. Beide erben die Methode `ProcessTrades` direkt von der abstrakten Basisklasse und beide stellen eine eigene Implementierung für die abstrakten Methoden bereit. Der Client hängt von der abstrakten Basisklasse ab, daher kann ihm jede der beiden abgeleiteten Klassen (oder eine neu abgeleitete Klasse, falls neue Anforderungen auftauchen) zur Verfügung gestellt werden. Das OCP wird dabei eingehalten.

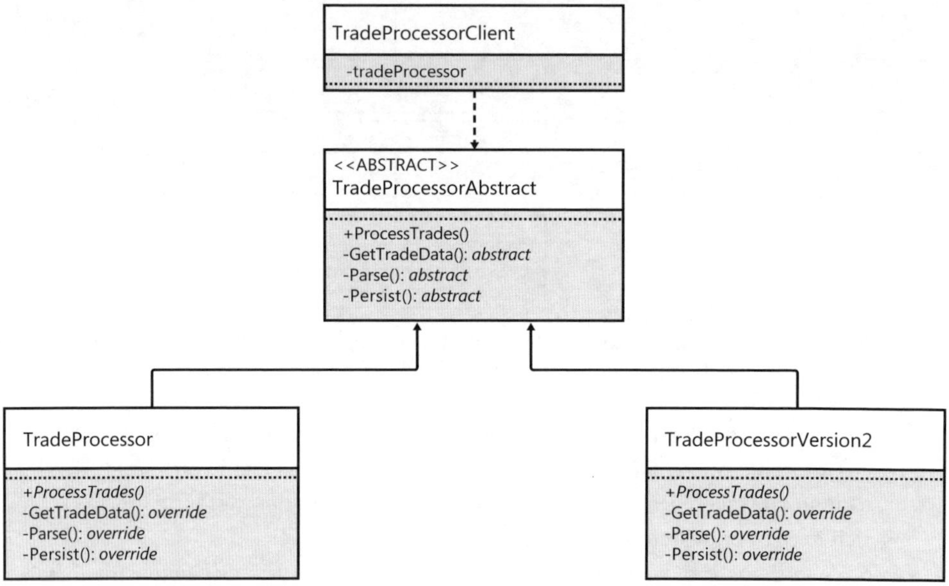

Abb. 6–3 Abstrakte Methoden stellen Erweiterungspunkte für später abgeleitete Klassen zur Verfügung

Dies ist ein Beispiel für das *Template-Method-Pattern* (Vorlagen-Methoden-Muster), bei dem ein Algorithmus modelliert wird, aber seine allgemeinen Schritte angepasst werden können, weil sie an abstrakte Methoden delegiert werden. Die Basisklasse delegiert die Einzelschritte des Prozesses an die abgeleiteten Klassen.

Schnittstellenvererbung

Die letzte Art von Erweiterungspunkt, die in diesem Kapitel vorgestellt wird, ist die Alternative zur Implementierungsvererbung: Schnittstellenvererbung (engl. interface inheritance). Hier wird die Abhängigkeit des Clients von einer Klasse durch die inzwischen vertraute Delegierung an eine *Schnittstelle* ersetzt. Abbildung 6–4 zeigt die Abhängigkeit des Clients von der Schnittstelle, für die zwei Implementierungen zur Verfügung stehen.

Die Schnittstellenvererbung ist der Implementierungsvererbung vorzuziehen. Bei der Implementierungsvererbung sind alle abgeleiteten Klassen (aktuell vorhandene oder in

Zukunft erstellte) *Clients*. Das verhindert eine Modifikation, weil abgeleitete Klassen bei der Implementierungsvererbung auch von der *Implementierung* abhängen. Alle Änderungen an der Implementierung erzwingen daher unter Umständen Änderungen am Client. Das stützt die Empfehlung, Komposition den Vorzug gegenüber der Vererbung zu geben und die Vererbungshierarchien flach zu halten, mit wenigen Ebenen in der Vererbungshierarchie. Wird ein Member ganz oben in der Vererbungshierarchie hinzugefügt, wirkt sich diese Änderung auf alle Mitglieder der Hierarchie aus.

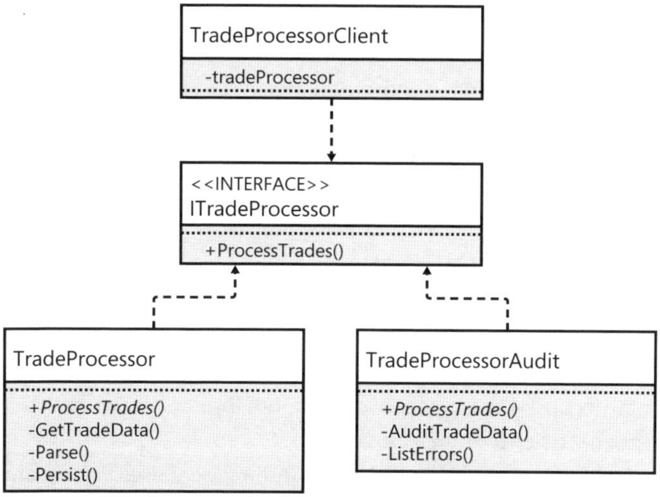

Abb. 6–4 Der Client hängt nicht von einer Klasse, sondern von einer Schnittstelle ab

Schnittstellen sind auch bessere Erweiterungspunkte, weil sie mit umfangreichen Objektgraphen dekoriert werden können, deren Funktionsumfang viele unterschiedliche Kontexte nutzt. Schnittstellen sind flexibler als Klassen. Ich will nicht sagen, dass die virtuellen und abstrakten Methoden, die Erweiterungspunkte der Klassenvererbung bilden, nicht nützlich wären, aber sie bieten nicht dasselbe Maß an Anpassungsfähigkeit wie Schnittstellen.

Vererbung in den Entwurf einarbeiten

In seinem Buch *Effective Java* (Addison-Wesley, 2008) sagt Joshua Bloch über die Vererbung:

> *Arbeiten Sie entweder in Entwurf und Dokumentation auf die Vererbung hin oder verbieten Sie sie.*
>
> *– Joshua Bloch*

Wenn Sie die Implementierungsvererbung als Erweiterungspunkt nutzen, müssen Sie die Klasse auf dieses Ziel hin entwerfen und dokumentieren, um Programmierer, die diese Klasse später erweitern, zu schützen und zu informieren. Bei der Vererbung von Klassen können böse Überraschungen lauern, die neu abgeleiteten Klassen können den vorhandenen Code unter Umständen auf unerwartete Weise lahmlegen.

Es ist in diesem Zusammenhang sehr wichtig, dass von jeder Klasse, die nicht mit dem Schlüsselwort `sealed` markiert ist, angenommen werden darf, dass sie Vererbung unterstützt. Eine Klasse braucht nicht abstrakt zu sein oder virtuelle Methoden zu enthalten, damit sie als Basisklasse eingesetzt werden kann. Das Schlüsselwort `new` kann benutzt werden, um geerbte Member zu verstecken, aber das blockiert die Polymorphie und möglicherweise werden bestimmte Erwartungen nicht mehr erfüllt.

Wenn Sie die Vererbung unterbinden, indem Sie eine Klasse mit `sealed` markieren, senden Sie ein klares Signal an andere Programmierer, die diese Klasse einsetzen: Die Vererbung wird in dieser Klasse nicht nur nicht unterstützt, sie wird verboten. Die Programmierer kommen so gar nicht in Versuchung, trotzdem zu probieren, die Klasse zu erweitern, sondern konzentrieren ihre Anstrengungen gleich darauf, eine Alternative zu finden.

Geschützte Variation

Sie sind jetzt mit verschiedenen Werkzeugen bewaffnet, die Ihnen helfen, das OCP umzusetzen. Sie wissen, in welchen Situationen Sie vorhandene Klassen bearbeiten dürfen und dass Sie in Ihrem Code Erweiterungspunkte implementieren müssen, um spätere Änderungen an den Anforderungen zu unterstützen. Ihnen ist außerdem klar, dass Sie Schnittstellen als Erweiterungspunkte einsetzen können, um Ihren Code wirklich anpassungsfähig und im Idealfall zukunftssicher zu machen.

Was noch fehlt, ist das Wissen, *wann* und *wo* Sie dieses Prinzip anwenden sollen. Sollten Sie also in letzter Konsequenz überall und immer Erweiterungspunkte hinzufügen? Macht das Ihren Code unendlich flexibel oder ist irgendwo ein kritischer Punkt überschritten, nach dem Sie den gegenteiligen Effekt bewirken?

Hier wird ein anderes Prinzip wichtig, das mit dem OCP verbunden ist: *geschützte Variation*. Dieser Begriff wurde von Alistair Cockburn geprägt:

> *Identifizieren Sie Punkte prognostizierter Variation und bauen Sie darauf eine stabile Schnittstelle auf.*
>
> *– Alistair Cockburn, Pattern Languages of Program Design, Vol. 2 (Addison-Wesley, 1996)*

Es verwirrt ein wenig, dass sich die Definition auf eine *prognostizierte Variation* (engl. predicted variation) bezieht, das Prinzip selbst aber als *geschützte Variation* (engl. protected variation) bezeichnet wird. Für meinen Geschmack passt »prognostizierte Variation« besser. Sehen wir uns die beiden zentralen Aspekte dieser Definition genauer an.

Prognostizierte Variation

Die Anforderungen einer einzelnen Klasse sollten direkt mit den Anforderungen eines Auftraggebers verknüpft sein. Wird diese Verknüpfung ignoriert, besteht die Gefahr, dass die Klasse überhaupt keine Aufgaben erfüllt, die der Auftraggeber gefordert hat. Im Verlauf eines Sprints werden User Stories aus dem Sprint-Backlog genommen, dann beraten Entwickler und Produkt Owner darüber. An diesem Punkt sollten Fragen zur Wahrscheinlichkeit künftiger Anforderungen gestellt werden, die denselben Bereich betreffen. Daraus wird die *prognostizierte Variation* erarbeitet, die in Erweiterungspunkte umgesetzt werden kann.

Eine stabile Schnittstelle

Auch wenn Sie ausschließlich an Schnittstellen delegieren, hängen Clients immer noch von diesen Schnittstellen ab. Ändert sich eine Schnittstelle, müssen auch die Clients angepasst werden. Ein wichtiger Vorteil bei der Abhängigkeit von Schnittstellen ist, dass die Wahrscheinlichkeit, dass sie sich ändern, wesentlich geringer ist als eine Änderung der Implementierungen. Wenn Sie die Schnittstelle in eine andere Assembly als ihre Implementierung legen, wie das Stairway-Pattern es empfiehlt, können die beiden unabhängig voneinander bearbeitet werden. Sie können also die Implementierung verändern, ohne dass dies Auswirkungen auf die Clients hat.

Offensichtlich ist sehr wichtig, dass alle Schnittstellen, die als Erweiterungspunkt ausgewählt wurden, stabil sind. Es sollte möglichst unwahrscheinlich sein und möglichst selten vorkommen, dass sich Schnittstellen ändern, denn Sie müssen dann alle Clients so anpassen, dass sie die neue Version verwenden.

Gerade genug Anpassungsfähigkeit

Es gibt eine »perfekte Balance«, in der Ihr Code gerade genug Erweiterungspunkte enthält (und an den richtigen Stellen), dass er Änderungen an Bereichen ermöglicht, in denen das notwendig ist, ohne dass dabei die Komplexität ansteigt oder die Lösung unverhältnismäßig aufwendig ist. Bei jedem einzelnen Problem gibt es zu wenig, zu viel und *gerade genug* Anpassungsfähigkeit.

Unerfahrene Programmierer neigen dazu, Code zu schreiben, der eher prozedural ist, und das sogar in objektorientierten Sprachen wie C#. Oft verwenden sie Klassen als Speichermechanismen für Methoden, unabhängig davon, ob diese Methoden wirklich zusammengehören. Der Code weist keine erkennbare Architektur auf und es gibt kaum Erweiterungspunkte (und die vorhanden sind, befinden sich auch noch an der falschen Stelle). Jede Änderung an den Anforderungen zieht direkte Änderungen an den vorhandenen Klassen nach sich. Auf diese Weise war die ursprüngliche Version von `TradeProcessor` in Kapitel 5, »Das Single-Responsibility-Prinzip«, geschrieben. Dies war ein »Gott-Objekt«, das über alles, was mit dem Programm zu tun hatte, perfekt Bescheid weiß.

Manchmal ist so etwas durchaus die richtige Lösung. Wenn Sie die prognostizierte Variation für ein kleines Tool wie `TradeProcessor` analysieren und feststellen, dass es nur unter höchst ungewöhnlichen Umständen jemals verändert werden müsste, wäre die ursprüngliche Version des Codes ausreichend. Oder zumindest wäre die Version ausreichend, bei der durch Refaktorierung eine gewisse Übersichtlichkeit hergestellt wurde. Der Aufwand für eine Refaktorierung, mit der Abstraktion erreicht werden soll, ist verschwendet, falls Sie die bereitgestellten Erweiterungspunkte ohnehin niemals nutzen. Außerdem ist der Code schlechter lesbar, weil er sich auf unterschiedliche Dateien und Assemblys verteilt und die Implementierungen hinter Schnittstellen versteckt sind.

Am anderen Ende des Spektrums haben Sie den Programmierer, der damit begonnen hat, seinen Code hinter Schnittstellen zu abstrahieren. Dieser Programmierer hat einen neuen Hammer entdeckt, und jetzt sieht für ihn alles wie ein Nagel aus. Der Code, den dieser Programmierer produziert, ist ein Berg an Erweiterungspunkten, von denen kaum einer jemals genutzt wird. Es ist erheblicher Aufwand nötig, um den Code zu entschlüsseln, weil er ständig Verantwortungsbereiche an Schnittstellen delegiert. Und natürlich wurde großer Aufwand investiert, um diesen Code überhaupt zu schreiben.

Könnten Sie diese beiden Programmierer (und ihren Code) kombinieren, wäre das Ergebnis möglicherweise ein stimmiger Kompromiss, bei dem es genug Erweiterungspunkte gibt, aber der Code nur in Bereichen angepasst werden kann, in denen die Anforderungen unklar, kurzlebig oder schwierig zu implementieren sind. Das hat allerdings viel mit Erfahrung zu tun und es ist schwierig, diesen Zen-artigen Zustand geschützter Variation zu erreichen, wenn Sie nicht selbst einmal ein naiver Anfänger waren und sich dann zu einem besserwisserischen Über-Abstrahierer entwickelt haben.

Zusammenfassung

Das Open/Closed-Prinzip ist eine Richtlinie für den Gesamtentwurf von Klassen und Schnittstellen. Sie gibt Entwicklern Empfehlungen, wie sie Code schreiben, der später verändert werden kann. Es ist unvermeidlich, dass nach jedem Sprint neue Anforderungen auftauchen, und Sie sollten sich darüber freuen. Das Eingeständnis, dass Veränderung etwas Positives ist, ist aber nur ein Teil der Lösung. Falls der Code, den Sie bisher entwickelt haben, nicht so entworfen ist, dass er Änderungen unterstützt, werden Änderungen schwierig, zeitaufwendig, fehleranfällig und teuer.

Wenn Sie sicherstellen, dass Ihr Code für Erweiterungen offen, aber für Modifikationen geschlossen ist, verbieten Sie künftige Veränderungen an vorhandenen Klassen und Assemblys und zwingen Programmierer, neue Klassen zu erstellen, die sich in die Erweiterungspunkte einhaken. Es stehen zwei Haupttypen für Erweiterungspunkte zur Auswahl: Implementierungsvererbung und Schnittstellenvererbung. Mithilfe virtueller und abstrakter Methoden können Sie abgeleitete Klassen erstellen, die Methoden einer Basisklasse modifizieren. Wenn Klassen an Schnittstellen delegieren, gibt Ihnen das mehr Flexibilität für Ihre Erweiterungspunkte, weil eine Vielzahl von Patterns zur Verfügung steht.

Es reicht aber nicht zu wissen, dass Sie Erweiterungspunkte in den Code integrieren können. Sie müssen auch entscheiden, wann dies sinnvoll ist. Das Konzept der geschützten Variation empfiehlt, die Teile der Anforderungen zu identifizieren, die sich in Zukunft wahrscheinlich verändern oder die ungewöhnlich aufwendig zu implementieren sind, und sie hinter Erweiterungspunkte auszulagern. Code kann sehr strikt definiert sein, sodass er wenig Raum für Erweiterung oder Ausarbeitung lässt, oder er kann sehr flexibel sein, mit unzähligen Erweiterungspunkten, die neue Anforderungen verarbeiten können. Es hängt vom konkreten Szenario und dem Kontext ab, welche dieser Möglichkeiten die richtige ist.

Kapitel 7

Das Liskovsche Substitutionsprinzip

Am Ende dieses Kapitels werden Sie in der Lage sein, die folgenden Aufgaben durchzuführen:

- Beschreiben der Bedeutung des Liskovschen Substitutionsprinzips
- Vermeiden, die Regeln des Liskovschen Substitutionsprinzip zu brechen
- Verfestigen Ihrer Gewohnheiten zum Einhalten von Single-Responsibility- und Open/Closed-Prinzip
- Erstellen abgeleiteter Klassen, die Verträge ihrer Basisklassen erfüllen
- Verwenden von Codeverträgen, um Vorbedingungen, Nachbedingungen und Dateninvarianz zu implementieren
- Schreiben richtigen Codes zum Auslösen von Ausnahmen
- Beschreiben von Kovarianz, Kontravarianz und Invarianz und wo sie angewendet werden

Einführung in das Liskovsche Substitutionsprinzip

Das Liskovsche Substitutionsprinzip (Liskov Substitution Principle, LSP) ist eine Sammlung von Richtlinien zum Erstellen von Vererbungshierarchien, bei denen ein Client jede Klasse oder abgeleitete Klasse zuverlässig benutzen kann, ohne dass sich das erwartete Verhalten ändert.

Werden die Regeln des LSPs nicht eingehalten, kann es sein, dass nach einer Erweiterung der Klassenhierarchie (das heißt nach Erstellung einer neuen abgeleiteten Klasse) Änderungen an allen Clients der Basisklasse oder Schnittstelle erforderlich sind. Wird das LSP dagegen eingehalten, brauchen Clients nichts von den Änderungen in der Klassenhierarchie zu erfahren. Solange sich nichts an der Schnittstelle ändert, sollte es keinen Grund geben, irgendwelchen vorhandenen Code zu ändern. Das LSP hilft also dabei, sowohl das Open/Closed-Prinzip als auch das Single-Responsibility-Prinzip zu erzwingen.

Formale Definition

Die Definition des LSP durch die bekannte Informatikerin Barbara Liskov ist etwas trocken, daher sollte sie ausführlicher erklärt werden. Hier die offizielle Definition:

> *Sei S ein von T abgeleiteter Typ, dann können Objekte des Typs T durch Objekte des Typs S ersetzt werden, ohne das Programm zu beschädigen.*
>
> *– Barbara Liskov*

Im LSP kommen drei Codezutaten vor:

- **Basistyp (engl. base type)**
  Der Typ (T), auf den Clients verweisen. Clients rufen verschiedene Methoden auf, die alle vom abgeleiteten Typ überschrieben (oder teilweise spezialisiert) werden können.
- **Abgeleiteter Typ (engl. subtype)**
  Jede Klasse aus einer möglichen Familie von Klassen (S), die vom Basistyp (T) abgeleitet sind. Clients sollten nicht wissen, welchen konkreten abgeleiteten Typ sie aufrufen, und das sollte auch gar nicht erforderlich sein. Der Client sollte sich immer gleich verhalten, unabhängig davon, welchen abgeleiteten Typ die Instanz hat, die ihm zur Verfügung gestellt wird.
- **Kontext**
  Die Art, wie der Client mit dem abgeleiteten Typ interagiert. Falls der Client nicht mit einem abgeleiteten Typ interagiert, kann das LSP weder eingehalten noch missachtet werden.

LSP-Regeln

Sie müssen mehrere »Regeln« einhalten, um das LSP zu befolgen. Diese Regeln können in zwei Kategorien untergliedert werden: Vertragsregeln (engl. contract rules) betreffen die Erwartungen an Klassen und Varianzregeln (engl. variance rules) die Typen, die im Code ersetzt werden können.

Vertragsregeln

Diese Regeln beziehen sich auf den Vertrag des Basistyps und die Einschränkungen, die für Verträge festgelegt werden können, die zum abgeleiteten Typ hinzugefügt werden.

- Vorbedingungen (engl. preconditions) dürfen in einem abgeleiteten Typ nicht verschärft werden
- Nachbedingungen (engl. postconditions) dürfen in einem abgeleiteten Typ nicht geschwächt werden
- Invarianten (engl. invariants) des Basistyps (das heißt Bedingungen, die wahr bleiben müssen) müssen in einem abgeleiteten Typ erhalten bleiben

Um diese Vertragsregeln zu verstehen, müssen Sie erstens das Konzept von Verträgen kennen und zweitens wissen, auf welche Weise Sie sicherstellen, dass Sie diese Regeln befolgen, wenn Sie abgeleitete Typen erstellen. Der Abschnitt »Verträge« weiter unten in diesem Kapitel behandelt diese beiden Themen genauer.

Varianzregeln

Diese Regeln beziehen sich auf die Varianz (engl. variance) von Argumenten und Rückgabetypen.

- Es ist Kontravarianz der Methodenparameter im abgeleiteten Typ erforderlich
- Es ist Kovarianz der Rückgabetypen im abgeleiteten Typ erforderlich
- Der abgeleitete Typ darf nur dann neue Ausnahmen auslösen, wenn sie Teil der vorhandenen Ausnahmehierarchie sind

Das Konzept der Typvarianz in den Sprachen der Common Language Runtime (CLR) im Microsoft .NET Framework beschränkt sich auf generische Typen und Delegaten. Es lohnt sich aber, wenn Sie sich mit der Varianz in diesen Szenarien vertraut machen; Sie verfügen dann über die Grundlagen, um Code zu schreiben, der in Bezug auf die Varianz LSP-kompatibel ist. Dieses Thema wird im Abschnitt »Kovarianz und Kontravarianz« weiter unten in diesem Kapitel detailliert behandelt.

Verträge

Es wird oft gesagt, Entwickler sollten *»auf Schnittstellen hin programmieren«* oder *»auf einen Vertrag hin programmieren«*. Abgesehen von den Methodensignaturen liefern Schnittstellen aber nur sehr wenige Informationen über einen Vertrag. Eine Methodensignatur verrät wenig über die tatsächlichen Anforderungen und Garantien der Methodenimplementierung (Abbildung 7–1). In einer streng typisierten Sprache wie C# gibt es zumindest das Prinzip, den korrekten Typ als Argument zu übergeben, aber dort endet die Schnittstelle auch schon. Daran muss sich das Konzept des Vertrags anschließen.

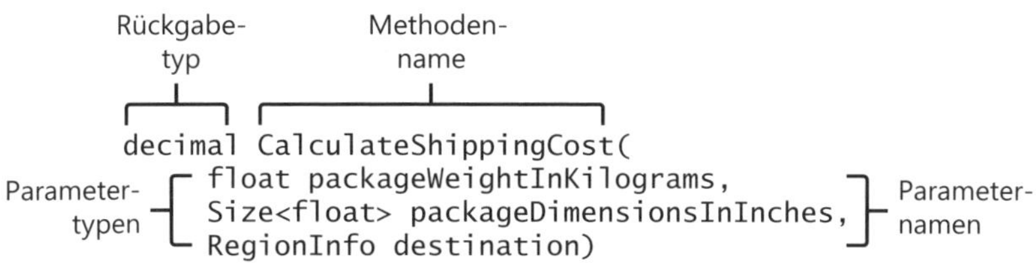

Abb. 7–1 Methodensignaturen verraten wenig über die Erwartungen der Implementierung

Alle Methoden haben zumindest einen optionalen Rückgabetyp, einen Namen und eine optionale Liste formeller Parameter. Jeder Parameter besteht aus einer Typangabe und einem Namen. Wenn Sie die Methode aus Abbildung 7–1 aufrufen, wissen Sie aus der Signatur, dass Sie drei Argumente übergeben müssen, eines vom Typ `float`, eines vom Typ `Size<float>` und das dritte vom Typ `RegionInfo`. Sie wissen außerdem, dass Sie den Rückgabewert, der den Typ `decimal` hat, in einer Variablen speichern oder anderweitig weiterverarbeiten können, nachdem der Aufruf zurückgekehrt ist.

> HINWEIS Anders als in Abbildung 7–1 gezeigt ist es nicht sinnvoll, den Typ `decimal` zu verwenden, um Geldbeträge darzustellen. Stattdessen sollten Sie den Werttyp `Money`[1] benutzen. Es wurde zwar erheblicher Aufwand betrieben, um sicherzustellen, dass die Beispiele in diesem Buch möglichst praxisnah sind, aber damit der Code nicht zu lang wird, waren einige Kompromisse notwendig.

Als Programmierer der Methode können Sie festlegen, welche Namen die Parameter und Methoden erhalten. Bemühen Sie sich um Methodennamen, die den Zweck der Methode erkennen lassen, und um aussagekräftige Parameternamen. Der Name der Funktion `CalculateShippingCost` (»Berechne Versandkosten«) folgt der Verb-Substantiv-Form. Das Verb, also die Aktion, die von der Methode durchgeführt wird, ist `Calculate` und das Substantiv, also das Objekt des Verbs, ist `ShippingCost`. Dieses Substantiv ist in gewisser Weise der Name des Rückgabewerts. Auch die Parameter haben aussagekräftige Namen: `packageDimensionsInInches` (»Paketabmessungen in Zoll«) und `packageWeightInKilograms` (»Paketgewicht in Kilogramm«) sind selbsterklärend, insbesondere im Kontext der Methode. Sie bilden den Ausgangspunkt zum Dokumentieren der Methode.

> HINWEIS Weitere Informationen über gute Variablen- und Methodennamen sowie andere Best Practices finden Sie in *Code Complete* von Steve McConnell (Microsoft Press Deutschland, 2005).

> HINWEIS Verträge, wie sie in diesem Kapitel beschrieben werden, bieten zwar während der Laufzeit Schutz vor vielen ungültigen Methodenaufrufen, aber die Bedeutung guter Methoden- und Parameternamen lässt sich gar nicht genug betonen. Würden die formalen Parameter der Methode `CalculateShippingCost` nicht darauf hinweisen, dass die Werte in der Einheit Zoll beziehungsweise Kilogramm interpretiert werden, könnten Clients der Methode beispielsweise Werte in den Einheiten Zentimeter beziehungsweise Pfund übergeben.

1. *http://moneytype.codeplex.com*

Vorbedingungen

Vorbedingungen sind definiert als die Gesamtheit aller Bedingungen, die eingehalten werden müssen, damit eine Methode zuverlässig und fehlerfrei läuft. Jede Methode setzt voraus, dass einige Vorbedingungen zutreffen, bevor sie aufgerufen wird. In der Standardeinstellung erzwingen Schnittstellen keine Garantien von den Implementierern ihrer Methoden. Listing 7–1 zeigt, wie Sie eine Vorbedingung mithilfe einer Wächterbedingung am Anfang einer Methode implementieren können.

```
public decimal CalculateShippingCost(
  float packageWeightInKilograms,
  Size<float> packageDimensionsInInches,
  RegionInfo destination)
{
    if (packageWeightInKilograms <= 0f) throw new Exception();

    return decimal.MinusOne;
}
```

List. 7–1 Eine Ausnahme auszulösen, ist eine effektive Möglichkeit, Vorbedingungen zu erzwingen

Die `if`-Anweisung ganz am Anfang der Methode ist eine Möglichkeit, eine Vorbedingung zu erzwingen, in diesen Fall die Anforderung, dass das Gewicht eine positive Zahl sein muss. Trifft die Bedingung `packageWeightInKilograms <= 0f` zu, wird eine Ausnahme ausgelöst und die Methode beendet sofort ihre Ausführung. Das verhindert zweifellos, dass eine Methode ausgeführt wird, falls nicht alle Parameter gültige Werte haben. Indem Sie eine aussagekräftigere Ausnahme verwenden, können Sie dem Aufrufer mehr Kontext zur Verfügung stellen (Listing 7–2).

```
public decimal CalculateShippingCost(
    float packageWeightInKilograms,
    Size<float> packageDimensionsInInches,
    RegionInfo destination)
{
    if (packageWeightInKilograms <= 0f)
        throw new ArgumentOutOfRangeException("packageWeightInKilograms",
           "Paketgewicht muss positiv und ungleich null sein");

    return decimal.MinusOne;
}
```

List. 7–2 Es ist wichtig, möglichst viel Kontext darüber zu liefern, warum die Vorbedingung einen Fehler verursacht

Das ist eine Verbesserung gegenüber der ersten Ausnahme. Abgesehen davon, dass diesmal eine Ausnahme verwendet wird, die explizit für Argumente außerhalb des erlaubten

Wertebereichs gedacht ist, wird der Client darüber informiert, welcher Parameter falsch ist, und bekommt eine Beschreibung des Problems.

Indem Sie mehrere solche Wächterbedingungen verketten, können Sie weitere Bedingungen hinzufügen, die erfüllt sein müssen, damit die Methode aufgerufen werden kann, ohne eine Ausnahme auszulösen. In Listing 7–3 kommt eine Ausnahme hinzu, die ausgelöst wird, falls die Paketabmessungen außerhalb des erlaubten Bereichs liegen.

```
public decimal CalculateShippingCost(
    float packageWeightInKilograms,
    Size<float> packageDimensionsInInches,
    RegionInfo destination)
{
    if (packageWeightInKilograms <= 0f)
        throw new ArgumentOutOfRangeException("packageWeightInKilograms",
          "Paketgewicht muss positiv und ungleich null sein");

    if (packageDimensionsInInches.X <= 0f || packageDimensionsInInches.Y <= 0f)
        throw new ArgumentOutOfRangeException("packageDimensionsInInches",
          "Paketabmessungen müssen positiv und ungleich null sein");

    return decimal.MinusOne;
}
```

List. 7–3 Sie können so viele Vorbedingungen hinzufügen, wie erforderlich sind, um zu verhindern, dass die Methode mit ungültigen Argumenten aufgerufen wird

Stehen diese Vorbedingungen bereit, müssen die Clients sicherstellen, dass die Argumente, die sie übergeben, im erlaubten Wertebereich liegen, bevor sie die Methode aufrufen. Das hat unter anderem die Folge, dass der gesamte Zustand, der in einer Vorbedingung überprüft wird, öffentlich für Clients verfügbar sein *muss*. Falls der Client nicht genau feststellen kann, unter welchen Bedingungen die Methode, die er aufruft, aufgrund einer ungültigen Vorbedingung eine Ausnahme auslöst, kann er auch nicht sicherstellen, dass der Aufruf erfolgreich verläuft. Daher sollte ein privater Zustand niemals Ziel einer Vorbedingung sein. Nur Methodenparameter und öffentliche Eigenschaften der Klasse sollten Vorbedingungen haben.

Nachbedingungen

Nachbedingungen prüfen, ob ein Objekt in gültigem Zustand hinterlassen wird, wenn die Methode verlassen wird. Immer wenn der Zustand in einer Methode verändert wird, besteht die Möglichkeit, dass er aufgrund von Logikfehlern ungültig wird.

Nachbedingungen werden auf dieselbe Weise wie Vorbedingungen implementiert, das heißt mit Wächterbedingungen. Statt die Bedingungen an den Anfang der Methode zu legen, müssen Sie die Wächterbedingungen für Nachbedingungen allerdings ans Ende der Methode schreiben, nachdem alle Änderungen am Zustand durchgeführt wurden (Listing 7–4).

```
public virtual decimal CalculateShippingCost(float packageWeightInKilograms,
  Size<float> packageDimensionsInInches, RegionInfo destination)
{
    if (packageWeightInKilograms <= 0f)
        throw new ArgumentOutOfRangeException("packageWeightInKilograms",
          "Paketgewicht muss positiv und ungleich null sein");

    if (packageDimensionsInInches.X <= 0f || packageDimensionsInInches.Y <= 0f)
        throw new ArgumentOutOfRangeException("packageDimensionsInInches",
          "Paketabmessungen müssen positiv und ungleich null sein");

    // Berechnen der Versandkosten

    var shippingCost = decimal.One;

    if(shippingCost <= decimal.Zero)
        throw new ArgumentOutOfRangeException("return",
          "Rückgabewert ist ungültig");

    return shippingCost;
}
```

List. 7–4 Die Wächterbedingung am Ende der Methode ist eine Nachbedingung, die sicherstellt, dass der Rückgabewert im gültigen Bereich liegt

Indem Sie prüfen, ob sich der Zustand innerhalb eines gültigen Bereichs befindet, und eine Ausnahme auslösen, falls das nicht zutrifft, können Sie in der Methode eine Nachbedingung erzwingen. Die Nachbedingung bezieht sich hier nicht auf den Zustand des Objekts, sondern auf den Rückgabewert. Ähnlich wie die Werte der Methodenparameter anhand von Vorbedingungen geprüft werden, wird die Gültigkeit der Rückgabewerte mithilfe von Nachbedingungen überprüft. Wird der Rückgabewert irgendwo innerhalb der Methode auf null oder einen negativen Wert gesetzt, erkennt die Nachbedingung das und hält die Ausführung am Ende der Methode an. Auf diese Weise erhalten Clients der Methode niemals einen ungültigen Wert und können die Verarbeitung unter der Annahme fortsetzen, dass der Wert auf jeden Fall gültig ist. Beachten Sie aber, dass die Schnittstelle der Methode nicht mitteilt, dass der Rückgabewert immer ungleich null und positiv ist. Das ist Teil des Vertrags, den die Schnittstelle mit Clients abschließt.

Dateninvarianten

Ein dritter Vertragstyp ist die Dateninvariante. Eine *Dateninvariante* (engl. data invariant) ist ein Prädikat, das über die gesamte Lebensdauer eines Objekts hinweg wahr bleibt. Es ist wahr unmittelbar nach der Erstellung und muss wahr bleiben, bis das Objekt beseitigt wird. Dateninvarianten beziehen sich auf den erwarteten internen Zustand des Objekts. Um eine Dateninvariante an unserer Beispielklasse `ShippingStrategy` zu demonstrieren, nehmen wir an, dass eine Flatrate mit Pauschalversandkosten angeboten wird. Der Wert dieser Flatrate muss positiv und ungleich null sein. Wird die Flatrate wie in Listing 7–5 bei der Objekterstellung festgelegt, verhindert eine simple Wächterbedingung im Konstruktor, dass ein ungültiger Wert eingetragen wird.

```
public class ShippingStrategy
{
    public ShippingStrategy(decimal flatRate)
    {
        if (flatRate <= decimal.Zero)
            throw new ArgumentOutOfRangeException("flatRate",
              "Flatrate muss positiv und ungleich null sein");

        this.flatRate = flatRate;
    }

    protected decimal flatRate;
}
```

List. 7–5 Eine Vorbedingung im Konstruktor hilft, eine Dateninvariante zu schützen

Weil `flatRate` eine geschützte Membervariable ist, können Clients diesen Wert einzig über den Konstruktor festsetzen. Hat `flatRate` an diesem Punkt einen gültigen Wert, bleibt er garantiert auch für die restliche Lebensdauer des Objekts gültig, weil Clients keine Möglichkeit haben, ihn zu ändern.

Ist die Variable `flatRate` stattdessen eine öffentlich änderbare Eigenschaft, muss die Wächterbedingung in den Setter-Block verlegt werden, um die Dateninvariante zu schützen. Listing 7–6 zeigt, wie die Flatrate als öffentliche Eigenschaft mit einer zugehörigen Wächterbedingung refaktoriert wurde.

```
public class ShippingStrategy
{
    public ShippingStrategy(decimal flatRate)
    {
        FlatRate = flatRate;
    }

    public decimal FlatRate
    {
        get
        {
            return flatRate;
        }
        set
        {
            if (value <= decimal.Zero)
                throw new ArgumentOutOfRangeException("value",
                  "Flatrate muss positiv und ungleich null sein");
```

```
            flatRate = value;
        }
    }

    protected decimal flatRate;
}
```

List. 7–6 Wenn eine Dateninvariante eine öffentliche Eigenschaft ist, gehört die Wächterbedingung in den Setter

Jetzt können Clients zwar den Wert der Eigenschaft `FlatRate` verändern, aber wegen der `if`-Anweisung und der Ausnahme kann die Invariante nicht beschädigt werden.

> **Kapselung und Verträge**
>
> Die in diesem Beispiel implementierten Verträge sind sinnvoll, sie sind aber nur deshalb notwendig, weil für jeden Wert ein ungeeigneter Typ gewählt wurde. Der Vorbedingungsvertrag, der sicherstellen soll, dass der Parameter für das Paketgewicht ungleich null und positiv ist, ist untrennbar mit dem Typ der Variablen verknüpft: Das Gewicht sollte niemals null oder negativ sein. Das legt den Gedanken nahe, das Gewicht in einem eigenen Typ zu kapseln. Falls (und das ist wahrscheinlich) eine andere Klasse oder Methode ebenfalls einen Gewichtswert benötigt, müssen Sie diese Vorbedingung auch in den neuen Code hinüberbringen. Das ist ineffizient, schwierig zu warten und fehlerträchtig. Viel sinnvoller ist es, einen neuen Typen zu erstellen und die Vorbedingung so zu definieren, dass jede Nutzung des Typs `Weight` einen positiven Wert ungleich null haben muss. Es handelt sich hier um eine Invariante des Typs, nicht um eine Vorbedingung der Methode `CalculateShippingCost`.
>
> Ähnliches gilt für die Flatrate, für die sich der Typ `decimal` nicht gut eignet. Stattdessen sollten Sie dafür einen eigenen Werttyp erstellen und die erforderliche Invariante, dass sie ein positiver Wert ungleich null sein muss, auf diesen Typ anwenden.

Liskovsche Vertragsregeln

Die bisherigen Erläuterungen zu Methodenverträgen sind lediglich die Einleitung für einige Kernaspekte des Liskovschen Substitutionsprinzips. Das LSP setzt Regeln fest, nach denen Typen Verträge erben müssen. Hier noch einmal die Definition des LSPs:

> *Sei S ein von T abgeleiteter Typ, dann können Objekte des Typs T durch Objekte des Typs S ersetzt werden, ohne das Programm zu beschädigen.*

Soweit dies Verträge betrifft, ergeben sich daraus die bereits erwähnten Richtlinien:

- Vorbedingungen dürfen in einem abgeleiteten Typ nicht verschärft werden
- Nachbedingungen dürfen in einem abgeleiteten Typ nicht geschwächt werden
- Invarianten des Basistyps müssen in einem abgeleiteten Typ erhalten bleiben

Sofern Sie diese Regeln einhalten, wenn Sie Klassen von vorhandenen Klassen ableiten, bleibt die Substituierbarkeit erhalten, soweit es Verträge betrifft.

Jede abgeleitete Klasse, die Sie erstellen, bringt alle Methoden, Eigenschaften und Felder mit, die ihre Basisklasse umfasst. Dazu gehören auch die Verträge innerhalb der Methoden und Eigenschafts-Setter-Elemente. Es wird erwartet, dass alle Vorbedingungen, Nachbedingungen und Dateninvarianten genauso beachtet werden wie in der Basisklasse. Abgeleitete Klassen dürfen Methodenimplementierungen überschreiben, wodurch die Möglichkeit entsteht, dass sie die Verträge ändern. Das Liskovsche Substitutionsprinzip besagt, dass manche Änderungen nicht erlaubt sind, weil sie vorhandene Clients beschädigen, die in der Lage sein müssen, die neue abgeleitete Klasse genau so zu benutzen, als wäre sie eine Instanz ihrer Basisklasse.

Vorbedingungen dürfen nicht verschärft werden

Wenn eine abgeleitete Klasse eine vorhandene Methode, die Vorbedingungen enthält, überschreibt, darf sie niemals die vorhandenen Vorbedingungen *verschärfen*. Das würde möglicherweise dazu führen, dass Clientcode nicht mehr funktioniert, weil er bereits annimmt, dass die Basisklasse die strengstmöglichen Vorbedingungsverträge für alle Methoden definiert.

Listing 7–7 zeigt die neue Klasse `WorldWideShippingStrategy` für internationalen Versand. Weil die beiden Klassen sich sehr ähnlich verhalten, wurde diese neue Klasse von der Klasse `ShippingStrategy` abgeleitet. Die Methode `CalculateShippingCost` wird überschrieben, damit sie neue Versandkosten für ein Paket berechnen kann, dessen Ziel über den Parameter `RegionInfo` angegeben wird. Während die Klasse `ShippingStrategy` überhaupt nicht geprüft hat, ob das Ziel des Pakets angegeben wurde, erfordert `WorldWideShippingStrategy` jetzt einen gültigen Wert im entsprechenden Parameter, andernfalls kann sie die Versandkosten nicht richtig berechnen.

```
public class WorldWideShippingStrategy : ShippingStrategy
{
    public override decimal CalculateShippingCost(
        float packageWeightInKilograms,
        Size<float> packageDimensionsInInches,
        RegionInfo destination)
    {
        if (packageWeightInKilograms <= 0f)
            throw new ArgumentOutOfRangeException("packageWeightInKilograms",
              "Paketgewicht muss positiv und ungleich null sein");

        if (packageDimensionsInInches.X <= 0f || packageDimensionsInInches.Y <= 0f)
            throw new ArgumentOutOfRangeException("packageDimensionsInInches",
              "Paketabmessungen müssen positiv und ungleich null sein");

        if (destination == null)
            throw new ArgumentNullException("destination",
```

```
                "Zieladresse muss angegeben werden");

            return decimal.One;
        }
    }
```

List. 7–7 Diese abgeleitete Klasse fügt eine neue Wächterbedingung hinzu und verschärft somit die Vorbedingungen

Es besteht die Versuchung, die Vorbedingungen so zu verschärfen, dass der Parameter für die Zieladresse garantiert einen gültigen Wert enthält. Das verursacht einen Konflikt, den der aufrufende Code nicht lösen kann. Wenn eine Klasse die Methode `CalculateShippingCost` der Klasse `ShippingStrategy` aufruft, kann sie einen `null`-Wert im Parameter `destination` übergeben, ohne dass sich daraus ein Problem ergibt. Aber wenn sie die Methode `CalculateShippingCost` der Klasse `WorldWideShippingStrategy` aufruft, darf sie keinen `null`-Wert mehr in diesem Parameter übergeben. Das würde eine Vorbedingung verletzen und eine Ausnahme auslösen. Wie frühere Kapitel demonstriert haben, darf Clientcode niemals Annahmen darüber treffen, mit welchem Typ er es zu tun hat. Das führt zu enger Kopplung zwischen Klassen und erschwert es, die Lösung an Änderungen der Anforderungen anzupassen.

Der Unit-Test aus Listing 7–8 demonstriert das Problem.

```
[Test]
public void ShippingRegionMustBeProvided()
{
    strategy.Invoking(s => s.CalculateShippingCost(1f, ValidDimensions, null))
        .ShouldThrow<ArgumentNullException>("Zieladresse muss angegeben werden")
        .And.ParamName.Should().Be("destination");
}
```

List. 7–8 Wird die Vorbedingung verschärft, können Clients nicht zuverlässig ein `WorldWideShippingStrategy`-Objekt benutzen, wo ein `ShippingStrategy` benötigt wird

Falls das getestete System bei diesem Test den Typ `WorldWideShippingStrategy` hat, ist der Test erfolgreich. Es wird keine Zieladresse angegeben, obwohl eine benötigt wird, daher wird die Ausnahme ausgelöst, die in der Spezifikation gefordert wird. Wird stattdessen `ShippingStrategy` verwendet, schlägt der Test fehl, weil keine Vorbedingung verhindert, dass ein `null`-Wert für die Zieladresse angegeben wird, und somit auch keine Ausnahme ausgelöst wird.

Listing 7–9 zeigt einen refaktorierten Satz von Unit-Tests, die nicht versuchen, bei beiden Typen dieselben Vorbedingungen zu prüfen. Ein Test, der prüft, ob eine Zieladresse übergeben wird, ist nur für `WorldWideShippingStrategy` gültig. Aber unabhängig von der Klasse muss die Vorbedingung, dass das Paketgewicht positiv sein muss, auf jeden Fall eingehalten werden, daher wird dies in eine Testbasisklasse aufgenommen, die für `ShippingStrategy` und alle davon abgeleiteten Klassen ausgeführt wird.

```
[TestFixture]
public class WorldWideShippingStrategyTests : ShippingStrategyTestsBase
{
    [Test]
    public void ShippingRegionMustBeProvided()
    {
        strategy.Invoking(s => s.CalculateShippingCost(1f, ValidSize, null))
            .ShouldThrow<ArgumentNullException>(
              "Zieladresse muss angegeben werden")
            .And.ParamName.Should().Be("destination");
    }

    protected override ShippingStrategy CreateShippingStrategy()
    {
        return new WorldWideShippingStrategy(decimal.One);
    }
}
// . . .
public abstract class ShippingStrategyTestsBase
{
    [Test]
    public void ShippingWeightMustBePositive()
    {
        strategy.Invoking(s => s.CalculateShippingCost(-1f, ValidSize, null))
            .ShouldThrow<ArgumentOutOfRangeException>(
              "Paketgewicht muss positiv und ungleich null sein")
            .And.ParamName.Should().Be("packageWeightInKilograms");
    }
}
```

List. 7–9 Diese refaktorierten Unit-Tests prüfen die beiden Klassen getrennt voneinander

Nachbedingungen dürfen nicht geschwächt werden

Wenn Sie Nachbedingungen auf abgeleitete Klassen anwenden, gilt die gegensätzliche Regel. Für Nachbedingungen gilt, dass sie nicht geschwächt werden dürfen. Wie bei allen Liskovschen Substitutionsregeln, die sich auf Verträge beziehen, ist auch das Verbot, Nachbedingungen zu schwächen, darin begründet, dass vorhandene Clients andernfalls nicht mehr funktionieren, wenn sie mit der neuen abgeleiteten Klasse arbeiten. Wenn Sie das LSP einhalten, sollte jede abgeleitete Klasse, die Sie erstellen, von allen vorhandenen Clients benutzt werden können, ohne dass sie auf unerwartete Weise fehlschlagen.

Listing 7–10 zeigt ein Beispiel, das einen unerwarteten Fehler in einem vorhandenen Client auslöst. Der Unit-Test und die Implementierung gehören zu `WorldWideShippingStrategy`, der von `ShippingStrategy` abgeleiteten Klasse für internationale Pakete.

```
[Test]
public void ShippingDomesticallyIsFree()
{
   strategy.CalculateShippingCost(1f, ValidDimensions, RegionInfo.CurrentRegion)
        .Should().Be(decimal.Zero);
}
// . . .
public override decimal CalculateShippingCost(float packageWeightInKilograms,
  Size<float> packageDimensionsInInches, RegionInfo destination)
{
    if (destination == null)
        throw new ArgumentNullException("destination",
          "Zieladresse muss angegeben werden");

    if (packageWeightInKilograms <= 0f)
        throw new ArgumentOutOfRangeException("packageWeightInKilograms",
          "Paketgewicht muss positiv und ungleich null sein");

    if (packageDimensionsInInches.X <= 0f || packageDimensionsInInches.Y <= 0f)
        throw new ArgumentOutOfRangeException("packageDimensionsInInches",
          "Paketabmessungen müssen positiv und ungleich null sein");

    var shippingCost = decimal.One;

    if(destination == RegionInfo.CurrentRegion)
    {
        shippingCost = decimal.Zero;
    }

    return shippingCost;
}
```

List. 7–10 Für die neue Implementierung muss die Nachbedingung geschwächt werden

Der Unit-Test prüft, dass `WorldWideShippingStrategy` nichts für den Versand in Rechnung stellt, falls als Zieladresse die aktuelle Region angegeben ist, es sich also um ein inländisches Paket handelt. Diese Berechnung spiegelt sich in der zugehörigen Implementierung wider. Auch diese Prüfung widerspricht einem vorhandenen Unit-Test für die Basisklasse, der die ursprüngliche Nachbedingung prüft: dass das Ergebnis immer positiv und ungleich null ist (Listing 7–11).

```
[Test]
public void ShippingCostMustBePositiveAndNonZero()
{
    strategy.CalculateShippingCost(1f, ValidDimensions, RegionInfo.CurrentRegion)
        .Should().BeGreaterThan(0m);
}
```

List. 7–11 Der ursprüngliche Unit-Test, der fehlschlägt, falls `WorldWideShippingStrategy` benutzt wird

Diese Änderung im Verhalten kann leicht dazu führen, dass ein Client nicht mehr funktioniert, weil seine Annahmen zum Wert der Versandkosten nicht mehr zutreffen. Betrachten Sie als Beispiel einen Client, der annimmt, dass die Versandkosten immer positiv und ungleich null sind, wie durch den Nachbedingungsvertrag von ShippingStrategy vorgegeben. Dieser Client verwendet die Versandkosten als Nenner in einer nachfolgenden Division. Wird auf die neue Klasse WorldWideShippingStrategy umgestellt, produziert der Client bei allen inländischen Bestellungen plötzlich DivideByZeroException-Fehler.

Wäre das LSP eingehalten und die Nachbedingung nicht geschwächt worden, wäre dieser Defekt nicht aufgetaucht.

Invarianten müssen erhalten bleiben

Immer wenn Sie eine neue Klasse ableiten, muss sie alle Dateninvarianten erhalten, die Teil der Basisklasse waren. Die Gefahr ist groß, gegen diese Regel zu verstoßen, weil abgeleitete Klassen viele Möglichkeiten haben, vorher private Daten zu verändern.

Listing 7–12 greift noch einmal das Dateninvariantenbeispiel auf, das weiter oben in diesem Kapitel verwendet wurde. Diesmal nimmt ShippingStrategy allerdings den Flatratewert als Konstruktorparameter entgegen und speichert diesen Wert als schreibgeschützte Dateninvariante. Nun wird die Klasse WorldWideShippingStrategy eingeführt, und sie macht den Flatratewert über eine Eigenschaft öffentlich.

```
[Test]
public void ShippingFlatRateCanBeChanged()
{
    strategy.FlatRate = decimal.MinusOne;

    strategy.FlatRate.Should().Be(decimal.MinusOne);
}
// . . .
public class WorldWideShippingStrategy : ShippingStrategy
{
    public WorldWideShippingStrategy(decimal flatRate)
        : base(flatRate)
    {

    }

    public decimal FlatRate
    {
        get
        {
            return flatRate;
        }
```

```
            set
            {
                flatRate = value;
            }
        }
}
```

List. 7–12 Die abgeleitete Klasse ändert die Dateninvariante der Basisklasse und verletzt damit das LSP

Die abgeleitete Klasse verwendet zwar den Konstruktor und die Wächterbedingung der Basisklasse wieder, erhält aber nicht die Dateninvariante und verstößt damit gegen das Liskovsche Substitutionsprinzip. Der Unit-Test beweist, dass Clients in der Lage sind, eine negative Zahl als Flatrate einzutragen, was die Klasse verhindern sollte, wenn sie ihre Dateninvarianten richtig schützen will.

Listing 7–13 zeigt, wie die Basisklasse so gestaltet wird, dass sie direkten Schreibzugriff auf das Flatratefeld verhindert. Somit wird die Invariante von der abgeleiteten Klasse korrekt erhalten. Das ist ein sehr häufiges Muster, bei dem Felder privat sind, aber geschützte oder öffentliche Eigenschaften haben, die alle Invarianten mithilfe von Wächterbedingungen schützen.

```
public class WorldWideShippingStrategy : ShippingStrategy
{
    public WorldWideShippingStrategy(decimal flatRate)
        : base(flatRate)
    {

    }

    public new decimal FlatRate
    {
        get
        {
            return base.FlatRate;
        }
        set
        {
            base.FlatRate = value;
        }
    }
}
// . . .
public class ShippingStrategy
{
    public ShippingStrategy(decimal flatRate)
    {
        if (flatRate <= decimal.Zero)
```

```
            throw new ArgumentOutOfRangeException("flatRate",
              "Flatrate muss positiv und ungleich null sein");

        this.flatRate = flatRate;
    }

    protected decimal FlatRate
    {
        get
        {
            return flatRate;
        }
        set
        {
            if (value <= decimal.Zero)
                throw new ArgumentOutOfRangeException("value",
                  "Flatrate muss positiv und ungleich null sein");

            flatRate = value;
        }
    }
}
```

List. 7–13 Die Basisklasse erlaubt der abgeleiteten Klasse nur über das geschützte Eigenschafts-Setter-Element Schreibzugriff auf das Feld

Wenn Sie die Sichtbarkeit des Felds einschränken und Zugriff nur über das Eigenschafts-Setter-Element erlauben, wird die Invariante durch eine Wächterbedingung geschützt. Es ist sinnvoller, das auf Ebene der abgeleiteten Klasse zu tun, weil dann allen später abgeleiteten Klassen diese Verantwortung abgenommen wird. Sie können überhaupt nicht direkt in das Feld schreiben.

Sie können einen neuen Unit-Test erstellen, der dieses neue Verhalten überprüft (Listing 7–14).

```
[Test]
public void ShippingFlatRateCannotBeSetToNegativeNumber()
{
    strategy.Invoking(s => s.FlatRate = decimal.MinusOne)
        .ShouldThrow<ArgumentOutOfRangeException>(
          "Flatrate muss positiv und ungleich null sein")
        .And.ParamName.Should().Be("value");
}
```

List. 7–14 Weil die Invariante erhalten bleibt, verläuft dieser Unit-Test erfolgreich.

Falls ein Client versucht, die Eigenschaft `FlatRate` auf einen negativen Wert oder sogar null zu setzen, verhindert die Wächterbedingung die Zuweisung und löst eine `ArgumentOutOfRangeException` aus.

Codeverträge

Im vorherigen Abschnitt waren alle Wächterbedingungen, die die Basis der Verträge bilden, in Langform geschrieben, mit `if`-Anweisungen und Ausnahmen. Es gibt aber auch eine andere Möglichkeit als diese manuellen Wächterbedingungen: Codeverträge (engl. code contracts).

Nachdem sie früher als separate Bibliothek vorlagen, wurden Codeverträge in .NET Framework 4.0 in die Hauptbibliotheken integriert. Codeverträge sind nicht nur einfacher zu lesen, zu schreiben und zu verstehen als manuelle Wächterbedingungen, sie bieten auch die Möglichkeit, statische Verifizierung zu benutzen und automatisch eine Referenzdokumentation zu generieren.

Mit der statischen Vertragsverifizierung können Codeverträge prüfen, ob Vertragsverletzungen vorliegen, ohne die Anwendung auszuführen. Das hilft, neben den explizit programmierten Verträgen, die Hauptthema dieses Abschnitts sind, auch implizite Verträge aufzudecken, zum Beispiel `null`-Derefenzierungen und Probleme mit Arraygrenzen.

Es ist wichtig, eine Referenzdokumentation über den Vertrag einer Methode oder Klasse zu generieren, weil der Clientcode nur auf diese Weise erfährt, welche Erwartungen bestehen. Werden in den XML-Kommentaren, die die Dokumentation für Methoden und Klassen bilden, weitere Details zur Verfügung gestellt, können sich Programmierer die Erwartungen über IntelliSense ansehen. Das macht es ein wenig einfacher, mit Klassen zu arbeiten, die Verträge benutzen.

Vorbedingungen

Vorbedingungen können mithilfe von Codeverträgen kurz und bündig formuliert werden. Sie müssen den Namespace `System.Diagnostics.Contracts` einbinden, der Teil von *mscorlib.dll* ist und daher keine zusätzlichen Assemblyverweise benötigen sollte. Die statische Klasse `Contract` stellt den Großteil des Funktionsumfangs zur Verfügung, der zum Implementieren von Verträgen gebraucht wird.

> HINWEIS Wenn Sie sich entschließen, Codeverträge zu verwenden, breitet sich die statische Klasse `Contract` praktisch über Ihre gesamte Codebasis aus. Das ist ein geringeres Problem als bei den meisten statischen Verweisen, weil Codeverträge allgegenwärtige Infrastrukturelemente sind, von denen man annehmen darf, dass sie nicht entfernt oder ersetzt werden. Somit würde es hohen Aufwand erfordern, die Entscheidung für den Einsatz von Codeverträgen rückgängig zu machen. Benutzen Sie Codeverträge also entweder gleich von Anfang an oder überhaupt nicht.

Listing 7–15 zeigt die deklarative Natur einer Codevertrags-Vorbedingung.

```
using System.Diagnostics.Contracts;

public class ShippingStrategy
{
    public decimal CalculateShippingCost(float packageWeightInKilograms,
      Size<float> packageDimensionsInInches, RegionInfo destination)
    {
        Contract.Requires(packageWeightInKilograms > 0f);
        Contract.Requires(packageDimensionsInInches.X > 0f &&
          packageDimensionsInInches.Y > 0f);

        return decimal.MinusOne;
    }
}
```

List. 7–15 Der Namespace `System.Diagnostics.Contracts` kann Wächterbedingungen für Methoden zur Verfügung stellen

Der Methode `Contract.Requires` übergeben Sie ein boolesches Prädikat. Es repräsentiert den Zustand, den die Methode voraussetzt, damit sie fortfahren kann. Beachten Sie, dass dies das genaue Gegenteil des Prädikats ist, das Sie in der `if`-Anweisung einer manuellen Wächterbedingung verwenden. In den Wächterbedingungen prüfen die Bedingungen, ob ein ungültiger Zustand vorliegt, und lösen eine Ausnahme aus, wenn das der Fall ist. Bei Codeverträgen entspricht das Prädikat eher einer Assert-Anweisung: Der boolesche Wert muss `true` ergeben, andernfalls schlägt der Vertrag fehl. In diesem Beispiel wird gefordert, dass der Parameter `packageWeightInKilograms` ungleich null und positiv ist und im Parameter `packageDimensionsInInches` die beiden Eigenschaften `X` und `Y` ungleich null und positiv sind.

Diese Version der Methode `Contract.Requires` löst eine Ausnahme aus, falls das Vertragsprädikat nicht erfüllt ist, aber der Typ der Ausnahme ist `ContractException`, was nicht der erwarteten Ausnahme in den vorhandenen Unit-Tests entspricht. Daher schlagen sie fehl:

```
Erwartet: System.ArgumentOutOfRangeException, weil "Paketabmessungen müssen positiv und
  ungleich null sein", aber gefunden wurde
  System.Diagnostics.Contracts.__ContractsRuntime+ContractException mit Meldung
  "Vorbedingungsfehler: packageDimensionsInInches.X > 0f && packageDimensionsInInches.Y > 0f"
```

Wenn Sie dieses Beispiel ausführen und einen ungültigen Wert für einen der Parameter übergeben, bekommen Sie die Meldung aus Abbildung 7–2. Sie werden darin informiert, dass Sie Codeverträge noch nicht richtig konfiguriert haben.

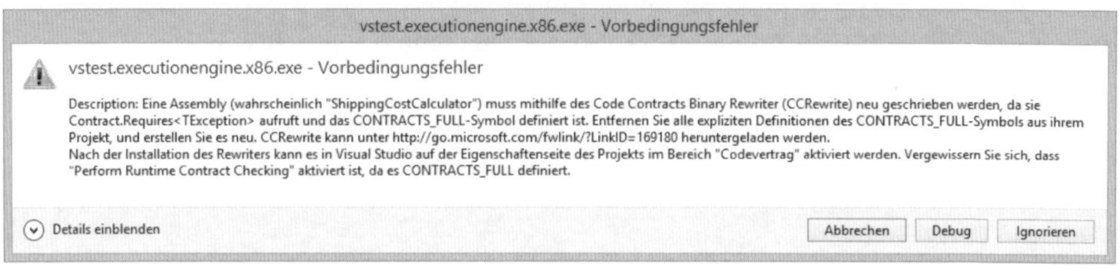

Abb. 7–2 Codeverträge müssen konfiguriert werden, bevor sie benutzt werden können

Die Eigenschaftsseiten jedes Projekts enthalten die Registerkarte *Code Contracts*, auf der Sie Codeverträge konfigurieren können. Abbildung 7–3 zeigt eine einfache Grundkonfiguration.

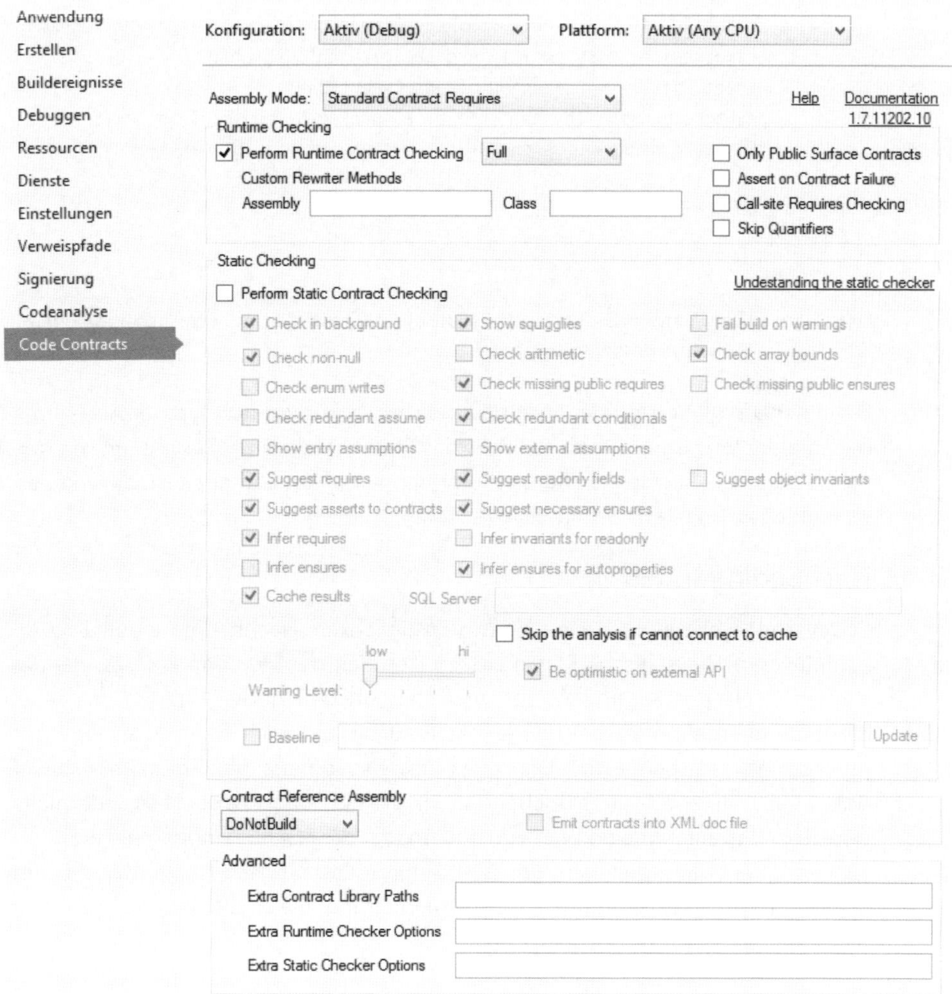

Abb. 7–3 Die Eigenschaftsseiten für Codeverträge enthalten viele Einstellungen

Wenn sie richtig konfiguriert sind, können Vertragsvorbedingungen so umgeschrieben werden, dass sie eine alternative Version der Methode `Contract.Requires` benutzen. Listing 7–16 zeigt diese Version.

```
public class ShippingStrategy
{
    public decimal CalculateShippingCost(float packageWeightInKilograms,
      Size<float> packageDimensionsInInches, RegionInfo destination)
    {
        Contract.Requires<ArgumentOutOfRangeException>(packageWeightInKilograms > 0f,
          "Paketgewicht muss positiv und ungleich null sein");
        Contract.Requires<ArgumentOutOfRangeException>(
          packageDimensionsInInches.X > 0f && packageDimensionsInInches.Y > 0f,
          "Paketabmessungen müssen positiv und ungleich null sein");

        return decimal.MinusOne;
    }
}
```

List. 7–16 Diese Version der Methode Requires bekommt den Typ der Ausnahme übergeben, die ausgelöst werden soll

Diese generische Version der Methode Requires bekommt den Typ der Ausnahme übergeben, die der Vertrag auslösen soll, falls das Prädikat falsch ist. Zusammen mit der Ausnahmemeldung, die in einem weiteren Methodenparameter enthalten ist, bewirkt das, dass die vorhandenen Unit-Tests erfolgreich verlaufen.

Nachbedingungen

Codeverträge bieten auch eine ähnliche Möglichkeit, Nachbedingungen kurz und knapp zu definieren. Die statische Klasse Contract enthält die Methode Ensures, die das Gegenstück für Nachbedingungen zur Vorbedingungsmethode Requires ist. Auch dieser Methode übergeben Sie ein boolesches Prädikat, das wahr sein muss, damit die return-Anweisung abgearbeitet wird. Die return-Anweisung muss die einzige Zeile sein, die einem Aufruf von Contract.Ensures noch folgt. Das leuchtet sofort ein, weil es andernfalls möglich wäre, den Zustand auf eine Weise zu ändern, der die Nachbedingung verletzt.

Listing 7–17 wandelt den Unit-Test ShippingCostMustBePositive ab und enthält eine angepasste CalculateShippingCost-Implementierung, die eine Nachbedingung mithilfe der Methode Contract.Ensures überprüft.

```
[Test]
public void ShippingCostMustBePositive()
{
    strategy.CalculateShippingCost(1, ValidSize, null)
        .Should().BeGreaterThan(decimal.MinusOne);
}
// . . .
public class ShippingStrategy
{
    public decimal CalculateShippingCost(float packageWeightInKilograms, Size<float>
      packageDimensionsInInches, RegionInfo destination)
```

```
    {
        Contract.Requires<ArgumentOutOfRangeException>(packageWeightInKilograms > 0f,
          "Paketgewicht muss positiv und ungleich null sein");
        Contract.Requires<ArgumentOutOfRangeException>(
          packageDimensionsInInches.X > 0f && packageDimensionsInInches.Y > 0f,
          "Paketabmessungen müssen positiv und ungleich null sein");

        Contract.Ensures(Contract.Result<decimal>() > 0m);

        return decimal.MinusOne;
    }
}
```

List. 7–17 Die Methode Ensures definiert eine Nachbedingung, die beim Rücksprung der Methode wahr sein muss

Das Prädikat unterscheidet sich in diesem Beispiel ein wenig von den bisherigen und demonstriert eine häufig verwendete Form der Nachbedingung: Testen, dass ein Rückgabewert gültig ist. Um überprüfen zu können, ob die Versandkosten positiv (und nicht wie hier negativ) sind, sind Kenntnisse über den Rückgabewert nötig. Der Rückgabewert ist oft, aber nicht immer, eine lokale Variable, die innerhalb der Methode deklariert und definiert wird. Sie können ganz einfach prüfen, ob der Wert, den Sie zurückgeben wollen, größer als null ist, aber das ist nicht absolut sicher. Wenn Sie den Wert untersuchen wollen, der tatsächlich von der Methode zurückgegeben wird, können Sie ihn mit der Methode `Contract.Result` auslesen. Sie übergeben dieser generischen Methode den Rückgabetyp der Methode und erhalten das Ergebnis zurück, das die Methode später tatsächlich zurückgibt. Auf diese Weise können Sie sicherstellen, dass keine späteren Codezeilen einen gültigen Wert durch einen ungültigen ersetzen, ohne dass die Nachbedingung fehlschlägt und eine Ausnahme ausgelöst wird.

Dateninvarianten

Methoden einer Klasse enthalten oft ihre eigenen Vor- und Nachbedingungen, aber Dateninvarianten beziehen sich auf die gesamte Klasse. Codeverträge bieten die Möglichkeit, in der Klasse eine private Methode zu definieren, die deklarative Definitionen aller Invarianten der Klasse enthält.

Jede Invariante wird durch den Aufruf der Methode `Invariant` der statischen Klasse `Contract` definiert (Listing 7–18).

```
public class ShippingStrategy
{
    public ShippingStrategy(decimal flatRate)
    {
        this.flatRate = flatRate;
    }
```

```
    [ContractInvariantMethod]
    private void ClassInvariant()
    {
        Contract.Invariant(this.flatRate > 0m,
          "Flatrate muss positiv und ungleich null sein");
    }

    protected decimal flatRate;
}
```

List. 7–18 Dateninvarianten können durch eine spezielle Methode geschützt werden

Die Methode `Contract.Invariant` folgt demselben Muster wie `Requires` und `Ensures`: Sie übergeben ihr ein boolesches Prädikat, das wahr sein muss, damit der Vertrag erfüllt ist. In diesem Beispiel wird außerdem ein Stringargument übergeben, das den Fehler beschreibt, falls gegen den Vertrag verstoßen wird und die Invariante ungeschützt ist. Der Client darf die Methode `Invariant` beliebig oft aufrufen, daher ist es sinnvoll, die Invarianten möglichst feinkörnig aufzuteilen, statt sie mit dem Operator `&&` in einem logischen `AND`-Ausdruck zu verketten. Auf diese Weise erfahren Sie genau, welche Dateninvariante verändert wurde.

Wäre dies eine normale private Methode, müssten Sie die Methode am Anfang und am Ende jeder Methode aufrufen, um sicherzustellen, dass die Invarianten zuverlässig geschützt werden. Glücklicherweise nehmen Ihnen die Codeverträge diese Aufgabe ab, wenn Sie die Methode mit dem Attribut `ContractInvariantMethod` versehen. Wie Sie wissen, können Attribute auch ohne das Suffix `Attribute` geschrieben werden, daher wurde es in diesem Beispiel weggelassen. Eine Methode, die mit diesem Attribut gekennzeichnet ist, müssen die Codeverträge jedes Mal beim Ein- und beim Aussprung aus einer Methode aufrufen, um zu überprüfen, ob die Dateninvarianten der Klasse verändert wurden. Sie dürfen nur Methoden mit `ContractInvariantMethod` markieren, die den Rückgabewert `void` und keine Parameter haben. Es steht Ihnen aber frei, ob die Methode öffentlich oder privat ist, und Sie können ihr einen beliebigen Namen geben. Klassen können mehrere mit `ContractInvariantMethod` markierte Methoden enthalten, daher ist es auch möglich, sie zu logischen Gruppen zusammenzufassen. Innerhalb der Methode dürfen Sie einzig die Methode `Contract.Invariant` aufrufen.

Schnittstellenverträge

Als letztes Feature von Codeverträgen will ich die Schnittstellenverträge vorstellen. Bisher haben Sie alle Aufrufe von `Contract.Requires`, `Contract.Ensures` und `Contract.Invariant` direkt in die Klassenimplementierung eingebettet. Wie bereits erwähnt, macht die statische Natur der Klasse `Contract` diesen Code allgegenwärtig und es ist schwierig, ihn zu entfernen oder in Zukunft einmal durch eine andere Bibliothek zu ersetzen. Das widerspricht dem Ideal einer adaptiven Codebasis, aber manche Zugeständnisse im Bereich der Infrastruktur lassen sich aus pragmatischen Gründen rechtfertigen.

Ein größeres Problem ist, dass die Lesbarkeit leidet, wenn Codeverträge auf breiter Front auf Klassen angewendet werden. Das ist eigentlich nicht einmal Schuld der Codeverträge, sondern unvermeidlich, wenn Verträge sorgfältig auf Klassen angewendet werden. Vorbedingungen, Nachbedingungen und Dateninvarianten integrieren sich relativ harmonisch in den Code, aber es wird dadurch schwieriger, den eigentlichen Zweck des Codes zu erkennen.

Ein Schnittstellenvertrag, wie Listing 7–19 ihn für das bekannte `ShippingStrategy`-Beispiel zeigt, kann dieses Problem verringern. Außerdem bietet er noch eine andere nützliche Funktion.

```
[ContractClass(typeof(ShippingStrategyContract))]
interface IShippingStrategy
{
    decimal CalculateShippingCost(
        float packageWeightInKilograms,
        Size<float> packageDimensionsInInches,
        RegionInfo destination);
}
//. . .
[ContractClassFor(typeof(IShippingStrategy))]
public abstract class ShippingStrategyContract : IShippingStrategy
{
    public decimal CalculateShippingCost(float packageWeightInKilograms, Size<float>
      packageDimensionsInInches, RegionInfo destination)
    {
        Contract.Requires<ArgumentOutOfRangeException>(packageWeightInKilograms > 0f,
          "Paketgewicht muss positiv und ungleich null sein");
        Contract.Requires<ArgumentOutOfRangeException>(
          packageDimensionsInInches.X > 0f && packageDimensionsInInches.Y > 0f,
          "Paketabmessungen müssen positiv und ungleich null sein");

        Contract.Ensures(Contract.Result<decimal>() > 0m);

        return decimal.One;
    }

    [ContractInvariantMethod]
    private void ClassInvariant()
    {
        Contract.Invariant(flatRate > 0m,
          "Flatrate muss positiv und ungleich null sein");
    }
}
```

List. 7–19 Eine dedizierte Klasse kann Vorbedingungen, Nachbedingungen und Invarianten für jede Implementierung einer bestimmten Schnittstelle definieren

Für Schnittstellenverträge brauchen Sie natürlich eine Schnittstelle, auf die sie angewendet werden. In diesem Beispiel wurde die Methode `CalculateShippingCost` in eine eigene Schnittstelle namens `IShippingStrategy` verlegt. Die Verträge werden nun auf diese Schnittstelle angewendet, nicht auf eine bestimmte Implementierung. Das ist eine Abkehr von den bisherigen Beispielen, weil es bedeutet, dass alle Implementierungen dieser Schnittstelle die angewendeten Verträge übernehmen. Auf diese Weise können Sie eine simple Schnittstelle, die nur wenige Hinweise für die Implementierung und Nutzung umfasst, mit leistungsfähigen Anforderungen und Prüfungen ausstatten.

Wenn Sie einen Schnittstellenvertrag schreiben, brauchen Sie zusätzlich eine Klasse, die die Methoden der Schnittstelle implementiert, darin aber einzig die Methoden `Contract.Requires` und `Contract.Ensures` aufruft. Die abstrakte Klasse `ShippingStrategyContract` bietet diese Funktion. Sie ähnelt den früheren Beispielen, aber bei den älteren Versionen war die eigentliche Funktion der Methode nicht implementiert; mit dem Code für ihre eigentliche Aufgabe wären sie deutlich länger. Eine Vertragsklasse enthält dagegen sogar im Produktivcode nicht mehr Code. Außerdem gibt es eine mit `ContractInvariantMethod` markierte Methode, die alle Aufrufe von `Contract.Invariant` zusammenfasst, genau wie bei einer Klasse mit echter Implementierung der Schnittstelle.

Um die Schnittstelle mit der Implementierung der Vertragsklasse zu verknüpfen, brauchen Sie leider einen bidirektionalen Verweis mithilfe eines Attributs. Das ist etwas unglücklich gelöst, weil es die Schnittstelle verkompliziert. Aber indem Sie die Schnittstelle mit dem Attribut `ContractClass` und die Vertragsklasse mit dem Attribut `ContractClassFor` markieren, brauchen Sie den Schutzcode für Ihre Vorbedingungen, Nachbedingungen und Dateninvariante nur einmal zu schreiben. Er wird dann auf alle Implementierungen der Schnittstelle angewendet. Sowohl das Attribut `ContractClass` als auch `ContractClassFor` haben einen `Type`-Parameter. `ContractClass` wird auf die Schnittstelle angewendet und bekommt in diesem Parameter den Typ der Vertragsklasse übergeben, während `ContractClassFor` auf die Vertragsklasse angewendet wird und im Parameter den Schnittstellentyp übergeben bekommt.

Damit ist die Einführung in Codeverträge und Regeln des Liskovschen Substitutionsprinzips, die sich auf Verträge beziehen, abgeschlossen. Zuletzt will ich noch einen wichtigen Punkt betonen. Unabhängig davon, ob Sie Vorbedingungen, Nachbedingungen oder Invarianten von Hand oder mithilfe von Codeverträgen implementieren, gilt, dass Clients bei einem Verstoß gegen diese Verträge *keine Ausnahme abfangen sollten*. Das Abfangen einer Ausnahme ist eine Aktion, die bedeutet, dass der Client sich von dieser Situation erholen kann. Das ist aber selten wahrscheinlich, oft sogar unmöglich, wenn ein Vertrag gebrochen wird. Ideal wäre es, wenn alle Vertragsverletzungen während der Funktionstests aufgedeckt werden und der verantwortliche Code vor der Auslieferung korrigiert wird. Aus diesem Grund ist es so wichtig, Verträge mit Unit-Tests zu überprüfen. Falls eine Vertragsverletzung nicht vor der Auslieferung korrigiert wird und ein Endbenutzer eine Ausnahme auslöst, ist es wahrscheinlich am sinnvollsten, die Anwendung zu schließen. Diese Vorgehensweise ist besser, weil sich die Anwendung nun in einem potenziell ungültigen Zustand befindet. Bei einer Webanwendung bedeutet das, dass die globale Fehlerseite angezeigt wird. Eine Desktopanwendung kann dem Benutzer eine aussagekräftige Meldung anzeigen und die Möglichkeit geben, das Problem zu melden. Auf jeden Fall sollte die Ausnahme protokolliert werden, zusammen mit einem vollständigen Stacktrace und möglichst umfangreichen Kontextdaten.

Der nächste Abschnitt behandelt die übrigen Regeln des LSPs, also diejenigen, die für Kovarianz und Kontravarianz gelten.

Kovarianz und Kontravarianz

Die restlichen Regeln des Liskovschen Substitutionsprinzips beschäftigen sich mit Kovarianz und Kontravarianz. Allgemein wird mit dem Begriff *Varianz* das erwartete Verhalten abgeleiteter Typen in einer Klassenhierarchie bezeichnet, die komplexe Typen umfasst.

Definitionen

Wie Sie bereits beim Thema Verträge gesehen haben, ist es für das Verständnis wichtig, die Grundlagen zu diesem Thema zusammenzufassen, bevor wir uns mit den Details der Anforderungen beschäftigen, die das LSP im Bereich der Varianz stellt.

Kovarianz

Abbildung 7–4 zeigt eine ganz kleine Klassenhierarchie, die lediglich zwei Typen umfasst: `Supertype` (Basistyp) und `Subtype` (abgeleiteter Typ), deren Namen praktischerweise ihre jeweilige Rolle in der Vererbungshierarchie widerspiegeln. `Supertype` definiert einige Felder und Methoden, die `Subtype` erbt. `Subtype` erweitert `Supertype` dadurch, dass er eigene Felder und Methoden definiert.

Polymorphie ist die Fähigkeit, einen abgeleiteten Typ so zu behandeln, als wäre er eine Instanz seines Basistyps. Dank dieses Features der objektorientierten Programmierung, das C# natürlich unterstützt, kann jede Methode, die eine Instanz von `Supertype` übergeben bekommt, stattdessen auch eine Instanz von `Subtype` annehmen, ohne dass der Client- oder der Dienstcode dazu eine Typkonvertierung durchführen müsste und ohne dass der Dienst irgendeine Form von Typ-Sniffing betreiben müsste. Für den Dienst sieht es aus, als hätte er eine Instanz von `Supertype` bekommen, und das ist das einzige, was ihn interessiert. Es ist ihm egal, um welchen speziellen abgeleiteten Typ es sich handelt.

Die Varianz kommt ins Spiel, wenn Sie einen weiteren Typ einführen, der `Supertype` und/oder `Subtype` über einen generischen Parameter benutzt.

Abbildung 7–5 stellt das Konzept der *Kovarianz* (engl. covariance) grafisch dar. Zuerst definieren Sie eine neue Schnittstelle namens `ICovariant`. Dies ist eine generische Schnittstelle vom Typ `T` und enthält eine einzelne Methode, die diesen Typ `T` zurückgibt. Weil vor dem generischen Typparameter `T` das Schlüsselwort `out` steht, passt der Name dieser Schnittstelle hervorragend, denn sie zeigt kovariantes Verhalten.

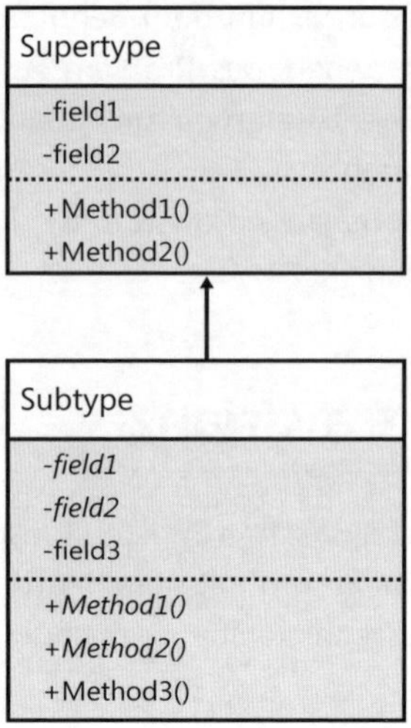

Abb. 7–4 `Supertype` und `Subtype` sind Basis- beziehungsweise abgeleiteter Typ in einer Klassenhierarchie

Die rechte Seite des Klassendiagramms zeigt eine neue Vererbungshierarchie, die dank der Kovarianz der Schnittstelle `ICovariant` aufgebaut wurde. Im generischen Parameter werden die vorher definierten Typen `Supertype` und `Subtype` eingesetzt, und somit wird `ICovariant<Supertype>` der Basistyp für die Schnittstelle `ICovariant<Subtype>`.

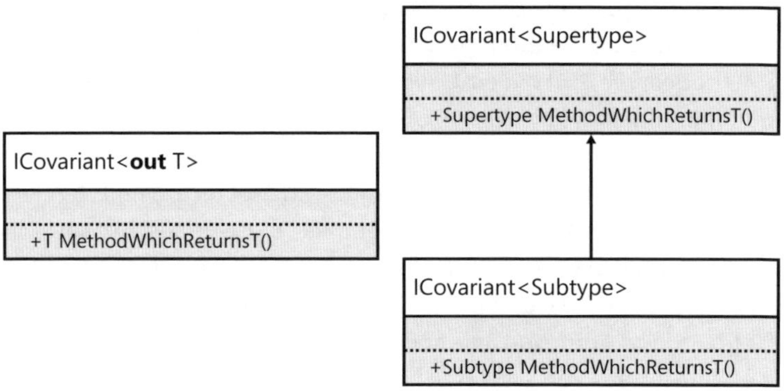

Abb. 7–5 Aufgrund der Kovarianz des generischen Parameters bleibt die Vererbungsbeziehung erhalten

Genau wie vorher wird auch hier Polymorphie aktiv, und an diesem Punkt wird es interessant. Aufgrund der Kovarianz können Sie immer, wenn eine Methode eine Instanz von `ICovariant<Supertype>` benötigt, stattdessen eine Instanz von `ICovariant<Subtype>` übergeben. Das funktioniert nahtlos, weil sich Kovarianz und Polymorphie perfekt ergänzen.

Bisher ist der Nutzen begrenzt. Damit die Erklärung klarer wird, verlasse ich die Klassendiagramme und die theoretischen Typnamen und gehe zu einem praxisnäheren Szenario über. Listing 7–20 zeigt eine Klassenhierarchie mit der allgemeinen Basisklasse `Entity` und der spezifischeren abgeleiteten Klasse `User`. Alle `Entity`-Typen erben eine Kennnummer in Form einer GUID sowie einen Namensstring, und in `User` werden die E-Mail-Adresse (`EmailAddress`) und das Geburtsdatum (`DateOfBirth`) hinzugefügt.

```
public class Entity
{
    public Guid ID { get; private set; }

    public string Name { get; private set; }
}
// . . .
public class User : Entity
{
    public string EmailAddress { get; private set; }

    public DateTime DateOfBirth { get; private set; }
}
```

List. 7–20 In dieser kleinen Domäne ist `User` eine Spezialisierung des Typs `Entity`

Das Prinzip ist genau dasselbe wie beim `Supertype`/`Subtype`-Beispiel, aber diesmal ist eine konkrete Aufgabe erkennbar. Auf diese kleine Domäne wird das Repository-Pattern angewendet. Das Repository-Pattern stellt eine Schnittstelle zum Abrufen von Objekten zur Verfügung, die Sie benutzen können, als befänden sich die Objekte im Arbeitsspeicher, obwohl sie in Wirklichkeit von einem ganz anderen Speichermedium geladen werden können. Listing 7–21 zeigt die Klasse `EntityRepository` und die davon abgeleitete Klasse `UserRepository`.

```
public class EntityRepository
{
    public virtual Entity GetByID(Guid id)
    {
        return new Entity();
    }
}
// . . .
public class UserRepository : EntityRepository
{
    public override User GetByID(Guid id)
    {
        return new User();
    }
}
```

List. 7–21 Ohne generische Konstrukte ist jegliche Vererbung in C# invariant

Dieses Beispiel unterscheidet sich durch einen wichtigen Punkt vom vorherigen: Ohne Verwendung generischer Typen bietet C# keine Kovarianz für die Rückgabetypen von Methoden. Sie bekommen daher eine Fehlermeldung des Compilers präsentiert, weil Sie in der abgeleiteten Klasse versuchen, den Rückgabetyp der Methode `GetByID` auf die Klasse `User` zu verändern.

```
Fehler CS0508: 'SubtypeCovariance.UserRepository.GetByID(System.Guid)': Der
  Rückgabetyp muss 'SubtypeCovariance.Entity' sein, um mit dem überschriebenen
  Member 'SubtypeCovariance.EntityRepository.GetByID(System.Guid)'
  übereinzustimmen.
```

Wahrscheinlich sagt Ihnen schon Ihre Erfahrung, dass dies nicht funktionieren kann, aber der eigentliche Grund besteht darin, dass in diesem Beispiel keine Kovarianz vorhanden ist. Würde C# Kovarianz für allgemeine Klassen unterstützen, könnten Sie eine Änderung des Rückgabetyps in `UserRepository` erzwingen. Weil C# das nicht tut, haben Sie nur zwei Möglichkeiten. Sie können erstens den Rückgabetyp der Methode `UserRepository.GetByID` auf `Entity` belassen und Polymorphie nutzen, um stattdessen eine `User`-Instanz zurückzugeben. Das ist unbefriedigend, weil Clients von `UserRepository` den Typ des Rückgabewerts von `Entity` in `User` umwandeln oder mit Typ-Sniffing auf den Typ `User` prüfen und speziellen Code ausführen müssten, sofern dieser erwartete Typ zurückgegeben wurde.

Stattdessen sollten Sie `EntityRepository` als generische Klasse definieren, die über einen generischen Parameter den `Entity`-Typ übergeben bekommt, mit dem sie arbeiten soll. Dieser generische Parameter kann mit `out` markiert und somit kovariant gemacht werden, und die abgeleitete Klasse `UserRepository` kann ihre Basisklasse so spezialisieren, dass sie den Typ `User` liefert. Listing 7–22 zeigt, wie das aussieht.

```
public interface IEntityRepository<out TEntity>
    where TEntity : Entity
{
    TEntity GetByID(Guid id);
}
// . . .
public class UserRepository : IEntityRepository<User>
{
    public User GetByID(Guid id)
    {
        return new User();
    }
}
```

List. 7–22 Machen Sie Basisklassen generisch, damit Kovarianz zur Verfügung steht und abgeleitete Klassen den Rückgabetyp überschreiben können

Statt `EntityRepository` als konkrete Klasse zu pflegen, von der eine Instanz angelegt werden kann, hat dieser Code sie in eine Schnittstelle verwandelt und die Standardimplementierung von `GetByID` gelöscht. Das ist nicht unbedingt nötig, aber es wurde in diesem Buch schon mehrfach demonstriert, wie viele Vorteile es hat, wenn Clients von Schnittstellen statt von Implementierungen abhängig sind; daher ist es eine sinnvolle Ergänzung dieser Richtlinie.

Beachten Sie auch, dass auf den generischen Typparameter der Klasse `EntityRepository` eine `where`-Bedingung angewendet wird. Diese Bedingung verhindert, dass abgeleitete Klassen einen Typ bereitstellen, der nicht Teil der `Entity`-Klassenhierarchie ist. Wäre das erlaubt, wäre die neue Version laxer als die ursprüngliche Implementierung.

Bei dieser Version können sich `UserRepository`-Clients jegliche Typumwandlungen sparen, weil sie garantiert ein `User`-Objekt erhalten, kein `Entity`-Objekt. Trotzdem bleibt die Vererbungsbeziehung von `EntityRepository` und `UserRepository` erhalten.

Kontravarianz

Kontravarianz ist ein ähnliches Konzept wie Kovarianz. Während Kovarianz sich auf die Behandlung von Typen bezieht, die als Rückgabewerte benutzt werden, beschäftigt sich *Kontravarianz* (engl. contravariance) mit Typen, die als Methodenparameter verwendet werden.

Betrachten wir noch einmal dieselbe `Supertype`- und `Subtype`-Klassenhierarchie wie weiter oben. Abbildung 7–6 zeigt die Beziehung zwischen den Typen, die mit generischen Typparametern als kontravariant markiert sind.

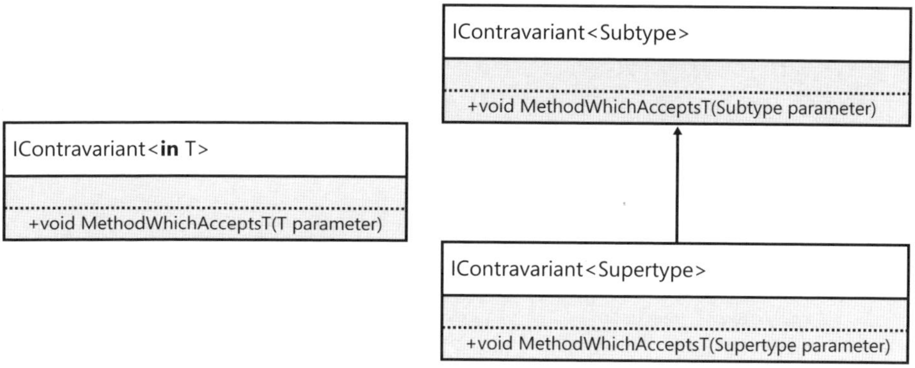

Abb. 7–6 Aufgrund der Kontravarianz der generischen Parameter dreht sich die Richtung der Abstammungsbeziehung zwischen den Klassen um

Die Schnittstelle `IContravariant` definiert eine Methode mit einem einzelnen Parameter des Typs, der vom generischen Parameter festgelegt wird. Hier ist der generische Parameter mit dem Schlüsselwort `in` markiert, das bedeutet, dass er kontravariant ist.

Die entstehende Klassenhierarchie lässt sich leicht erahnen, wenn bekannt ist, dass sich die Richtung der Vererbungshierarchie umgedreht hat: `IContravariant<Subtype>` wird die Basisklasse und `IContravariant<Supertype>` die abgeleitete Klasse. Das scheint seltsam und widerspricht der Intuition, es wird aber gleich klar werden, warum Kontravarianz dieses Verhalten zeigt – und warum es nützlich ist.

In Listing 7–23 wird auf Basis der .NET Framework-Schnittstelle `IEqualityComparer` eine anwendungsspezifische Implementierung erstellt. Die Methode `Equals` der Klasse `EntityEqualityComparer` hat einen Parameter, in dem ein Objekt der schon weiter oben definierten Klasse `Entity` übergeben wird. Die Details der Vergleichsoperation sind unwichtig, es genügt zu wissen, dass ein simpler Identitätsvergleich zum Einsatz kommt.

```
public interface IEqualityComparer<in TEntity>
    where TEntity : Entity
{
    bool Equals(TEntity left, TEntity right);
}
// . . .
public class EntityEqualityComparer : IEqualityComparer<Entity>
{
    public bool Equals(Entity left, Entity right)
    {
        return left.ID == right.ID;
    }
}
```

List. 7–23 Die Schnittstelle `IEqualityComparer` erlaubt es, Funktionsobjekte wie `EntityEqualityComparer` zu definieren

Der Unit-Test in Listing 7–24 demonstriert, welche Auswirkung die Kontravarianz auf `EntityEqualityComparer` hat.

```
[Test]
public void UserCanBeComparedWithEntityComparer()
{
    SubtypeCovariance.IEqualityComparer<User> entityComparer =
      new EntityEqualityComparer();
    var user1 = new User();
    var user2 = new User();
    entityComparer.Equals(user1, user2)
        .Should().BeFalse();
}
```

List. 7–24 Kontravarianz dreht die Klassenhierarchien um und ermöglicht es, einen allgemeineren Vergleich einzusetzen, wenn ein spezifischer angefordert wird

Ohne Kontravarianz (also ohne das unscheinbare Schlüsselwort `in` vor den generischen Typparametern) meldet der Compiler den folgenden Fehler:

```
Fehler CS0266: Der Typ 'SubtypeCovariance.EntityEqualityComparer' kann nicht implizit in
'SubtypeCovariance.IEqualityComparer<SubtypeCovariance.User>' konvertiert werden. Es ist
bereits eine explizite Konvertierung vorhanden. (Möglicherweise fehlt eine Umwandlung.)
```

Es findet keine Typkonvertierung aus `EntityEqualityComparer` in `IEqualityComparer<User>` statt, was einleuchtet, weil `Entity` der Basistyp und `User` der abgeleitete Typ sind. Aber weil `IEqualityComparer` Kontravarianz unterstützt, dreht sich die vorhandene Vererbungshierarchie um und Sie können das, was ursprünglich ein allgemeinerer Typ war, über die Schnittstelle `IEqualityComparer` einem spezifischeren Typ zuordnen.

Invarianz

Neben Typen mit kovariantem oder kontravariantem Verhalten gibt es auch welche, die invariant sind. Das dürfen Sie nicht mit dem Begriff *Dateninvariante* verwechseln, der weiter oben in diesem Kapitel im Zusammenhang mit Codeverträgen benutzt wurde. Stattdessen bedeutet invariant in diesem Kontext »nicht variant«. Wenn ein Typ überhaupt nicht variant ist, ist keine Anordnung der Typen möglich, die eine Klassenhierarchie formt. Listing 7–25 demonstriert dies anhand der generischen Schnittstelle `IDictionary`.

```
[TestFixture]
public class DictionaryTests
{
    [Test]
    public void DictionaryIsInvariant()
    {
        // Kovarianz versuchen...
        IDictionary<Supertype, Supertype> supertypeDictionary =
          new Dictionary<Subtype, Subtype>();

        // Kontravarianz versuchen...
        IDictionary<Subtype, Subtype> subtypeDictionary =
          new Dictionary<Supertype, Supertype>();
    }
}
```

List. 7–25 Manche generischen Typen sind weder kovariant noch kontravariant, damit sind sie *invariant*

Die erste Anweisung der Testmethode `DictionaryIsInvariant` versucht, ein Dictionary, dessen Schlüssel- und Wertparameter den Typ `Subtype` haben, an ein Dictionary zuzuweisen, dessen Schlüssel- und Wertparameter vom Typ `Supertype` sind. Das funktioniert nicht, weil der Typ `IDictionary` nicht kovariant ist. Wäre er kovariant, bliebe die Klassenhierarchie von `Subtype` und `Supertype` erhalten.

Auch die zweite Anweisung ist ungültig, weil sie den umgekehrten Weg versucht: Ein Dictionary aus `Supertype`-Elementen soll einem Dictionary aus `Subtype`-Elementen zugewiesen werden. Das scheitert, weil der Typ `IDictionary` nicht kontravariant ist. Wäre er kontravariant, würde sich die Klassenhierarchie aus `Subtype` und `Supertype` umdrehen.

Die Tatsache, dass der Typ `IDictionary` weder kovariant noch kontravariant ist, führt zum Schluss, dass er invariant sein muss. Listing 7–26 zeigt, wie der Typ `IDictionary` deklariert ist. Sie sehen daran, dass tatsächlich keines der Schlüsselwörter out oder in vorkommt, die Kovarianz beziehungsweise Kontravarianz festlegen würden.

```
public interface IDictionary<TKey, TValue> : ICollection<KeyValuePair<TKey, TValue>>,
  IEnumerable<KeyValuePair<TKey, TValue>>, IEnumerable
```

List. 7–26 Keiner der generischen Parameter der Schnittstelle IDictionary ist mit in oder out markiert

Wie bereits für den allgemeinen Fall (also ohne generische Typen) bewiesen, ist C# invariant für die Typen von Methodenparametern und Rückgabewerten. Nur wenn generische Konstrukte eingesetzt werden, kann die Varianz für jeden Typ individuell angepasst werden.

Liskovsche Typsystemregeln

Nachdem Sie nun mit Varianz vertraut sind, können wir in diesem Abschnitt zum Anfang zurückkehren und die Verbindung zum Liskovschen Substitutionsprinzip herstellen. Das LSP definiert die folgenden Regeln, von denen sich zwei direkt auf Varianz beziehen:

- Es ist Kontravarianz der Methodenparameter im abgeleiteten Typ erforderlich
- Es ist Kovarianz der Rückgabetypen im abgeleiteten Typ erforderlich
- Es sind keine neuen Ausnahmen erlaubt

Ohne Kontravarianz der Methodenparameter und Kovarianz der Rückgabetypen können Sie keinen Code schreiben, der sich an die Regeln des LSPs hält.

Die dritte Regel ist eigenständig, da sie nichts mit der Varianz zu tun hat. Sie wird im nächsten Abschnitt gesondert erläutert.

Keine neuen Ausnahmen erlaubt

Diese Regel ist intuitiver als die anderen LSP-Regeln, die mit dem Typsystem einer Sprache zu tun haben. Zuerst sollten Sie sich überlegen: Welchen Zweck haben Ausnahmen?

Ausnahmen sollen die Berichterstattung über einen Fehler von der Behandlung dieses Fehlers trennen. Es ist üblich, dass zwei ganz unterschiedliche Klassen mit unterschiedlichen Aufgaben und unterschiedlichem Kontext benutzt werden, um den Fehler zu melden beziehungsweise zu behandeln. Das Ausnahmeobjekt informiert anhand seines Typs und der enthaltenen Daten über den aufgetretenen Fehler. Jeder Code kann eine Ausnahme erstellen und auslösen, genauso wie jeder Code eine Ausnahme abfangen und darauf reagieren kann. Es wird allerdings empfohlen, eine Ausnahme nur dann abzufangen, wenn an dieser Stelle im Code auch etwas Sinnvolles damit getan werden kann. Das könnte ganz simpel sein, etwa die Rücknahme einer Datenbanktransaktion, oder sehr komplex, beispielsweise das Anzeigen einer ausgefeilten Benutzeroberfläche, in der die Benutzer sich über Fehlerdetails informieren und sie an die Entwickler melden können.

Es ist auch meist davon abzuraten, eine Ausnahme abzufangen und gar nichts damit zu tun oder den allgemeinen Basistyp `Exception` abzufangen. Die Kombination aus beiden Vorgehensweisen ist sogar noch problematischer. Wenn Sie den allgemeinen Basistyp `Exception` abfangen, fangen und behandeln Sie *alles*, auch Ausnahmen, von denen sich Ihre Anwendung bestimmt nicht sinnvoll erholen kann, etwa `OutOfMemoryException`, `StackOverflowException` oder `ThreadAbortException`. Sie können diese Situation dadurch verbessern, dass Sie Ihre Ausnahmen immer von `ApplicationException` ableiten, weil viele Ausnahmen, nach denen die Anwendung nicht weiterlaufen sollte, von `SystemException` abgeleitet sind. Das ist allerdings nicht allgemein üblich, und auch Fremdherstellerbibliotheken müssten dann dieser Praxis folgen.

Listing 7–27 zeigt zwei Ausnahmen, die Geschwister in der Klassenhierarchie sind. Es ist daher nicht möglich, einen `catch`-Block speziell für einen dieser Ausnahmetypen zu schreiben und damit beide Ausnahmetypen abzufangen.

```
public class EntityNotFoundException : Exception
{
    public EntityNotFoundException()
        : base()
    {

    }

    public EntityNotFoundException(string message)
        : base(message)
    {

    }
}
//. . .
public class UserNotFoundException : Exception
{
    public UserNotFoundException()
        : base()
    {

    }

    public UserNotFoundException(string message)
        : base(message)
    {

    }
}
```

List. 7–27 Beide Ausnahmen sind vom Typ `Exception`, aber nicht voneinander abgeleitet

Wenn Sie sowohl EntityNotFoundException als auch UserNotFoundException mit einem einzigen catch-Block abfangen wollen, müssen Sie die allgemeine Exception abfangen, was nicht empfehlenswert ist.

Dieses Problem wird im Code aus Listing 7–28 verschärft, der Methoden aus den Klassen EntityRepository und UserRepository zeigt.

```
public Entity GetByID(Guid id)
{
    Contract.Requires<EntityNotFoundException>(id != Guid.Empty);

    return new Entity();
}
//. . .
public User GetByID(Guid id)
{
    Contract.Requires<UserNotFoundException>(id != Guid.Empty);

    return new User();
}
```

List. 7–28 Zwei unterschiedliche Implementierungen einer Schnittstelle können unterschiedliche Ausnahmetypen auslösen

Beide Klassen setzen Codeverträge ein, um eine Vorbedingung zu prüfen: Der Parameter id darf nicht gleich Guid.Empty sein. Jede Klasse löst ihren eigenen Ausnahmetyp aus, falls der Vertrag verletzt wird. Denken Sie kurz darüber nach, was das für Auswirkungen auf einen Client hat, der das Repository benutzt. Der Client müsste beide Ausnahmetypen abfangen. Und wollte er beide Ausnahmen mit einem einzigen catch-Block abfangen, müsste er den Typ Exception abfangen. Listing 7–29 zeigt einen Unit-Test, der als Client für die beiden Repositorys agiert.

```
[TestFixture(typeof(EntityRepository), typeof(Entity))]
[TestFixture(typeof(UserRepository), typeof(User))]
public class ExceptionRuleTests<TRepository, TEntity>
    where TRepository : IEntityRepository<TEntity>, new()
{
    [Test]
    public void GetByIDThrowsEntityNotFoundException()
    {
        var repo = new TRepository();
        Action getByID = () => repo.GetByID(Guid.Empty);

        getByID.ShouldThrow<EntityNotFoundException>();
    }
}
```

List. 7–29 Dieser Unit-Test schlägt fehl, weil UserNotFoundException nicht einem EntityNotFoundException zugewiesen werden kann

Dieser Unit-Test schlägt fehl, weil `UserRepository` nicht (wie erforderlich) eine `EntityNotFoundException` auslöst. Wäre `UserNotFoundException` eine von `EntityNotFoundException` abgeleitete Klasse, wäre dieser Test erfolgreich und ein einziger `catch`-Block könnte beide Ausnahmetypen abfangen.

Das wächst sich zu einem erheblichen Problem bei der Clientwartung aus. Wenn der Client von einer Schnittstelle abhängig ist und Methoden dieser Schnittstelle aufruft, sollte er nichts über die Klassen hinter dieser Schnittstelle wissen. Hier sind wir wieder beim Gegensatz von Entourage-Anti-Pattern und Stairway-Pattern. Werden neue Ausnahmen eingeführt, die nicht Mitglieder einer erwarteten Ausnahmeklassenhierarchie sind, müssen Clients diese Ausnahmen direkt bearbeiten. Und noch schlimmer: Die Clients müssen jedes Mal aktualisiert werden, wenn ein neuer Ausnahmetyp eingeführt wird.

Stattdessen sollte jede Schnittstelle eine einheitliche Basisklasse für ihre Ausnahmen haben, die alle benötigten Informationen über einen Fehler vom Melder der Ausnahme an den Ausnahmehandler liefert.

Zusammenfassung

Oberflächlich betrachtet ist das Liskovsche Substitutionsprinzip einer der komplexeren Aspekte der SOLID-Prinzipien. Es setzt Grundlagenwissen über Verträge und Varianz voraus, um Regeln zu formulieren, die Ihnen helfen, adaptiveren Code zu schreiben.

Schnittstellen liefern standardmäßig keine Regeln für Vorbedingungen oder Nachbedingungen an ihre Clients. Wenn Sie Wächterbedingungen erstellen, die die Anwendung während der Laufzeit anhalten, schränken Sie den erlaubten Wertebereich für Parameter ein. Das LSP formuliert Richtlinien, die besagen, dass eine abgeleitete Klasse in einer Klassenhierarchie niemals die Vorbedingungen verschärfen oder die Nachbedingungen schwächen darf.

Auf ähnliche Weise enthält das LSP Regeln für die Varianz in abgeleiteten Typen. Es ist Kontravarianz für Methodenparameter in abgeleiteten Typen und Kovarianz für Rückgabewerte in abgeleiteten Typen erforderlich. Außerdem sollte jede neue Ausnahme, die beispielsweise beim Erstellen einer neuen Schnittstellenimplementierung eingeführt wird, von einer vorhandenen Ausnahmenbasisklasse abgeleitet sein. Andernfalls könnte es passieren, dass ein vorhandener Client die Ausnahme nicht abfängt. Damit entkommt die Ausnahme unbehandelt und bringt unter Umständen die Anwendung zum Absturz.

Falls das LSP bezüglich dieser Regeln verletzt wird, haben Clients es schwerer, alle Typen in einer Klassenhierarchie identisch zu behandeln. Im Idealfall können Clients einen Verweis auf einen Basistyp oder eine Schnittstelle verwalten und brauchen ihr eigenes Verhalten niemals davon abhängig zu machen, welche abgeleitete Klasse während der Laufzeit tatsächlich benutzt wird. Unsauberkeiten in diesem Bereich schaffen Abhängigkeiten zwischen Codeabschnitten, die eigentlich voneinander getrennt bleiben sollten. Jede Verletzung des LSPs sollte als Technical Debt eingestuft werden. Und wie in den bisherigen Kapiteln betont, sollte eine solche Technical Debt bei nächster Gelegenheit beseitigt werden.

Kapitel 8

Interface-Segregation

Am Ende dieses Kapitels werden Sie in der Lage sein, die folgenden Aufgaben durchzuführen:

- Beschreiben der Bedeutung von Interface-Segregation
- Schreiben von Schnittstellen, bei denen die Anforderungen des Clientcodes der wichtigste Aspekt sind
- Erstellen kleinerer Schnittstellen mit enger eingegrenzten Aufgaben
- Identifizieren von Szenarien, in denen Interface-Segregation genutzt werden kann
- Aufspalten von Schnittstellen anhand der Abhängigkeiten ihrer Implementierungen

Wie bereits frühere Kapitel dieses Buchs erklärt haben, sind Schnittstellen ein Schlüsselelement im Werkzeugkasten des modernen objektorientierten Programmierers. Schnittstellen bilden die Grenzen zwischen dem, was Clientcode benötigt, und der Art, wie diese Anforderung implementiert wird. Das Interface-Segregation-Prinzip (Prinzip der Schnittstellentrennung oder Schnittstellenzerlegung) besagt, dass Schnittstellen *klein* sein sollten.

Jedes Member einer Schnittstelle muss vollständig implementiert werden: Eigenschaften, Ereignisse und Methoden. Sofern nicht jeder Client einer Schnittstelle jedes einzelne Member benötigt, ist es nicht sinnvoll zu verlangen, dass jede Implementierung einen so umfangreichen Vertrag erfüllt. Wenn Sie sich das Single-Responsibility-Prinzip vor Augen halten und beobachten, wie häufig manche Entwickler das Decorator-Pattern einsetzen, wird deutlich, dass es erheblichen Aufwand bedeutet, für jedes Member in einer Schnittstelle auch ein gültiges Gegenstück zu implementieren.

Im einfachsten Fall enthält eine Schnittstelle eine einzige Methode, die sich auf eine einzige Aufgabe beschränkt. Sind Schnittstellen so feinkörnig, ähneln sie Delegaten, bieten aber viele zusätzliche Vorteile.

Ein Beispiel für Interface-Segregation

Dieses Kapitel arbeitet ein vollständiges Beispiel durch, das sich von einer einzigen monolithischen Schnittstelle zu mehreren kleineren Schnittstellen entwickelt. In diesem Prozess werden viele Decorator erstellt, um einen der Schlüsselvorteile der großzügig angewandten Interface-Segregation deutlich zu machen.

Eine einfache CRUD-Schnittstelle

Die Beispielschnittstelle selbst ist relativ simpel und beschränkt sich auf fünf Methoden. Clients erhalten über diese Schnittstelle Zugriff auf einen persistenten Speicher für eine Entität, wobei herkömmliche CRUD-Operationen zum Einsatz kommen. *CRUD* steht für *Create, Read, Update, Delete* (Erstellen, Lesen, Aktualisieren, Löschen). Diese Operationen brauchen Clients am häufigsten, um persistenten Speicher für eine Entität zu verwalten. Das UML-Klassendiagramm in Abbildung 8–1 zeigt, welche Operationen die Schnittstelle `ICreateReadUpdateDelete` zur Verfügung stellt.

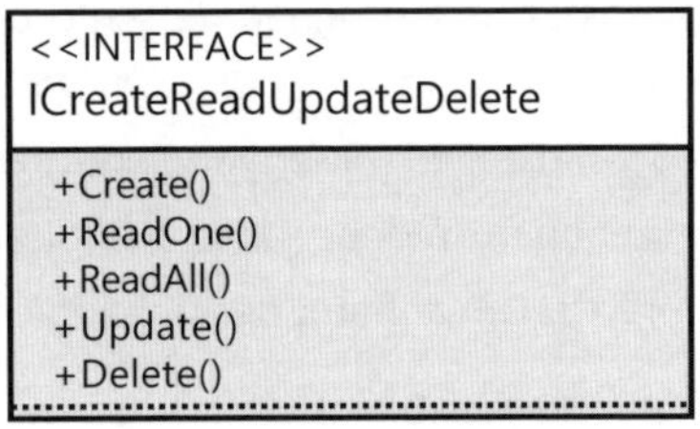

Abb. 8–1 Die ursprüngliche Schnittstelle vor der Segregation

Die Leseoperationen sind auf zwei Methoden verteilt, eine zum Auslesen eines einzelnen Datensatzes aus dem Speicher (`ReadOne`), die andere zum Lesen aller Datensätze (`ReadAll`). Listing 8–1 zeigt die Deklaration dieser Schnittstelle.

```
public interface ICreateReadUpdateDelete<TEntity>
{
    void Create(TEntity entity);

    TEntity ReadOne(Guid identity);

    IEnumerable<TEntity> ReadAll();

    void Update(TEntity entity);

    void Delete(TEntity entity);
}
```

List. 8–1 Eine simple Schnittstelle für CRUD-Operationen mit einer Entität

Die Schnittstelle ICreateReadUpdateDelete ist generisch, daher kann sie für unterschiedliche Entitätstypen verwendet werden. Wenn Sie allerdings statt der einzelnen Methoden die gesamte Schnittstelle generisch machen, zwingen Sie die Clients, vorab festzulegen, welche TEntity sie benutzen wollen. Dadurch werden die Abhängigkeiten klarer. Will ein Client CRUD-Operationen mit mehreren Entitäten durchführen, muss er mehrere ICreateReadUpdateDelete<TEntity>-Instanzen anfordern, für jeden Entitätstyp eine.

> HINWEIS Auch wenn Clients eine *Instanz* von ICreateReadUpdateDelete<TEntity> pro Entität benötigen, kann es durchaus sein, dass eine einzige *Implementierung* von ICreateReadUpdateDelete<TEntity> genügt, die alle konkreten TEntity-Typen abdeckt. Diese Implementierung wäre dann ebenfalls generisch.

Jede Implementierung der Schnittstelle ICreateReadUpdateDelete führt sämtliche CRUD-Operation durch – inklusive aller Decorator. Das wäre akzeptabel bei Decoratoren für Protokollierung oder Transaktionsverarbeitung, wie in Listing 8–2 demonstriert.

```
public class CrudLogging<TEntity> : ICreateReadUpdateDelete<TEntity>
{
    private readonly ICreateReadUpdateDelete<TEntity> decoratedCrud;
    private readonly ILog log;
    public CrudLogging(ICreateReadUpdateDelete<TEntity> decoratedCrud, ILog log)
    {
        this.decoratedCrud = decoratedCrud;
        this.log = log;
    }

    public void Create(TEntity entity)
    {
        log.InfoFormat("Erstellen einer Entität vom Typ {0}",
          typeof(TEntity).Name);
        decoratedCrud.Create(entity);
    }

    public TEntity ReadOne(Guid identity)
    {
        log.InfoFormat("Lesen einer Entität vom Typ {0} mit ID {1}",
          typeof(TEntity).Name, identity);
        return decoratedCrud.ReadOne(identity);
    }

    public IEnumerable<TEntity> ReadAll()
    {
        log.InfoFormat("Lesen aller Entitäten vom Typ {0}",
          typeof(TEntity).Name);
```

```
            return decoratedCrud.ReadAll();
        }
        public void Update(TEntity entity)
        {
            log.InfoFormat("Aktualisieren einer Entität vom Typ {0}",
              typeof(TEntity).Name);
            decoratedCrud.Update(entity);
        }

        public void Delete(TEntity entity)
        {
            log.InfoFormat("Löschen einer Entität vom Typ {0}",
              typeof(TEntity).Name);
            decoratedCrud.Delete(entity);
        }

    }
    // . . .
    public class CrudTransactional<TEntity> : ICreateReadUpdateDelete<TEntity>
    {
        private readonly ICreateReadUpdateDelete<TEntity> decoratedCrud;
        public CrudTransactional(ICreateReadUpdateDelete<TEntity> decoratedCrud)
        {
            this.decoratedCrud = decoratedCrud;
        }

        public void Create(TEntity entity)
        {
            using (var transaction = new TransactionScope())
            {
                decoratedCrud.Create(entity);

                transaction.Complete();
            }
        }

        public TEntity ReadOne(Guid identity)
        {
            TEntity entity;
            using (var transaction = new TransactionScope())
            {
                entity = decoratedCrud.ReadOne(identity);

                transaction.Complete();
            }
            return entity;
```

```
    }

    public IEnumerable<TEntity> ReadAll()
    {
        IEnumerable<TEntity> allEntities;
        using (var transaction = new TransactionScope())
        {
            allEntities = decoratedCrud.ReadAll();

            transaction.Complete();
        }
        return allEntities;
    }

    public void Update(TEntity entity)
    {
        using (var transaction = new TransactionScope())
        {
            decoratedCrud.Update(entity);

            transaction.Complete();
        }
    }

    public void Delete(TEntity entity)
    {
        using (var transaction = new TransactionScope())
        {
            decoratedCrud.Delete(entity);

            transaction.Complete();
        }
    }
}
```

List. 8–2 Einige Decorator werden auf alle Methoden angewendet

Die Decorator für Protokollierung und Transaktionsverwaltung sind *grenzüberschreitende Angelegenheiten* (engl. cross-cutting concerns). Protokollierung und Transaktionsverwaltung können unabhängig von einzelnen Methoden der Schnittstelle und oft sogar unabhängig von der Schnittstelle selbst angewendet werden. Um daher mehrfache Implementierungen dieser Funktionen für mehrere Schnittstellen zu vermeiden, können Sie alle Implementierungen mithilfe der aspektorientierten Programmierung dekorieren.

Einige andere Decorator betreffen nur eine Auswahl der Methoden innerhalb einer Schnittstelle. Zum Beispiel ist es meist üblich, beim Benutzer nachzufragen, bevor eine Entität aus dem persistenten Speicher gelöscht wird. Denken Sie daran, dass Sie keine vorhandene Klasse bearbeiten wollen, weil dies das Open/Closed-Prinzip verletzen würde. Stattdessen sollten Sie eine neue Implementierung einer vorhandenen Schnittstelle erstellen, die von Clients bereits benutzt wird, um die Löschaktion auszuführen. Dies ist die Methode `Delete` der Schnittstelle `ICreateReadUpdateDelete<TEntity>`. Listing 8–3 zeigt, wie eine solche Implementierung aussehen könnte.

```
public class DeleteConfirmation<TEntity> : ICreateReadUpdateDelete<TEntity>
{
    private readonly ICreateReadUpdateDelete<TEntity> decoratedCrud;
    public DeleteConfirmation(ICreateReadUpdateDelete<TEntity> decoratedCrud)
    {
        this.decoratedCrud = decoratedCrud;
    }

    public void Create(TEntity entity)
    {
        decoratedCrud.Create(entity);
    }

    public TEntity ReadOne(Guid identity)
    {
        return decoratedCrud.ReadOne(identity);
    }

    public IEnumerable<TEntity> ReadAll()
    {
        return decoratedCrud.ReadAll();
    }

    public void Update(TEntity entity)
    {
        decoratedCrud.Update(entity);
    }

    public void Delete(TEntity entity)
    {
        Console.WriteLine(
          "Sind Sie sicher, dass Sie die Entität löschen wollen? [j/N]");
        var keyInfo = Console.ReadKey();
        if (keyInfo.Key == ConsoleKey.J)
        {
            decoratedCrud.Delete(entity);
        }
    }
}
```

List. 8–3 Falls sich ein Decorator nur mit einem Teil einer Schnittstelle beschäftigt, ist eine Aufteilung der Schnittstelle eine sinnvolle Option

Die Klasse `DeleteConfirmation<TEntity>` dekoriert nur die Methode `Delete`, wie der Klassenname ja schon vermuten lässt. Die anderen Methoden sind so implementiert, dass sie den Aufruf direkt an die dekorierte Schnittstelle delegieren. Bei dieser sogenannten *Pass-Through*-Delegierung wird die Methode nicht delegiert: Der Aufruf wird einfach durch den Decorator an die zugrunde liegende Implementierung *durchgeleitet* (engl. pass through), fast als wäre sie direkt aufgerufen worden. Obwohl diese Pass-Through-Methoden nicht wirklich etwas tun, sollten Sie Unit-Tests dafür schreiben und prüfen, ob ihr Verhalten richtig ist. Auf diese Weise erhöhen Sie die Unit-Test-Abdeckung und stellen sicher, dass die Methoden richtig delegieren. Das ist mühsam, wenn Sie diese Vorgehensweise mit der Alternative vergleichen: Interface-Segregation.

Wenn Sie die Methode `Delete` aus dem Rest der Schnittstelle `ICreateReadUpdateDelete<TEntity>` herauslösen, erhalten Sie zwei Schnittstellen (Listing 8–4).

```
public interface ICreateReadUpdate<TEntity>
{
    void Create(TEntity entity);

    TEntity ReadOne(Guid identity);

    IEnumerable<TEntity> ReadAll();

    void Update(TEntity entity);
}
// . . .
public interface IDelete<TEntity>
{
    void Delete(TEntity entity);
}
```

List. 8–4 Die Schnittstelle `ICreateReadUpdateDelete` wird in zwei Teile zerlegt

Nun können Sie den Bestätigungs-Decorator durch eine Implementierung ersetzen, die sich auf die Schnittstelle `IDelete<TEntity>` beschränkt (Listing 8–5).

```
public class DeleteConfirmation<TEntity> : IDelete<TEntity>
{
    private readonly IDelete<TEntity> decoratedDelete;

    public DeleteConfirmation(IDelete<TEntity> decoratedDelete)
    {
        this.decoratedDelete = decoratedDelete;
    }

    public void Delete(TEntity entity)
    {
        Console.WriteLine(
```

```
            "Sind Sie sicher, dass Sie die Entität löschen wollen? [j/N]");
        var keyInfo = Console.ReadKey();
        if (keyInfo.Key == ConsoleKey.J)
        {
            decoratedDelete.Delete(entity);
        }
    }
}
```

List. 8–5 Der Bestätigungs-Decorator wird nur auf die Schnittstelle angewendet, für die er tatsächlich gebraucht wird

Das ist eine Verbesserung, weil der Code dank der weggelassenen Pass-Through-Methoden kürzer ist und die eigentliche Aufgabe des Decorators viel deutlicher zum Vorschein tritt. Und weniger Code bedeutet auch weniger Testaufwand.

Bevor Sie sich den nächsten Decorator vornehmen, sollten Sie sich überlegen, ob eine Refaktorierung für den Decorator `DeleteConfirmation` sinnvoll ist: Sie sollten die Nachfrage beim Benutzer in einer simplen Schnittstelle kapseln. Auf diese Weise können Sie mehrere unterschiedliche Implementierungen dieser neuen Schnittstelle schreiben, jeweils eine für jeden Benutzeroberflächentyp (zum Beispiel Konsole, Windows Forms und Windows Presentation Foundation), ohne dass Sie den Decorator verändern müssen. Das empfiehlt sich, weil die Klasse `DeleteConfirmation` momentan nicht dem Single-Responsibility-Prinzip folgt. Es gibt bisher zwei Gründe, diese Klasse zu ändern: wenn sich die Schnittstelle ändert, an die sie delegiert, und wenn Sie die Bestätigung auf andere Weise vom Benutzer anfordern wollen. Um den Benutzer zu fragen, ob er eine Entität löschen will, genügt eine ganz einfache, prädikatartige Schnittstelle (Listing 8–6).

```
public interface IUserInteraction
{
    bool Confirm(string message);
}
```

List. 8–6 Eine ganz simple Schnittstelle, um eine Bestätigung beim Benutzer anzufordern

Caching

Der nächste Decorator, den Sie implementieren, betrifft die Lesemethoden: `ReadOne` und `ReadAll`. Sie wollen den Wert, den die dekorierte Implementierung aus diesen Methoden zurückgibt, zwischenspeichern und bei allen nachfolgenden Anfragen den Inhalt des Caches zurückgeben. Auch hier gibt es bei den Methoden `Create` oder `Update` keine sinnvolle Entsprechung für ein Caching, daher enthält die erste Version des Decorators überflüssige Methoden (Listing 8–7).

```
public class CrudCaching<TEntity> : ICreateReadUpdate<TEntity>
{
    private TEntity cachedEntity;
    private IEnumerable<TEntity> allCachedEntities;
    private readonly ICreateReadUpdate<TEntity> decorated;

    public CrudCaching(ICreateReadUpdate<TEntity> decorated)
    {
        this.decorated = decorated;
    }

    public void Create(TEntity entity)
    {
        decorated.Create(entity);
    }

    public TEntity ReadOne(Guid identity)
    {
        if(cachedEntity == null)
        {
            cachedEntity = decorated.ReadOne(identity);
        }
        return cachedEntity;
    }

    public IEnumerable<TEntity> ReadAll()
    {
        if (allCachedEntities == null)
        {
            allCachedEntities = decorated.ReadAll();
        }
        return allCachedEntities;
    }

    public void Update(TEntity entity)
    {
        decorated.Update(entity);
    }

}
```

List. 8–7 Der Caching-Decorator enthält redundante Pass-Through-Methoden

Indem Sie ein zweites Mal die Interface-Segregation anwenden, können Sie die beiden Lesemethoden in ihre eigene Schnittstelle auslagern und anschließend separat dekorieren. Listing 8–8 zeigt die neue Schnittstelle `IRead` und den zugehörigen Caching-Decorator.

```
public interface IRead<TEntity>
{
    TEntity ReadOne(Guid identity);

    IEnumerable<TEntity> ReadAll();
}
// . . .
public class ReadCaching<TEntity> : IRead<TEntity>
{
    private TEntity cachedEntity;
    private IEnumerable<TEntity> allCachedEntities;

    private readonly IRead<TEntity> decorated;
    public ReadCaching(IRead<TEntity> decorated)
    {
        this.decorated = decorated;
    }

    public TEntity ReadOne(Guid identity)
    {
        if(cachedEntity == null)
        {
            cachedEntity = decorated.ReadOne(identity);
        }
        return cachedEntity;
    }

    public IEnumerable<TEntity> ReadAll()
    {
        if (allCachedEntities == null)
        {
            allCachedEntities = decorated.ReadAll();
        }
        return allCachedEntities;
    }

}
```

List. 8–8 Der ReadCaching-Decorator ist nur für die Schnittstelle IRead sinnvoll

Bevor Sie den letzten Decorator implementieren, enthält die ursprüngliche Schnittstelle nur noch zwei Methoden (Listing 8–9).

```
public interface ICreateUpdate<TEntity>
{
    void Create(TEntity entity);

    void Update(TEntity entity);
}
```

List. 8–9 Die verbleibenden Methoden können wahrscheinlich zusammengefasst werden

Die Signaturen der Methoden `Create` und `Update` sind bis auf den Namen identisch. Sie erfüllen außerdem ganz ähnliche Aufgaben: `Create` speichert eine neue Entität, `Update` speichert eine vorhandene Entität. Sie könnten diese Methoden in einer Methode namens `Save` zusammenfassen und anerkennen, dass der Unterschied zwischen Erstellen und Aktualisieren ein Implementierungsdetail ist, über das Clients nichts zu wissen brauchen. Schließlich will ein Client eine Entität wahrscheinlich sowohl speichern als auch aktualisieren, daher scheint es überflüssig, zwei so ähnliche Schnittstellen zu verwalten, wenn es eine bessere Alternative gibt. Clients wollen von der Schnittstelle lediglich, dass sie eine Entität dauerhaft speichert. Listing 8–10 zeigt, wie die refaktorierte Schnittstelle aussieht.

```
public interface ISave<TEntity>
{
    void Save(TEntity entity);
}
```

List. 8–10 `ISave`-Implementierungen erstellen oder aktualisieren eine Entität

Nach dieser Refaktorierung können Sie einen neuen Decorator hinzufügen, der genau auf diese Schnittstelle zugeschnitten ist und eine wichtige Funktion bietet: Überwachung. Jedes Mal, wenn ein Benutzer eine Entität speichert, fügen Sie einige Metadaten zum persistenten Speicher hinzu. Diese Daten geben darüber Auskunft, welcher Benutzer den Speichervorgang ausgeführt hat und wann das war. Listing 8–11 zeigt den Decorator `SaveAuditing`.

```
public class SaveAuditing<TEntity> : ISave<TEntity>
{
    private readonly ISave<TEntity> decorated;
    private readonly ISave<AuditInfo> auditSave;
    public SaveAuditing(ISave<TEntity> decorated, ISave<AuditInfo> auditSave)
    {
        this.decorated = decorated;
        this.auditSave = auditSave;
    }

    public void Save(TEntity entity)
    {
        decorated.Save(entity);
        var auditInfo = new AuditInfo
        {
            UserName = Thread.CurrentPrincipal.Identity.Name,
            TimeStamp = DateTime.Now
        };
        auditSave.Save(auditInfo);
    }

}
```

List. 8–11 Der Überwachungs-Decorator verwendet zwei `ISave`-Schnittstellen

Der Decorator SaveAuditing implementiert die Schnittstelle ISave, muss aber mit zwei zusätzlichen, internen ISave-Implementierungen erstellt werden. Die erste entspricht dem generischen TEntity-Typparameter des Decorators; sie dient dazu, die eigentliche Speicheroperation auszuführen (oder bei Bedarf weitere Decorator auf dem Weg zur eigentlichen Speicheroperation einzuhaken). Die zweite ist eine ISave-Implementierung, die speziell zum Speichern von AuditInfo-Objekten dient. Diese Klasse wird hier nicht gezeigt, aber es ist klar, dass sie die Eigenschaften string UserName und DateTime TimeStamp enthält. Wenn Clients die Methode Save aufrufen, wird eine neue AuditInfo-Instanz erstellt und ihre Eigenschaften werden festgelegt. Die eigentliche Implementierung, die diese Instanz speichert, schreibt diesen neuen Datensatz dann in den persistenten Speicher.

Auch hier sollte wieder erwähnt werden, dass der Clientcode keine Ahnung hat, was vor sich geht. Er weiß nichts davon, dass Überwachungsdaten aufgezeichnet werden, und braucht nicht aufgrund dieser Implementierung geändert zu werden. Auch die Blatt-Implementierung der Schnittstelle ISave<TEntity> (also die Nicht-Decorator-Version, die die eigentliche Speicheroperation abwickelt), weiß nichts vom Decorator und braucht nicht geändert zu werden, um irgendeinen konkreten Decorator zu unterstützen.

Sie haben nun drei unterschiedliche Schnittstellen, wo Sie mit einer einzigen begonnen haben, und jede hat einen Decorator, der eine andere, sinnvolle Funktion bereitstellt, die in der Praxis oft benötigt wird. Abbildung 8–2 zeigt ein UML-Klassendiagramm der neuen Schnittstellen und ihrer Decorator, nachdem die Interface-Segregation abgeschlossen ist.

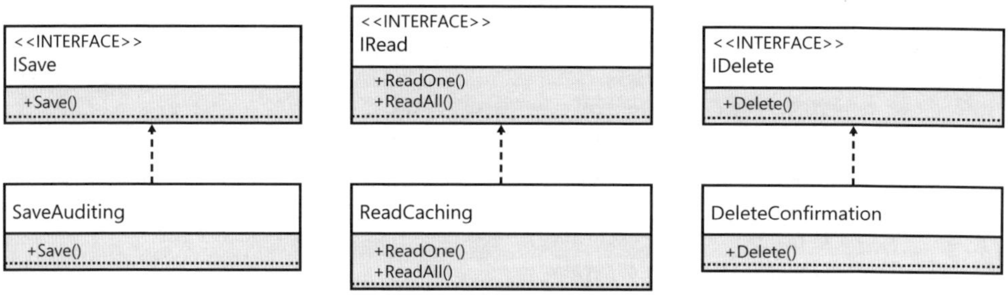

Abb. 8–2 Mithilfe der Interface-Segregation können Sie Methoden redundanzfrei dekorieren

Dekorieren mehrerer Schnittstellen

Bisher war jeder Decorator in einer 1:1-Beziehung mit der Schnittstelle verbunden, deren Funktion er erweitert. Das gilt, weil jeder Decorator die Schnittstelle implementiert, die er dekoriert. Aber Sie können das Adapter-Pattern mit dem Decorator-Pattern kombinieren, um mit weniger Code mehrere Decorator zu erstellen.

Der nächste Decorator, den Sie erstellen, veröffentlicht jedes Mal, wenn ein Datensatz gespeichert oder gelöscht wird, ein Ereignis. Mithilfe dieser Benachrichtigung können ganz unterschiedliche Abonnenten auf Änderungen am persistenten Speicher reagieren. Beim Lesen von Einträgen gibt es kein entsprechendes Ereignis, daher wird die Schnittstelle IRead in diesem Fall nicht verwendet.

Zuerst brauchen Sie einen Mechanismus, um Ereignisse zu veröffentlichen (engl. publish) und zu abonnieren (engl. subscribe). Unter Anwendung des Prinzips der Interface-Segregation definieren Sie dazu zwei Schnittstellen (Listing 8–12).

```
public interface IEventPublisher
{
    void Publish<TEvent>(TEvent @event)
        where TEvent : IEvent;
}
// . . .
public interface IEventSubscriber
{
    void Subscribe<TEvent>(TEvent @event)
        where TEvent : IEvent;
}
```

List. 8–12 Zwei Schnittstellen zum Veröffentlichen und Abonnieren von Ereignissen

Die Schnittstelle `IEvent` ist sehr simpel, sie enthält lediglich die `string`-Eigenschaft `Name`. Mithilfe dieser beiden Schnittstellen können Sie einen Decorator erstellen, der ein bestimmtes Ereignis veröffentlicht, wenn eine Entität gelöscht wird (Listing 8–13).

```
public class DeleteEventPublishing<TEntity> : IDelete<TEntity>
{
    private readonly IDelete<TEntity> decorated;
    private readonly IEventPublisher eventPublisher;

    public DeleteEventPublishing(IDelete<TEntity> decorated,
      IEventPublisher eventPublisher)
    {
        this.decorated = decorated;
        this.eventPublisher = eventPublisher;
    }

    public void Delete(TEntity entity)
    {
        decorated.Delete(entity);
        var entityDeleted = new EntityDeletedEvent<TEntity>(entity);
        eventPublisher.Publish(entityDeleted);
    }

}
```

List. 8–13 Dieser Decorator veröffentlicht ein Ereignis, sobald eine Entität gelöscht wird

Jetzt haben Sie zwei Möglichkeiten: Sie können den entsprechenden ISave-Decorator zum Veröffentlichen von Ereignissen in derselben Klasse oder in einer neuen Klasse implementieren. Listing 8–14 zeigt die erste Möglichkeit, nachdem die vorhandene Klasse umbenannt und durch die neue Methode Save ergänzt wurde.

```
public class ModificationEventPublishing<TEntity> : IDelete<TEntity>, ISave<TEntity>
{
    private readonly IDelete<TEntity> decoratedDelete;
    private readonly ISave<TEntity> decoratedSave;
    private readonly IEventPublisher eventPublisher;

    public ModificationEventPublishing(IDelete<TEntity> decoratedDelete,
      ISave<TEntity> decoratedSave, IEventPublisher eventPublisher)
    {
        this.decoratedDelete = decoratedDelete;
        this.decoratedSave = decoratedSave;
        this.eventPublisher = eventPublisher;
    }

    public void Delete(TEntity entity)
    {
        decoratedDelete.Delete(entity);
        var entityDeleted = new EntityDeletedEvent<TEntity>(entity);
        eventPublisher.Publish(entityDeleted);
    }

    public void Save(TEntity entity)
    {
        decoratedSave.Save(entity);
        var entitySaved = new EntitySavedEvent<TEntity>(entity);
        eventPublisher.Publish(entitySaved);
    }

}
```

List. 8–14 In einer Klasse können zwei Decorator implementiert werden

Eine einzige Klasse kann die Implementierung für mehrere Decorator sein, aber nur, wenn sich die Decorator wie in diesem Beispiel einen Kontext teilen. Der Decorator ModificationEventPublishing führt für beide Schnittstellen, die er implementiert, dieselbe Funktion aus, nämlich die Ereignisveröffentlichung. Es wäre aber beispielsweise Unsinn, Decorator für die Ereignisveröffentlichung mit denen für Überwachung zu kombinieren. Grund dafür sind die relativen Abhängigkeiten. Ein Decorator hängt von der Schnittstelle IEventPublisher ab, der andere dagegen von der Klasse AuditInfo. Es wäre besser, stattdessen die Implementierungen in separate Assemblys mit jeweils eigenen Abhängigkeitsketten aufzuteilen.

Verwenden von Schnittstellen in Clients

Der Entwurf von Schnittstellen (mit Interface-Segregation aufgeteilt oder nicht) hat Auswirkungen auf die Klassen, die diese Schnittstellen implementieren, und auf die Clients, die die Schnittstellen benutzen. Wenn Clients Schnittstellen benutzen, müssen sie ihnen auf irgendeine Weise bereitgestellt werden. In den nächsten Abschnitten dieses Kapitels werden die Implementierungen weiterhin manuell erstellt und den Clients über Konstruktorparameter zur Verfügung gestellt. Eine andere Möglichkeit bietet die Dependency-Injection, die im nächsten Kapitel behandelt wird.

Auf welche Weise Sie den Clients die Implementierungen zur Verfügung stellen, hängt zum Teil davon ab, wie viele Implementierungen der aufgeteilten Schnittstellen es gibt. Hat jede Schnittstelle ihre eigene Implementierung bekommen, muss jede dieser Implementierungen erstellt und dem Client zur Verfügung gestellt werden. Werden dagegen alle Schnittstellen in derselben Klasse implementiert, reicht eine einzige Instanz für alle zugehörigen Abhängigkeiten im Client aus.

Mehrere Implementierungen, mehrere Instanzen

Nehmen wir an, dass bei unserem CRUD-Beispiel die Schnittstellen `IRead`, `ISave` und `IDelete` von unterschiedlichen Klassen implementiert wurden. Nun will ein Client diese Schnittstellen benutzen. Aufgrund der Interface-Segregation benötigt er drei Schnittstellen, wo vorher eine einzige genügte. Listing 8–15 zeigt einen solchen Client.

```
public class OrderController
{
    private readonly IRead<Order> reader;
    private readonly ISave<Order> saver;
    private readonly IDelete<Order> deleter;

    public OrderController(IRead<Order> orderReader, ISave<Order> orderSaver,
      IDelete<Order> orderDeleter)
    {
        reader = orderReader;
        saver = orderSaver;
        deleter = orderDeleter;
    }

    public void CreateOrder(Order order)
    {
        saver.Save(order);
    }

    public Order GetSingleOrder(Guid identity)
    {
        return reader.ReadOne(identity);
    }
```

```
    public void UpdateOrder(Order order)
    {
        saver.Save(order);
    }

    public void DeleteOrder(Order order)
    {
        deleter.Delete(order);
    }
}
```

List. 8–15 Der Client benötigt für jede CRUD-Funktion eine separate Abhängigkeit

Die Clientklasse `OrderController` (Bestellungssteuerung) arbeitet mit Entitäten des Typs `Order` (Bestellung). Das bedeutet, dass jede bereitgestellte Schnittstelle die Klasse `Order` als generischen Parameter enthält. Falls Sie eine dieser Deklarationen auf einen anderen Typ ändern, müssten die Operationen, die von der entsprechenden Schnittstelle bereitgestellt werden, diesen neuen Typ verwenden. Wenn Sie zum Beispiel den Parameter der Löschschnittstelle auf `IDelete<Customer>` ändern, beschwert sich die Methode `DeleteOrder` von `OrderController`, dass Sie versuchen, eine `Order`-Entität mit einer Methode zu löschen, die nur `Customer` entgegennimmt. Das ist die logische Konsequenz aus strenger Typisierung und der Verwendung generischer Typen.

Jede Methode dieser Controllerklasse braucht eine andere Schnittstelle, um ihre Funktionen auszuführen. Um die Verständlichkeit zu verbessern, ist jede Methode direkt auf eine der Operationen in der entsprechenden Schnittstelle abgebildet. Natürlich ist das in Praxis nicht immer der Fall.

Wie der Name andeutet, arbeitet `OrderController` nur mit `Order`-Objekten. Sie können sich die Tatsache, dass die Dienstschnittstellen generisch sind, dadurch zunutze machen, dass Sie einen Controller implementieren, der ähnlich generisch ist. Listing 8–16 zeigt, wie das aussehen könnte.

```
public class GenericController<TEntity>
{
    private readonly IRead<TEntity> reader;
    private readonly ISave<TEntity> saver;
    private readonly IDelete<TEntity> deleter;

    public GenericController(IRead<TEntity> entityReader, ISave<TEntity> entitySaver,
      IDelete<TEntity> entityDeleter)
    {
        reader = entityReader;
        saver = entitySaver;
        deleter = entityDeleter;
    }
```

```
    public void CreateEntity(TEntity entity)
    {
        saver.Save(entity);
    }

    public TEntity GetSingleEntity(Guid identity)
    {
        return reader.ReadOne(identity);
    }

    public void UpdateEntity(TEntity entity)
    {
        saver.Save(entity);
    }

    public void DeleteEntity(TEntity entity)
    {
        deleter.Delete(entity);
    }
}
```

List. 8–16 Eine generische Version der Controllerklasse benötigt eine generische Version jeder CRUD-Schnittstelle

Diese Version des Controllers unterscheidet sich auf den ersten Blick nur geringfügig von der letzten, aber Sie haben damit erreicht, dass Sie unter Umständen deutlich weniger Code schreiben müssen. Dieser Controller kann so instanziiert werden, dass er mit beliebigen Entitäten arbeitet und die benötigten Dienstschnittstellen müssen sich für alle Operationen auf dieselbe Entität einigen. Sie können nicht mehr für jede Operation einen anderen Typ verwenden, zum Beispiel `ISave<Customer>`, `IRead<Order>`, `IDelete<LineItem>`.

Beide Versionen des Controllers können auf dieselbe Weise erstellt werden. Listing 8–17 zeigt, wie Sie eine Instanz jeder Klasse anlegen müssen, die die benötigten Schnittstellen implementiert, bevor Sie diese Klassen an den Konstruktor des Controllers übergeben.

```
static OrderController CreateSeparateServices()
{
    var reader = new Reader<Order>();
    var saver = new Saver<Order>();
    var deleter = new Deleter<Order>();

    return new OrderController(reader, saver, deleter);
}
```

List. 8–17 Erstellen einer `OrderController`-Instanz mit separaten Instanzen der Abhängigkeiten

Weil für jede der aufgetrennten Schnittstellen eine eigene Klasse erstellt wird, hat sich die Interface-Segregation in den gesamten Implementierungen ausgebreitet. Es ist dabei wichtig, dass die drei Parameter der Klasse `OrderController` (`reader`, `saver` und `delete`) nicht nur getrennte Instanzen sind, sie sind auch unterschiedliche *Typen*.

Einzelne Implementierung, einzelne Instanz

Ein zweiter Ansatz zum Implementieren aufgetrennter Schnittstellen besteht darin, eine einzige Klasse von allen Schnittstellen abzuleiten. Das mag auf den ersten Blick paradox aussehen (warum haben wir denn die Schnittstellen aufgetrennt, wenn sie jetzt alle wieder in der Implementierung vereinigt werden?), aber der Sinn wird bald klar werden. Listing 8–18 zeigt alle drei Schnittstellen in einer einzigen Klasse.

```
public class CreateReadUpdateDelete<TEntity> :
      IRead<TEntity>, ISave<TEntity>, IDelete<TEntity>
{
    public TEntity ReadOne(Guid identity)
    {
        return default(TEntity);
    }

    public IEnumerable<TEntity> ReadAll()
    {
        return new List<TEntity>();
    }

    public void Save(TEntity entity)
    {

    }

    public void Delete(TEntity entity)
    {

    }
}
```

List. 8–18 Alle Schnittstellen können in einer einzigen Klasse implementiert werden

Denken Sie daran, dass Clients nichts von der Existenz dieser Klasse wissen. Zum Zeitpunkt des Kompilierens kennen die Clients nur die einzelnen Schnittstellen, die sie alle benötigen. Für einen Client hat jede Schnittstelle nur die Member, die in dieser Schnittstelle deklariert sind, unabhängig davon, ob in der zugrunde liegenden Implementierung andere Operationen verfügbar sind. Nach diesem Prinzip werden Schnittstellen für Kapselung und das Verbergen von Informationen genutzt; sie ähneln einem kleinen Sichtfenster in die Implementierungsklasse, das alle anderen Details vor dem Client verbirgt.

Selbst nach dieser Änderung reicht der Controller aus dem Beispiel mit mehreren Implementierungen aus: Er fordert korrekterweise jede Schnittstelle als eigenen Konstruktorparameter an. Ändern muss sich dagegen die Art und Weise, wie Sie den Controller anlegen und ihn mit diesen Parametern versorgen. Listing 8–19 zeigt, wie die neue Version aussieht.

```
public OrderController CreateSingleService()
{
    var crud = new CreateReadUpdateDelete<Order>();

    return new OrderController(crud, crud, crud);
}
```

List. 8–19 Das mag seltsam aussehen, ist aber eine erwartete Nebenwirkung der Interface-Segregation

Sie brauchen hier nur noch eine einzige Instanz der Klasse `CreateReadUpdateDelete`. Sie implementiert alle drei Schnittstellen, daher eignet sie sich für *alle drei Konstruktorparameter.*

So ungewöhnlich es aussehen mag, dieselbe Instanz dreimal zu übergeben, ist es sinnvoll, weil jeder Parameter eine andere Facette der Klasse benötigt. Das ist eine häufige Nebenwirkung des Interface-Segregation-Prinzips.

Diese einzelne Implementierung für eine Gruppe verwandter, aber getrennter Schnittstellen ist nicht so vielseitig wie die Nutzung mehrerer Implementierungen. Sie wird häufig für die Blatt-Implementierung von Schnittstellen eingesetzt, das heißt für eine Implementierung, die weder Decorator noch Adapter ist. Dies ist die Implementierung, die die eigentliche Arbeit erledigt. Der Grund dafür liegt darin, dass der Kontext bei allen Implementierungen derselbe ist. Ob Sie nun NHibernate, ADO.NET, Entity Framework oder irgendein anderes Persistenzframework einsetzen, es ist die Blatt-Implementierung, die diese Bibliotheken direkt benutzt. Bei allen Operationen, sei es Lesen, Speichern oder Löschen, wird diese Bibliothek eingesetzt, um die Operation durchzuführen.

Manche Decorator und Adapter werden auch auf die vollständige Gruppe getrennter Schnittstellen angewendet, aber es ist üblich, dass sie einzeln für die passende Schnittstelle implementiert werden.

Das Interface-Soup-Anti-Pattern

Häufig wird der Fehler gemacht, die getrennten Schnittstellen herzunehmen und aus irgendeinem Grund in einem Aggregat wieder zusammenzufassen. Listing 8–20 zeigt ein Beispiel. Dahinter steckt normalerweise der Wunsch, die seltsam aussehende mehrfache Übergabe desselben Arguments zu vermeiden, die Sie weiter oben gesehen haben.

```
interface IInterfaceSoupAntiPattern<TEntity> :
  IRead<TEntity>, ISave<TEntity>, IDelete<TEntity>
{
}
```

List. 8–20 Interface-Segregation wird falsch umgangen, wenn alle Schnittstellen in einer Art Suppe zusammengerührt werden

Dabei entsteht eine »Schnittstellensuppe« (engl. interface soup), die aus den konstituierenden Schnittstellen besteht, aber die Vorteile der Interface-Segregation zunichtemacht. Implementierer müssen dann wieder Implementierungen aller Operationen zur Verfügung stellen und es gibt keine Möglichkeit, lediglich ausgewählte Operationen zu dekorieren.

Zerlegen von Schnittstellen

Die Fähigkeit (oder Anforderung), Schnittstellen zu dekorieren, ist nur ein Anlass, eine große Schnittstelle in mehrere kleinere zu zerlegen. Als Anschauungsobjekt eignet sie sich auf jeden Fall.

Zwei weitere, eher praktische Gründe für Interface-Segregation basieren auf Anforderungen des Clients und auf dem Architekturentwurf.

Anforderungen des Clients

Mehrere Entwickler arbeiten an unterschiedlichen Teilen des Codes. Daher ist es wahrscheinlich, dass sich zwei oder mehr Entwickler irgendwann in der Mitte treffen und die Schnittstelle des jeweils anderen benutzen. Es ist nicht nur äußerst unwahrscheinlich, dass zu diesem Zeitpunkt detaillierte Schritt-für-Schritt-Anleitungen für solche Schnittstellen zur Verfügung stehen, sondern auch unpraktisch. Es dauert schlicht einige Zeit, Code zu schreiben, besonders wenn er ausreichend mit Unit-Tests überprüft wird. Ausführliche Dokumentation zu verfassen, sogar die Dokumentation für die Endbenutzer, ist mühsam und zeitaufwendig. Es ist sinnvoller, stattdessen möglichst defensiv zu programmieren, damit andere Entwickler (oder sogar Sie selbst nach einiger Zeit) nicht versehentlich etwas mit Ihrer Schnittstelle tun, das nicht erlaubt ist.

Sie sollten sich immer vor Augen halten, dass Clients nur bekommen sollten, was sie tatsächlich brauchen. Monolithische Schnittstellen verschaffen den Clients oft zu umfangreiche Möglichkeiten. Haben die Schnittstellen sehr viele Member, können Clients mehr tun, als sie wahrscheinlich sollten. Das verschleiert den eigentlichen Zweck der Schnittstelle und lenkt von ihrer Kernaufgabe ab. Alle Klassen sollten *immer* nur einen einzigen Verantwortungsbereich haben.

Listing 8–21 zeigt eine Schnittstelle, über die Clients auf Benutzereinstellungen Zugriff erhalten, in diesem Fall konkret auf das Design (engl. theme) der Benutzeroberfläche, das die Clients für die Anwendung eingestellt haben. Dieses Beispiel überrascht: Es ist eine

Schnittstelle mit einer einzigen Eigenschaft, die ihren Clients in diesem Fall *immer noch* zu viel verfügbar macht. Was können Sie hier denn noch weiter abtrennen?

```
public interface IUserSettings
{
    string Theme
    {
        get;
        set;
    }
}
```

List. 8–21 Die Schnittstelle für Benutzereinstellungen ermöglicht den Zugriff auf das aktuelle Design der Anwendung

Um die Frage zu beantworten, sollten Sie sich zuerst die Implementierung in Listing 8–22 ansehen. Darin liest und schreibt die Klasse `ConfigurationManager` im `AppSettings`-Abschnitt der Konfigurationsdateien.

```
public class UserSettingsConfig : IUserSettings
{
    private const string ThemeSetting = "Theme";

    private readonly Configuration config;

    public UserSettingsConfig()
    {
        config = ConfigurationManager.OpenExeConfiguration(ConfigurationUserLevel.None);
    }

    public string Theme
    {
        get
        {
            return config.AppSettings.Settings[ThemeSetting].Value;
        }
        set
        {
            config.AppSettings.Settings[ThemeSetting].Value = value;
            config.Save();
            ConfigurationManager.RefreshSection("appSettings");
        }
    }
}
```

List. 8–22 Eine Implementierung, die Einstellungen aus der Konfigurationsdatei lädt

Bisher fällt noch nichts Ungewöhnliches auf. Aber es gibt zwei Clients dieser Schnittstelle. Der eine konzentriert sich auf das *Lesen* der Daten, der andere auf das *Schreiben* (Listing 8–23). Und genau hier liegt das Problem.

```
public class ReadingController
{
    private readonly IUserSettings settings;

    public ReadingController(IUserSettings settings)
    {
        this.settings = settings;
    }

    public string GetTheme()
    {
        return settings.Theme;
    }
}
// . . .
public class WritingController
{
    private readonly IUserSettings settings;

    public WritingController(IUserSettings settings)
    {
        this.settings = settings;
    }

    public void SetTheme(string theme)
    {
        settings.Theme = theme;
    }
}
```

List. 8–23 Die Clients der Schnittstelle verwenden die Eigenschaft für unterschiedliche Aufgaben

Erwartungsgemäß verwendet `ReadingController` nur den Getter der Eigenschaft `Theme`, der `WritingController` dagegen nur ihren Setter. Aber weil keine ausreichende Interface-Segregation vorliegt, hindert den Schreibcontroller nichts daran, das Design auslesen, und (das ist schon problematischer) der Lesecontroller kann jederzeit das Design ändern.

Wenn Sie wirklich defensiv programmieren und die Möglichkeiten zum Missbrauch der Schnittstelle ausschalten wollen, können Sie die Lese- von den Schreibelementen der Schnittstelle trennen (Listing 8–24).

```
public interface IUserSettingsReader
{
    string Theme
    {
        get;
    }
}
// . . .
public interface IUserSettingsWriter
{
    string Theme
    {
        set;
    }
}
```

List. 8–24 Die Schnittstelle wird in zwei Teile zerlegt: eine zum Lesen des Designs, die andere zum Schreiben

Das mag zwar etwas komisch aussehen, ist aber gültiges C#. Es ist eigentlich nicht ungewöhnlich, dass eine Schnittstelle den Implementierern vorschreibt, nur einen Getter für eine Eigenschaft bereitzustellen, aber dass nur ein Setter verlangt wird, kommt seltener vor.

Jeder Controller ist jetzt nur noch von der Schnittstelle abhängig, die er tatsächlich benötigt. Wie Listing 8–25 zeigt, wird der `ReadingController` mit der Schnittstelle `IUserSettingsReader` kombiniert und `WritingController` mit `IUserSettingsWriter`.

```
public class ReadingController
{
    private readonly IUserSettingsReader settings;

    public ReadingController(IUserSettingsReader settings)
    {
        this.settings = settings;
    }

    public string GetTheme()
    {
        return settings.Theme;
    }
}
// . . .
public class WritingController
{
    private readonly IUserSettingsWriter settings;

    public WritingController(IUserSettingsWriter settings)
    {
```

```
        this.settings = settings;
    }

    public void SetTheme(string theme)
    {
        settings.Theme = theme;
    }
}
```

List. 8–25 Jeder der beiden Controller hängt jetzt nur noch von der Schnittstelle ab, die er tatsächlich benötigt

Mithilfe der Interface-Segregation haben Sie verhindert, dass der Lesecontroller die Benutzereinstellungen verändert und dass der Schreibcontroller die Benutzereinstellungen ausliest. Entwickler sind somit nicht mehr in der Lage, die Aufgabe eines Controllers versehentlich zu verwässern, indem sie damit eine Operation durchführen, für die er nicht vorgesehen ist.

Die Implementierungsklasse, die `ConfigurationManager` benutzt, ändert sich nur geringfügig (Listing 8–26).

```
public class UserSettingsConfig : IUserSettingsReader, IUserSettingsWriter
{
    private const string ThemeSetting = "Theme";

    private readonly Configuration config;

    public UserSettingsConfig()
    {
        config = ConfigurationManager.OpenExeConfiguration(ConfigurationUserLevel.None);
    }

    public string Theme
    {
        get
        {
            return config.AppSettings.Settings[ThemeSetting].Value;
        }
        set
        {
            config.AppSettings.Settings[ThemeSetting].Value = value;
            config.Save();
            ConfigurationManager.RefreshSection("appSettings");
        }
    }
}
```

List. 8–26 Die Klasse `UserSettingsConfig` implementiert nun beide Schnittstellen, aber die Clients wissen nichts davon

Abgesehen davon, dass sie nun sowohl von der Lese- als auch der Schreibschnittstelle abgeleitet wird, gleicht diese Klasse ihrer Vorgängerversion. Wie Sie gesehen haben, können Sie diese Implementierung ganz einfach sowohl an ReadingController als auch an WritingController übergeben, aber aufgrund des engen Fensters, das die Schnittstelle zur Verfügung stellt, stehen die set- beziehungsweise get-Operationen nicht zur Verfügung.

Die Anforderung, dass manche Clients das Design nur lesen, aber nicht verändern sollten, ist besonders einleuchtend. Der umgekehrte Fall, dass Clients, die Daten schreiben, sie nicht lesen dürfen, ist etwas exotischer. Statt der völligen Trennung können Sie die Schnittstellen auftrennen und dann eine von der anderen ableiten (Listing 8–27).

```
public interface IUserSettingsReader
{
    string GetTheme();
}
// . . .
public interface IUserSettingsWriter : IUserSettingsReader
{
    void SetTheme(string theme);
}
```

List. 8–27 Hier werden Methoden benutzt und die Schreibschnittstelle wird von der Leseschnittstelle abgeleitet

Um das zu ermöglichen, wurde die Eigenschaft Theme in die Methoden GetTheme und SetTheme umgeformt. Das ist nötig, weil die Sprache keine saubere Eigenschaftsvererbung unterstützt. Die Eigenschaft Theme ist in beiden Schnittstellen vorhanden. Klassen sind zwar in der Lage, die get- und set-Teile aus zwei unterschiedlichen Schnittstellen sauber zu implementieren, aber bei Schnittstellenvererbung ist das leider nicht der Fall. Wenn aufgrund der Schnittstellenvererbung Konflikte bei Eigenschaftsnamen entstehen, warnt der Compiler davor, dass die Basisklasseneigenschaft durch die Eigenschaft der abgeleiteten Klasse *verborgen* wird. Daher erreichen Sie mit dieser Technik nicht das gewünschte Ergebnis und der Vorschlag des Compilers, die Basisklasseneigenschaft mit dem Schlüsselwort new zu ersetzen, ist auch keine Lösung, denn auch in diesem Fall würde der Getter nicht vererbt.

Stattdessen können Sie dasselbe erreichen, indem Sie von Eigenschaften auf Methoden wechseln. Die Methode GetTheme ist dieselbe wie Theme.get und SetTheme entspricht Theme.set. Jetzt funktioniert die Vererbung wie erwartet: Implementierer und Clients der Leseschnittstelle haben nur auf die Methode GetTheme Zugriff, während Implementierer und Clients der Schreibschnittstelle sowohl auf GetTheme als auch auf SetTheme Zugriff haben. Außerdem ist jede Implementierung der Schnittstelle IUserSettingsWriter *automatisch* eine Implementierung der Schnittstelle IUserSettingsReader.

Listing 8–28 zeigt eine Änderung am Schreibcontroller: Er prüft zuerst, ob das Design verändert wurde, bevor er versucht, ein neues Design einzustellen. Das ist jetzt akzeptabel, weil der Dienst zum Schreiben der Benutzereinstellungen auch der Lesedienst ist. In diesem Fall brauchen die beiden Schnittstellen nicht getrennt übergeben zu werden.

```
public class WritingController
{
    private readonly IUserSettingsWriter settings;

    public WritingController(IUserSettingsWriter settings)
    {
        this.settings = settings;
    }

    public void SetTheme(string theme)
    {
        if (settings.GetTheme() != theme)
        {
            settings.SetTheme(theme);
        }
    }
}
```

List. 8–28 Der Schreibcontroller hat über eine Schnittstelle sowohl Zugriff auf den Getter als auch den Setter

Autorisierung

Ein weiteres Beispiel für eine Interface-Segregation, die durch Anforderungen des Clients veranlasst wird, ist ein Satz von Operationen, die nur verfügbar sind, wenn sich die Anwendung in einem bestimmten Zustand befindet. Zum Beispiel dürfen Benutzer bestimmte Operationen oft nur ausführen, wenn sie angemeldet sind; andernfalls bleiben sie auf eine kleine Auswahl von Operationen beschränkt.

Die Schnittstelle `IUnauthorized` (Listing 8–29) enthält Operationen, die ein anonymer, nicht authentifizierter Benutzer ausführen darf.

```
public interface IUnauthorized
{
    IAuthorized Login(string username, string password);

    void RequestPasswordReminder(string emailAddress);
}
```

List. 8–29 Diese Schnittstelle enthält nur Operationen, die anonyme Benutzer ausführen dürfen

Der Rückgabewert der Methode `Login` ist eine Schnittstelle. Die Methode gibt aber nur eine Schnittstelle zurück, wenn die Anmeldeinformationen gültig sind. Ist das der Fall, können die Clients anschließend autorisierte Aktionen durchführen (Listing 8–30).

```
public interface IAuthorized
{
    void ChangePassword(string oldPassword, string newPassword);

    void AddToBasket(Guid itemID);

    void Checkout();

    void Logout();
}
```

List. 8–30 Nach der Anmeldung erhält ein Benutzer Zugriff auf privilegierte Operationen

Die Operationen dieser Schnittstelle stehen nur Benutzern zur Verfügung, die ihre Anmeldeinformationen eingegeben haben und authentifiziert wurden.

Werden Schnittstellen aufgrund von Clientanforderungen aufgeteilt, hindert das *Programmierer* daran, etwas Unerlaubtes zu tun. In diesem Fall hindert es sie, eine privilegierte Aktion von einem anonymen Benutzer ausführen zu lassen. Natürlich gibt es Mittel, diese Sperre zu umgehen, aber es ist zu hoffen, dass den Entwicklern klar wird, dass sie die Anwendung dann auf ganz fundamentale Weise verändern, um etwas zu tun, was sie lieber bleiben lassen sollten.

Anforderungen der Architektur

Ein zweiter Anlass, das Interface-Segregation-Prinzip anzuwenden, ist der Architekturentwurf. High-Level-Entscheidungen können großen Einfluss auf die Low-Level-Organisation des Codes haben.

In diesem Beispiel wurde die Entscheidung getroffen, eine asymmetrische Architektur zu verwenden. Ähnlich wie bei der Aufteilung in Lese/Schreib-Operationen weiter oben enthält die Schnittstelle `IPersistence` (Listing 8–31) eine Kombination aus Abfragen und Befehlen.

```
public interface IPersistence
{
    IEnumerable<Item> GetAll();

    Item GetByID(Guid identity);

    IEnumerable<Item> FindByCriteria(string criteria);

    void Save(Item item);

    void Delete(Item item);
}
```

List. 8–31 Diese Schnittstelle für die Persistenzschicht enthält sowohl Befehle als auch Abfragen

Die asymmetrische Architektur, zu der diese Schnittstelle gehört, entspricht dem CQRS-Prinzip (Command/Query Responsibility Segregation, »Trennung der Verantwortungsbereiche für Befehl und Abfrage«). Dass hier erneut der Begriff *Segregation* vorkommt, ist kein Zufall, weil dieses Architektur-Pattern Sie gleich veranlassen wird, eine Interface-Segregation auszuführen.

Listing 8–32 zeigt eine erste Implementierung der Schnittstelle `IPersistence`.

```
public class Persistence : IPersistence
{
    private readonly ISession session;
    private readonly MongoDatabase mongo;

    public Persistence(ISession session, MongoDatabase mongo)
    {
        this.session = session;
        this.mongo = mongo;
    }

    public IEnumerable<Item> GetAll()
    {
        return mongo.GetCollection<Item>("items").FindAll();
    }

    public Item GetByID(Guid identity)
    {
        return mongo.GetCollection<Item>("items").FindOneById(identity.ToBson());
    }

    public IEnumerable<Item> FindByCriteria(string criteria)
    {
        var query = BsonSerializer.Deserialize<QueryDocument>(criteria);
        return mongo.GetCollection<Item>("Items").Find(query);
    }

    public void Save(Item item)
    {
        using(var transaction = session.BeginTransaction())
        {
            session.Save(item);

            transaction.Commit();
        }
    }

    public void Delete(Item item)
    {
        using(var transaction = session.BeginTransaction())
```

```
            {
                session.Delete(item);

                transaction.Commit();
            }
        }
    }
```

List. 8–32 Wenn Befehle und Abfragen asymmetrisch behandelt werden, ist die Implementierung verworren

Hier gibt es zwei ganz unterschiedliche Abhängigkeiten: NHibernate wird für Befehle benutzt und MongoDB für Abfragen. NHibernate ist ein Object/Relational-Mapper, der für ein Domänenmodell vorgesehen ist. MongoDB ist eine Bibliothek für die Dokumentspeicherung, die schnelle Abfragen bietet. Diese Klasse hat zwei unterschiedliche Abhängigkeiten und somit gibt es zwei Gründe, sie zu ändern. Bei so unterschiedlichen Abhängigkeiten ist es sehr wahrscheinlich, dass auch die jeweiligen Decorator sich stark unterscheiden. Statt die gesamte Schnittstelle in ganz kleine Operationen aufzutrennen, wie es im vorherigen Beispiel der CRUD-Schnittstelle geschah, wird diese Schnittstelle lediglich in zwei Teile aufgespalten: Befehle und Abfragen. Das UML-Klassendiagramm in Abbildung 8–3 zeigt, wie das aussieht.

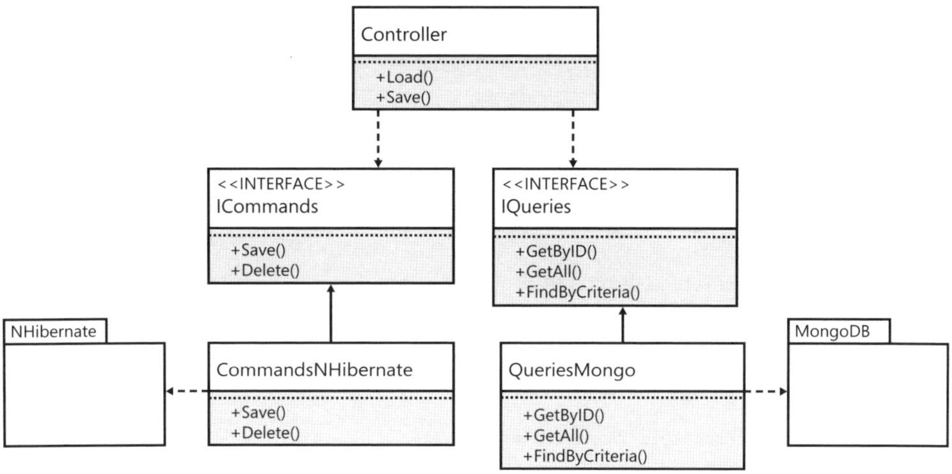

Abb. 8–3 Werden Schnittstellen aufgrund von Architekturanforderungen aufgeteilt, können Implementierungen ganz unterschiedliche Abhängigkeiten haben

Nachdem Befehle und Abfragen auf zwei Schnittstellen verteilt wurden, können die Implementierungen von völlig unterschiedlichen Paketen abhängen. Die Befehlsimplementierung hängt nur von NHibernate ab, die Abfragenimplementierung nur von MongoDB.

Im Idealfall sind diese zwei Implementierungen nicht nur unterschiedliche Klassen, sondern sie liegen auch in unterschiedlichen Paketen, das heißt Assemblys. Falls nicht, ist das

Problem nur teilweise gemildert, weil es unmöglich ist, eine Implementierung zu verwenden, ohne von der anderen und somit der ganzen Kette abhängig zu sein, die dazugehört.

Listing 8–33 zeigt die Schnittstellen, nachdem sie aufgeteilt wurden. Die beiden können nun getrennt voneinander implementiert werden.

```
public interface IPersistenceQueries
{
    IEnumerable<Item> GetAll();

    Item GetByID(Guid identity);

    IEnumerable<Item> FindByCriteria(string criteria);
}
// . . .
public interface IPersistenceCommands
{
    void Save(Item item);

    void Delete(Item item);
}
```

List. 8–33 Die Schnittstelle wurde in Abfrage- und Befehlsmethoden aufgeteilt

Wie in Listing 8–34 zu sehen, ist die Klasse für Abfragen genauso implementiert wie vorher, allerdings wurden die Befehle und somit die Abhängigkeit von NHibernate vollständig entfernt.

```
public class PersistenceQueries : IPersistenceQueries
{
    private readonly MongoDatabase mongo;

    public PersistenceQueries(MongoDatabase mongo)
    {
        this.mongo = mongo;
    }

    public IEnumerable<Item> GetAll()
    {
        return mongo.GetCollection<Item>("items").FindAll();
    }

    public Item GetByID(Guid identity)
    {
        return mongo.GetCollection<Item>("items").FindOneById(identity.ToBson());
    }

    public IEnumerable<Item> FindByCriteria(string criteria)
```

```
    {
        var query = BsonSerializer.Deserialize<QueryDocument>(criteria);
        return mongo.GetCollection<Item>("Items").Find(query);
    }
}
```

List. 8–34 Die Abfrageimplementierung hängt nur von MongoDB ab

Die Klasse für Befehle enthält entsprechend keinerlei Abfragen und auch keinen Verweis auf MongoDB (Listing 8–35).

```
public class PersistenceCommands : IPersistenceCommands
{
    private readonly ISession session;
    public PersistenceCommands(ISession session)
    {
        this.session = session;
    }

    public void Save(Item item)
    {
        using(var transaction = session.BeginTransaction())
        {
            session.Save(item);

            transaction.Commit();
        }
    }

    public void Delete(Item item)
    {
        using(var transaction = session.BeginTransaction())
        {
            session.Delete(item);

            transaction.Commit();
        }
    }
}
```

List. 8–35 Die Befehlsimplementierung hängt nur von NHibernate ab

Schnittstellen mit einer einzigen Methode

Wenn Sie die Interface-Segregation auf die Spitze treiben, erhalten Sie ganz kleine Schnittstellen. Je kleiner die Schnittstelle, desto vielseitiger wird sie. Solche Schnittstellen haben Entsprechungen im Framework: `Action`, `Func` und `Predicate`. Delegaten sind aber nicht so vielseitig wie Schnittstellen. Natürlich sind Delegaten in manchen Fällen nützlich, aber Schnittstellen haben den Vorteil, dass sie mit verschiedenen Techniken dekoriert, angepasst und zusammengefasst werden können. Weil Schnittstellen implementiert werden müssen, kann außerdem zusätzlicher Kontext über andere Schnittstellen, die in derselben Klasse implementiert werden, oder über Konstruktorparameter bereitgestellt werden.

Die einfachstmögliche Schnittstelle umfasst nur eine einzige Methode. Und die einfachstmögliche Methode hat keine Parameter und gibt keinen Wert zurück (Listing 8–36).

```
public interface ITask
{
    void Do();
}
```

List. 8–36 ITask ist die einfachstmögliche Schnittstelle

Diese Schnittstelle lässt sich hervorragend dekorieren. Weil sie keinen Wert zurückgibt, kann sie sogar einen asynchronen Fire-and-forget-Decorator haben. Sie kann immer dann verwendet werden, wenn ein Client eine Nachricht senden muss, aber keinen Kontext bereitzustellen braucht und auch keine Antwort benötigt.

Einen Schritt weiter geht die Schnittstelle IAction, ein Gegenstück zum Delegaten Action aus dem .NET Framework. Sie hat einen generischen Parameter, der den Typ ihres Kontexts festlegt. Listing 8–37 zeigt die Schnittstelle IAction.

```
public interface IAction<TContext>
{
    void Do(TContext context);
}
```

List. 8–37 Die Schnittstelle IAction fügt einen Kontextparameter hinzu

Das ist nur geringfügig komplexer als ITask. Wenn Sie statt des Parameters einen Rückgabewert einführen, erstellen Sie eine Funktion (Listing 8–38).

```
public interface IFunction<TReturn>
{
    TReturn Do();
}
```

List. 8–38 IFunction-Schnittstellen arbeiten mit Rückgabewerten

Sie können diese Schnittstelle noch dadurch spezialisieren, dass die Funktion einen booleschen Wert zurückgibt. Damit entsteht ein Prädikat (Listing 8–39).

```
public interface IPredicate
{
    bool Test();
}
```

List. 8–39 IPredicate enthält eine Funktion, die einen booleschen Wert zurückgibt

Das Prädikat können Sie nutzen, um einen Verzweigungstest zu kapseln, zum Beispiel eine `if`-Anweisung oder die Klausel einer Schleife.

Obwohl diese Schnittstellen unscheinbar aussehen, können Sie eine Menge erreichen, indem Sie eine Reihe unterschiedlicher Instanzen dieser Schnittstellen dekorieren, anpassen und zusammenfassen.

Zusammenfassung

Dieses Kapitel hat sich mit der Kunst des Schnittstellenentwurfs beschäftigt. Schnittstellen werden zu oft als große Fassaden missbraucht, hinter denen sich riesige Subsysteme verbergen. Ist eine kritische Masse überschritten, verlieren Schnittstellen die Anpassungsfähigkeit, die sie zu solch unverzichtbaren Bausteinen für soliden Code macht.

Es gibt viele Gründe, warum Schnittstellen aufgetrennt werden sollten: um sie besser dekorieren zu können, um die Funktionen vor Clients zu verbergen, als Dokumentation für andere Entwickler oder als Nebenwirkung des Architekturentwurfs. Unabhängig von den Gründen ist Interface-Segregation eine Technik, die Sie immer im Auge behalten sollten, wenn Sie eine Schnittstelle erstellen. Wie bei den meisten Programmierwerkzeugen ist es einfacher, wenn Sie gleich den richtigen Weg einschlagen, als wenn Sie später heftig refaktorieren.

Kapitel 9

Dependency-Injection

Am Ende dieses Kapitels werden Sie in der Lage sein, die folgenden Aufgaben durchzuführen:

- Beschreiben der Bedeutung von Dependency-Injection
- Verwenden von Dependency-Injection als Klebstoff, der SOLID-Code zusammenhält
- Auswählen zwischen Poor-Man's-Dependency-Injection, einem Inversion-of-Control-Container oder dem Konvention-vor-Konfiguration-Prinzip
- Vermeiden von Dependency-Injection-Anti-Patterns
- Organisieren Ihrer Lösungen mit Composition-Roots und Resolution-Roots als Kern
- Verstehen, wie das Factory-Pattern mit Dependency-Injection zusammenarbeitet, um die Lebensdauer von Objekten richtig zu verwalten

Dependency-Injection (DI, Abhängigkeitseinbringung) ist ein ganz simples Konzept mit einer ähnlich simplen Implementierung. Aber trotz seiner Einfachheit ist es ein sehr bedeutendes Pattern. Dependency-Injection ist der Klebstoff, ohne den die Techniken der in den letzten Kapiteln vorgestellten SOLID-Techniken (und eines großen Teils der in Kapiteln des ersten Buchteils beschriebenen Techniken) nicht möglich wäre.

Wenn etwas so simpel, aber trotzdem so wichtig ist, neigen viele Leute dazu, es komplizierter zu machen, als es wirklich ist. Dependency-Injection ist da keine Ausnahme, aber es gibt eine Reihe von Fallstricken, die Sie kennen sollten. Dazu gehören Anti-Patterns und allgemein schlechte Vorgehensweisen, die die Absicht dieses Patterns zunichtemachen.

Wird Dependency-Injection richtig implementiert, ist sie für den größten Teil des Codes in einem Projekt unsichtbar. Sie beschränkt sich auf einen ganz kleinen Ausschnitt des Codes, oft in einer einzigen Assembly. Der Trick besteht darin, die Dependency-Injection von Anfang an in die Planung einzubeziehen, weil es schwierig und zeitaufwendig wird, sie nachträglich in ein bestehendes Projekt einzubinden.

Bescheidene Anfänge

Das folgende Beispiel demonstriert das grundlegende Problem, das Dependency-Injection beseitigt. Nehmen wir an, dass Sie eine Aufgabenverwaltungsanwendung entwickeln, in der die Benutzer alle Aufgaben auflisten, die sie noch nicht erledigt haben. In diesem hypothetischen Szenario befindet sich die Entwicklung noch im Anfangsstadium. Für die Benutzeroberfläche setzen Sie die Windows Presentation Foundation (WPF) ein. Bisher haben Sie ein Hauptfenster für die Anwendung, das sich darauf beschränkt, den aktuellen Zustand Ihrer Aufgabenliste anzuzeigen, nachdem sie aus persistentem Speicher gelesen wurde. Abbildung 9–1 zeigt dieses Fenster.

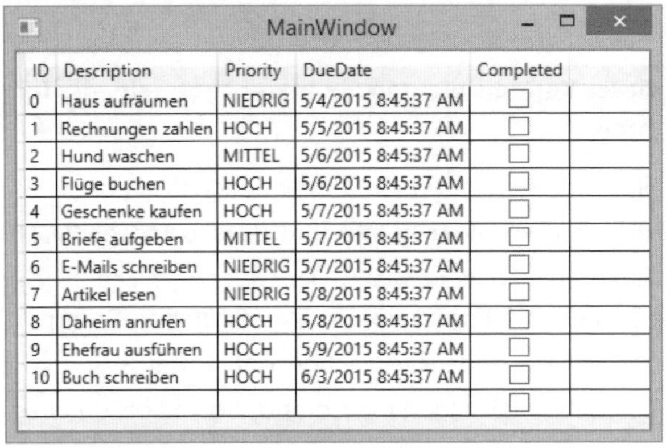

ID	Description	Priority	DueDate	Completed
0	Haus aufräumen	NIEDRIG	5/4/2015 8:45:37 AM	☐
1	Rechnungen zahlen	HOCH	5/5/2015 8:45:37 AM	☐
2	Hund waschen	MITTEL	5/6/2015 8:45:37 AM	☐
3	Flüge buchen	HOCH	5/6/2015 8:45:37 AM	☐
4	Geschenke kaufen	HOCH	5/7/2015 8:45:37 AM	☐
5	Briefe aufgeben	MITTEL	5/7/2015 8:45:37 AM	☐
6	E-Mails schreiben	NIEDRIG	5/7/2015 8:45:37 AM	☐
7	Artikel lesen	NIEDRIG	5/8/2015 8:45:37 AM	☐
8	Daheim anrufen	HOCH	5/8/2015 8:45:37 AM	☐
9	Ehefrau ausführen	HOCH	5/9/2015 8:45:37 AM	☐
10	Buch schreiben	HOCH	6/3/2015 8:45:37 AM	☐
				☐

Abb. 9–1 Die Aufgabenliste enthält Zustandsdaten, die über die Beschreibung hinausgehen: Priorität, Fälligkeitsdatum und Status

Weil es sich um eine WPF-Anwendung handelt, verwenden Sie das MVVM-Pattern (Model-View-ViewModel), um die Schichten wirksam voneinander zu trennen. Die Anwendung versucht, Best Practices umzusetzen – allerdings fehlt noch die Dependency-Injection. Eines der Viewmodels ist der Backing-Controller für das Hauptfenster. `TaskListController` delegiert an eine `TaskServiceAdo`-Instanz, um alle Aufgaben einzulesen. Listing 9–1 zeigt ein Beispiel, wie das momentan noch ohne Dependency-Injection abläuft.

```
public class TaskListController
{
    public event PropertyChangedEventHandler PropertyChanged = delegate { };

    private readonly ITaskService taskService;
    private readonly IObjectMapper mapper;
    private ObservableCollection<TaskViewModel> allTasks;

    public TaskListController()
    {
        this.taskService = new TaskServiceAdo();
```

```
        this.mapper = new MapperAutoMapper();

        var taskDtos = taskService.GetAllTasks();
        AllTasks = new ObservableCollection<TaskViewModel>(
          mapper.Map<IEnumerable<TaskViewModel>>(taskDtos));
    }

    public ObservableCollection<TaskViewModel> AllTasks
    {
        get
        {
            return allTasks;
        }
        set
        {
            allTasks = value;
            PropertyChanged(this, new PropertyChangedEventArgs("AllTasks"));
        }
    }
}
```

List. 9–1 Dieser Controller nutzt keine Dependency-Injection

Dieser Ansatz hat unter anderem folgende Probleme:

- Es ist schwierig, den Controller mit Unit-Tests zu prüfen, weil eine Abhängigkeit von einer Implementierung besteht
- Es ist unklar, was dieses Viewmodel benötigt beziehungsweise wovon es abhängt, sofern nicht sein Quellcode analysiert wird
- Diese Klasse ist implizit auch von den Abhängigkeiten des Diensts abhängig
- Mangels Flexibilität ist es aufwendig, alternative Dienstimplementierungen bereitzustellen

Der Rest dieses Abschnitts untersucht diese Probleme genauer und vergleicht dabei die ursprüngliche Klasse mit einer refaktorierten Version, die Dependency-Injection nutzt. Listing 9–2 zeigt diese refaktorierte Version, die Änderungen sind fett hervorgehoben.

```
public class TaskListController : INotifyPropertyChanged
{
    public event PropertyChangedEventHandler PropertyChanged = delegate { };

    private readonly ITaskService taskService;
    private readonly IObjectMapper mapper;
    private ObservableCollection<TaskViewModel> allTasks;

    public TaskListController(ITaskService taskService, IObjectMapper mapper)
```

```
    {
        this.taskService = taskService;
        this.mapper = mapper;
    }

    public void OnLoad()
    {
        var taskDtos = taskService.GetAllTasks();
        AllTasks = new ObservableCollection<TaskViewModel>(
          mapper.Map<IEnumerable<TaskViewModel>>(taskDtos));
    }

    public ObservableCollection<TaskViewModel> AllTasks
    {
        get
        {
            return allTasks;
        }
        set
        {
            allTasks = value;
            PropertyChanged(this, new PropertyChangedEventArgs("AllTasks"));
        }
    }

}
```

List. 9–2 Nach der Refaktorierung nutzt dieser Controller Dependency-Injection

Wenn Sie die erste Klasse isoliert mit Unit-Tests prüfen wollen, wie es immer empfehlenswert ist, müssen Sie einen Mock für `TaskServiceAdo` erstellen. Es ist aber schwer vorstellbar, dass sich ein solcher Mock mit herkömmlichen Mitteln erstellen lässt. Wahrscheinlich handelt es sich nicht um eine proxyfähige Klasse, und Sie sollten auch nicht gezwungen werden, sie dazu zu machen. Die zweite Klasse bekommt `ITaskService` übergeben, also keine Klasse, sondern eine Schnittstelle. Das lässt sich besser testen, weil Schnittstellen immer proxyfähig sind.

> HINWEIS Eine Klasse wird als *proxyfähig* (engl. proxiable) bezeichnet, wenn es möglich ist, einem Client eine alternative Implementierung, den *Proxy*, zur Verfügung zu stellen. Klassen sind nur proxyfähig, wenn sie all ihre Methoden als `virtual` deklarieren. Schnittstellen sind dagegen immer proxyfähig.

Wenn eine Klasse in ihren Methoden nach Belieben irgendwelche Klasseninstanzen anlegt, können Sie von außen nicht wissen, was sie alles benötigt, um einwandfrei zu funktionieren. Das erste Beispiel, ohne Dependency-Injection, ist eine Blackbox aus Abhängigkeiten.

Was wirklich benötigt wird, können Sie nur herausfinden, indem Sie die Quellcodedatei der Klasse öffnen und sorgfältig analysieren. Sie deklariert keine ihrer Abhängigkeiten als Teil ihrer Schnittstelle oder Methodensignaturen. Das zweite Beispiel, bei dem dagegen Dependency-Injection angewendet wird, gibt deutlich bekannt, dass es eine Implementierung eines Aufgabendiensts mit der Schnittstelle `ITaskService` braucht, um zu funktionieren. Das ist für den Clientcode erkennbar, und in Microsoft Visual Studio kann IntelliSense es dem Programmierer direkt anzeigen.

Wenn eine Abhängigkeit zwischen Klasse A und Klasse B besteht, und Klasse B von Klasse C abhängig ist, folgt daraus, dass Klasse A implizit von Klasse C abhängt. Diese Tatsache manifestiert sich im Entourage-Anti-Pattern und führt zu einem Netz von Abhängigkeiten, die sehr schwierig aufzulösen sind. Wenn Sie sicherstellen, dass Ihre Schnittstellen ihr Verhalten korrekt abstrahieren, hängt eine Klasse, die von einer Schnittstelle abhängt, von nichts anderem mehr ab. Das gilt sogar dann, wenn Implementierungen der Schnittstelle von umfangreichen und externen Komponenten abhängen, zum Beispiel einer Datenbank. Auf diese Weise wird das Stairway-Pattern richtig angewendet.

Wenn Sie Objektinstanzen direkt anlegen, verlieren Sie unter Umständen auch einen Erweiterungspunkt, den eine Schnittstelle andernfalls zur Verfügung stellt. Sie können keine Klasse von `TaskServiceAdo` ableiten und ihre Methoden verbessern (sofern sie überhaupt als virtuell deklariert sind), weil Sie den Controller so ändern müssten, dass er direkt eine neue Instanz dieser abgeleiteten Klasse anlegt. Für Schnittstellen stehen viele interessante Patterns zur Verfügung, mit denen Sie alternative Implementierungen bereitstellen oder die vorhandene Implementierung verbessern können. Außerdem kann das geschehen, nachdem die ursprüngliche Version der Klasse geschrieben und neue Anforderungen aufgetaucht sind. *Dies ist der Schlüssel zu anpassungsfähigem Code.*

Die Aufgabenlistenanwendung

Abbildung 9–2 zeigt den angestrebten Aufbau der Aufgabenlistenanwendung auf Paket- und Klassenebene.

Die Benutzeroberfläche im Paket `UI` besteht aus WPF- und Controller/Viewmodel-spezifischem Code. Die Dienstschicht im Paket `Service` ist gegenüber den Controllern mit einer Schnittstelle abstrahiert, implementiert ist sie mit einem simplen ADO.NET-Aufruf, der die Aufgaben aus persistentem Speicher einliest.

Der Dienst gibt die `TaskDto`-Instanz als arbeitsspeicherinterne Darstellung einer Aufgabenzeile aus dem persistenten Speicher zurück. Das ist POCO-Technik (Plain Old CLR Object, »Gewöhnliches altes CLR-Objekt«) und bietet daher weniger Funktionsumfang, als ein WPF-Viewmodel eigentlich sollte. Wenn daher `TaskListController` die `TaskDto`-Objekte von `ITaskService` abruft, fordert sie eine `IObjectMapper`-Instanz auf, die Datenobjekte in `TaskViewModel`-Objekte zu konvertieren, die `INotifyPropertyChanged` implementieren und daher mit anderen View-spezifischen Funktionen aufwarten können.

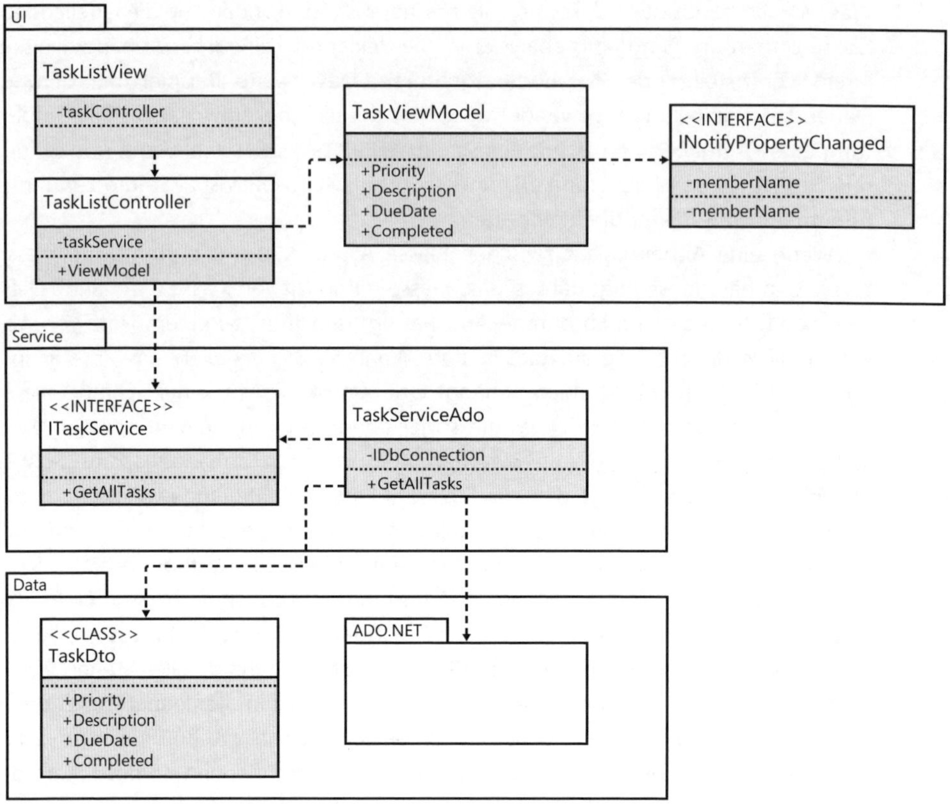

Abb. 9–2 Das UML-Klassendiagramm der dreischichtigen Aufgabenlistenanwendung mit allen Paketen

Listing 9–3 zeigt die ADO.NET-Implementierung der Schnittstelle `ITaskService`. Hier ist vor allem der Konstruktor interessant, aber weiter unten in diesem Kapitel kommen wir noch auf verdächtig riechenden Code in dieser Klasse zu sprechen.

```
public class TaskServiceAdo : ITaskService
{
    public TaskServiceAdo(ISettings settings)
    {
        this.settings = settings;
    }

    public IEnumerable<TaskDto> GetAllTasks()
    {
        var allTasks = new List<TaskDto>();
```

```
        using(var connection = new SqlConnection(
          settings.GetSetting("TaskDatabaseConnectionString")))
        {
            connection.Open();

            using(var transaction = connection.BeginTransaction())
            {
                var command = connection.CreateCommand();
                command.Transaction = transaction;
                command.CommandType = CommandType.StoredProcedure;
                command.CommandText = "[dbo].[get_all_tasks]";

                using(var reader = command.ExecuteReader(
                  CommandBehavior.CloseConnection))
                {
                    if (reader.HasRows)
                    {
                        while (reader.Read())
                        {
                            allTasks.Add(
                                new TaskDto
                                {
                                    ID = reader.GetInt32(IDIndex),
                                    Description = reader.GetString(DescriptionIndex),
                                    Priority = reader.GetString(PriorityIndex),
                                    DueDate = reader.GetDateTime(DueDateIndex),
                                    Completed = reader.GetBoolean(CompletedIndex)
                                }
                            );
                        }
                    }
                }
            }
        }

        return allTasks;
    }

    private readonly ISettings settings;

    private const int IDIndex = 0;
    private const int DescriptionIndex = 1;
    private const int PriorityIndex = 2;
    private const int DueDateIndex = 3;
    private const int CompletedIndex = 4;
}
```

List. 9–3 TaskServiceAdo hat die Aufgabe, die Daten der Aufgabenliste auszulesen

Die Schnittstelle ISettings entfernt die Details zum Auslesen des Verbindungsstrings mithilfe von Abstraktion aus dieser Klasse. Es wird eine Implementierung bereitgestellt, die ein Adapter für die Microsoft .NET Framework-Klasse ConfigurationManager ist. Es braucht nicht viel Fantasie, um sich vorzustellen, dass die Einstellungen irgendwann auch ganz woanders gespeichert werden könnten. Das rechtfertigt die Verwendung einer Schnittstelle. Ein weiteres Problem besteht darin, dass die Klasse ConfigurationManager statisch ist und es daher schwierig wird, einen Mock dafür bereitzustellen. Würden Sie direkt damit arbeiten, würde das nicht nur Ihre Möglichkeiten zum Auslesen von Anwendungseinstellungen wie Verbindungsstrings einschränken, sondern auch das Testen der Klasse TaskServiceAdo erschweren.

Erstellen des Objektgraphen

In diesem Buch wurde es schon öfter als selbstverständlich behandelt, dass Schnittstellen an Konstruktoren übergeben werden. Irgendwann reichen Schnittstellen natürlich nicht mehr aus und Sie müssen sich für eine Implementierung entscheiden. Es gibt zwei grundsätzliche Möglichkeiten, das zu tun: Poor-Man's-Dependency-Injection und Verwenden eines Inversion-of-Control-Containers. Um zu demonstrieren, wie Dependency-Injection funktioniert, stellt dieser Abschnitt zuerst Poor-Man's-Dependency-Injection vor.

Poor-Man's-Dependency-Injection

Der Name des Patterns Poor-Man's-Dependency-Injection (»Arme-Leute-Abhängigkeitseinbringung«) leitet sich davon ab, dass es keinerlei externe Abhängigkeiten benötigt, um zu funktionieren. Sie erstellen dabei den benötigten Objektgraphen für den Controller schon im Voraus. Listing 9–4 zeigt, wie die refaktorierte TaskListController-Instanz angelegt und TaskListView, dem Hauptfenster der Anwendung, zur Verfügung gestellt wird.

```
public partial class App : Application
{
    private void OnApplicationStartup(object sender, StartupEventArgs e)
    {
        CreateMappings();

        var settings = new ApplicationSettings();
        var taskService = new TaskServiceAdo(settings);
        var objectMapper = new MapperAutoMapper();
        controller = new TaskListController(taskService, objectMapper);
        MainWindow = new TaskListView(controller);
        MainWindow.Show();

        controller.OnLoad();
    }

    private void CreateMappings()
    {
        AutoMapper.Mapper.CreateMap<TaskDto, TaskViewModel>();
```

```
    }

    private TaskListController controller;
}
```

List. 9–4 Poor-Man's-Dependency-Injection ist länglich, aber flexibel

Dieser Code ist der Einstiegspunkt in Ihre Anwendung. Die Methode `OnApplicationStartup` ist ein Ereignishandler, der vom internen WPF-Code aufgerufen wird, um Sie darüber zu informieren, dass Sie die Komponenten initialisieren können. Bei anderen Anwendungstypen sieht der Einstiegspunkt etwas anders aus, er ist aber immer ein guter Platz für Ihren Dependency-Injection-Code.

Der Prozess zum Initialisieren der Anwendung ist recht simpel. Das Ziel besteht darin, eine `TaskListView`-Instanz anzulegen, weil dies die View-Klasse ist, die die Resolution-Root (Auflösungswurzel) der Anwendung bildet. Resolution-Roots werden weiter unten in diesem Kapitel behandelt. Um eine Instanz dieser Klasse anlegen zu können, brauchen Sie eine `TaskListController`-Instanz. Und diese Klasse benötigt sowohl eine `ITaskService`- als auch eine `IObjectMapper`-Instanz, daher legen Sie entsprechende Objekte an. Dies ist die Stelle, an der Sie sich auf konkrete Implementierungen festlegen. `TaskServiceAdo` benötigt wiederum eine `ISettings`-Implementierung, daher legen Sie sich auf `ApplicationSettings` fest, einen Adapter für die .NET Framework-Klasse `ConfigurationManager`. Abbildung 9–3 zeigt den Aufbau in einem Klassendiagramm.

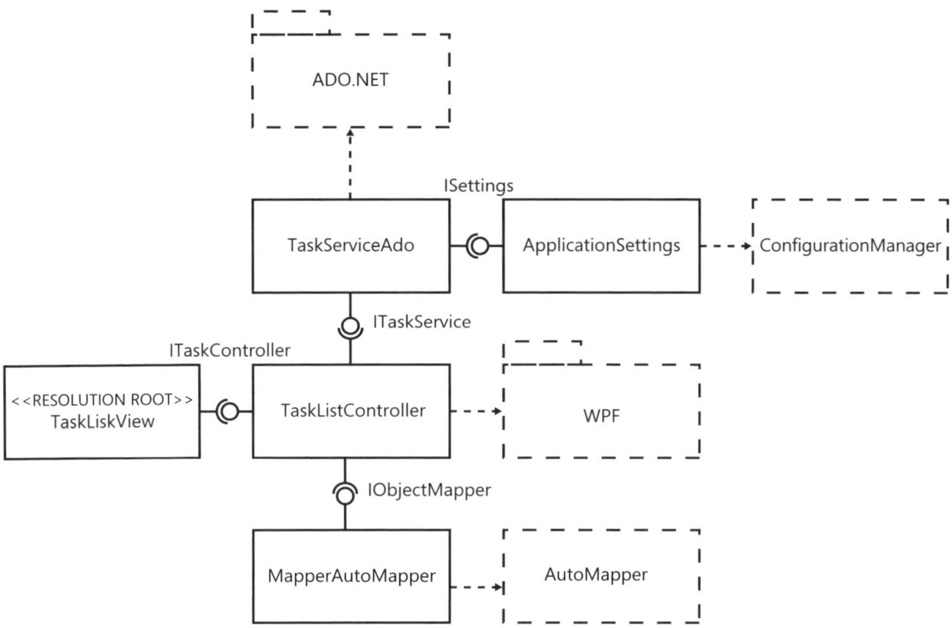

Abb. 9–3 Die Schnittstellen, ihre Implementierungen und Abhängigkeiten für die Anwendung

Jede Klasse benötigt eine oder mehrere Abhängigkeiten als Sockets, die von anderen Klassen implementiert werden und möglicherweise weitere Abhängigkeiten haben. Es ist normal, dass eine Implementierung ein Adapter ist, das gilt zum Beispiel für die Klassen `MapperAutoMapper` und `ApplicationSettings`. Diese Adapter bedienen lediglich die benötigte Schnittstelle, delegieren die eigentliche Arbeit aber an eine andere Klasse. Sogar wenn die Klasse kein Adapter ist, hat sie wahrscheinlich selbst einige Abhängigkeiten, an die sie irgendwelche Arbeiten delegiert. Ein Beispiel ist die Klasse `TaskServiceAdo`, die auf ADO.NET zurückgreift, um die Daten einzulesen. Andere Implementierungen von `ITaskService` könnten die Aufgabenliste aus anderen Quellen beziehen, denkbar wäre etwa eine Klasse namens `TaskServiceNHibernate` als alternative Implementierung, die ihre Arbeit größtenteils an NHibernate delegiert. Oder die Klasse `TaskServiceOutlook` könnte auf das Add-In-Framework von Microsoft Outlook zugreifen und die Aufgaben direkt aus der entsprechenden Outlook-Liste lesen. Weil die Schnittstelle sich nicht selbst an eine dieser Technologien bindet, kann *alles* als Quelle für die Aufgabenliste dienen, sofern es in der Lage ist, die Schnittstelle zu bedienen.

Poor-Man's-Dependency-Injection produziert umfangreichen Code. Wenn diese Anwendung so erweitert wird, dass sie das Hinzufügen neuer Aufgaben, Bearbeiten vorhandener Aufgaben oder vielleicht das Anzeigen von Erinnerungen beherrscht, wachsen diese paar Zeilen Objekterstellungscode natürlich gewaltig an. Das kann so weit gehen, dass der Code schwer verständlich wird. Andererseits ist Poor-Man's-Dependency-Injection aber sehr flexibel. Unabhängig davon, wie komplex der benötigte Objektgraph ist, es ist immer offensichtlich, auf welche Weise Sie ihn erstellen müssen, denn es gibt nur einen Weg: Sie erstellen von Hand Instanzen von allem, was benötigt wird, und übergeben diese Instanzen an Klassen, die ihre Funktionen zusammenfassen; das wiederholen Sie so lange, bis Sie die Resolution-Root erreichen. Sie können beliebig viele Decorator für die Schnittstellen implementieren, von der jede Klasse abhängt. Dank Poor-Man's-Dependency-Injection können Sie den gesamten Graphen sorgfältig zusammenstellen.

Method-Injection

Der Konstruktor bietet nicht die einzige Möglichkeit, Klassen ihre Abhängigkeiten zur Verfügung zu stellen. Sie können dazu auch Methoden und Eigenschaften verwenden, die verglichen mit Konstruktoren andere Anwendungsfälle haben.

Listing 9–5 zeigt einen Ausschnitt von `TaskListController`, nachdem die Klasse so umgeschrieben wurde, dass sie die `ITaskService`-Instanz mit ihrer `ISettings`-Abhängigkeit als Argument an die Methode `GetAllTasks` übergibt. Dazu muss die Schnittstelle der Methode geändert werden.

```
public class TaskListController : INotifyPropertyChanged
{
    public TaskListController(ITaskService taskService,
      IObjectMapper mapper, ISettings settings)
    {
        this.taskService = taskService;
```

```
        this.mapper = mapper;
        this.settings = settings;
    }

    public void OnLoad()
    {
        var taskDtos = taskService.GetAllTasks(settings);
        AllTasks = new ObservableCollection<TaskViewModel>(
          mapper.Map<IEnumerable<TaskViewModel>>(taskDtos));
    }
}
```

List. 9–5 Der Dienst bekommt die Einstellungen nun als Methodenparameter statt als Konstruktorparameter übergeben

Das ist nützlich, wenn die aufgerufene Methode die einzige ist, die diese Abhängigkeit benötigt. Konstruktorabhängigkeiten weisen darauf hin, dass die Klasse ihre Aufgaben an eine Abhängigkeit delegiert. Aber wenn nur ein kleiner Teil der Methoden tatsächlich diese Abhängigkeit benutzt, ist es unter Umständen sinnvoller, die Abhängigkeit direkt an diese Methoden zu übergeben. Der Nachteil von Method-Injection ist, dass die Clients, die die Methode aufrufen, sich eine Instanz der Abhängigkeit besorgen müssen. Das können sie entweder über einen Konstruktorparameter oder über einen Methodenparameter erledigen, damit die Clients den Parameter durch den Aufrufstapel hinunterreichen, bis er von der Zielklasse benutzt wird.

Property-Injection

Ähnlich wie die Method-Injection können Sie auch Property-Injection verwenden, um Abhängigkeiten über Eigenschaften zur Verfügung zu stellen. Listing 9–6 refaktoriert das vorherige Beispiel so, dass die `ISettings`-Abhängigkeit, die `ITaskService` benötigt, über eine Eigenschaft festgelegt wird. Auch hier muss wieder die Schnittstelle geändert werden, damit sie die Eigenschaft unterstützt; es genügt nicht, die Implementierung anzupassen.

```
public class TaskListController : INotifyPropertyChanged
{
    public TaskListController(ITaskService taskService,
      IObjectMapper mapper, ISettings settings)
    {
        this.taskService = taskService;
        this.mapper = mapper;
        this.settings = settings;
    }

    public void OnLoad()
    {
        taskService.Settings = settings;
        var taskDtos = taskService.GetAllTasks();
```

```
        AllTasks = new ObservableCollection<TaskViewModel>(
          mapper.Map<IEnumerable<TaskViewModel>>(taskDtos));
    }
}
```

List. 9–6 Dependency-Injection lässt sich auch über Property-Injection erreichen

Dieser Ansatz hat den Vorteil, dass die Instanzeigenschaft während der Laufzeit geändert werden kann. Während eine Konstruktorabhängigkeit einmal übergeben und diese Instanz dann über die gesamte Lebensdauer des Objekts verwendet wird, kann ein Eigenschaftswert jederzeit ausgetauscht werden.

Inversion of Control

Die Beispiele in diesem Buch haben sich stets auf die Entwicklung von Klassen konzentriert, die an Abstraktionen delegieren. Diese Abstraktionen werden dann von anderen Klassen implementiert, die ihrerseits einen Teil der Arbeit an weitere Abstraktionen delegieren. Irgendwann ist eine Klasse so klein und konzentriert sich so stark auf einen Aufgabenbereich, dass keine weitere Delegation mehr nötig ist und die Kette der Abhängigkeit endet. Um die Klassen anzulegen, von denen andere Komponenten abhängen, legen Sie zuerst die Abhängigkeiten an, von denen diese Klassen ihrerseits abhängig sind, und übergeben sie dann als Abhängigkeiten. Sie haben bereits erfahren, wie Sie diese Dependency-Injection von Hand implementieren, indem Sie Klasseninstanzen anlegen und Instanzen in den Konstruktoren übergeben. Zwar ist es auf diese Weise möglich, Implementierungen, von denen Abhängigkeiten bestehen, auszutauschen oder zu dekorieren, aber der Objektgraph wird immer noch statisch erstellt: Welcher Teil wohin kommt, wird zum Zeitpunkt des Kompilierens festgelegt. Inversion of Control (IoC, »Umkehr der Steuerung«) erlaubt Ihnen, diesen Erstellungsvorgang auf die Laufzeit zu verschieben.

IoC ist vor allem in Form von Inversion-of-Control-Containern bekannt. Mit diesen Systemen können Sie die Schnittstellen Ihrer Anwendung mit ihren Implementierungen verknüpfen und eine Instanz einer Klasse abrufen, indem Sie alle Abhängigkeiten *auflösen* (engl. resolve).

Der Code in Listing 9–7 zeigt den Einstiegspunkt der Anwendung, nachdem er so umgeschrieben wurde, dass er den Unity-IoC-Container verwendet. Im ersten Schritt wird eine neue `UnityContainer`-Instanz angelegt. Wenn Sie den IoC-Container auf diese Weise initialisieren, haben Sie keine andere Möglichkeit, als direkt Instanzen der Infrastrukturkomponenten anzulegen.

```
public partial class App : Application
{
    private IUnityContainer container;
    private void OnApplicationStartup(object sender, StartupEventArgs e)
    {
        CreateMappings();
```

```
        container = new UnityContainer();
        container.RegisterType<ISettings, ApplicationSettings>();
        container.RegisterType<IObjectMapper, MapperAutoMapper>();
        container.RegisterType<ITaskService, TaskServiceAdo>();
        container.RegisterType<TaskListController>();
        container.RegisterType<TaskListView>();

        MainWindow = container.Resolve<TaskListView>();
        MainWindow.Show();

        ((TaskListController)MainWindow.DataContext).OnLoad();
    }

    private void CreateMappings()
    {
        AutoMapper.Mapper.CreateMap<TaskDto, TaskViewModel>();
    }

}
```

List. 9–7 Mit einem IoC-Container legen Sie nicht mehr manuell die Implementierungen an, sondern ordnen den Schnittstellen die gewünschten Typen zu

Sobald der Unity-Container erstellt ist, müssen Sie ihm mitteilen, welche Schnittstellen an irgendeinem Punkt während der Lebensdauer der Anwendung aufgelöst werden müssen und eine konkrete Implementierung für jede Schnittstelle angeben. Immer wenn Unity auf eine Schnittstelle trifft, weiß es dann, welche Implementierung es auflösen muss. Falls Sie es versäumen, eine Klasse für eine Schnittstelle anzugeben, erinnert Unity Sie lautstark daran, dass es keine Instanzen von Schnittstellen anlegen kann.

Nachdem die Registrierung der Schnittstellen abgeschlossen ist, müssen Sie eine Instanz Ihrer Resolution-Root anlegen: `TaskListView`. Die Methode `Resolve` des Containers untersucht den Konstruktor dieser Klasse und versucht, Instanzen aller Abhängigkeiten anzulegen, indem er deren Konstruktoren untersucht und versucht, Instanzen von deren Abhängigkeiten anzulegen und so weiter die Kette entlang. Schließlich, wenn keine weiteren Klasseninstanzen mehr gebraucht werden, kann die Methode `Resolve` die gefundenen Konstruktoren aufrufen und ihnen die Instanzen übergeben, die sie bisher angelegt hat. Genau demselben Prozess folgen Sie, wenn Sie Poor-Man's-Dependency-Injection benutzen, aber dort analysieren Sie die Konstruktoren selbst und legen direkt die benötigten Klasseninstanzen an.

Das Register-Resolve-Release-Pattern

Alle Inversion-of-Control-Container lassen sich auf eine simple Schnittstelle mit lediglich drei Methoden reduzieren (Listing 9–8). Unity ist da keine Ausnahme und folgt einem ähnlichen Pattern.

```
public interface IContainer : IDisposable
{
    void Register<TInterface, TImplementation>()
        where TImplementation : TInterface;

    TImplementation Resolve<TInterface>();

    void Release();
}
```

List. 9–8 Auch wenn die Implementierungen sie erweitern, ist dies die allgemeine Schnittstelle für alle IoC-Container

Die drei Methoden haben folgende Aufgaben:

- `Register`
  Diese Methode wird zuerst aufgerufen, direkt im Rahmen der Anwendungsinitialisierung. Sie wird mehrmals aufgerufen, um viele unterschiedliche Schnittstellen mit ihren Implementierungen zu verknüpfen. Die `where`-Klausel erzwingt die Einschränkung, dass der Typ `TImplementation` den Typ `TInterface` implementieren muss, das heißt von der Schnittstelle abgeleitet sein muss. Mit anderen Formen dieser Methode können Sie eine bereits angelegte Instanz einer Klasse und einen Typ ohne spezifische Schnittstelle registrieren. (Ein solcher Typ wird mit allen Schnittstellen verknüpft, die er implementiert.)
- `Resolve`
  Diese Methode wird aufgerufen, während die Anwendung läuft. Häufig wird eine bestimmte Familie von Klassen als Top-Level-Objekt des Graphen aufgelöst. In einer ASP.NET-Model-View-Controller-Anwendung (MVC) wären das beispielsweise die Controller, in einer ViewModel-First-WPF-Anwendung die Viewmodels und in einer Windows Forms-Model-View-Presenter-Anwendung (MVP) die Views. Der Aufruf dieser Methode sollte eine Infrastrukturangelegenheit sein. Das heißt, Sie sollten `Resolve` nicht innerhalb der Klassen für Controller, Views, Presenter, Dienste, Domäne, Geschäftslogik oder Datenzugriff Ihrer Anwendung aufrufen.
- `Release`
  Irgendwann werden die Klassen nicht mehr gebraucht und ihre Ressourcen können freigegeben werden. Das kann am Ende der Anwendung sein, aber auch zu einem günstigeren Zeitpunkt während der Lebensdauer der Anwendung passieren. Bei einer Webanwendung ist es zum Beispiel üblich, dass Ressourcen nur für die Dauer einer Anforderung angelegt werden. Daher können Sie `Release` am Ende jeder Anforderung aufrufen. Diese Verwaltung der Objektlebensdauer wird weiter unten in diesem Kapitel genauer behandelt.
- `Dispose`
  Die meisten IoC-Container implementieren die Schnittstelle `IDisposable`, daher wurde sie ebenfalls in diese Referenzschnittstelle aufgenommen. Die Methode `Dispose` wird

einmal aufgerufen, während die Anwendung beendet wird. Sie unterscheidet sich von `Release` dadurch, dass der Aufruf von `Dispose` die internen Dictionaries des Containers löscht, sodass keine Schnittstellenregistrierungen mehr zur Verfügung stehen und keine Auflösung mehr möglich ist.

Das erste IoC-Beispiel (aus Listing 9–7) können Sie so umschreiben, dass die gesamte Interaktion mit dem Container in einer Klasse gekapselt wird. Das verschiebt den langen Registrierungscode aus der Code-Behind-Datei einer WPF-Anwendung hinaus. Listing 9–9 zeigt das Ergebnis.

```
public partial class App : Application
{
    private IocConfiguration ioc;

    private void OnApplicationStartup(object sender, StartupEventArgs e)
    {
        CreateMappings();

        ioc = new IocConfiguration();
        ioc.Register();

        MainWindow = ioc.Resolve();
        MainWindow.Show();

        ((TaskListController)MainWindow.DataContext).OnLoad();
    }

    private void OnApplicationExit(object sender, ExitEventArgs e)
    {
        ioc.Release();
    }

    private void CreateMappings()
    {
        AutoMapper.Mapper.CreateMap<TaskDto, TaskViewModel>();
    }
}
```

List. 9–9 Der `Startup`-Ereignishandler delegiert einen Großteil seiner Arbeit an eine Konfigurationsklasse

Der Einstiegspunkt ist jetzt einfacher geworden und die IoC-Registrierung wurde in eine eigene Klasse verschoben. Listing 9–10 zeigt diese Klasse für die Aufgabenlistenanwendung. Wenn die Anwendung endet, ruft sie die Methode `Release` auf, in die Sie sich einhängen können, indem Sie einen Handler für das entsprechende `Application`-Ereignis registrieren.

```
public class IocConfiguration
{
    private readonly IUnityContainer container;
    public IocConfiguration()
    {
        container = new UnityContainer();
    }

    public void Register()
    {
        container.RegisterType<ISettings, ApplicationSettings>();
        container.RegisterType<IObjectMapper, MapperAutoMapper>();
        container.RegisterType<ITaskService, TaskServiceAdo>();
        container.RegisterType<TaskListController>();
        container.RegisterType<TaskListView>();
    }

    public Window Resolve()
    {
        return container.Resolve<TaskListView>();
    }

    public void Release()
    {
        container.Dispose();
    }
}
```

List. 9–10 Die Konfigurationsklasse hat Methoden für alle drei Phasen des Register-Resolve-Release-Patterns

Die Methode `Register` enthält genau denselben Code wie bevor. Wenn diese Methode anwächst, kann sie nun allerdings in mehrere Methoden refaktoriert und generell sauberer gehalten werden, als es möglich wäre, wenn die Anweisungen im Einstiegspunkt der Anwendung lägen.

Die Methode `Resolve` gibt eine generische `Window`-Instanz zurück, die übliche Resolution-Root für eine WPF-Anwendung. Konkret wird in dieser Anwendung die `TaskListView`-Instanz zurückgegeben, weil sie das Hauptfenster Ihrer Anwendung bildet. In anderen Anwendungstypen, zum Beispiel ASP.NET-MVC, gibt es oft mehrere Resolution-Roots, für jeden Controller eine. Die Organisation der Composition-Root (Aufbauwurzel) für MVC und andere Anwendungen wird weiter unten in diesem Kapitel behandelt.

Imperative und deklarative Registrierung

Bisher wurde der Registrierungscode imperativ mit prozeduralen Aufrufen von Methoden eines Containerobjekts geschrieben. Das hat mehrere Vorteile: Es ist einfach zu lesen, relativ kurz und unterstützt zumindest einige Compilerprüfungen, zum Beispiel Schutz vor Vertippern. Ein Nachteil ist, dass Sie sich bereits zum Zeitpunkt des Kompilierens auf eine bestimmte Implementierung festlegen. Falls Sie eine Ihrer Implementierungen durch eine andere ersetzen wollen, müssen Sie den Code neu kompilieren.

Wenn Sie stattdessen eine deklarative Registrierung über XML nutzen, können Sie sich das Neukompilieren sparen. Sie können eine bestimmte Implementierung wählen, indem Sie eine Konfigurationsdatei bearbeiten. Listing 9–11 zeigt, wie Unity über eine XML-Registrierung konfiguriert wird.

```
<configuration>
  <configSections>
    <section name="unity"
      type="Microsoft.Practices.Unity.Configuration.UnityConfigurationSection,
      Microsoft.Practices.Unity.Configuration" />
  </configSections>
  <appSettings>
    <add key="TaskDatabaseConnectionString"
      value="Data Source=(local);Initial Catalog=TaskDatabase;
      Integrated Security=True;Application Name=Task List Editor" />
  </appSettings>
  <unity xmlns="http://schemas.microsoft.com/practices/2010/unity">
    <typeAliases>
      <typeAlias alias="ISettings"
        type="ServiceInterfaces.ISettings, ServiceInterfaces" />
      <typeAlias alias="ApplicationSettings" type="UI.ApplicationSettings, UI" />
      <typeAlias alias="IObjectMapper"
        type="ServiceInterfaces.IObjectMapper, ServiceInterfaces" />
      <typeAlias alias="MapperAutoMapper" type="UI.MapperAutoMapper, UI" />
      <typeAlias alias="ITaskService"
        type="ServiceInterfaces.ITaskService, ServiceInterfaces" />
      <typeAlias alias="TaskServiceAdo"
        type="ServiceImplementations.TaskServiceAdo, ServiceImplementations" />
      <typeAlias alias="TaskListController"
        type="Controllers.TaskListController, Controllers" />
      <typeAlias alias="TaskListView" type="UI.TaskListView, UI" />
    </typeAliases>
    <container>
      <register type="ISettings" mapTo="ApplicationSettings" />
      <register type="IObjectMapper" mapTo="MapperAutoMapper" />
      <register type="ITaskService" mapTo="TaskServiceAdo" />
    </container>
  </unity>
  <startup>
    <supportedRuntime version="v4.0" sku=".NETFramework,Version=v4.5" />
  </startup>
</configuration>
```

List. 9–11 Ein Abschnitt aus der Anwendungskonfigurationsdatei beschreibt, welche Implementierungen den Schnittstellen zugeordnet werden

Dieser XML-Code ist der Inhalt der Anwendungskonfigurationsdatei für die WPF-Aufgabenlistendatei. Wenn Sie einen Konfigurationsabschnitt für Unity hinzufügen, stehen darin die typeAlias- und container-Elemente zur Verfügung. Mit typeAlias legen Sie kürzere Aliasnamen für längere Typen fest, bei denen der vollständig qualifizierte Namen inklusive Assembly angegeben werden muss, damit Unity sie während der Laufzeit findet. Sobald Aliasnamen für die Typen zur Verfügung stehen, erledigen die container-Einträge dieselbe Aufgabe wie die Methode Register: den Schnittstellen die gewünschten Implementierungen zuordnen.

Am Einstiegspunkt der Anwendung müssen Sie einige Änderungen vornehmen, damit Unity diese XML-Konfiguration findet. Listing 9–12 zeigt, dass diese Änderungen nicht sonderlich umfangreich sind.

```
public partial class App : Application
{
    private IUnityContainer container;

    private void OnApplicationStartup(object sender, StartupEventArgs e)
    {
        CreateMappings();

        var section =
          (UnityConfigurationSection)ConfigurationManager.GetSection("unity");
        container = new UnityContainer().LoadConfiguration(section);

        MainWindow = container.Resolve<TaskListView>();
        MainWindow.Show();

        ((TaskListController)MainWindow.DataContext).OnLoad();
    }

    private void CreateMappings()
    {
        AutoMapper.Mapper.CreateMap<TaskDto, TaskViewModel>();
    }
}
```

List. 9–12 Jetzt wird in der Registrierungsphase der Konfigurationsabschnitt an den Container übergeben

Zwei Zeilen reichen aus. Zuerst laden Sie mithilfe der Klasse ConfigurationManager den unity-Abschnitt aus der Konfigurationsdatei. Anschließend konvertieren Sie ihn in den Typ UnityConfigurationSection und übergeben ihn an die Methode LoadConfiguration eines neu angelegten UnityContainer-Objekts. Sobald das erledigt ist, können Sie den Container wie vorher benutzen, um das Hauptfenster der Anwendung aufzulösen.

Diese deklarative Registrierung hat zwar den Vorteil, dass die Typzuordnung erst später beim Festlegen der Konfiguration erledigt werden kann, hat aber auch erhebliche Nachteile, die sie in vielen Situationen unbrauchbar macht. Das größte Problem ist die Textmenge. Schon für dieses winzige Beispiel ist wesentlich mehr Tipparbeit fällig als vorher. In der Praxis dürfte die Größe des Registrierungscodes ein Vielfaches erreichen. Als XML wird er sogar noch umfangreicher. Ist irgendwo in einem der Alias- oder Registrierungsabschnitte ein Tippfehler, zeigt sich das erst zur Laufzeit, während solche Fehler im prozeduralen Code bereits vom Compiler abgefangen werden.

Der Hauptgrund, warum deklarative Registrierung nicht optimal ist, liegt darin, dass die meisten IoC-Container vielfältige Möglichkeiten zur Registrierung anbieten. Das können Lambda-Factorys sein, wobei der Registrierungsmethode eine Lambda-Methode übergeben wird, die jedes Mal, wenn die Schnittstelle aufgelöst werden muss, aufgerufen wird. Ein solcher prozeduraler Code ist in deklarativem XML nicht möglich.

Objektlebensdauer

Nicht jedes Objekt einer Anwendung hat dieselbe Lebensdauer. Manche Objekte werden länger gebraucht als andere. Natürlich gibt es in den verwalteten Sprachen von .NET keinen direkten Weg, ein Objekt zu beseitigen, aber Sie können seine Methode `IDisposable.Dispose` aufrufen (sofern es diese Schnittstelle implementiert), um es aufzufordern, seine Ressourcen freizugeben.

Zum Beispiel enthielt die Version von `TaskServiceAdo` aus Listing 9–3 verdächtig riechenden Code, weil darin manuell eine `SqlConnection`-Instanz angelegt wurde. Das wurde gemacht, weil die erforderliche Lebensdauer dieser Verbindung kürzer ist als die der `TaskServiceAdo`-Instanz, die beim Start der Anwendung angelegt und bis zu ihrem Ende gebraucht wird. Würde `SqlConnection` über Injection an `TaskServiceAdo` übergeben, wie in Listing 9–13 gezeigt, würde die Instanz die gesamte Lebensdauer der Anwendung überstehen. Das bedeutet aber nicht, dass die Verbindung die ganze Zeit offen bleiben muss, weil das Öffnen der Verbindung kein Teil der Objekterstellung ist, sondern eine separate Operation.

```
private void OnApplicationStartup(object sender, StartupEventArgs e)
{
    CreateMappings();

    container = new UnityContainer();
    container.RegisterType<ISettings, ApplicationSettings>();
    container.RegisterType<IObjectMapper, MapperAutoMapper>();
    container.RegisterType<ITaskService, TaskServiceAdo>(new
      InjectionFactory(c => new TaskServiceAdo(new SqlConnection(
      c.Resolve<ISettings>().GetSetting("TaskDatabaseConnectionString")))));
    container.RegisterType<TaskListController>();
    container.RegisterType<TaskListView>();

    MainWindow = container.Resolve<TaskListView>();
    MainWindow.Show();

    ((TaskListController)MainWindow.DataContext).OnLoad();
}
```

```
// . . .
public class TaskServiceAdo : ITaskService
{
    private readonly IDbConnection connection;
    public TaskServiceAdo(IDbConnection connection)
    {
        this.connection = connection;
    }

    public IEnumerable<TaskDto> GetAllTasks()
    {
        var allTasks = new List<TaskDto>();

        using (connection)
        {
            connection.Open();

            using (var transaction = connection.BeginTransaction())
            {
                var command = connection.CreateCommand();
                command.Transaction = transaction;
                command.CommandType = CommandType.StoredProcedure;
                command.CommandText = "[dbo].[get_all_tasks]";

                using (var reader =
                  command.ExecuteReader(CommandBehavior.CloseConnection))
                {
                    while (reader.Read())
                    {
                        allTasks.Add(
                            new TaskDto
                            {
                                ID = reader.GetInt32(IDIndex),
                                Description = reader.GetString(DescriptionIndex),
                                Priority = reader.GetString(PriorityIndex),
                                DueDate = reader.GetDateTime(DueDateIndex),
                                Completed = reader.GetBoolean(CompletedIndex)
                            }
                        );
                    }
                }
            }
        }

        return allTasks;
    }

}
```

List. 9–13 Bei manchen Ressourcen muss ihre Lebensdauer sorgfältig verwaltet werden

Die erste Änderung betrifft den Einstiegspunkt, in dem nun eine Injection-Factory benutzt wird, um die Dienstinstanz zu erstellen. Dies ist ein Lambdaausdruck, der Zugriff auf den Container zum Auflösen von Parametern hat und eine neue Instanz des Diensts zurückgibt. Der Aufruf der Methode `GetSetting` aus der Schnittstelle `ISettings` des Diensts wurde in diese Injection-Factory verlegt, um den Verbindungsstring abzurufen. Er wird dann an den `SqlConnection`-Konstruktor übergeben, der wiederum an den Dienst weitergegeben wird.

In der Methode `GetAllTasks` ist das Vorhandensein von `using(connection)` problematisch. Dies soll sicherstellen, dass am Ende des `using`-Blocks `SqlConnection.Dispose` aufgerufen wird. Nach diesem Aufruf kann die Verbindung nicht mehr benutzt werden, aber es wäre denkbar, dass Sie die Methode erneut aufrufen wollen.

Wäre es nicht sinnvoller, wenn `TaskServiceAdo` die Schnittstelle `IDisposable` implementiert und seine `Dispose`-Methode an die der Verbindung delegiert? Listing 9–14 setzt diesen Ansatz um.

```
public class TaskServiceAdo : ITaskService, IDisposable
{
    public TaskServiceAdo(IDbConnection connection)
    {
        this.connection = connection;
    }

    public IEnumerable<TaskDto> GetAllTasks()
    {
        var allTasks = new List<TaskDto>();

        connection.Open();

        try
        {
            using (var transaction = connection.BeginTransaction())
            {
                var command = connection.CreateCommand();
                command.Transaction = transaction;
                command.CommandType = CommandType.StoredProcedure;
                command.CommandText = "[dbo].[get_all_tasks]";

                using (var reader =
                  command.ExecuteReader(CommandBehavior.CloseConnection))
                {
                    while (reader.Read())
                    {
                        allTasks.Add(
                            new TaskDto
                            {
                                ID = reader.GetInt32(IDIndex),
                                Description = reader.GetString(DescriptionIndex),
```

```
                        Priority = reader.GetString(PriorityIndex),
                        DueDate = reader.GetDateTime(DueDateIndex),
                        Completed = reader.GetBoolean(CompletedIndex)
                    }
                );
            }
        }
    }
}
finally
{
    connection.Close();
}

return allTasks;
}

public void Dispose()
{
    connection.Dispose();
}
}
```

List. 9–14 Der Dienst implementiert `IDisposable`, daher kann er die Verbindung freigeben

Statt die Verbindung in der Methode freizugeben, wird sie erst freigegeben, wenn auch der Dienst beseitigt wird. Das wirft die wichtige Frage auf, wann der Dienst beseitigt werden sollte. Sollen all seine Clients, die eine `ITaskService`-Instanz als Konstruktorargument erhalten, ebenfalls `IDisposable` implementieren? Und wer beseitigt diese Objekte? Früher oder später müssen Sie die `Dispose`-Methode irgendeines Objekts aufrufen.

Wenn eine Klasse eine Abhängigkeit in ihrem Konstruktor übergeben bekommt, *sollte sie diese Abhängigkeit nicht selbst beseitigen*. Die Klasse kann nicht garantieren, dass sie als einzige diese Instanz der Abhängigkeit erhalten hat. Möglicherweise teilt sie sich die Instanz mit anderen, und dann darf sie sie natürlich nicht einfach beseitigen, sonst würde das zu Problemen bei den anderen Objekten führen.

Die Antwort auf die Frage, wie die Lebensdauer von Objekten verwaltet werden soll, wenn Dependency-Injection zum Einsatz kommt, hat viel damit zu tun, wie der Dienst ursprünglich implementiert wurde.

Die Verbindungs-Factory

Wie Sie wissen, bietet das Factory-Pattern die Möglichkeit, eine manuelle Objekterstellung durch die Delegierung an eine Klasse zu ersetzen, deren Aufgabe es ist, Objekte anzulegen.

Eine Verbindungs-Factory könnte wie die Schnittstelle aus Listing 9–15 aussehen. Diese Schnittstelle wurde dadurch etwas universeller gemacht, dass sie die Schnittstelle `IDbConnection` zurückgibt statt all ihre Clients auf die Klasse `SqlConnection` festzulegen.

```
public interface IConnectionFactory
{
    IDbConnection CreateConnection();
}
```

List. 9–15 Die Schnittstelle der Verbindungs-Factory ist sehr simpel

Diese Schnittstelle wird an den Aufgabendienst übergeben, damit Sie eine Verbindung abrufen können, ohne sie von Hand zu erstellen. Somit können Sie auch einen Mock verwenden, um den Dienst zu testen. Listing 9–16 zeigt den refaktorierten Dienst.

```
public class TaskServiceAdo : ITaskService
{
    private readonly IConnectionFactory connectionFactory;

    public TaskServiceAdo(IConnectionFactory connectionFactory)
    {
        this.connectionFactory = connectionFactory;
    }

    public IEnumerable<TaskDto> GetAllTasks()
    {
        var allTasks = new List<TaskDto>();

        using(var connection = connectionFactory.CreateConnection())
        {
            connection.Open();

            using (var transaction = connection.BeginTransaction())
            {
                var command = connection.CreateCommand();
                command.Transaction = transaction;
                command.CommandType = CommandType.StoredProcedure;
                command.CommandText = "[dbo].[get_all_tasks]";

                using (var reader =
                  command.ExecuteReader(CommandBehavior.CloseConnection))
                {
                    while (reader.Read())
                    {
                        allTasks.Add(
                            new TaskDto
                            {
                                ID = reader.GetInt32(IDIndex),
                                Description = reader.GetString(DescriptionIndex),
                                Priority = reader.GetString(PriorityIndex),
                                DueDate = reader.GetDateTime(DueDateIndex),
                                Completed = reader.GetBoolean(CompletedIndex)
```

```
                        }
                    );
                }
            }
        }
    }

    return allTasks;
}
}
```

List. 9–16 Dependency-Injection kann mit dem Factory-Pattern kombiniert werden

Der Rückgabewert der Methode `CreateConnection` wird am Ende des `using`-Blocks beseitigt. Das ist in diesem Fall zulässig, weil das Produkt der Factory `IDisposable` implementiert. Beim Einsatz von Schnittstellenvererbung ist es möglich zu erzwingen, dass Implementierer mehrere Schnittstellen bedienen.

Es stellt sich aber die Frage, ob wirklich jede Implementierung jede Schnittstelle benötigt. Manchmal ist das der Fall, aber angesichts der Vielzahl von Implementierungen, die eine Schnittstelle haben kann (und das für eine lange Zeit, nachdem sie ursprünglich definiert wurde), ist das eine verwegene Annahme. Zumindest in Bezug auf `IDisposable` bin ich nicht sicher, ob sie immer zutrifft.

Das Responsible-Owner-Pattern

Statt jeder Implementierung künstlich die Schnittstelle `IDisposable` aufzuzwingen, können Sie ihren Einsatz auf diejenigen beschränken, die diese Schnittstelle wirklich brauchen. Damit ergibt sich allerdings ein Problem. Falls das Produkt der Factory, also Ihre Schnittstelle, nicht `IDisposable` implementiert, können Sie keinen `using`-Block mehr verwenden, um das Produkt automatisch beseitigen zu lassen, sobald es den Gültigkeitsbereich verlässt. In diesem Fall müssen Sie das Responsible-Owner-Pattern (»Verantwortlicher-Besitzer-Muster«) einsetzen.

Listing 9–17 zeigt, wie der `using`-Block durch einen `try/finally`-Block ersetzt wurde und Sie während der Laufzeit prüfen können, ob das Produkt die Schnittstelle `IDisposable` implementiert.

```
public IEnumerable<TaskDto> GetAllTasks()
{
    var allTasks = new List<TaskDto>();

    var connection = connectionFactory.CreateConnection();
    try
    {
        connection.Open();

        using (var transaction = connection.BeginTransaction())
```

```
        {
            var command = connection.CreateCommand();
            command.Transaction = transaction;
            command.CommandType = CommandType.StoredProcedure;
            command.CommandText = "[dbo].[get_all_tasks]";

            using (var reader =
              command.ExecuteReader(CommandBehavior.CloseConnection))
            {
                while (reader.Read())
                {
                    allTasks.Add(
                        new TaskDto
                        {
                            ID = reader.GetInt32(IDIndex),
                            Description = reader.GetString(DescriptionIndex),
                            Priority = reader.GetString(PriorityIndex),
                            DueDate = reader.GetDateTime(DueDateIndex),
                            Completed = reader.GetBoolean(CompletedIndex)
                        }
                    );
                }
            }
        }
    }
    finally
    {
        if(connection is IDisposable)
        {
            var disposableConnection = connection as IDisposable;
            disposableConnection.Dispose();
        }
    }

    return allTasks;
}
```

List. 9–17 Das Responsible-Owner-Pattern stellt sicher, dass Ressourcen ordnungsgemäß freigegeben werden

Nur wenn das Verbindungsobjekt vom Typ `IDisposable` ist, wird die Methode `Dispose` aufgerufen. Das funktioniert auf jeden Fall, ganz unabhängig davon, ob das von der Factory zurückgegebene Produkt `IDisposable` implementiert oder nicht. Wenn das Produkt die Schnittstelle tatsächlich implementiert, wird es ordnungsgemäß beseitigt und seine Ressourcen werden wieder freigegeben.

Das Responsible-Owner-Pattern beseitigt Objekte zuverlässig, sofern sie `IDisposable` implementieren. Das Pattern ignoriert praktisch alle Objekte, die `IDisposable` nicht implementieren. In SOLID-Code gibt es allerdings oft mehrere Decorator, die aufeinander aufbauen, um zusätzliche Funktionen zur Verfügung zu stellen. In diesem Fall funktioniert das Responsible-Owner-Pattern nur dann korrekt, wenn das Objekt der obersten Schicht `IDisposable` implementiert. Falls der äußerste Decorator `IDisposable` nicht implementiert, weiter innen liegende Schichten aber schon, gibt das Responsible-Owner-Pattern diese Instanzen nicht ordnungsgemäß frei. Stattdessen müssen Sie das Factory-Isolation-Pattern anwenden.

Das Factory-Isolation-Pattern

Das Factory-Isolation-Pattern kann die komplexen Objektgraphen, die oft das Ergebnis von SOLID-Code sind, zuverlässig beseitigen. Es ist nach den Handschuhkästen (engl. glove box isolators) benannt, die oft in Labors verwendet werden. Dabei handelt es sich um Glas- oder Metallkästen mit integrierten Handschuhen, die dem Bediener einen sicheren, geschützten Zugriff auf den Inhalt ermöglichen. Nach einem ähnlichen Prinzip erlaubt das Factory-Isolation-Pattern den sicheren, geschützten Zugriff auf eine Instanz, die nach ihrer Benutzung zuverlässig beseitigt wird.

Das Factory-Isolation-Pattern wird nur benötigt, wenn die Zielschnittstelle nicht die Schnittstelle `IDisposable` implementiert. Wird die Schnittstelle `IDisposable` vorgeschrieben, müssen alle Implementierungen eine `Dispose`-Methode implementieren, sogar wenn das eigentlich unnötig ist. Stattdessen sollte `IDisposable` als Implementierungsdetail behandelt und individuell für Klassen verwendet werden. Das führt automatisch zur Anwendung des Responsible-Owner-Patterns und des Factory-Isolation-Patterns.

Die bisherigen Beispiele haben sich alle mit der Lebensdauer der Schnittstelle `IDbConnection` befasst. Diese Schnittstelle stellt aber auch die Schnittstelle `IDisposable` zur Verfügung. Wenn wir stattdessen annehmen, dass die Zielschnittstelle nicht `IDisposable` zur Verfügung stellt, sähe das Factory-Isolation-Pattern auf Clientseite wie der Code in Listing 9–18 aus.

```
public IEnumerable<TaskDto> GetAllTasks()
{
    var allTasks = new List<TaskDto>();
    connectionFactory.With(connection =>
    {
        connection.Open();
        using (var transaction = connection.BeginTransaction())
        {
            var command = connection.CreateCommand();
            command.Transaction = transaction;
            command.CommandType = CommandType.StoredProcedure;
            command.CommandText = "[dbo].[get_all_tasks]";
            using (var reader = command.ExecuteReader(CommandBehavior.CloseConnection))
            {
                while (reader.Read())
                {
```

```
                    allTasks.Add(
                        new TaskDto
                        {
                            ID = reader.GetInt32(IDIndex),
                            Description = reader.GetString(DescriptionIndex),
                            Priority = reader.GetString(PriorityIndex),
                            DueDate = reader.GetDateTime(DueDateIndex),
                            Completed = reader.GetBoolean(CompletedIndex)
                        }
                    );
                }
            }
        }
    });

    return allTasks;
}
```

List. 9–18 Ein Beispiel für einen Client, der das Factory-Isolation-Pattern anwendet

Das Factory-Isolation-Pattern ersetzt die übliche Methode `Create`, die eine Instanz eines Factory-Produkts zurückgibt, und stellt stattdessen die Methode `With` zur Verfügung. Der Methode `With` übergeben Sie eine Lambdamethode, die das Factory-Produkt als Parameter hat.

Der Vorteil besteht hier darin, dass die Lebensdauer des Factory-Produkts explizit mit dem Gültigkeitsbereich der Lambdamethode verknüpft ist. Das macht dem Client klar, dass er die Lebensdauer des Produkts nicht steuert. Die Factory-Implementierung selbst ist ganz simpel (Listing 9–19).

```
public class ConnectionIsolationFactory : IConnectionIsolationFactory
{
    public void With(Action<IDbConnection> doAction)
    {
        using(var connection = CreateConnection())
        {
            doAction(connection);
        }
    }
}
```

List. 9–19 Das Erstellen einer geeigneten Factory ist ganz einfach

Die Methode `With` kann einen umfangreichen Objektgraphen aus Decoratorn, Adaptern und Composites erstellen (genau wie die SOLID-Prinzipien empfehlen) und ihre Lebensdauer verwalten, während der aufrufende Client sich einzig auf das fertige Produkt konzentrieren kann.

Es ist theoretisch möglich, das Factory-Isolation-Pattern dadurch zu umgehen, dass Sie die Produktinstanz, deren Gültigkeitsbereich sich auf den Lambdaausdruck beschränkt, an eine Variable zuweisen, die einen längeren Gültigkeitsbereich hat. Es wird davon abgeraten, dies im Clientcode zu tun.

Jenseits der simplen Injection

Dependency-Injection kann auf viele unterschiedliche Arten implementiert werden, mit einer Vielzahl unterschiedlicher Frameworks. Manche Patterns sind sinnvoll, sie unterstützen und verbessern die Dependency-Injection, während sie die angepeilten Absichten verstärken. Andere Patterns tun genau das Gegenteil: Sie lenken vom eigentlichen Zweck der Dependency-Injection ab, sabotieren sie aktiv und verwässern ihre Vorteile.

Zwei dieser Patterns sind besonders hinterhältig. Das Service-Locator-Anti-Pattern ist leider recht häufig anzutreffen. Es wird in vielen Frameworks und Bibliotheken benutzt. Manchmal müssen Sie dabei einen Hook installieren, um Dependency-Injection nutzen zu können. Noch übler als der Service-Locator ist ein Anti-Pattern mit einem etwas anstößigen Namen, den ich durch eine jugendfreundlichere Version ersetze: *Illegitimate Injection* (»uneheliche Einbringung« oder einfach »Bastard-Einbringung«). Dies ist ein Mittelweg, bei dem Dependency-Injection »manchmal« benutzt wird und Dienste, Controller und ähnliche Entitäten erstellt werden können, ohne dass ihre Abhängigkeiten konsequent bereitgestellt werden.

Wenn Sie mit Dependency-Injection arbeiten, muss jede Anwendungsart auf individuelle Weise initialisiert werden. Sie müssen dabei immer die Composition-Root identifizieren, um Ihren Registrierungscode richtig zu integrieren. In einer WPF-Anwendung befindet sich die Composition-Root an anderer Stelle als in einer Windows Forms-Anwendung. Und eine ASP.NET-MVC-Anwendung unterscheidet sich wiederum von diesen beiden.

In komplexeren Szenarien sind die manuelle Komposition von Klassen mithilfe von Poor-Man's-Dependency-Injection und die individuelle Registrierung von Klassen über einen Inversion-of-Control-Container zu aufwendig und zu lang. Wenn Sie die Registrierung mithilfe einer oder mehrerer Konventionen schematisieren, können Sie sich einerseits viel Standardcode sparen, aber andererseits einige manuelle Registrierungen durchführen, um die Grenzfälle abzuarbeiten, bei denen Konventionen nicht ausreichen.

Das Service-Locator-Anti-Pattern

Service-Locator zum Finden von Diensten sehen Inversion-of-Control-Containern sehr ähnlich. Aus genau diesem Grund wird auch nicht immer deutlich, dass sie sich schädlich auf den Code auswirken. Listing 9–20 zeigt einen Service-Locator, der vom Patterns and Practices Team bei Microsoft zur Verfügung gestellt wird.

```
public interface IServiceLocator : IServiceProvider
{
    object GetInstance(Type serviceType);

    object GetInstance(Type serviceType, string key);

    IEnumerable<object> GetAllInstances(Type serviceType);

    TService GetInstance<TService>();

    TService GetInstance<TService>(string key);

    IEnumerable<TService> GetAllInstances<TService>();
}
```

List. 9–20 Die Schnittstelle `IServiceLocator` sieht wie ein weiterer IoC-Container aus

Methoden wie `TService GetInstance<TService>()` könnten auch direkt aus der Schnittstelle `IUnityContainer` stammen, wenn Sie den Namen durch `Resolve` ersetzen. Das Problem ist die Art und Weise, wie ein Service-Locator *benutzt* wird. Dafür ist die statische Klasse `ServiceLocator` verantwortlich (Listing 9–21).

```
/// <summary>
/// Diese Klasse stellt den Ambient-Container für diese Anwendung bereit.
/// Falls Ihr Framework einen solchen Ambient-Container definiert, können Sie
/// ihn mit ServiceLocator.Current abrufen.
/// </summary>
public static class ServiceLocator
{
    private static ServiceLocatorProvider currentProvider;

    public static IServiceLocator Current
    {
        get { return currentProvider(); }
    }

    public static void SetLocatorProvider(ServiceLocatorProvider newProvider)
    {
        currentProvider = newProvider;
    }
}
```

List. 9–21 Diese statische Klasse ist die Ursache für das Anti-Pattern

Der Zusammenfassungskommentar der Klasse deutet das Problem schon an. Das Konzept eines *Ambient-Containers* bedeutet, dass unnötigerweise Kenntnisse über das Vorhandensein eines Containers nach außen gelangt sind. Die konkrete Implementierung des Service-

Locators hinter einer Schnittstelle ist zwar eine lobenswerte Entkoppelung, aber das Problem ist die Anerkenntnis des Service-Locators oder Containers (innerhalb irgendeiner anderen Klasse als der Composition-Root). Listing 9–22 zeigt, wie `TaskListController` aussähe, würde es für die Nutzung von `ServiceLocator` umgeschrieben.

```
public class TaskListController : INotifyPropertyChanged
{
    public void OnLoad()
    {
        var taskService = ServiceLocator.Current.GetInstance<ITaskService>();
        var taskDtos = taskService.GetAllTasks();
        var mapper = ServiceLocator.Current.GetInstance<IObjectMapper>();
        AllTasks = new ObservableCollection<TaskViewModel>(
          mapper.Map<IEnumerable<TaskViewModel>>(taskDtos));
    }

    public ObservableCollection<TaskViewModel> AllTasks
    {
        get
        {
            return allTasks;
        }
        set
        {
            allTasks = value;
            PropertyChanged(this, new PropertyChangedEventArgs("AllTasks"));
        }
    }

    public event PropertyChangedEventHandler PropertyChanged = delegate { };

    private ObservableCollection<TaskViewModel> allTasks;
}
```

List. 9–22 Über einen Service-Locator können sich Klassen alles besorgen, unabhängig davon, ob es zweckdienlich ist oder nicht

Hier gibt es keinen Konstruktor und keine Konstruktor-Injection. Stattdessen ruft die Klasse bei Bedarf die statische Klasse `ServiceLocator` auf und liefert den benötigten Dienst zurück. Wie Sie bereits wissen, sind statische Klassen sogenannte *Lufthaken* – der Code riecht verdächtig.

Noch übler ist, dass die Klasse vom Service-Locator anfordern kann, was immer sie will. Sie folgen hier nicht mehr dem »Hollywood-Prinzip« der Dependency-Injection: *Rufen Sie nicht bei uns an, wir rufen Sie an.* Stattdessen fordern Sie direkt die Dinge an, die Sie benötigen, statt sie sich aushändigen zu lassen. Woher wollen Sie wissen, welche Abhängigkeiten diese Klasse braucht? Beim Service-Locator müssen Sie den Code durchforsten und nach speziellen Aufrufen suchen, die einen benötigten Dienst abrufen. Bei der Konstruktor-Injection sehen Sie die Abhängigkeiten, und zwar alle, mit einem Blick auf den Konstruktor oder aufbereitet in IntelliSense.

Das Problem liegt nicht unbedingt bei den Unit-Tests. Der Service-Locator erlaubt Ihnen, eine `IServiceLocator`-Implementierung festzulegen, bevor sie benutzt wird. Daher können Sie einen Mock erstellen und die Klassen durch Unit-Tests prüfen. Zumindest wird diese Vorgehensweise nicht verhindert. Es scheint aber absurd, Klassen zu registrieren und ihren Schnittstellen zuzuordnen (eine recht aufwendige Arbeit), nur um Controller, Dienste und andere Klassen mit Infrastrukturcode wie diesem zuzumüllen. Doppelt absurd ist es, wenn gar kein Problem besteht, das dadurch gelöst würde: Es gibt keinen Grund, die Konstruktor-Injection auf diese Weise zu umgehen.

Für Unity wird ein Adapter für den Service-Locator bereitgestellt. Listing 9–23 zeigt, wie er registriert wird, nachdem die Zuordnungen eingerichtet sind.

```
private void OnApplicationStartup(object sender, StartupEventArgs e)
{
    CreateMappings();

    container = new UnityContainer();
    container.RegisterType<ISettings, ApplicationSettings>();
    container.RegisterType<IObjectMapper, MapperAutoMapper>();
    container.RegisterType<ITaskService, TaskServiceAdo>();
    container.RegisterType<TaskListController>();
    container.RegisterType<TaskListView>();

    ServiceLocator.SetLocatorProvider(() => new UnityServiceLocator(container));

    MainWindow = container.Resolve<TaskListView>();
    MainWindow.Show();

    ((TaskListController)MainWindow.DataContext).OnLoad();
}
```

List. 9–23 Der Service-Locator delegiert direkt an die `UnityContainer`-Instanz, um Instanzen aufzulösen

Das sieht den vorherigen Versionen bemerkenswert ähnlich, die einzige Abweichung ist das Festlegen des Locator-Providers. Der Aufruf von `Resolve` kann den Objektgraphen aber nicht wirklich »auflösen«; es müssen gar keine Abhängigkeiten mehr an `TaskListView` übergeben werden. Sie werden alle bei Bedarf einzeln abgerufen, wenn sie innerhalb der Methoden der Klasse gebraucht werden.

Das Service-Locator-Anti-Pattern ist Ironie in Reinkultur, angewendet auf einen Programmierkontext: Es wird genau das Gegenteil dessen behauptet, was in Wirklichkeit passiert. Das Anti-Pattern stellt die These auf, dass Klassen keine Abhängigkeiten haben, weil sie einen Standardkonstruktor besitzen. Aber das stimmt einfach nicht: Sie *haben* Abhängigkeiten, andernfalls würden Sie nicht versuchen, sie von einem Service-Locator anzufordern!

Leider lässt sich das Service-Locator-Anti-Pattern manchmal einfach nicht vermeiden. In bestimmten Anwendungstypen, konkret in der Windows Workflow Foundation, eignet sich die Infrastruktur nicht für Konstruktor-Injection. In diesen Fällen sind Sie gezwungen, einen Service-Locator zu verwenden. Das ist immer noch besser, als Abhängigkeiten überhaupt nicht zu übergeben. Trotz meiner Tiraden gegen dieses (Anti-)Pattern ist es immer noch weit besser, als Abhängigkeiten von Hand zu erstellen. Schließlich bietet es die eminent wichtigen Erweiterungspunkte von Schnittstellen, die Decorator, Adapter und ähnliche Vorteile ermöglichen.

Injection in den Container

Eng verwandt mit dem Service-Locator ist das Konzept, eine Klasse direkt an den Container zu übergeben. Dabei bekommt die Klasse ebenfalls die Schlüssel zur Speisekammer ausgehändigt, sie kann nach Belieben alles vom Container abrufen, was sie will. Stellen Sie sich eine solche Klasse vor, die über ihre vielen Methoden verteilt ein Dutzend Dienste abruft. Vergleichen Sie das nun mit einer Klasse, deren Konstruktor dieses Dutzend Dienste benötigt und ihr Vorhandensein mithilfe von Vorbedingungen erzwingt, die eine Ausnahme auslösen, falls sie `null`-Verweise übergeben bekommt. Beide Klassen tun offensichtlich zu viel, wie die Vielzahl der benötigten Abhängigkeiten beweist. Daher sollten Sie die Klasse in kleinere Klassen zerlegen oder ihre Abhängigkeiten in sinnvollen Decoratoren zusammenfassen. Allerdings macht nur die Lösung mit den Decoratoren es auf den ersten Blick offensichtlich, dass ein verdächtiger Codegeruch vorliegt.

Dazu kommt, dass die Klasse, die den Container als Konstruktorparameter benötigt, ebenfalls auf die Assembly des Containers verweisen muss. Damit breitet sich der Infrastrukturcode durch die gesamte Codebasis aus, weil jede Klasse den gesamten Container entgegennimmt, um auf die Dienste zuzugreifen, die sie *tatsächlich* benötigt.

Das Illegitimate-Injection-Anti-Pattern

Illegitimate-Injection sieht ganz ähnlich aus wie normale, richtig implementierte Dependency-Injection. Es gibt einen Konstruktor, der Abhängigkeiten entgegennimmt, und diese Abhängigkeiten werden entweder mit Poor-Man's-Dependency-Injection oder einem Inversion-of-Control-Container bereitgestellt.

Das Pattern ist aber durch das Vorhandensein eines zweiten Konstruktors, des Standardkonstruktors belastet, um nicht zu sagen ruiniert. Wie Listing 9–24 zeigt, erstellt dieser zweite Konstruktor einige Implementierungen für die Abhängigkeiten direkt, womit er die Dependency-Injection umgeht.

```
public class TaskListController : INotifyPropertyChanged
{
    public event PropertyChangedEventHandler PropertyChanged = delegate { };

    private readonly ITaskService taskService;
    private readonly IObjectMapper mapper;
    private ObservableCollection<TaskViewModel> allTasks;

    public TaskListController(ITaskService taskService, IObjectMapper mapper)
    {
        this.taskService = taskService;
        this.mapper = mapper;
    }

    public TaskListController()
    {
        this.taskService = new TaskServiceAdo(new ApplicationSettings());
        this.mapper = new MapperAutoMapper();
    }

    public void OnLoad()
    {
        var taskDtos = taskService.GetAllTasks();
        AllTasks = new ObservableCollection<TaskViewModel>(
          mapper.Map<IEnumerable<TaskViewModel>>(taskDtos));
    }

    public ObservableCollection<TaskViewModel> AllTasks
    {
        get
        {
            return allTasks;
        }
        set
        {
            allTasks = value;
            PropertyChanged(this, new PropertyChangedEventArgs("AllTasks"));
        }
    }

}
```

List. 9–24 Ein Konstruktor, der direkt auf Implementierungen verweist, macht einige Vorteile der Dependency-Injection zunichte

Daher muss diese Klasse auf alle Assemblys verweisen, in denen sich benötigte Implementierungen befinden, und somit auch auf alle nachfolgenden Abhängigkeiten. Hier haben Sie wieder das Entourage-Anti-Pattern. Der erste Konstruktor, dem nur Schnittstellen übergeben werden, legt zwar den Grundstock für das Stairway-Pattern und ordentliche Dependency-Injection, aber der zusätzliche Standardkonstruktor macht das alles zunichte.

Was passiert, wenn Sie nicht mehr diese »Standardimplementierung« haben wollen? Sie müssen dann die Klasse ändern und stattdessen die neue bevorzugte Implementierung eintragen. Und was ist, wenn der Standardkonstruktor nicht ausreicht und Sie in bestimmten Fällen Implementierung A wollen, in anderen dagegen Implementierung B? Das reicht, damit einem schwindlig wird.

Manchmal wird dieses Anti-Pattern benutzt, um Unit-Tests zu unterstützen, wobei die Standardimplementierungen Mock-Implementierungen sind, die keine Abhängigkeiten haben und lokal von der Klasse erreicht werden können. Klassen sollten niemals etwas enthalten, das nur vorhanden ist, um Unit-Tests zu unterstützen. Ein häufiges Beispiel für diesen verfehlten Ansatz ist das Konvertieren von `private`-Methoden in `internal` und das Verwenden von `InternalsVisibleToAttribute`, um Testassemblys den Zugriff auf diese Methoden zu erlauben. Sinnvoller ist es, Klassen einzig über ihre `public`-Schnittstellen zu testen. Das mag wie eine willkürliche Grenzziehung aussehen, schließlich wird die Dependency-Injection ja dafür gelobt, dass sie Unit-Tests ermöglicht. Aber genau das ist der Punkt: Sie haben Unit-Tests bereits ermöglicht, weil Sie Schnittstellen verwenden, die an den Konstruktor übergeben werden. Mocks können und sollen über diesen Konstruktor zur Verfügung gestellt werden.

Die Einstufung von Illegitimate-Injection als Anti-Pattern hat nichts mit der Sichtbarkeit des Konstruktors zu tun. Ob der Konstruktor nun `public`, `protected`, `private` oder `internal` ist, das Ergebnis ist immer dasselbe: Sie verweisen auf Implementierungen, wo Sie das nicht sollten.

Die Composition-Root

Nur eine Stelle in einer Anwendung sollte über die Dependency-Injection Bescheid wissen: die Composition-Root (Aufbauwurzel). Dort werden Klasseninstanzen angelegt, wenn Sie mit Poor-Man's-Dependency-Injection arbeiten, und dort werden Zuordnungen zwischen Schnittstellen und Klassen registriert, wenn Sie einen Inversion-of-Control-Container einsetzen.

Die Composition-Root sollte sich so nah wie möglich am Einstiegspunkt der Anwendung befinden. Auf diese Weise können Sie die Dependency-Injection sehr früh initialisieren. Sie erhalten auf diese Weise eine bekannte Position, um die Dependency-Injection-Konfiguration zu finden, und Sie vermeiden, dass sich Abhängigkeiten aus dem Container in der gesamten Anwendung ausbreiten. Außerdem gibt es für jeden Anwendungstyp eine andere Composition-Root.

Die Resolution-Root

Eng verwandt mit der Composition-Root ist die Resolution-Root (Auflösungswurzel). Dies ist der Objekttyp, der die Wurzel des Objektgraphen bildet, der aufgelöst werden soll. Wie in den früheren WPF-Beispielen kann es sein, dass die Resolution-Root sogar eine einzige *Instanz* ist, aber meist ist sie eine ganze Familie von Typen, die von derselben Basis abstammen.

In manchen Fällen lösen Sie die Resolution-Root von Hand auf, aber bei manchen Anwendungstypen, die Dependency-Injection nutzen (zum Beispiel MVC), müssen Sie die Zuordnungen registrieren, während die Anwendung die Roots selbst auflöst.

ASP.NET-MVC

MVC-Projekte eignen sich hervorragend für Dependency-Injection über einen IoC-Container. Sie haben genau definierte Resolution-Roots und Composition-Roots und sind so erweiterbar, dass sie beliebige Bibliotheken unterstützen, die Sie für IoC in das Framework integrieren wollen.

Die Resolution-Root einer MVC-Anwendung ist der Controller. Alle Anforderungen des Browsers werden direkt in Methoden des Controllers umgesetzt, dies sind die sogenannten *Aktionen* (engl. actions). Triff eine Anforderung ein, weist das MVC-Framework die URL einem Controllernamen zu, sucht den Typ mit dem entsprechenden Namen, legt eine Instanz davon an und ruft dann die Aktion der Instanz auf. Abbildung 9–4 zeigt diese Abläufe in einem UML-Sequenzdiagramm.

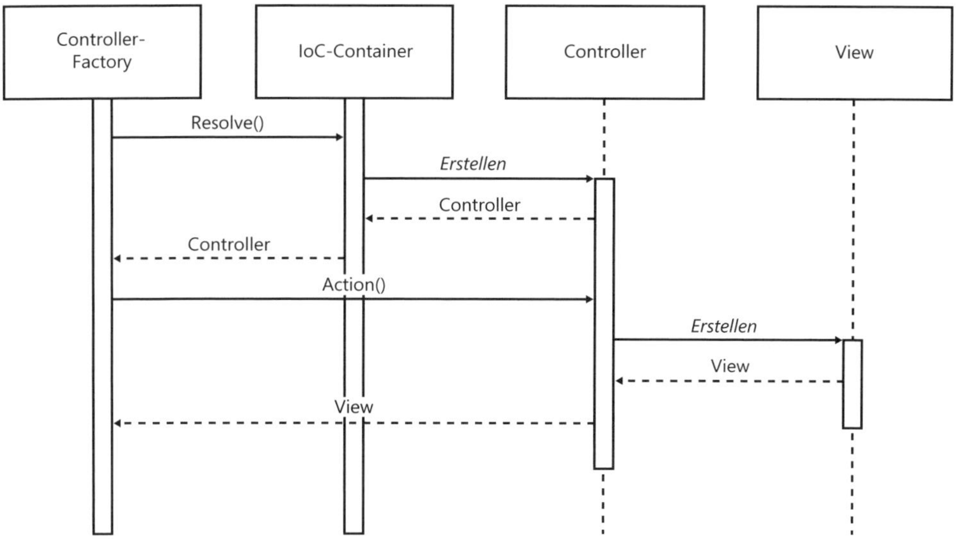

Abb. 9–4 Das UML-Sequenzdiagramm zeigt, wie MVC Controller über eine Factory erstellt

Wenn Sie Dependency-Injection mithilfe eines IoC-Containers ausführen, ist die Erstellung des Controllers genaugenommen die *Auflösung* des Controllers. Das bedeutet, dass Sie einfach dem Register-Resolve-Release-Pattern folgen können. Damit halten Sie den `Resolve`-Aufruf auf dem idealen Minimum, nämlich an einer einzigen Stelle.

Listing 9–25 zeigt die Composition-Root einer ASP.NET-MVC-Benutzeroberfläche für die Aufgabenlistenanwendung.

```
public class MvcApplication : HttpApplication
{
    public static UnityContainer Container;

    protected void Application_Start()
    {
        AreaRegistration.RegisterAllAreas();

        FilterConfig.RegisterGlobalFilters(GlobalFilters.Filters);
        RouteConfig.RegisterRoutes(RouteTable.Routes);
        BundleConfig.RegisterBundles(BundleTable.Bundles);

        AutoMapper.Mapper.CreateMap<TaskDto, TaskViewModel>();

        Container = new UnityContainer();
        Container.RegisterType<ISettings, ApplicationSettings>();
        Container.RegisterType<IObjectMapper, MapperAutoMapper>();
        Container.RegisterType<ITaskService, TaskServiceAdo>();
        Container.RegisterType<TaskViewModel>();
        Container.RegisterType<TaskController>();

        ControllerBuilder.Current.SetControllerFactory(
          new UnityControllerFactory(Container));
    }
}
```

List. 9–25 Die Methode `Application_Start` von `HttpApplication` ist eine häufige Composition-Root in Webanwendungen

Ein Teil dieses Codes besteht aus Standardelementen, die automatisch generiert werden, wenn Sie eine neue MVC-Anwendung erstellen. Dazu gehört der gesamte MVC-spezifische Initialisierungscode, zum Beispiel zum Registrieren von Bereichen, Filterung, Routen und Bundles. Das alles wird bei der ersten Gelegenheit erledigt, in der Methode `Application_Start`. Diese Methode wird aufgerufen, sobald die erste Anforderung eintrifft, nachdem die Anwendung in IIS gestartet wurde. Sie liegt in der Code-Behind-Datei von *Global.asax* und enthält die anwendungsspezifische abgeleitete Klasse der Basisklasse `HttpApplication`.

Abgesehen von der MVC-spezifischen Klasse `TaskController` wurden die übrigen Dienstschnittstellen und -implementierungen wiederverwendet. Die bisherige Version `TaskListController` war um WPF herum aufgebaut, daher konnte sie außerhalb dieses Kontextes nicht weiterverwendet werden. Die neue Klasse `TaskController` erledigt im Wesentlichen dieselben Aufgaben (Auslesen von Aufgaben und Konvertieren in ein anzeigefreundliches Format mit `IObjectMapper`), ist aber von einer MVC-Basisklasse für Controller abgeleitet. Das legt sie als Resolution-Root für die Anwendung fest, weil sie von der Klasse `System.Web.Mvc.Controller` abgeleitet ist. Listing 9–26 zeigt diesen neuen Controller.

```
public class TaskController : Controller
{
    private readonly ITaskService taskService;
    private readonly IObjectMapper mapper;

    public TaskController(ITaskService taskService, IObjectMapper mapper)
    {
        this.taskService = taskService;
        this.mapper = mapper;
    }

    public ActionResult List()
    {
        var taskDtos = taskService.GetAllTasks();
        var taskViewModels = mapper.Map<IEnumerable<TaskViewModel>>(taskDtos);
        return View(taskViewModels);
    }
}
```

List. 9–26 Die Klasse `TaskController` ist eine Resolution-Root und hat einen Konstruktor, dem Abhängigkeiten übergeben werden müssen

Die Methode `List` ist die Aktionsmethode, die von dem View aufgerufen wird, der auch alle Aufgaben anzeigt. Genauso wie in der WPF-Anwendung delegiert der Controller zuerst an `ITaskService`, um die Aufgabenliste abzurufen, und dann an `IObjectMapper`, um die zurückgegebenen Datentransferobjekte in Viewmodels zu konvertieren, die der View weiterverarbeitet.

> HINWEIS Hier wird dasselbe `ViewModel` verwendet wie für WPF. Das ist in Ordnung, weil die Schnittstelle `INotifyPropertyChanged` genaugenommen nicht WPF-spezifisch ist (sie liegt im Namespace `System.ComponentModel`). MVC kümmert sich allerdings nicht um diese Schnittstelle und reagiert auf keines der Ereignisse, die im `ViewModel` ausgelöst werden. Außerdem können Sie in MVC `ViewModels` mit Validierungshinweisen und anderen Attributen dekorieren, die Teil der MVC-Assemblys sind, daher ist es am sinnvollsten, MVC-spezifische `ViewModels` anzulegen.

In der Standardeinstellung müssen MVC-Controller öffentliche Standardkonstruktoren haben, damit das Framework Instanzen anlegen kann, bevor es eine Aktionsmethode aufruft. Aber wenn Sie mit Dependency-Injection arbeiten, brauchen Sie Konstruktoren, denen Sie die Schnittstellen der benötigten Dienste übergeben. Glücklicherweise verwendet MVC das Factory-Pattern, um den Controller zu erstellen, und stellt einen Erweiterungspunkt zur Verfügung, über den Sie Ihre eigene Implementierung bereitstellen können (Listing 9–27).

```
public class UnityControllerFactory : DefaultControllerFactory
{
    private readonly IUnityContainer container;

    public UnityControllerFactory(IUnityContainer container)
    {
        this.container = container;
    }

    protected override IController GetControllerInstance(RequestContext requestContext,
      Type controllerType)
    {
        if (controllerType != null)
        {
            var controller = container.Resolve(controllerType) as IController;
            if (controller == null)
            {
                controller = base.GetControllerInstance(requestContext, controllerType);
            }
            if (controller != null)
                return controller;
        }
        requestContext.HttpContext.Response.StatusCode = 404;
        return null;
    }
}
```

List. 9–27 MVC bietet viele Erweiterungspunkte an, hier wird über eine eigene Controller-Factory die Dependency-Injection ermöglicht

Als Sie in der Methode `Application_Start` die `UnityControllerFactory`-Instanz erstellt haben, haben Sie den Container in einem Parameter übergeben. An dem fett hervorgehobenen Code sehen Sie, dass die Überschreibung von `GetControllerInstance` die Methode `Resolve` des Containers benutzt, um eine Instanz des angeforderten Controllers anhand seines Typs zu erstellen. An dieser Stelle wird der Controller, also die Resolution-Root, aufgelöst, zusammen mit dem Rest des Objektgraphen, der unter Umständen benötigt wird.

An diesem Beispiel ist wichtig, dass einige Objekte ganz unterschiedliche Lebensdauern haben. Beim Anwendungsstart werden der IoC-Container erstellt und Zuordnungen registriert. Die Controller werden dagegen *pro Anforderung* aufgelöst. Trifft eine Anforderung ein, wird der Controller aufgelöst, und sobald die Anforderung beendet ist, fällt der Controller aus dem Gültigkeitsbereich und wird nicht mehr benutzt.

Windows Forms

In einer Windows Forms-Anwendung ähnelt die Initialisierung der Dependency-Injection eher einer WPF-Anwendung als einer .NET-MVC-Anwendung. Die Resolution-Root ist bei beiden der View, wobei der Presenter oder Controller als Konstruktorparameter übergeben wird und der Objektgraph davon ausgeht.

Listing 9–28 zeigt die Composition-Root des Windows Forms-Frontends für die Aufgabenlistenanwendung. Sie liegt in der Methode `Main` der Klasse `Program`, dem Einstiegspunkt der Anwendung. Wie üblich ist wichtig, dass Sie den Registrierungscode möglichst nah am Einstiegspunkt halten.

```
static class Program
{
    public static UnityContainer Container;

    [STAThread]
    static void Main()
    {
        AutoMapper.Mapper.CreateMap<TaskDto, TaskViewModel>();

        Application.EnableVisualStyles();
        Application.SetCompatibleTextRenderingDefault(false);

        Container = new UnityContainer();
        Container.RegisterType<ISettings, ApplicationSettings>();
        Container.RegisterType<IObjectMapper, MapperAutoMapper>();
        Container.RegisterType<ITaskService, TaskServiceAdo>();
        Container.RegisterType<TaskListController>();
        Container.RegisterType<TaskListView>();

        var mainForm = Container.Resolve<TaskListView>();
        Application.Run(mainForm);
    }
}
```

List. 9–28 Die Methode `Main` der Klasse `Program` ist der Einstiegspunkt für die Anwendung und eignet sich gut als Composition-Root

In diesem Fall können Sie nicht nur die Dienstimplementierungen wiederverwenden, sondern auch `TaskListController`, weil er (noch) nicht von irgendetwas abhängt, was WPF-spezifisch wäre. Natürlich wird das in Zukunft wahrscheinlich der Fall sein, daher ist es unter Umständen nötig, einen Controller oder Presenter speziell für Windows Forms-Anwendung zu erstellen.

Der View in dieser Anwendung ist ganz einfach, die Klasse bekommt den Controller als Konstruktorparameter übergeben und initialisiert die Datenbindung (Listing 9–29). Wenn

Sie das Model-View-Presenter-Pattern verwenden, implementiert der View eine Schnittstelle, an die der Presenter die Aufrufe zum Festlegen von Daten manuell delegieren kann.

```
public partial class TaskListView : Form
{
    public TaskListView(TaskListController controller)
    {
        InitializeComponent();

        controller.OnLoad();
        this.taskListControllerBindingSource.DataSource = controller;
    }
}
```

List. 9–29 Dieser View setzt Datenbindung ein, um die abgerufene Aufgabenliste in ein DataGrid-Steuerelement einzuspeisen

Ohne ein Framework, das Ihren View für Sie auflöst, müssten Sie das selbst erledigen, bevor Sie das Form-Objekt an die Methode `Application.Run` übergeben, die die Windows Forms-Anwendung startet. Das ist nur möglich, wenn es nur ein einziges Haupt-View für die Anwendung gibt, wie es oft bei Desktopanwendungen der Fall ist. Dialogfelder und andere untergeordnete Fenster werden über Dienstaufrufe von den Controllern oder Presentern angelegt, die von dem View implementiert werden.

Konvention vor Konfiguration

Wenn Sie die Registrierung über die Konfiguration ausführen, müssen Sie akribisch Zuordnungen zwischen Schnittstellen und Implementierungen herstellen. Abgesehen vom Zeitaufwand produziert es auch viel Text. Stattdessen können Sie Konventionen anwenden, um die Menge des geschriebenen Codes zu verringern.

Konventionen sind Anweisungen an den Container, die ihm mitteilen, wie er automatisch die Zuordnung zwischen Schnittstellen und Implementierungen herstellen soll. Diese Anweisungen bilden die Eingaben in den Container und ersetzen die Registrierungen. Im Idealfall nimmt der Container diese Eingaben entgegen und verarbeitet sie, und die Ergebnisse sind exakt dieselben wie bei Registrierungen, die Sie andernfalls von Hand hätten vornehmen müssen.

> HINWEIS Das »vor« in der Abschnittsüberschrift dürfen Sie hier als »statt« verstehen. Das Thema lautet also Konvention *statt* Konfiguration.

Listing 9–30 zeigt, wie unser Beispiel die Registrierung mithilfe von Konvention statt Konfiguration ausführt.

```
private void OnApplicationStartup(object sender, StartupEventArgs e)
{
    CreateMappings();

    container = new UnityContainer();
    container.RegisterTypes(
        AllClasses.FromAssembliesInBasePath(),
        WithMappings.FromMatchingInterface,
        WithName.Default
    );

    MainWindow = container.Resolve<TaskListView>();
    MainWindow.Show();

    ((TaskListController)MainWindow.DataContext).OnLoad();
}
```

List. 9–30 Die Registrierungsphase lässt sich mithilfe von Konventionen wesentlich vereinfachen

Die Registrierungen wurden durch einen Aufruf von `RegisterTypes` ersetzt. Diese Methode versorgt den Container mit Anweisungen, wie er die Klassen findet und den Schnittstellen zuordnet. Die Anweisungen in diesem Beispiel befehlen dem Container:

- Er soll alle Klassen aus den Assemblys im *bin*-Ordner (dem Stammpfad) registrieren
- Er soll diese Klassen jeweils der Schnittstelle zuordnen, die dem Namen der Klasse entspricht. Die *Konvention* besteht hier also darin, dass beispielsweise die Implementierungsklasse `Service` für die Schnittstelle `IService` registriert wird.
- Er soll einen Standard verwenden, um beim Registrieren einer Zuordnung ihren Namen festzulegen. Dieser Standard ist `null`, daher bleibt die Zuordnung namenlos.

Der Container geht daraufhin alle öffentlichen Klassen in jeder Assembly aus dem *bin*-Ordner durch, ermittelt, welche Schnittstellen sie implementieren, und verknüpft diejenigen Schnittstellen, die Klassennamen entsprechen (abgesehen vom Präfix `I` für *Interface*), ohne dabei einen Namen für die Zuordnung zu vergeben. Sie können sich leicht vorstellen, dass dieser Registrierungsvorgang recht umfangreich werden kann und mehr Zuordnungen zwischen Klassen und Schnittstellen erstellt, als Sie normalerweise beim manuellen Registrieren eintragen. Kritischer ist allerdings die Frage, ob dieses Verfahren die Klassen für die richtigen Schnittstellen registriert. Dies ist das neue Problem, das durch Konventionen eingeführt wird.

Zweifellos ist diese Registrierung simpler als die bisherigen Versionen, aber genaugenommen ist sie nur *kürzer*: Sie umfasst weniger Code. Bei der Registrierung mithilfe von Konfiguration war einfach zu erkennen, welche Implementierung für jede Schnittstelle benutzt wird. Und es wurde garantiert die richtige Zuordnung registriert.

Der erste Parameter von `RegisterTypes` ist eine Collection mit allen Typen, die registriert werden sollen. Die statische Klasse `AllClasses` stellt einige Hilfsmethoden zum Auslesen einer solchen Collection zur Verfügung, die sich unterschiedlicher Strategien bedienen. Im zweiten Parameter wird eine Funktion übergeben. Diese Funktion bekommt in ihrem Parameter ein `Type`-Objekt aus der Collection des ersten Parameters von `RegisterTypes` übergeben (den Implementierungstyp), und als Ergebnis gibt sie eine Collection mit `Type`-Instanzen zurück, denen dieser Typ zugeordnet wird (also die Schnittstellentypen). Die statische Hilfsklasse `WithMappings` bietet einige Methoden an, die dieser Signatur entsprechen und mit verschiedenen Strategien geeignete Schnittstellen für jeden Typ finden. Der dritte Parameter ist eine weitere Funktion, in der Sie diesmal einen Namen für die Zuordnung zu jedem Typ übergeben können. Die statische Hilfsklasse `WithName` stellt zwei Möglichkeiten zur Verfügung: `Default`, das immer `null` zurückgibt (die Zuordnung bleibt dann namenlos), und `TypeName`, bei dem der Name des Typs als Zuordnungsname benutzt wird. Sie können dann `Resolve<IService>("MyServiceImplementation")` aufrufen, um den zugeordneten Typ anhand seines Namens abzurufen.

Weil die Parameter dieser Methode so allgemein gehalten sind, können Sie natürlich beliebige Methoden übergeben, solange sie der Signatur entsprechen, und auf diese Weise die Konvention an Ihre Anforderungen anpassen. Wie Listing 9–31 zeigt, liegt beim Einsatz dieser Technik der Knackpunkt bei den Konventionen, die benutzt werden, um Typen zu finden, sie zuzuordnen und ihnen einen Namen zu geben.

```
public partial class App : Application
{
    private void OnApplicationStartup(object sender, StartupEventArgs e)
    {
        CreateMappings();

        container = new UnityContainer();
        container.RegisterTypes(
            AllClasses.FromAssembliesInBasePath().Where(type =>
              type.Assembly.FullName.StartsWith(MatchingAssemblyPrefix)),
            UserDefinedInterfaces,
            WithName.Default
        );

        MainWindow = container.Resolve<TaskListView>();
        MainWindow.Show();

        ((TaskListController)MainWindow.DataContext).OnLoad();
    }

    private IEnumerable<Type> UserDefinedInterfaces(Type implementingType)
    {
        return WithMappings.FromAllInterfaces(implementingType).Where(
          iface => iface.Assembly.FullName.StartsWith(MatchingAssemblyPrefix));
    }
}
```

List. 9–31 Konventionen können Sie passend auf Ihre Spezifikationen zuschneiden

Zuerst lesen Sie wieder alle Typen aus den Assemblys im *bin*-Ordner aus. Aber diesmal grenzen Sie die akzeptierten Assemblys dadurch ein, dass Sie nur die zurückgeben, deren vollständiger Name mit einem bestimmten Präfix beginnt. Es ist üblich, die Namen von Assemblys in Punktnotation festzulegen, damit ihre Namen dem Toplevel-Namespace entsprechen, in dem sie liegen. Somit ist `Microsoft.Practices.Unity` der Name der DLL, in dem dieser Namespace liegt. Wenn diese Assembly in Ihrem *bin*-Ordner liegt (und das ist der Fall, wenn Sie Unity benutzen), ist es wahrscheinlich sinnvoll, sie von der Suche nach Typen, die zugeordnet werden, von vornherein auszunehmen. Das geht ganz einfach, indem Sie nur solche Typen abrufen, deren Präfix dem Ihrer eigenen Anwendung entspricht. Statt `Microsoft` können Sie also etwas im Stil von `MeinUnternehmen` oder `UnserProjekt` nehmen.

Im zweiten Parameter wird diesmal ein Verweis auf eine eigene lokale Methode übergeben, die der benötigten Signatur entspricht. Diese Methode bekommt einen `Type` übergeben, der der Implementierungstyp ist, und muss daraufhin eine Collection anderer Typen zurückgeben, die für die zugeordneten Schnittstellen stehen. Statt etwas Komplexes zu schreiben, spezialisieren Sie hier `WithMappings.FromAllInterfaces`, die alle Schnittstellen zurückgibt, die der Typ implementiert. Diese Liste kann natürlich Schnittstellen umfassen, die Sie garantiert nicht zuordnen wollen, zum Beispiel `INotifyPropertyChanged` oder `IDataErrorInfo`. Daher geben Sie auch hier nur Schnittstellen aus den Assemblys zurück, die Ihrem Assemblypräfix entsprechen. So stellen Sie sicher, dass Sie nur Ihre eigenen Typen Ihren eigenen Schnittstellen zuordnen.

Vor- und Nachteile

Ähnlich wie bei Poor-Man's-Dependency-Injection und gewöhnlicher Registrierung mit einem Inversion-of-Control-Container hat auch die Anwendung von Konventionen einen Nachteil. Sie müssen zwar weniger Code zu schreiben, aber dieser Code ist algorithmischer als die deklarativen Ansätze.

Konventionen sind anfangs schwerer festzulegen. Wenn Sie wirklichen SOLID-Code schreiben, eignet sich nicht alles für eine perfekte 1:1-Zuordnung zwischen Klasse und Schnittstelle. Falls eine Schnittstelle nur eine einzige Implementierung hat, ist das ohnehin verdächtig – und Mocks für Unit-Tests werden hier nicht mitgezählt. Ob es sich um Adapter, Decorator oder unterschiedliche Strategien handelt, es sollte üblich sein, mehrere Implementierungen pro Schnittstelle zu haben. Und das macht die Registrierung mithilfe von Konvention schwieriger. Wenn es üblich wird, umfangreiche Objektgraphen über Injection in Klassen einzubringen, wird es schwieriger, eine allgemeingültige Regel zu formulieren, nach der Klassen und Schnittstellen einander zugeordnet werden können. Unter solchen Umständen decken die Konventionen nur einen kleinen Teil des benötigten Registrierungscodes ab.

Mark Seemann, Autor des hervorragenden *Dependency Injection in .NET* (Manning Publications, 2011), hat die drei Verfahren für Dependency-Injection analysiert und ist zu dem Ergebnis gekommen, das in Abbildung 9–5 dargestellt ist. Kurz zusammengefasst müssen Kompromisse zwischen zwei Kriterien gefunden werden: Wert und Komplexität. Der Wert ist ein praktisches Maß für den Nutzen des Verfahrens, er reicht von nutzlos bis wertvoll. Die Komplexität misst die relative Schwierigkeit der Verfahren und reicht von einfach bis anspruchsvoll. Wie Sie in der Abbildung sehen, liegen die drei Verfahren an unterschiedlichen Punkten einer Glockenkurve. Poor-Man's-Dependency-Injection ist einfach und wertvoll, während Konvention vor Konfiguration anspruchsvoll und wertvoll ist. Der Hauptunterschied zwischen den beiden liegt also darin, dass es komplexer ist, Konventionen einzusetzen, als die Klasseninstanzen manuell anzulegen und daraus einen Objektgraphen aufzubauen.

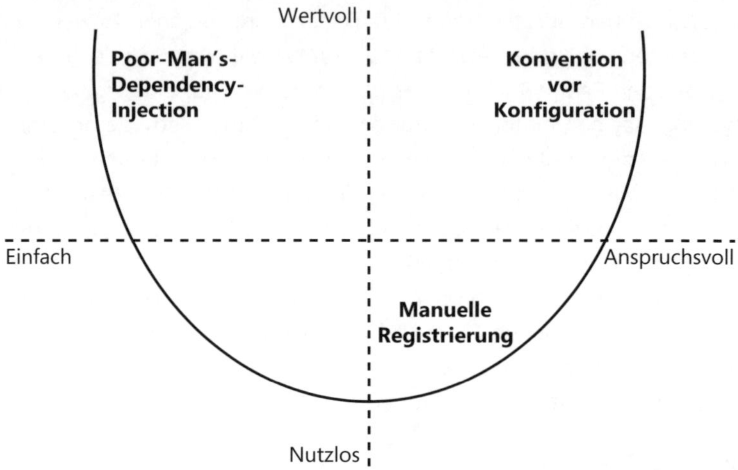

Abb. 9–5 Die Kompromisse bei den drei Verfahren für Dependency-Injection, aufgetragen auf zwei Achsen

Interessanterweise stuft Seemann die manuelle Registrierung bezüglich der Komplexität irgendwo in der Mitte zwischen einfach und anspruchsvoll ein, behauptet aber, dass sie nutzlos ist. Wie kommt er zu dieser Bewertung? Der Hauptgrund ist, dass dann, wenn Sie Typen von Hand über einen Container registrieren, eine *schwache Typisierung* zum Einsatz kommt. Wenn Sie versuchen, ein Klassenobjekt anzulegen und in einem seiner Parameter eine Instanz übergeben, die nicht dem geforderten Typ entspricht, beschwert sich der Compiler bereits beim Erstellen der Anwendung. Ein IoC-Container kann Sie aber nicht schon beim Kompilieren warnen, dass etwas nicht stimmt. Stattdessen wird der Fehler an die Runtime weitergereicht und Sie enden in einer langwierigen Schleife mit den Stationen Schreiben, Kompilieren, Ausführen und Testen. Außerdem haben Sie eine Menge Zeit und Aufwand investiert, nur um auszuprobieren, wie Sie Zuordnungen beim Container registrieren: eine magere Bilanz.

Die Entscheidung wird damit einfacher: entweder Poor-Man's-Dependency-Injection oder Konventionen. Sofern das Projekt relativ einfach ist und nur eine begrenzte Zahl an Zuordnungen erforderlich sind, ist Poor-Man's-Dependency-Injection die simpelste Variante: Legen Sie einfach die Objekte von Hand an. Wenn das Projekt komplexer ist oder das wahrscheinlich noch wird und wenn viele Schnittstellen und Klassen aufeinander zugeordnet werden müssen, dann sollten Sie die meisten Registrierungen durch Konventionen abarbeiten, während Sie die übrigen durch spezialisierte Zuordnungen von Hand registrieren.

Zum Schluss möchte ich Ihnen noch das Blog von Mark Seemann ans Herz legen. Er beschäftigt sich dort mit vielen interessanten Themen und seine Ansätze sind immer sehr methodisch[1].

Zusammenfassung

Dependency-Injection ist der Klebstoff, der alle anderen Techniken dieses Buchs zusammenhält. Ohne Dependency-Injection wäre es nicht möglich, sich so stark darauf zu konzentrieren, Abhängigkeiten aus Klassen herauszufaktorieren und ihre Implementierung hinter allgemeinen Schnittstellen zu verbergen. Solche Erweiterungspunkte sind ein Schlüsselaspekt für die Entwicklung von adaptivem Code und für stetigen Fortschritt bei der Entwicklung einer Anwendung, während ihre Größe und Komplexität zunimmt.

Es stehen unterschiedliche Verfahren zur Auswahl, um Dependency-Injection zu implementieren, von denen jedes seine Nische hat. Unabhängig davon, ob Sie nun Poor-Man's-Dependency-Injection oder Konventionen (ergänzt durch einige minimale manuelle Zuordnungen) einsetzen, ist der zentrale Punkt, dass Sie überhaupt Dependency-Injection haben. In welcher konkreten Form das geschieht, ist sekundär.

Einige häufig anzutreffenden Nutzungen von Dependency-Injection sind immer *missbräuchlich* und passen eher in die Kategorie von Anti-Pattern oder verdächtigem Code. Service-Locator und Illegitimate-Injection sind zwei solche Missbräuche, weil sie etliche der positiven Aspekte einer sauber implementierten Dependency-Injection zunichtemachen.

Jeder Anwendungstyp hat eine Composition-Root und eine Resolution-Root. Wenn Sie diese Objekte identifizieren, hilft Ihnen das, die Klassen so zu organisieren, dass es die Dependency-Injection erleichtert. Die Composition-Root befindet sich immer sehr nahe beim Einstiegspunkt der Anwendung, weil die Registrierung als Initialisierungsangelegenheit einzustufen ist. Die Resolution-Root ist der einzige Objekttyp, der aufgelöst werden sollte. In manchen Anwendungen gibt es nur eine einzige Instanz der Resolution-Root, in anderen muss dagegen eine Familie unterschiedlicher abgeleiteter Klassen aufgelöst werden.

Angesichts ihrer weitreichenden Auswirkungen ist Dependency-Injection ein täuschend einfaches Pattern, das trotzdem sehr leistungsfähig ist und oft missverstanden wird.

1. *blog.ploeh.dk*

Teil III

Entwickeln von adaptivem Code in der Praxis

Dieser Buchteil führt Sie durch die Anfangsphasen in der Entwicklung eines Softwareprodukts. Anhand eines fiktiven Teams und Projekts beschreiben die folgenden Kapitel, welche Unterhaltungen die Teammitglieder führen und welche Entscheidungen sie treffen müssen.

Die Codebeispiele zeigen einige der Patterns und Verfahren, die in Teil I und II vorgestellt wurden. Es werden nicht alle abgedeckt, aber die wichtigsten Implementierungsfragen werden beantwortet.

Wie für das übrige Buch stehen auch für die Kapitel in diesem Teil funktionierende Codebeispiele auf GitHub bereit. Anhang A, »Adaptive Tools«, enthält eine kurze Einführung in die Quellcodeverwaltung mit Git und Anhang B, »GitHub Code Samples«, das Sie von der Katalogseite dieses Buchs im englischsprachigen Microsoft Press Store herunterladen können, listet auf, in welchen Unterordnern des Git-Repositorys Sie die Listings aus den einzelnen Kapiteln finden.

Kapitel 10

Beispiel für die Entwicklung von adaptivem Code: Einführung

In diesem Kapitel werden Sie die folgenden Aufgaben durchführen:

- Kennenlernen des Teams, das die Beispielanwendung entwickelt und dabei adaptiven Code erstellt
- Beschreiben der Features des Produkts
- Erstellen einer ersten Version des Produkt-Backlogs für die Anwendung in Sprint 0

In den Kapiteln dieses Buchteils bauen Sie nach und nach eine funktionierende Anwendung auf. Dabei nutzen Sie Scrum und folgen den adaptiven Entwurfsprinzipien, die in diesem Buch beschrieben wurden. Dieser Teil fasst die bisherigen Inhalte zusammen und baut auf dieser Basis ein Gesamtbild auf. Wie bei den übrigen Kapiteln empfehle ich Ihnen auch hier, den zugehörigen Code[1] zu öffnen, während Sie das Kapitel durchlesen. Ohne den Inhalt dieser Kapitel fehlt der Kontext zum Verständnis des Quellcodes. Aber umgekehrt zeigen die Listings in den folgenden Kapiteln ohne die vollständige Microsoft Visual Studio-Projektmappe nur einen kleinen Ausschnitt des Gesamtbilds.

Das Format dieses Kapitels soll ein Szenario aus der Praxis widerspiegeln, aber aus Platzgründen und um die wesentlichen Punkte herauszuarbeiten, sind einige Kompromisse nötig. Dieses Kapitel enthält eine Einführung in ein fiktives Scrum-Team und skizziert das Produkt, das entwickelt werden soll.

Trey Research

Die Beispielanwendung wird von einem fiktiven Unternehmen namens Trey Research entwickelt. Das Unternehmen wirbt damit, dass es adaptiven Code schreibt, der Änderungen problemlos verkraftet.

1. In Anhang A, »Adaptive Tools«, finden Sie eine Anleitung, wie Sie auf den Code aller Beispielanwendungen zugreifen, die in diesem Buch beschrieben werden.

Das Team

Die Beispielanwendung wird mithilfe des Scrum-Prozesses entwickelt, daher braucht das Team Mitglieder, die die verschiedenen Scrum-Rollen übernehmen. Eine Übersicht über diese Rollen und den Scrum-Prozess finden Sie in Kapitel 1, »Einführung in Scrum«.

Das Team umfasst alle Rollen, die gebraucht werden, um die Anwendung von der ursprünglichen Idee bis zur Auslieferung voranzutreiben. Der Product Owner weiß, wie die Anwendung arbeiten soll, welche Features die höchste Priorität haben und welche den größten Gewinn für das Unternehmen bringen. Der Scrum Master konzentriert sich auf den Prozess, den das Team anwendet. Seine wichtigste Aufgabe ist, sicherzustellen, dass der Prozess für das Team funktioniert, dass dem Team keine Hindernisse in den Weg gelegt werden und dass der Product Owner über alle Probleme auf dem Laufenden bleibt, die während der Entwicklung von User Stories auftauchen. Das Entwicklungsteam von Trey Research besteht aus Entwicklern, die Stories implementieren, sowie einem Testanalysten, der Testfälle entwirft und prüft, ob die Stories die Kriterien für eine Auslieferung erfüllen.

Product Owner

Product Owner ist Petra. Sie ist eine erfahrene Geschäftsanalytikerin, die vor kurzem ihre Stelle bei Trey Research angetreten hat. Sie hat sich darauf spezialisiert, genau herauszufinden, was der Kunde will – eine sehr wertvolle Fähigkeit für einen Product Owner. Sie gibt bereitwillig zu, dass agile Prozesse etwas Neues für sie sind, freut sich aber über die Gelegenheit, mehr über ihre neue Rolle zu lernen.

Während des gesamten Entwicklungsprozesses kommuniziert Petra mit dem Unternehmen des Kunden, um genau herauszufinden, was sie wollen und aus welchen Gründen. Außerdem berechnet sie den Wert der verschiedenen Features für den Kunden, damit sie besser die Prioritäten für die Arbeit des Entwicklungsteams festlegen kann.

Scrum Master

Steve übernimmt zwei Rollen im Unternehmen. Er ist gleichzeitig Scrum Master und technischer Teamleiter. Diese Konstellation kommt häufiger vor, das Unternehmen möchte das allerdings in naher Zukunft ändern, damit sich Steve ganz auf seine bevorzugte Rolle als Scrum Master konzentrieren kann. Aus diesem Grund bemüht sich das Unternehmen gerade, einen erfahrenen Entwickler einzustellen, der Steve den Posten des technischen Teamleiters abnimmt.

In seiner Eigenschaft als Scrum Master stellt Steve sicher, dass das Team dem Scrum-Prozess folgt und dass die Teammitglieder mit der aktuellen Form des Prozesses zufrieden sind. Er schätzt sich als jemanden ein, der ehrlich und transparent mit jedem zugewiesenen Product Owner oder Kunden zusammenarbeitet und niemals Kennzahlen ändert oder unrealistische Termine nennt.

Obwohl Steve nur selten Zeit findet, selbst Code zu schreiben, nimmt er an Entwurfs-Meetings teil und versucht nach Möglichkeit, das Entwicklungsteam in die richtige Richtung zu lenken.

Entwickler

David und Dianne sind die beiden Softwareentwickler des Unternehmens. David ist noch Einsteiger, er ist vor einiger Zeit nach seinem Hochschulabschluss in das Unternehmen eingetreten. Dianne hat schon mehrere Jahre Berufserfahrung.

Steve hat David vor allem deswegen eingestellt, weil er sich ständig in den Bereichen Programmierverfahren und -techniken weiterbildet. David versucht, die neuesten Trends im Blick zu behalten und ist stets lernbegierig. Allerdings betrachtet er neue Techniken manchmal zu unkritisch als Universallösungen und wendet sie an, wo immer er kann. Das ist eine hervorragende Übungsmöglichkeit für David, aber sein Code ist oft ein Sumpf aus unnötiger Indirektion.

Dianne hat mehr Erfahrung als David, aber sie neigt dazu, der Flut neuer Technologien, die in den letzten Jahren populär wurden, ablehnend gegenüberzustehen. Sie hat einst genau dieselbe Phase durchlebt wie David jetzt und damit keine gute Erfahrung gemacht. Dianne bewirbt sich für die Stelle als technischer Teamleiter und ist entschlossen, ihre Fähigkeiten unter Beweis zu stellen und eine Beförderung zu ergattern. Zu diesem Zweck freut sie sich darauf, eng mit David zusammenzuarbeiten und ihm bei seiner Weiterentwicklung zu helfen.

Der Hype-Zyklus

Der Hype-Zyklus wurde von Gartner entwickelt, einem IT-Forschungs- und Consultingunternehmen. Er ist ein nützliches Werkzeug, um den Fortschritt neuer Techniken und Technologien zu beurteilen. Abbildung 10–1 zeigt seinen Ablauf.

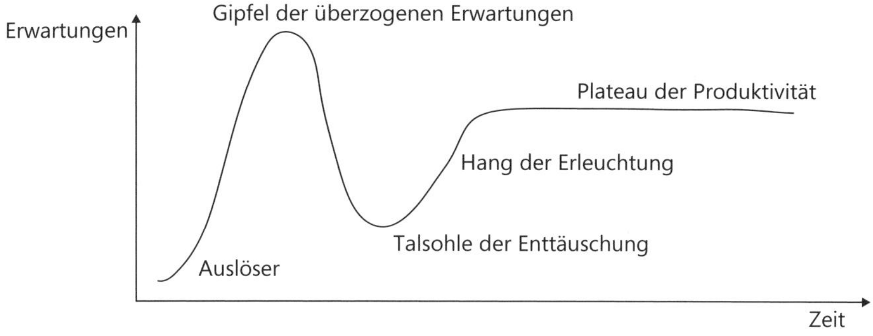

Abb. 10–1 Der Hype-Zyklus hilft, die Einstellung gegenüber neuen Techniken und Technologien zu erklären

→

Die x-Achse des Diagramms steht für den Zeitablauf und die y-Achse für Erwartungen. Anfangs gibt es einen Auslöser, der eine neue technologische Entdeckung oder eine nützliche neue Technik oder Prozedur sein kann. Bald danach steigen die Erwartungen sprunghaft an, bis sie den »Gipfel der überzogenen Erwartungen« erreichen. Ab diesem Punkt wird die Technologie oder Technik nicht mehr als so leistungsfähig eingeschätzt wie am Anfang. Daraufhin fallen die Erwartungen rapide in die »Talsohle der Enttäuschung«. Aber noch ist nicht alles verloren, denn der »Hang der Erleuchtung« führt langsam aufwärts bis zum »Plateau der Produktivität«. An diesem Punkt hat sich die Technologie oder Technik etabliert und es werden realistischere Erwartungen an sie gestellt.

Die Erwartungen von Entwicklern bezüglich bestimmter Programmiertechnologien oder -techniken befinden sich oft irgendwo in einem der Bereiche, die in diesem Diagramm beschrieben sind. Zum Beispiel nähert sich David bei Trey Research gerade dem Gipfel der überzogenen Erwartungen bezüglich Entwurfs-Patterns, SOLID-Prinzipien, Unit-Tests und Refaktorierung. Dianne arbeitet sich langsam aus der Talsohle der Enttäuschung heraus. Achten Sie bei den Sprint-Meetings, die in diesem Buchteil verfolgt werden, auf ihre Fragen und Antworten und überlegen Sie, welchen Einfluss ihre Position im Hype-Zyklus darauf hat.

Schließlich sollte noch erwähnt werden, dass Steve aufgrund seiner Erfahrung so weit vorangeschritten ist, dass er auf dem Plateau der Produktivität gelandet ist. Ein weiterer Vorteil dieser Entwicklung ist, dass Steve nicht mehr so anfällig für den Hype-Zyklus ist wie früher. Er ist vorsichtig, wenn ihm neue Techniken und Technologien als Heilsbringer für Produktivität, Qualität, Effizienz oder irgendeine andere Qualität angepriesen werden. Daher schwanken seine Erwartungen nicht so wild hin und her, wenn ihm eine neue Technik oder Technologie präsentiert wird.

Testanalyst

Tom ist der Testanalyst des Teams. Er konzentriert sich auf die Testautomatisierung. Er besaß schon immer die Fähigkeit, die Schwächen eines Softwareprodukts aufzudecken und die Benutzerzufriedenheit durch höhere Robustheit zu steigern. Er behandelt Features am liebsten als Blackboxes und interessiert sich weniger dafür, wie etwas implementiert ist, als dafür, ob es entsprechend den Spezifikationen (oder sogar darüber hinaus) funktioniert.

Tom hat das Gefühl, dass er im Team zu viel Arbeit erledigen muss, weil er ständig bereits implementierte Elemente zurückweist. Das bedeutet, dass er eine Story mindestens zweimal neu testen muss, bevor sie seine anspruchsvollen Standards erfüllt. Tom bemüht sich mit allen Kräften, dass Fehler möglichst selten bis auf den Computer eines Kunden gelangen und sie stattdessen schon früh durch seine automatisierten Tests abgefangen werden.

Das Produkt

Trey Research wurde von einem Kunden beauftragt, eine neue Online-Chat-Anwendung namens Proseware zu entwickeln. Dies ist eine webbasierte Chat-Anwendung, über die sich Leute aus der ganzen Welt miteinander unterhalten können. Während der ersten Besprechung mit dem Kunden hat Petra festgestellt, dass der Kunde sehr viele Ideen für das Projekt hat, aber erst einmal etwas Kleines zusammenbauen möchte, damit er besser darüber entscheiden kann, welche Richtung die Anwendung nehmen soll. Trey Research eignet sich gut für dieses Produkt, weil das Unternehmen einen inkrementellen Entwicklungsstil pflegt und die Fähigkeit besitzt, auf die manchmal sehr plötzlichen Änderungen an den Anforderungen zu reagieren.

Petra hat mit dem Kunden geredet, bevor das Projekt grünes Licht erhielt, daher kann sie das Team mit einigen Informationen darüber versorgen, was sie entwickeln sollen. Der Kunde möchte, dass Proseware von Trey Research gehostet wird, daher hat das Team freie Wahl bezüglich der Plattformen und Tools für das Projekt. Petra hat natürlich den Kunden befragt, wie viele Benutzer Proseware bedienen soll. Sie ist sich mit dem Kunden einig darüber, dass es ausreicht, wenn die Anwendung 20 Benutzer gleichzeitig unterstützt, und dies ist eine zentrale nichtfunktionelle Anforderung an Proseware.

Bevor das Team damit beginnt, irgendwelchen Code zu programmieren, beruft Petra ein Teammeeting ein, auf dem die Teammitglieder das Projekt diskutieren und ein anfängliches Backlog der User Stories zusammenstellen können. Sobald diese Stories vorliegen, kann das Team sich daran machen, innerhalb eines einzigen Sprints etwas Vorzeigbares zu erstellen.

Anfängliches Backlog

Der Kunde sendet Petra und dem Team eine Liste der gewünschten Features für Proseware. Dies geschieht in Form einer Prosabeschreibung und das Team hat sich für das Meeting das Ziel gesetzt, aus diesen Beschreibungen eine oder mehrere User Stories abzuleiten.

> *Wir sehen Proseware als die primäre Site für Menschen, die sich unterhalten wollen. Uns ist natürlich klar, dass Rom nicht an einem Tag erbaut wurde, daher haben wir unsere Zielsetzung auf etwas eingeschränkt, das so schnell wie möglich geliefert werden kann.*
>
> *Wir wollen zwar den Benutzern ermöglichen, sich gegenseitig Bilder oder Dateien zu schicken, die Kernfunktion ist aber die Textkommunikation. Alle, die sich in einem Raum treffen, sollten alle Nachrichten empfangen, die von irgendeinem anderen Anwesenden gesendet werden.*
>
> *Weil die Textseite des Chats so wichtig ist, müssen die Mitglieder eines Raums in der Lage sein, formatierten Text auszutauschen, etwas wie HTML. Natürlich sollte es nicht möglich sein, den Chat mit sinnlosen Bildern oder Videos zuzumüllen!*

Einige der Unterhaltungen in Proseware sollten von manchen Benutzern nicht bearbeitet werden dürfen, und manchen Benutzern sollte nur das Lesen erlaubt sein, aber nicht das Mitwirken.

Petra bringt diese kurze Beschreibung zum Meeting mit und das Team beginnt damit, die User Stories zu finden.

User Stories in Prosabeschreibungen finden

Manchmal verfassen Kunden Prosabeschreibungen ihrer Erwartungen, wie im letzten Abschnitt zu sehen. Aus diesen Beschreibungen muss das Team die User Stories, die implementiert werden müssen, extrahieren und ausformulieren. Das Trey Research-Team trifft sich zu einem Meeting, um die User Stories in der Beschreibung von Proseware zu finden, die der Kunde zur Verfügung gestellt hat.

PETRA: Okay, haben alle die Beschreibung gelesen? [Alle nicken, mit unterschiedlicher Begeisterung.]

STEVE: Da steht eine Menge drin!

DAVID: Nicht wirklich. Wir können das wahrscheinlich in einem einzigen Sprint erledigen. [Breites Grinsen von Steve.]

PETRA: Kann mir bitte jemand sagen, wie wir daraus eine Liste der User Stories bekommen sollen?

DIANNE: Zuerst sollten wir die Verben und Substantive raussuchen: *schicken, empfangen, formatieren, zumüllen ... Raum, Unterhaltung, Benutzer, Mitglieder, Chat ...*

STEVE: Stimmt, da steckt eine Menge drin.

PETRA: Als Benutzer will ich ..., damit ...

DIANNE: Sind sie nur *Benutzer*?

STEVE: Klingt als gäbe es mehr als eine Rolle.

DAVID: Sie nennen sie *Benutzer* und dann wieder *Mitglieder*.

TOM: Bist du denn kein *Mitwirkender* an einer Unterhaltung?

STEVE: Vielleicht, aber wir sollten ihre vertraute Sprache benutzen. Es sind einige Rollen im Spiel, wenn es darum geht, dass Unterhaltungen nicht geändert werden dürfen, oder nicht?

DIANNE: Ja, das klingt nach einer Art von Berechtigungssystem.

PETRA: Kann bitte jemand eine Story finden?

DAVID: Als Mitglied will ich formatierten Text verschicken, damit andere ... *Zeug* ... ansehen können?

STEVE: Sollen wir uns vorerst auf die Rollen und das Verhalten konzentrieren? Petra, du kannst etwas zum wirtschaftlichen Wert sagen, oder?

PETRA: Sicher.

DIANNE: Ja, aber sogar das sieht arg groß aus. Eher ein Epic als eine User Story.

PETRA: Entschuldigung, was ist ein *Epic* gleich wieder?

DAVID: Im Grund nur eine große Story. Dianne denkt, diese Story ist zu groß für einen einzelnen Sprint, aber ich weiß nicht, wie es kleiner sein könnte.

DIANNE: Naja, was ist einfacher als formatierter Text? Ignorieren wir den HTML-Teil, da versucht der Kunde uns nur eine Implementierung aufzuzwingen! Denken wir über *irgendeinen* formatierten Text nach: Was ist einfacher?

DAVID: Äh ... *Un*formatierter Text?

STEVE: Auch als *reiner Text* bekannt.

DIANNE: Als Raummitglied will ich reine Textnachrichten an andere Raummitglieder schicken. [Petra schaut herum, ob jemand widersprechen will, aber alle scheinen sich einig zu sein.]

TOM: Hervorragend! Meine Damen und Herren, wir haben unsere erste User Story! [Alle außer Petra spenden eine spontane Runde Applaus.]

PETRA: Aber wollen sie nicht formatierten Text?

STEVE: Keine Sorge, das wird eine andere Story. Sie kommt später, nachdem der reine Text geliefert wurde.

PETRA: Okay. Als Raummitglied will ich formatierte Textnachrichten an andere Raummitglieder schicken.

STEVE: Damit haben wir zwei. Noch mehr?

DAVID: Ich will Räume bauen?

DIANNE: Ja. Ich denke, das macht diese Person zu einem Raumbesitzer, stimmt's? Als Raumbesitzer will ich Räume anlegen, um Unterhaltungen thematisch einzugrenzen?

STEVE: Gut.

TOM: Sie sagen außerdem, dass sie Bilder und Dateien schicken wollen.

PETRA: Ja, das ist eine weitere Story.

STEVE: Noch eine: Ich will Unterhaltungen aufbauen, die nur gelesen werden können.

DIANNE: Damit haben wir den letzten Satz abgedeckt. Ich denke, wir sind fertig.

Abschätzen der Story-Punkte

Die Teammitglieder sind sich nun einig, dass sie die User Stories in den Anforderungen des Kunden gefunden haben. Sie erstellen User Story-Karten für die folgenden Punkte:

- Ich will reine Textnachrichten an andere Raummitglieder schicken
- Ich will Räume anlegen, um Unterhaltungen thematisch einzugrenzen
- Ich will formatierten Text an andere Raummitglieder schicken
- Ich will Bilder und/oder Dateien schicken
- Ich will Unterhaltungen erstellen, die nur gelesen werden können

Das Team ordnet die Karten auf dem Tisch an, um Story-Punkte zuzuweisen. Es sind nur fünf Stories, daher beschließt das Team, Planungspoker zu nutzen, um den benötigten Aufwand abzuschätzen.

PETRA: Reine Textnachrichten zu verschicken, kann doch nicht sonderlich schwierig sein, oder?

DAVID: Ich erledige das binnen einer Stunde! [Steve und Dianne ziehen die Augenbrauen hoch, Tom rollt die Augen gen Himmel.]

STEVE: Naja, du kannst das nicht als Erstes tun. Ohne Räume hast du keine Teilnehmer.

DIANNE: Stimmt, da gibt es eine Abhängigkeit, aber das ändert nichts an der Größe. [Steve nickt zustimmend.]

PETRA: Sind alle bereit?

Nachdem die letzten Karten herumgeschoben wurden, zeigen die Teammitglieder ihre Karten:

PETRA	TOM	STEVE	DIANNE	DAVID
3	3	5	5	1

PETRA: Hmm, eine große Spanne. David, warum Eins?

DAVID: Da gibt es so gut wie nichts zu tun: Wir brauchen lediglich ein paar Eingaben entgegenzunehmen und auf den Bildschirm zu schreiben.

DIANNE: Nicht ganz richtig, David. Es gibt mehr zu tun als das. Wir müssen den Text irgendwo abspeichern und in der Lage sein, ihn wieder einzulesen. Andere Raummitglieder müssen ihn ebenfalls lesen können.

STEVE: Da hat Dianne wirklich Recht. Wir müssen hier über die Architektur nachdenken.

DAVID: Oh, stimmt. Ich dachte, es ginge nur darum, es ins Browserfenster zu schreiben. Aber stimmt schon, dann kann es nur die Person lesen, die es geschrieben hat – es wurde nicht geteilt. Wow, das ist viel schwieriger!

PETRA: Okay, sollen wir die Schätzung wiederholen?

Die Teammitglieder machen wieder einen Countdown und decken gleichzeitig ihre Karten auf:

PETRA	TOM	STEVE	DIANNE	DAVID
5	5	5	5	5

STEVE: Können wir diese Story in »lesen« und »schreiben« aufteilen?

DIANNE: Entschuldigung, mir ist nicht klar, was du meinst.

TOM: Er meint wohl, wir könnten eine Story für das Anzeigen der Nachrichten haben, die an einen Raum geschickt wurden, und eine andere Story für das Schicken von Nachrichten an diesen Raum. So richtig, Steve?

STEVE: Ja. Ich denke, es ist sinnvoll, wenn wir wirklich klein anfangen. Ich weiß, eine Schätzung von Fünf ist nicht so groß, aber es ist eine ganze Menge in einer so frühen Entwicklungsphase.

DIANNE: Okay, ist mir recht. Sollen wir eine neue Schätzung für das Senden von Nachrichten machen?

PETRA	TOM	STEVE	DIANNE	DAVID
3	3	3	3	3

DIANNE: Und jetzt eine Schätzung für das reine Anzeigen der Nachrichten, die bereits an einen Raum geschickt wurden.

PETRA	TOM	STEVE	DIANNE	DAVID
2	3	2	2	1

STEVE: Tom, David, akzeptiert ihr eine Zwei?

TOM: Ja, zwei ist in Ordnung.

DAVID: Von mir auch. Zwei ist sinnvoll.

STEVE: Hervorragend. Wir schätzen eine Zwei. [Steve kritzelt eine Zwei auf die User Story und liest die nächste vor.] Ich will Räume anlegen, um Unterhaltungen thematisch einzugrenzen.

DIANNE: Wie demonstrieren wir das?

TOM: Petra und ich haben darüber gesprochen und eines der Akzeptanzkriterien ist, dass wir in der Lage sein sollten, die Liste aller Räume anzuzeigen, die erstellt wurden.

DIANNE: Ein weiterer Kandidat für die Auftrennung in »Lesen«- und »Schreiben«-Stories?

STEVE: Ich glaube schon.

DIANNE: Schätzen wir den Leseteil zuerst: Ich will eine Liste der Räume ansehen, die Unterhaltungen repräsentieren.

Die Teammitglieder zeigen ihre Karten:

PETRA	TOM	STEVE	DIANNE	DAVID
2	2	2	2	2

DIANNE: Wow! Einstimmig. Und jetzt die Story zum Erstellen neuer Räume.

Die Teammitglieder zeigen ihre Karten:

PETRA	TOM	STEVE	DIANNE	DAVID
2	2	2	2	1

STEVE: David, bist du einverstanden mit einer Zwei?

DAVID: Ja, das ist in Ordnung.

STEVE: Nächste Story: Ich will formatierten Text an andere Raummitglieder schicken.

PETRA: Das bedeutet also nur, dass formatierter Text hinzukommt?

STEVE: Ja. Gehen wir davon aus, dass die Story für reinen Text fertiggestellt wurde und eine Voraussetzung für diese Story ist.

TOM: Welche Art der Formatierung schwebt den Kunden vor? Eingebettete Bilder oder so etwas?

DAVID: Bilder sind eine separate Story. Ich denke, hier geht es eher um Sachen wie fett, kursiv, unterstrichen und so weiter.

PETRA: Ja, das hat der Kunde so erklärt. HTML war das einzige Format, das ihnen eingefallen ist, aber ich denke nicht, dass wir uns das aufhalsen sollten. Lediglich simple Textformatierung, nichts zu Aufwendiges.

STEVE: Okay, fertig?

Die Teammitglieder zeigen ihre Karten:

PETRA	TOM	STEVE	DIANNE	DAVID
1	1	1	1	1

STEVE: Hurra! Wir sind uns da alle einige. Nächste Story: Ich will Bilder und/oder Dateien schicken.

DIANNE: Mit gefällt das »und/oder« in dieser Story nicht. Können wir nicht etwas klarer sein?

TOM: Naja, wo ist der Unterschied zwischen dem Senden eines Bilds und einer Datei?

PETRA: Bei meiner Unterhaltung mit den Kunden hatte ich den Eindruck, dass Bilder im Browser angezeigt werden sollen, während Dateien auf die Computer anderer Benutzer heruntergeladen werden.

DAVID: Das sind doch eindeutig zwei unterschiedliche Stories, oder? Eine zum Herunterladen von Dateien und eine zum Anzeigen von Bildern.

DIANNE: Genau, das ist momentan zu groß. Wir sollten sie getrennt in Angriff nehmen. Ich denke, Dateien sind die simplere der beiden Aufgaben, daher sollten wir damit beginnen und es als Voraussetzung für die Bilder nehmen.

STEVE: Einverstanden. Trennen wir das also in zwei Stories auf. Ich will Dateien an andere Raummitglieder schicken. Ich will dem Raum Bilder zeigen. Schätzen wir sie getrennt.

Die Teammitglieder zeigen ihre Karten für die erste Story:

PETRA	TOM	STEVE	DIANNE	DAVID
5	5	3	3	3

STEVE: Hmm, warum Fünf?

TOM: Es wird schwierig, das zu testen. Es gibt viele ungewöhnliche Testfälle, die wir betrachten müssen. Was passiert zum Beispiel, wenn die Datei sehr groß ist? Wenn sie Viren enthält? Speichern wir die Datei auf unseren Servern? Wenn ja, wie lange?

STEVE: Das leuchtet ein. Ich habe hier nur den Entwicklungsaufwand betrachtet, tut mir leid. Ich kann nachvollziehen, dass du eine Menge Zeit aufwenden musst bei dem Versuch, Fehler darin zu finden.

DAVID: Sollen wir neu schätzen oder einfach die Fünf nehmen?

STEVE: Ich bin zufrieden mit Fünf.

DIANNE: Ich auch.

STEVE: Und was ist mit Bildern?

PETRA: Es geht nur darum, den Benutzern der Seite das Bild anzuzeigen?

STEVE: Ja, der Upload-Teil sollte bereits fertig sein, wir können uns also darauf beschränken, das Bild auf der Seite anzuzeigen.

Die Teammitglieder zeigen ihre Karten:

PETRA	TOM	STEVE	DIANNE	DAVID
3	3	3	3	5

STEVE: David, eine Fünf?

DAVID: Ja, ich denke, das ist schwieriger, als es aussieht. Was ist, wenn das Bild pornographisch ist? Was ist, wenn es viele Benutzer gibt und das Herunterladen des Bilds lange dauert? Das belastet unsere Server.

DIANNE: Stimmt, das sind potenzielle Probleme, aber ich denke, wir müssen uns momentan noch nicht darum kümmern. Petra, frag bitte beim Kunden nach, was sie von einer Inhaltsfilterung halten. Nicht nur für Bilder, sondern auch für Text. Aber momentan brauchen wir lediglich 20 Benutzer zu unterstützen. Das sollte keine erhebliche Last verursachen.

PETRA: Gute Idee mit dem Inhaltsfilter, David.

STEVE: Einverstanden mit einer Drei, David?

DAVID: Eigentlich denke ich jetzt, dass Zwei reicht! Aber in Ordnung, Drei ist okay.

STEVE: Sehr gut. Die letzte Story: Ich will Unterhaltungen erstellen, die nur gelesen werden können.

Die Teammitglieder zeigen ihre Karten:

PETRA	TOM	STEVE	DIANNE	DAVID
8	1	5	8	3

STEVE: Oh je. Das ist arg uneinheitlich! Tom, eine Eins?

TOM: Entschuldigung, habe den Analyse- und Entwicklungsaufwand vergessen. Das sieht halt aus, als wäre es im Vergleich zu den anderen Stories wirklich ganz einfach zu testen.

STEVE: Okay. Petra, Dianne, acht?

DIANNE: An diesem Punkt haben wir noch keine Rollen oder Berechtigungen, die wir aber brauchen. Ich denke, da lauert eine Menge Arbeit.

DAVID: Oh, ich habe nicht gedacht, dass wir in dieser Phase Rollen oder Berechtigungen brauchen. Ich dachte, wir markieren lediglich eine Unterhaltung als schreibgeschützt.

STEVE: Sie muss für einige Benutzer schreibgeschützt sein. Trotzdem denke ich nicht, dass wir schon irgendeine aufwendige Infrastruktur für Berechtigungen oder Rollen brauchen. Ich glaube, das sollte zuerst mit einer ganz simplen Lösung implementiert werden. Später können wir es immer noch erweitern.

DIANNE: Klingt gut für mich.

PETRA: Ja, ich vertraue euch da.

STEVE: Der Durchschnitt war genau fünf. Sollen wir das nehmen? [Alle sind einverstanden.]

STEVE: David, denkst du immer noch, dass ein einziger Sprint ausreicht?

DAVID: Hmm ... Nein!

Das Meeting endet.

Zusammenfassung

Im Verlauf des Meetings hat das Team eine kurze Beschreibung des Kunden analysiert und in User Stories aufgegliedert. Das Team hat dann den Aufwand für die Stories geschätzt und ein nach Prioritäten geordnetes Backlog erstellt. Jetzt kann es mit der Entwicklung beginnen.

Beachten Sie, wie bei der Unterhaltung alle Seiten des Entwicklungsprozesses beigetragen haben: Analyse, Implementierung und Tests. Das Team hat für den Aufwand aller Stories einen Konsens erreicht.

Kapitel 11

Beispiel für die Entwicklung von adaptivem Code: Sprint 1

In diesem Kapitel werden Sie die folgenden Aufgaben durchführen:

- Beobachten der ersten Sprintplanungssitzung des Teams
- Verfolgen der Implementierung und Evolution der ersten User Stories
- Beobachten der Sprintvorführung und -Retrospektive des Teams

In diesem Kapitel implementiert das Team von Trey Research seine ersten vier User Stories. Dies sind die einzigen Stories, die das Team Sprint 1 des Projekts zugewiesen hat. Das Team hat das folgende Sprintziel festgelegt:

> *Eine dynamische Liste von Räumen demonstrieren; in der Lage sein, einen neuen Raum zu erstellen; die in einem Raum geschriebenen Nachrichten ansehen; und mindestens zwei Benutzer in die Lage versetzen, Nachrichten in einem Raum auszutauschen.*

Durch das Festlegen eines Sprintziels hat sich das Team etwas Ambitioniertes, aber Machbares vorgenommen, das innerhalb des Sprints fertiggestellt werden soll. Die gesamte Arbeit sollte auf das Sprintziel ausgerichtet sein, damit das Team weiß, dass es auf dem richtigen Weg ist und nur an den Dingen arbeitet, die der Kunde angefordert hat.

Planung

Das Team beraumt ein Planungsmeeting für den Sprint an und bringt dazu alle Stories mit, die das Sprintziel betreffen. Für diesen Sprint implementiert das Team die folgenden Stories:

- Ich will Räume anlegen, um Unterhaltungen thematisch einzugrenzen
- Ich will eine Liste der Räume ansehen, die Unterhaltungen repräsentieren
- Ich will die Nachrichten ansehen, die an einen Raum geschickt wurden
- Ich will reine Textnachrichten an andere Raummitglieder schicken

Das Team beginnt seine Diskussion.

PETRA: Okay, vier Stories, über die wir reden müssen. Aber das sind die ersten, die wir implementieren, daher rechne ich damit, dass einige Schlüsselentscheidungen getroffen werden müssen.

STEVE: Vielleicht. Auf jeden Fall müssen wir uns einige Technologien ansehen, bevor wir beginnen. Hat jemand irgendwelche Vorschläge?

DIANNE: Das ist eine Webanwendung, daher sollten wir wahrscheinlich etwas nehmen, mit dem wir alle vertraut und zufrieden sind. ASP.NET-MVC scheint die logische Wahl zu sein. Stimmen alle zu?

STEVE: Ist mir recht.

DAVID: Hmm. Um ehrlich zu sein, denke ich, das wäre eine perfekte Node.js-Anwendung.

TOM: Ich habe leider keine Erfahrung mit Node. Jemand anders?

STEVE: Nicht wirklich, nein. Ich denke, Dianne hat recht damit, dass wir bei etwas bleiben sollten, was wir kennen.

DIANNE: Bei MVC haben wir bereits einen großen Teil der Codestruktur fertig vorliegen. Seht euch dieses Sequenzdiagramm an.

Dianne zeigt dem Team das UML-Sequenzdiagramm aus Abbildung 11–1.

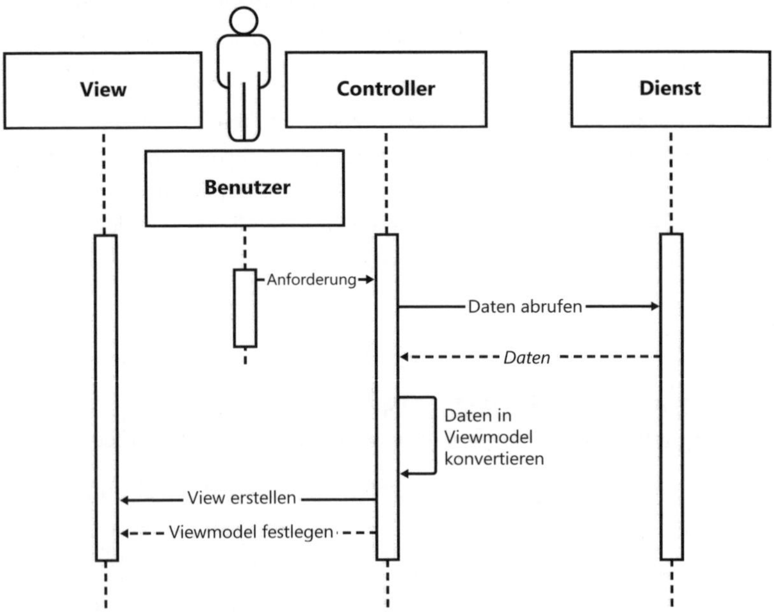

Abb. 11–1 Diannes Sequenzdiagramm verallgemeinert die Struktur der Anwendung

STEVE: Okay, ich verstehe, was du hier gemacht hast. Das sieht zumindest für den Augenblick gut für mich aus.

DAVID: Es sieht nicht wie etwas aus, das irgendetwas mit Räumen oder Nachrichten zu tun hätte.

DIANNE: Ja, ich erkläre das mal. Es ist recht allgemein gehalten. Statt ein Sequenzdiagramm für jede User Story zu erstellen, habe ich mich entschieden, die Lösung so zu verallgemeinern, dass wir sagen können, welche Klassen wir brauchen – zumindest kurzfristig.

DAVID: Ach so. Demnach ist *Daten abrufen* ein Platzhalter für *Raum abrufen* und *Nachrichten abrufen*, oder?

DIANNE: Ja, genau.

STEVE: Was ist dann der Dienstteil? Wird das ein ereignisgesteuerter Nachrichtenaustausch oder irgendeine Datenbank, die wir kontinuierlich abfragen?

DIANE: HTTP ist ein verbindungsloses, zustandsloses Protokoll. Wir müssen uns im Pollingverfahren beim Server über neue Nachrichten informieren.

DAVID: Aber nur die Nachrichten seit der letzten Prüfung. Wir wollen nicht jedes Mal sämtliche Nachrichten zurückbekommen.

STEVE: Ja, das würde schlecht skalieren.

DIANNE: Apropos, ist das wirklich eine skalierbare Lösung?

PETRA: Eine gute Frage. Der Kunde will zwar vorerst nur 20 Benutzer unterstützen, aber es ist klar, dass es bald viel mehr werden dürften. Wir wissen einfach nicht, wie viele es maximal werden. Wir sollten die Skalierbarkeit der Anwendung nicht einschränken.

STEVE: Vielleicht nicht, nein. Aber solange wir unseren Code von Beginn an anpassungsfähig halten, sollten wir in der Lage sein, im weiteren Verlauf die geeignetste Architektur zu finden.

TOM: Wie steht es mit der Benutzeroberfläche? Wenn wir das nächste Woche demonstrieren, sollte es wenigstens gut aussehen.

PETRA: Tom hat Recht. Das Vertrauen des Kunden leidet gewaltig, wenn er eine Vorführung bekommt, die tolle Funktionen bietet, aber hässlich ist.

DAVID: MVC arbeitet mit Bootstrap, daher können wir eine Reihe von Bootstrap-Vorlagen implementieren. Wir brauchen eine Seite für die Raumliste und eine Seite für die Nachrichten des Raums. Wenigstens sieht es dann relativ modern aus, wenn auch etwas karg.

PETRA: Keine Sorge wegen kargen Aussehens. Ich denke, sie möchten ohnehin, dass die Benutzer die Anwendung mithilfe von Designs individuell anpassen können. Jeglicher Aufwand, den wir für eine perfekte Benutzeroberfläche aufbringen, wäre in einer so frühen Phase wahrscheinlich verschwendet.

STEVE: Tom, wie sieht es mit Tests aus? Siehst du hier etwas, was dir Sorgen macht?

TOM: Nein, ich habe sichergestellt, dass sich das Sprintziel auf zwei Benutzer beschränkt, daher kann ich die automatisierten Auslastungstests auf später verschieben. Vorerst können wir uns darauf konzentrieren, Dinge von Hand zu testen, bis ich einige Operationen automatisiert bekomme. Wahrscheinlich will ich aber, dass ihr drei Unit-Tests durchführt. Lasst mich also wissen, falls ihr dabei irgendwelche Hilfe braucht.

STEVE: Exzellent. Ich denke, damit sind wir fertig. Wir können die Sachen detaillierter besprechen, wenn es nötig wird.

Das Meeting endet und das Team ist bereit, seine erste Story zu implementieren.

»Ich will Räume anlegen, um Unterhaltungen thematisch einzugrenzen.«

Einige Tage später meldet David, dass er alles für eine Codebegutachtung der Story zum Erstellen von Räumen fertig hat. Dianne geht in Davids Büro und die beiden besprechen den Code. Diese Besprechung hat das Ziel, sowohl positive als auch negative Aspekte der gewählten Implementierung aufzudecken. Expertenbegutachtungen wie diese bieten Entwicklern die Möglichkeit festzustellen, ob etwas nicht den geforderten Standards genügt oder Anpassungsfähigkeit vermissen lässt, damit sie letzte Änderungen vornehmen können, bevor der Code in die Quellcodeverwaltung übergeben wird.

Der Controller

Als David damit beginnt, den Controller zu implementieren, bittet er Dianne vorbeizukommen und bittet sie um ihren Rat.

DAVID: Also, wie du vorgeschlagen hast, habe ich das MVC-Pattern angewendet. Der Controller selbst tut noch nicht viel, er delegiert lediglich hinunter an die Schnittstelle `IRoomRepository`, um auf den persistenten Speicher zuzugreifen, den wir installieren.

DIANNE: Sehen wir uns den Code für den Controller an.

David zeigt Dianne den Controllercode aus Listing 11–1.

```
public class RoomController : Controller
{
    private readonly IRoomRepository roomRepository;
    public RoomController(IRoomRepository roomRepository)
    {
        Contract.Requires<ArgumentNullException>(roomRepository != null);

        this.roomRepository = roomRepository;
    }

    [HttpGet]
    public ActionResult List()
    {
        return View();
    }

    [HttpGet]
    public ActionResult Create()
    {
        return View(new CreateRoomViewModel());
    }

    [HttpPost]
    public ActionResult Create(CreateRoomViewModel model)
    {
        ActionResult result;

        if(ModelState.IsValid)
        {
            roomRepository.CreateRoom(model.NewRoomName);

            result = RedirectToAction("List");
        }
        else
        {
            result = View("Create", model);
        }

        return result;
    }
}
```

List. 11–1 `RoomController` ist der Einstiegspunkt für `Create`-Anforderungen

DIANNE: Okay, sieht gut aus. Wir haben Dependency-Injection für die Schnittstelle `IRoomRepository`, das gibt uns eine gewisse Flexibilität. Und sie wird mit Codeverträgen erzwungen, was hervorragend ist.

DAVID: Ja, ich habe außerdem mit Unit-Tests sichergestellt, dass die Vorbedingungen definiert sind. Ich kann sie dir gern zeigen.

DIANNE: Das wäre gut, aber könntest du mir bitte erst die Methode `Create` für den Handler der `POST`-Anforderung erklären? Genauer gesagt: Warum macht er einen Redirect, nachdem er an die Methode `CreateRoom` des Repositorys delegiert hat?

DAVID: Das ist das Post-Redirect-Get-Pattern. Wenn wir an diesem Punkt lediglich den `List`-View direkt zurückgeben, münden alle Versuche des Benutzers, die Seite zu aktualisieren, lediglich in einer zweiten `POST`-Anforderung. Das bedeutet, dass wir versuchen, einen weiteren Raum mit demselben Namen zu erstellen. Und das dürfte nicht gerade die Benutzerzufriedenheit erhöhen.

DIANNE: Hervorragend! Das sieht für den Augenblick gut aus.

DAVID: Eine Sache, bei der ich mir nicht ganz sicher bin: Ich lege direkt eine neue Instanz von `CreateRoomViewModel` an. Sollte ich da nicht eine Factory verwenden?

DIANNE: Gute Frage. Ich denke nicht, zumindest nicht in diesem Fall. Schließlich ist es äußerst unwahrscheinlich, dass es jemals eine Variation beim zurückgegebenen Typ gibt. Viewmodels wie dieses sind auf eine ganz bestimmte Aufgabe zugeschnitten, daher wäre es eine sinnlose Umleitung, hier an eine Factory zu delegieren.

Unit-Tests für den Controller

David öffnet die Datei mit den Unit-Tests (Listing 11–2) und bittet Dianne, seine Arbeit zu begutachten.

DAVID: Hier sind die Unit-Tests für den `RoomController`-Konstruktor.

```
[Test]
public void ConstructingWithoutRepositoryThrowsArgumentNullException()
{
    Assert.Throws<ArgumentNullException>(() => new RoomController(null));
}

[Test]
public void ConstructingWithValidParametersDoesNotThrowException()
{
    Assert.DoesNotThrow(() => CreateController());
}
```

List. 11–2 Überprüfen des `RoomController`-Konstruktors mit Unit-Tests

DAVID: Der erste stellt sicher, dass wir immer einen gültigen Verweis für das `IRoomRepository`-Feld in `RoomController` haben.

DIANNE: Ja, das gehört zum impliziten Vertrag von `RoomController`, dass er immer ein gültiges Repository-Feld hat, das nicht `null` ist.

DAVID: Diese beiden nächsten Tests prüfen das Verhalten der Methode `Create`, mit der `GET`-Anforderungen bearbeitet werden.

David blättert durch die Datei mit den Unit-Tests bis zum Code aus Listing 11–3.

```
[Test]
public void GetCreateRendersView()
{
    var controller = CreateController();

    var result = controller.Create();

    Assert.That(result, Is.InstanceOf<ViewResult>());
}

[Test]
public void GetCreateSetsViewModel()
{
    var controller = CreateController();

    var viewResult = controller.Create() as ViewResult;

    Assert.That(viewResult.Model, Is.InstanceOf<CreateRoomViewModel>());
}
```

List. 11–3 Unit-Tests für die `GET`-Anforderung der `Create`-Aktion

DAVID: Wir müssen zwei Dinge wissen: dass die Anforderung eine `ViewResult`-Instanz verwendet und dass die Eigenschaft `Model` den erwarteten Typ, `CreateRoomViewModel`, hat.

DIANNE: Kannst du die beiden in einem einzigen Unit-Test mit zwei Überprüfungen zusammenfassen?

DAVID: Das geht bestimmt, aber dann wäre nicht sofort im Namen des Unit-Tests erkennbar, gegen welche Annahme verstoßen wurde. Ich schreibe lieber feinkörnige Tests mit möglichst wenigen Prüfungen. Wenn ein Unit-Test fehlschlägt, ist es dann ganz einfach, die Ursache zu ermitteln.

DIANNE: Das ist in Ordnung. Wie sieht es mit der `POST`-Anforderung der `Create`-Aktion aus, also der, die an den Dienst delegiert?

DAVID: Die ist hier.

David blättert noch weiter und zeigt Dianne die Unit-Tests aus Listing 11–4.

```
[Test]
[TestCase(null)]
[TestCase("")]
[TestCase("    ")]
public void PostCreateNewRoomWithInvalidRoomNameCausesValidationError(string roomName)
{
    var controller = CreateController();

    var viewModel = new CreateRoomViewModel { NewRoomName = roomName };

    var context = new ValidationContext(viewModel, serviceProvider: null, items: null);
    var results = new List<ValidationResult>();

    var isValid = Validator.TryValidateObject(viewModel, context, results);

    Assert.That(isValid, Is.False);
}

[Test]
[TestCase(null)]
[TestCase("")]
[TestCase("    ")]
public void PostCreateNewRoomWithInvalidRoomNameShowsCreateView(string roomName)
{
    var controller = CreateController();

    var viewModel = new CreateRoomViewModel { NewRoomName = roomName };
    controller.ViewData.ModelState.AddModelError("Raumname", "Raumname wird benötigt");
    var result = controller.Create(viewModel);

    Assert.That(result, Is.InstanceOf<ViewResult>());

    var viewResult = result as ViewResult;
    Assert.That(viewResult.View, Is.Null);
    Assert.That(viewResult.Model, Is.EqualTo(viewModel));
}

[Test]
public void PostCreateNewRoomRedirectsToViewResult()
{
    var controller = CreateController();

    var viewModel = new CreateRoomViewModel { NewRoomName = "Testraum" };
    var result = controller.Create(viewModel);
```

```
        Assert.That(result, Is.InstanceOf<RedirectToRouteResult>());

        var redirectResult = result as RedirectToRouteResult;
        Assert.That(redirectResult.RouteValues["Action"], Is.EqualTo("List"));
    }

    [Test]
    public void PostCreateNewRoomDelegatesToRoomRepository()
    {
        var controller = CreateController();

        var viewModel = new CreateRoomViewModel { NewRoomName = "Testraum" };
        controller.Create(viewModel);

        mockRoomRepository.Verify(repository => repository.CreateRoom("Testraum"));
    }
```

List. 11–4 Unit-Tests für die POST-Anforderung der Create-Aktion

DAVID: Der erste Test prüft, ob der Raumname vorhanden ist. Er ist ein nötiges Feld und darf nicht weggelassen werden. Und der zweite Test stellt sicher, dass ein Validierungsfehler den Benutzer zu dem Formular zurückbringt, auf dem ein Raum erstellt wird.

DIANNE: Mir gefällt, wie du das Attribut `TestCase` einsetzt, um dem Unit-Test einige falsche Raumnamen unterzujubeln.

DAVID: Danke. Ich dachte, auf diese Weise brauche ich weniger Tests zu schreiben.

DIANNE: Bisher ist alles in Ordnung. Wie geht es weiter?

Das Raum-Repository

David ist unsicher über seine Implementierung für das Raum-Repository. Er öffnet die Datei aus Listing 11–5, damit Dianne ihre Meinung dazu abgeben kann.

DAVID: Ich habe eine Implementierung der Schnittstelle `IRoomRepository` für ADO.NET erstellt. Hier ist sie.

```
public class AdoNetRoomRepository : IRoomRepository
{
    public AdoNetRoomRepository(IConnectionIsolationFactory factory)
    {
        this.factory = factory;
    }

    public void CreateRoom(string name)
    {
```

```
        factory.With(connection =>
        {
            using(var transaction = connection.BeginTransaction())
            {
                var command = connection.CreateCommand();
                command.CommandText = "dbo.create_room";
                command.CommandType = CommandType.StoredProcedure;
                command.Transaction = transaction;
                var parameter = command.CreateParameter();
                parameter.DbType = DbType.String;
                parameter.ParameterName = "name";
                parameter.Value = name;
                command.Parameters.Add(parameter);

                command.ExecuteNonQuery();
            }
        });
    }

    private readonly IConnectionIsolationFactory factory;
}
```

List. 11–5 Die Klasse AdoNetRoomRepository ermöglicht es, Raumdaten in einer beliebigen ADO.NET-kompatiblen Datenbank zu speichern

DAVID: Ich habe hier das Factory-Isolation-Pattern verwendet und delegiere nach unten an eine Factory-Schnittstelle, um die Lebensdauer des Datenbankverbindungsobjekts zu steuern. Abgesehen davon ist der Body der Methode CreateRoom eigentlich üblicher ADO.NET-Code.

DIANNE: Hmm, ich bin nicht sicher, dass das Factory-Isolation-Pattern hier zweckmäßig ist. Ich frage mal bei Steve nach.

Falsche Verwendung des Factory-Isolation-Patterns

Dianne bittet Steve herüber, um eine weitere Meinung zur Art und Weise einzuholen, wie David das Factory-Isolation-Pattern einsetzt.

STEVE: Was kann ich für euch tun?

DIANNE: Sieh dir mal bitte diese Klasse an. David hat hier das Factory-Isolation-Pattern verwendet, aber ich bin mir nicht sicher, ob es sich hier eignet.

STEVE: Hmm, in der Tat. Ich denke, ich sehe das Problem. Du verwendest hier ADO.NET, oder? Sehen wir uns doch mal die Implementierung der Factory an.

David öffnet die Datei und zeigt Dianne und Steve den Code aus Listing 11–6.

```
public class AdoNetConnectionIsolationFactory : IConnectionIsolationFactory
{
    private readonly IApplicationSettings applicationSettings;
    private readonly DbProviderFactory dbProviderFactory;
    public AdoNetConnectionIsolationFactory(IApplicationSettings applicationSettings)
    {
        this.applicationSettings = applicationSettings;
        this.dbProviderFactory = DbProviderFactories
                .GetFactory(applicationSettings.GetValue("DatabaseProviderName"));
    }

    public void With(Action<IDbConnection> action)
    {
        using(var connection = dbProviderFactory.CreateConnection())
        {
            connection.ConnectionString = applicationSettings
                    .GetValue("ProsewareConnectionString");
            connection.Open();

            action(connection);
        }
    }

}
```

List. 11–6 Die Isolation-Factory versucht, die Lebensdauer einer Datenbankverbindung zu verwalten

STEVE: Die Methode `DbProviderFactory.CreateConnection` gibt eine `IDbConnection` zurück.

DAVID: Ja, das stimmt.

DIANNE: Jetzt verstehe ich das Problem. Das Factory-Isolation-Pattern ist nur sinnvoll, wenn unklar ist, ob das Produkt der Factory die Schnittstelle `IDisposable` implementiert. Die Schnittstelle `IDbConnection` ist von `IDisposable` abgeleitet, daher werden praktisch alle Implementierungen gezwungen, eine öffentliche `Dispose`-Methode bereitzustellen.

STEVE: Genau. Du brauchst also gar keine Factory-Isolation, weil …

DAVID: Weil ich stattdessen einfach einen `using`-Block einfügen kann.

DIANNE: Stimmt.

DAVID: Okay, sollte das stattdessen also eine normale Factory sein?

DIANNE: Ich denke nicht. Wenn du dir anschaust, was in dieser Klasse passiert, versteckt sie praktisch die `DbProviderFactory` vor den Clients. Ich denke, die Factory ist in diesem Fall eine unnötige Umleitung.

STEVE: Denke ich auch.

DAVID: Aber das bedeutet, dass ich `DbProviderFactory` direkt aus der Raum-Repository-Implementierung aufrufen muss. Ist das nicht inflexibel, besonders weil `DbProviderFactory` eine statische Klasse ist?

STEVE: Stimmt schon – es wäre schön, wäre `DbProviderFactory` keine statische Klasse. Aber die Implementierung für das Raum-Repository hängt von ADO.NET ab, daher ist es eigentlich keine Belastung. Die Einführung der Factory hat etwas öffentlich gemacht, was eine rein interne Angelegenheit der Repository-Implementierung ist.

DAVID: Okay, das sehe ich ein. Und wir können den Aufruf dieser statischen Klasse ignorieren, weil er in der gegenwärtigen Form universell genug ist?

DIANNE: Ja. Stell dir nur vor, was für wunderbare Decorator oder Adapter du für `DbProviderFactory` schreiben könnest, wenn es eine Schnittstelle wäre. Alternative Verhaltensweisen werden wahrscheinlich auf einer höheren Ebene eingebracht, im Bereich der Schnittstelle `IRoomRepository`.

DAVID: Verstanden. Ich nehme diese Änderungen vor und melde mich dann nochmal.

Refaktorieren

David macht sich daran, das Raum-Repository zu refaktorieren. Das Ergebnis ist der Code in Listing 11–7. Er ruft noch einmal Dianne und Steve herüber, damit sie sich die Änderungen ansehen.

```
public class AdoNetRoomRepository : IRoomRepository
{
    private readonly IApplicationSettings applicationSettings;
    private readonly DbProviderFactory databaseFactory;
    public AdoNetRoomRepository(IApplicationSettings applicationSettings,
      DbProviderFactory databaseFactory)
    {
        Contract.Requires<ArgumentNullException>(applicationSettings != null);
        Contract.Requires<ArgumentNullException>(databaseFactory != null);

        this.applicationSettings = applicationSettings;
        this.databaseFactory = databaseFactory;
    }

    public void CreateRoom(string name)
    {
```

```
        using(var connection = databaseFactory.CreateConnection())
        {
            connection.ConnectionString =
              applicationSettings.GetValue("ProsewareConnectionString");
            connection.Open();

            using(var transaction = connection.BeginTransaction())
            {
                var command = connection.CreateCommand();
                command.CommandText = "dbo.create_room";
                command.CommandType = CommandType.StoredProcedure;
                command.Transaction = transaction;
                var parameter = command.CreateParameter();
                parameter.DbType = DbType.String;
                parameter.ParameterName = "name";
                parameter.Value = name;
                command.Parameters.Add(parameter);

                command.ExecuteNonQuery();
            }
        }
    }
}
```

List. 11–7 Das refaktorierte Raum-Repository benutzt `DbProviderFactory` direkt

DAVID: Ich habe ein paar Änderungen gemacht. Ich habe den Code aus der Verbindungs-Factory in die Repository-Klasse integriert. Mit der Verwendung der statischen Klasse `DbProviderFactories` bin ich nicht so recht warm geworden. Die Klasse `DbProviderFactory` ist wenigstens eine abstrakte Klasse, sodass wir einige Erweiterungspunkte erhalten, mit denen wir arbeiten können. Auf diese Weise verwenden wir normale Dependency-Injection, aber statt einer Schnittstelle ist die Injection eine abstrakte Klasse.

DIANNE: Das ist klasse. Ich denke, da hast du gute Änderungen gemacht.

STEVE: Kannst du mir die Registrierungskonfiguration des Inversion-of-Control-Containers für `DbProviderFactory` zeigen? Mich interessiert, wie du das registrierst.

David zeigt Steve und Dianne den Unity-Registrierungscode aus Listing 11–8.

```
container.RegisterType<DbProviderFactory>(new InjectionFactory(c =>
  DbProviderFactories.GetFactory(
  c.Resolve<IApplicationSettings>().GetValue("DatabaseProviderName"))));
```

List. 11–8 Die Unity-Registrierung für den Inversion-of-Control-Container für `DbProviderFactory`

STEVE: Das passt. Ich habe erwartet, dass es ein bisschen ungewöhnlich und umständlich aussieht, weil eine statische Klasse beteiligt ist, aber ich denke, es war richtig von dir, sie aus der Repository-Implementierung heraus zu abstrahieren.

DIANNE: Ich denke, das kann jetzt integriert werden. Was meinst du, Steve?

STEVE: Ja, ich denke, damit ist unsere erste Story fertig.

David liefert den Code ab und das Team wendet sich der nächsten Story zu.

»Ich will eine Liste der Räume ansehen, die Unterhaltungen repräsentieren.«

Am nächsten Tag stellt David die zweite Story fertig, das Anzeigen einer Liste mit allen erstellten Räumen. Bevor er den Code an die Quellcodeverwaltung übergibt, bittet er wieder Dianne, seine Arbeit zu begutachten.

DAVID: Ich habe einige Änderungen an `RoomController` vorgenommen, damit er das Auslesen der Räume und das Anzeigen der Liste auf einer Seite unterstützt.

DIANNE: Okay, beginnen wir dort. Öffne bitte `RoomController` und zeig mir, was neu ist.

David zeigt Dianne den Code in Listing 11–9 (die Aktionen zum Erstellen von Räumen wurden in diesem Listing weggelassen).

```
public class RoomController : Controller
{
    private readonly IRoomRepository roomRepository;
    private readonly IRoomViewModelMapper viewModelMapper;
    public RoomController(IRoomRepository roomRepository, IRoomViewModelMapper mapper)
    {
        Contract.Requires<ArgumentNullException>(roomRepository != null);
        Contract.Requires<ArgumentNullException>(mapper != null);

        this.roomRepository = roomRepository;
        this.viewModelMapper = mapper;
    }

    [HttpGet]
    public ActionResult List()
    {
        var roomListViewModel = new RoomListViewModel();

        var allRoomRecords = roomRepository.GetAllRooms();

        foreach(var roomRecord in allRoomRecords)
```

```
        {
            roomListViewModel.Rooms
                .Add(viewModelMapper.MapRoomRecordToRoomViewModel(roomRecord));
        }

        return View(roomListViewModel);
    }
}
```

List. 11–9 `RoomController` hat eine neue Aktion zum Auflisten der Räume

DAVID: Hier ist ein neuer Konstruktorparameter, ein Mapper. Dass er vorhanden ist, wird mit Codeverträgen erzwungen. Ich habe dafür auch einen neuen Unit-Test hinzugefügt.

DIANNE: Gut. Ich würde hier allerdings eine Änderung machen. Erklär mir die Abläufe in der Methode `List`, dann sage ich dir, wie wir diese Klasse meiner Ansicht nach vereinfachen können.

DAVID: Sie besteht eigentlich aus zwei Teilen. Zuerst wird das Raum-Repository abgefragt, um alle Raumeinträge abzurufen. Diese Raumeinträge sind allerdings keine Viewmodels, sondern Models, daher habe ich eine Umwandlung von einem Datentyp in den anderen eingefügt. Dies wird an die Mapper-Schnittstelle delegiert. Wenn die Daten in `RoomViewModel`-Objekte konvertiert wurden, können wir sie an den View übergeben, der dann die Liste der Räume anzeigt.

DIANNE: Ich glaube, hier gibt es eine undichte Stelle in einer der Abstraktionen. Die Klasse `RoomRecord`, die von `IRoomRepository` zurückgegeben wird, gehört nach unten in die Datenpersistenzschicht. Ich bin nicht überzeugt, dass sie den ganzen Weg hinauf zu diesem Controller machen sollte. Das ist der eigentliche Grund, warum der Mapper nötig ist.

DAVID: Aber welche andere Möglichkeit habe ich? Ich kann nur `RoomRecord`-Instanzen abrufen, aber ich muss `RoomViewModel`-Objekte zurückgeben.

DIANNE: Absolut richtig. Aber es gibt keinen Grund, warum dieser Controller über `RoomRecord` und die Tatsache, dass dieser Typ umgewandelt werden muss, Bescheid wissen sollte. Wie wäre es, wenn du den Controller weder von `IRoomRepository` noch von `IRoomViewModelMapper` abhängig machst, sondern stattdessen von einer neuen Schnittstelle? Wir können sie `IRoomViewModelService` nennen. Dann braucht der Controller überhaupt nichts von `RoomRecord` zu wissen. Eine Implementierung des neuen Diensts nutzt das Raum-Repository und den Mapper, mit dem du hier `RoomViewModel`-Instanzen zurückgibst. `RoomViewModel` ist ja auch der einzige Datentyp, den der Controller hier kennen muss.

DAVID: Verstehe. Aber was ist mit dem vorhandenen `CreateRoom`-Aufruf in der Schnittstelle `IRoomRepository`? Ohne ein Repository kann dieser Controller die Methode nicht aufrufen.

DIANNE: Da hast du Recht. Ich würde vorschlagen, hier Interface-Segregation zu nutzen. Statt `IRoomViewModelService` nimmst du einen `IRoomViewModelReader` und einen `IRoomViewModelWriter`. Das gibt uns die Möglichkeit, später mal die Implementierung für die Lese- und die Schreibkomponenten der Anforderungen zu verändern.

DAVID: Okay, ich fürchte, meine Unit-Tests werden sich dann recht stark ändern. Statt sie dir jetzt zu zeigen, nehme ich die besprochenen Refaktorierungen vor und melde mich dann nochmal.

DIANNE: Welche Auswirkung hat das auf die Auslieferung der Sprint-Ziele? Schaffen wir dann den Termin nicht mehr?

DAVID: Kein Problem, die Refaktorierungen sind recht klein. Ich sollte das in ein bis zwei Stunden erledigt haben.

DIANNE: Klingt gut.

David macht sich ans Werk, um die Probleme zu beseitigen, auf die Dianne hingewiesen hat.

Refaktorieren

David verbringt ein paar Stunden damit, seinen Code so zu refaktorieren, wie Dianne vorgeschlagen hat. Dann bittet er Dianne wieder, sich die Ergebnisse anzusehen.

DAVID: Das ist der Controller nach der Refaktorierung. Was hältst du davon?

Listing 11–10 zeigt den neuen Controller nach der Refaktorierung.

```
public class RoomController : Controller
{
    private readonly IRoomViewModelReader reader;
    private readonly IRoomViewModelWriter writer;
    public RoomController(IRoomViewModelReader reader, IRoomViewModelWriter writer)
    {
        Contract.Requires<ArgumentNullException>(reader != null);
        Contract.Requires<ArgumentNullException>(writer != null);

        this.reader = reader;
        this.writer = writer;
    }

    [HttpGet]
    public ActionResult List()
```

```
    {
        var roomListViewModel = new RoomListViewModel(reader.GetAllRooms());

        return View(roomListViewModel);
    }

    [HttpGet]
    public ActionResult Create()
    {
        return View(new RoomViewModel());
    }

    [HttpPost]
    public ActionResult Create(RoomViewModel model)
    {
        ActionResult result;

        if(ModelState.IsValid)
        {
            writer.CreateRoom(model.Name);

            result = RedirectToAction("List");
        }
        else
        {
            result = View("Create", model);
        }

        return result;
    }

}
```

List. 11–10 Der Controller wurde so refaktoriert, dass er von Lese- und Schreibschnittstellen abhängt

DIANNE: Schön, damit bist du die Abhängigkeit vom Mapper los. Die Injection einer Lese- und einer Schreibkomponente bedeutet, dass wir die Möglichkeit haben, die Implementierung in Zukunft zu ändern, falls wir auf eine CQRS-Architektur umsteigen.

DAVID: Was ist nochmal CQRS?

DIANNE: Command/Query Responsibility Segregation. Das bedeutet, dass die Befehle und die Abfragen einer Anwendung nicht zusammengelegt werden: Sie sind asymmetrisch. In unserem Fall könnten wir beispielsweise in transaktionalen Speicher schreiben, aber aus einem nicht-transaktionalen Dokumentspeicher lesen. Ich glaube, Steve hat ein wenig bezüglich einer möglichen Architektur recherchiert, falls sich unser Verdacht bestätigt und die Lösung schlecht skaliert.

DAVID: Ich erinnere mich. Das klingt interessant. Sollen wir uns die Implementierung von IRoomViewModelReader und IRoomViewModelWriter ansehen?

Dianne nickt und David öffnet die Datei mit dieser Klasse (Listing 11–11).

```
public class RepositoryRoomViewModelService : IRoomViewModelReader, IRoomViewModelWriter
{
    private readonly IRoomRepository repository;
    private readonly IRoomViewModelMapper mapper;
    public RepositoryRoomViewModelService(IRoomRepository repository,
      IRoomViewModelMapper mapper)
    {
        Contract.Requires<ArgumentNullException>(repository != null);
        Contract.Requires<ArgumentNullException>(mapper != null);

        this.repository = repository;
        this.mapper = mapper;
    }

    public IEnumerable<RoomViewModel> GetAllRooms()
    {
        var allRooms = new List<RoomViewModel>();
        var allRoomRecords = repository.GetAllRooms();
        foreach(var roomRecord in allRoomRecords)
        {
            allRooms.Add(mapper.MapRoomRecordToRoomViewModel(roomRecord));
        }
        return allRooms;
    }

    public void CreateRoom(string roomName)
    {
        repository.CreateRoom(roomName);
    }

}
```

List. 11–11 Ein Dienst, der dem ursprünglichen Controllercode stark ähnelt

DAVID: Ich habe mich entschieden, beide Schnittstellen in derselben Klasse zu implementieren, weil sie sich die Abhängigkeit von IRoomRepository teilen. Ich finde aber, dass sie stark der ursprünglichen Controllerklasse ähnelt. Was hat uns diese Refaktorierung gebracht?

DIANNE: Der Hauptvorteil ist, dass sich der Controller jetzt besser auf seine eigentlichen Verantwortungsbereiche konzentriert. Er braucht sich nicht mehr darum zu kümmern, die Zuordnung von Einträgen zu Viewmodels zu verwalten, sondern kann sich auf seine tatsächliche Aufgabe konzentrieren. Allein, dass der Controller nichts mehr von der Klasse RoomRecord weiß, ist Grund genug.

DAVID: Ja, ich glaube, er musste sich um zu viele Sachen kümmern, oder?

DIANNE: Er hat nicht wirklich das Single-Responsibility-Prinzip eingehalten. Würden wir kein Repository nutzen, bräuchten wir auch keinen Mapper. Das wäre eine Änderung tiefer in den Architekturschichten. Controller sollten nicht von solchen Änderungen betroffen sein.

David und Dianne sind sich einig, dass diese Story jetzt abgeliefert werden kann.

»Ich will die Nachrichten ansehen, die an einen Raum geschickt wurden.«

Dianne hat zusammen mit David die nächste Story begonnen, wobei sie in Paarprogrammierung arbeiten. Während Dianne den Code schreibt, sieht David ihr über die Schulter und macht Vorschläge.

HINWEIS *Paarprogrammierung* (engl. pair programming) ist eine häufig eingesetzte Technik bei der agilen Softwareentwicklung. Es stammt aus der Methodologie Extreme Programming (XP). Zwei Programmierer arbeiten dabei zusammen an einer bestimmten Funktion. Während der eine Programmierer den Code eintippt, überlegt sich der andere die beste Möglichkeit, eine Methode, eine Klasse oder einen Unit-Test zu implementieren.

DIANNE: Sollen wir mit dem Controller anfangen?

DAVID: Ja, ich denke, das ist eine gute Stelle, um zu beginnen.

DIANNE: Wir werden einen neuen `HttpGet`-Handler brauchen, um Raumnachrichten anzuzeigen. Wie sollen wir ihn nennen?

DAVID: Etwas wie `GetMessages`?

DIANNE: Das wäre nicht schlecht, aber ASP.NET-MVC nimmt die Namen von Controller und Methode, um daraus den URL für die Anforderung zusammenzubauen.

DAVID: Klar, das habe ich vergessen. Wie wäre es lediglich mit `Messages`? Sie ist Teil von `RoomController`, daher lautet der URL */Room/Messages*.

DIANNE: Okay, das ist sinnvoll. Außerdem brauchen wir einen Parameter, um den Raum herauszufinden, dessen Nachrichten wir ansehen wollen.

DAVID: Wir haben die Raum-ID, die einen Raum eindeutig identifiziert. Können wir die hernehmen?

DIANNE: Ist das ein `integer` oder ein `long`?

DAVID: Ich dachte, ein `integer` reicht aus.

DIANNE: Wir brauchen auch ein neues Viewmodel für diesen View. Wenn wir uns an deine bisherige Namenskonvention halten, müsste das `MessageListViewModel` sein, richtig?

DAVID: Ja. Wir können einfach eine Instanz davon an die Methode `View` des Controllers übergeben und das `ViewResult` zurückgeben.

DIANNE: `IRoomViewModelReader` braucht eine neue Methode, um die Nachrichten in einem Raum abzurufen.

DAVID: Ich denke, die sollten wir `GetRoomMessages` nennen. Und sie sollte ebenfalls die Raum-ID als Parameter haben.

DIANNE: Ich definiere das in der Schnittstelle und erstelle einen Stub in allen Implementierungsklassen, damit wir feststellen können, wie die Änderungen am Controller aussehen müssen.

Dianne erstellt die Methode (Listing 11–12).

```
[HttpGet]
public ActionResult Messages(int roomID)
{
    var messageListViewModel = new MessageListViewModel(reader.GetRoomMessages(roomID));

    return View(messageListViewModel);
}
```

List. 11–12 Die Methode `Messages` ruft alle Nachrichten zu einem Raum ab, der über seine ID identifiziert wird

DIANNE: Das sieht gut aus. Füllen wir die Implementierung der Methode `IRoomViewModelReader.GetRoomMessages` aus.

DAVID: Okay, die bisher einzige Implementierung verwendet die Schnittstelle `IRoomRepository`. Ich denke, wir brauchen eine neue Schnittstelle, über die wir die Nachrichten abrufen. Nennen wir sie `IMessageRepository`.

DIANNE: Einverstanden. Wir sollten sie wie die anderen Abhängigkeiten mit Injection übergeben.

DAVID: Wenn wir dieses Repository in der Klasse verfügbar haben, müssen wir von ihm die Nachrichten für eine bestimmte Raum-ID abrufen und an den Mapper übergeben.

DIANNE: Der Mapper hat also die Aufgabe, Einträge aus dem Repository in Viewmodels zu konvertieren, mit denen der Controller etwas anfangen kann? Sieht aus, als wäre nur `IRoomViewModelMapper` verfügbar. Es wirkt etwas übertrieben, einen neuen IMessageViewModelMapper zu erstellen. Können wir dieser Schnittstelle einen etwas allgemeineren Namen geben?

DAVID: Wie wäre es mit IViewModelMapper? Auf die Art wird sie nützlich, um alle Einträge auf Viewmodels abzubilden.

DIANNE: Was hältst du hiervon?

Dianne zeigt David den Code aus Listing 11–13.

```
public class RepositoryRoomViewModelService : IRoomViewModelReader, IRoomViewModelWriter
{
    private readonly IRoomRepository roomRepository;
    private readonly IMessageRepository messageRepository;
    private readonly IViewModelMapper mapper;
    public RepositoryRoomViewModelService(IRoomRepository roomRepository,
      IMessageRepository messageRepository, IViewModelMapper mapper)
    {
        Contract.Requires<ArgumentNullException>(roomRepository != null);
        Contract.Requires<ArgumentNullException>(messageRepository != null);
        Contract.Requires<ArgumentNullException>(mapper != null);

        this.roomRepository = roomRepository;
        this.messageRepository = messageRepository;
        this.mapper = mapper;
    }

    public IEnumerable<MessageViewModel> GetRoomMessages(int roomID)
    {
        var roomMessages = new List<MessageViewModel>();
        var roomMessageRecords = messageRepository.GetMessagesForRoomID(roomID);
        foreach(var messageRecord in roomMessageRecords)
        {
            roomMessages.Add(mapper.MapMessageRecordToMessageViewModel(messageRecord));
        }
        return roomMessages;
    }

}
```

List. 11–13 Die Klasse, die Einträgen Viewmodels zuordnet, enthält jetzt eine Methode zum Auslesen von Raumnachrichten

DAVID: Sieht in meinen Augen gut aus.

David und Dianne arbeiten weiter daran, die Repository-Methode IMessageRepository.GetMessageForRoomID zu implementieren, die die Nachricht aus der Microsoft SQL Server-Datenbank lädt. Nachdem diese Methode fertig ist, nehmen sie sich die nächste User Story vor.

»Ich will reine Textnachrichten an andere Raummitglieder schicken.«

David tauscht den Platz mit Dianne, um die letzte Story des Sprints zu implementieren.

DAVID: Das sollte jetzt wirklich einfach sein, nachdem wir ein Pattern zum Lesen und Schreiben der Daten haben.

DIANNE: Im Prinzip schon. Vergiss aber nicht, dass eine der Anforderungen dieser Story ist, dass die Anforderung asynchron geschieht.

DAVID: Oh. Dann wird es kein Full-Page-Postback?

DIANNE: Nein, die Benutzeroberfläche sendet die Daten über eine AJAX-Anforderung.

> HINWEIS Einige Definitionen: AJAX steht für Asynchronous JavaScript and XML, XML für Extensible Markup Language, AJAJ für Asynchronous JavaScript and JSON, und JSON für JavaScript Object Notation.

DAVID: Moment. Meinst du nicht eher AJAJ?

DIANNE: Erwischt, ja!

DAVID: Wodurch unterscheidet sich dann diese Controlleraktion?

DIANNE: Das sind zwei Dinge. Wenn die Eigenschaft `ModelState.IsValid` den Wert `true` hat, sollten wir `IRoomViewModelWriter` benutzen, um die Nachricht zu speichern. Aber dann sollten wir das Viewmodel als `JsonResult` zurückgeben.

DAVID: Und wenn `ModelState` ungültig ist?

DIANNE: In dem Fall geben wir ein `HttpStatusCodeResult` mit einem HTTP-400-Fehler zurück.

DAVID: Das ist ein Antwortcode für einen Clientfehler, oder?

DIANNE: Ja. Genauer gesagt, eine Antwort auf eine ungültige Anforderung.

David zeigt Dianne den Code aus Listing 11–14.

```
[HttpPost]
public ActionResult AddMessage(MessageViewModel messageViewModel)
{
    ActionResult result;

    if(ModelState.IsValid)
    {
```

```
        writer.AddMessage(messageViewModel);

        result = Json(messageViewModel);
    }
    else
    {
        result = new HttpStatusCodeResult(400);
    }

    return result;
}
```

List. 11–14 Die Methode AddMessage der Klasse RoomController

DAVID: Was ist mit der Methode AddMessage von IRoomViewModelWriter?

DIANNE: Ich denke, da können wir dasselbe Pattern wie vorher benutzen. Diesem Codeteil ist es egal, ob er synchron oder asynchron aufgerufen wird, daher ändert sich das Pattern, das wir bereits haben, dadurch nicht.

David folgt demselben Muster, das die Methode IRoomViewModelWriter.CreateRoom verwendet, und schreibt die Methode AddMessage (Listing 11–15).

```
public void AddMessage(MessageViewModel messageViewModel)
{
    var messageRecord = mapper.MapMessageViewModelToMessageRecord(messageViewModel);
    messageRepository.AddMessageToRoom(messageRecord.RoomID, messageRecord.AuthorName,
      messageRecord.Text);
}
```

List. 11–15 Die Methode AddMessage der Klasse RepositoryRoomViewModelService

Mit dieser Änderung und der Erstellung einer weiteren Repository-Methode, um den Datensatz für die Nachricht über ADO.NET in Microsoft SQL Server zu schreiben, ist die Story abgeschlossen.

David und Dianne haben jetzt die Stories beendet, die dem Sprint zugewiesen waren, gerade rechtzeitig für die Sprintvorführung.

Sprintvorführung

Für das Ende der Woche macht das Team einen Termin mit dem Kunden aus, um die bisherigen Fortschritte zu demonstrieren. Die Stories, die abgeschlossen werden sollen, werden zusammengestellt und das Team führt die Funktion jeder Story vor. Der Kunde wird gebeten, sein Feedback einzubringen und bei Bedarf die Richtung zu ändern, in der sich das Produkt weiterentwickeln soll.

Die Sprintvorführung hat viele Vorteile. Das Team kann sicherstellen, dass es die aktuellen Wünsche und Anforderungen des Kunden erfüllt. Außerdem motiviert die Vorführung die Teammitglieder, stets ihr Bestes zu geben, weil ihnen bewusst ist, dass sie dem Kunden den aktuellen Status des Produkts vorführen werden. Auch für den Kunden ist die Vorführung nützlich, weil er schon in einer frühen Phase und später während der gesamten Entwicklung spürbare Fortschritte sieht. Falls der Kunde irgendetwas an der Funktionsweise der Software ändern möchte, ist die Produktvorführung ein geeigneter Zeitpunkt, dem Team das mitzuteilen. Das Backlog der User Stories kann daraufhin geändert und mit neuen Prioritäten ausgestattet werden, und die Software ändert sofort ihre Zielrichtung, um die Anforderungen des Kunden zu erfüllen.

Erste Vorführung von Proseware

Am Tag der Vorführung versammelt sich das Team mit einem Vertreter des Kunden in einem Konferenzraum. Das Team bespricht kurz, wie der Sprint fortgeschritten ist und bereitet sich darauf vor, den aktuellen Status der Software vorzuführen.

Dummerweise stellt sich ausgerechnet jetzt heraus, dass der Projektor im Konferenzraum nicht funktioniert. Dadurch verzögert sich die Vorführung um einige Minuten, während nach einem Techniker gesucht wird, der das Problem beseitigen kann. Sobald der Projektor wieder läuft, stellt das Team fest, dass die Auflösung des Bildschirms viel kleiner ist als auf den Entwicklungscomputern. Das beeinträchtigt das Aussehen der Benutzeroberfläche so stark, dass der Kunde kaum erkennen kann, welche Elemente sich wo auf der Seite befinden.

Das Team entschuldigt sich und der Kunde scheint es nicht allzu tragisch zu nehmen, er scheint allerdings etwas enttäuscht, dass die Anwendung nicht so aussieht, wie es sich sein Unternehmen erhofft hatte. Nach einigen Experimenten mit den Anzeigeeinstellungen sieht die Anwendung schon etwas besser aus, allerdings immer noch nicht genau so wie in der Entwicklungsumgebung.

Das Team geht die vier Stories durch, die es während des Sprints implementiert hat, und fragt den Kunden dann, ob er Fragen oder Kommentare hat. Die Reaktion ist prinzipiell positiv: Obwohl die Anwendung noch nicht viel tut, ist bereits klar, dass ein Teil der Kernfunktionen bereits in einer sehr frühen Phase vorhanden ist.

Petra schlägt vor, dass eine der nächsten Aufgaben das Formatieren von Nachrichten ist, die an einen Raum gesendet werden. Sie erwähnt auch Davids Idee eines Inhaltsfilters. Der Kunde scheint sehr angetan von dieser Idee und fordert das Team auf, dem Filter für den kommenden Sprint eine hohe Priorität zuzuordnen.

Nachdem der Kunde am Ende des Meetings gegangen ist, bleibt das Team im Konferenzraum, um seine Sprint-Retrospektive abzuhalten.

Sprint-Retrospektive

Am Ende des Sprints versammelt sich das Team, um den Fortschritt der letzten Woche zu besprechen. Alle Teammitglieder sind anwesend und beantworten die folgenden Fragen:

- Was lief gut?
- Was lief schlecht?
- Gibt es Elemente im Prozess, die wir ändern müssen?
- Haben wir etwas Neues im Sprint gemacht, das wir beibehalten sollten?
- Sind während des Sprints irgendwelche Überraschungen aufgetaucht?

Das Ziel besteht darin, eine Liste von Anregungen zu bekommen, denen Prioritäten zugewiesen werden und die danach umgesetzt werden. Wie üblich soll auch bei diesem Meeting vermieden werden, viel zu diskutieren, aber keine umsetzbaren Anregungen zu produzieren.

Was lief gut?

Die Teammitglieder sind in einem geeigneten Raum versammelt und arbeiten nacheinander die Liste der Fragen ab. Sie beginnen damit, was während des Sprints gut lief.

STEVE: Also, was lief in diesem ersten Sprint eurer Meinung nach gut?

PETRA: Die Vorführung war gut, glaube ich. Sie war vielleicht nicht ganz das, was der Kunde erwartet hat, aber ich denke, sie verlief positiv.

TOM: Absolut, das finde ich auch. Ich glaube, sie waren realistisch genug zu wissen, dass es sich nicht um ein fertiges Produkt handelt, und nicht einmal um ein erstes Release, aber dass wir binnen eines sehr kurzen Zeitraums einen merklichen Wert produziert haben.

DIANNE: Sie sind hier aufgetaucht, haben uns konstruktives Feedback gegeben und – in einer ganz frühen Phase – unsere Richtung geändert.

PETRA: Ja, ich denke, das verdient besondere Erwähnung. David, deine Idee mit einem Inhaltsfilter wurde gut aufgenommen und sie haben dessen Priorität so angehoben, dass wir im nächsten Sprint daran arbeiten.

DAVID: Ich bin froh, dass sie so eindeutig begeistert von dem waren, was wir geschafft haben. Wir müssen allerdings darauf achten, keine unrealistischen Erwartungen zu wecken: Ich möchte vermeiden, dass sie unsere bisherige Leistung spektakulärer einschätzen, als sie war.

STEVE: Was lief sonst noch gut?

DIANNE: Ich denke, der Code ist in guter Verfassung. Auch wenn bisher nur wenig Code vorhanden ist, bildet das, was wir schon haben, eine gute Grundlage für die künftige Arbeit.

DAVID: Danke. Ich denke, die Zusammenarbeit zwischen Dianne, Steve und mir hat dabei eine Menge geholfen. Ohne eure Ratschläge während des gesamten Ablaufs würde der Code bereits eine Menge Technical Debt enthalten.

STEVE: Okay, ich notiere diese Punkte. Sonst noch etwas?

Niemand hat mehr etwas zu sagen, daher notiert Steve die folgenden Punkte auf dem Whiteboard, bevor er mit der nächsten Frage weitermacht:

- Vorführung war gut, obwohl in dieser Phase noch nicht viel gezeigt werden konnte
- Kunde war bei der Vorführung und gab gutes, nützliches Feedback
- Code scheint in guter Verfassung zu sein

Was lief schlecht?

Als Nächstes soll das Team die Frage beantworten, was während des Sprints schlecht lief.

STEVE: Seid bitte ehrlich, aber realistisch: Was lief schlecht während des Sprints?

TOM: Ich denke, ich war bei diesem Sprint unterbeschäftigt. Mir ist klar, dass es in dieser frühen Phase noch nicht so viel gibt, bei dem ich helfen kann, aber es war sehr wenig zu testen und als etwas kam, war es auf einen Schlag.

PETRA: Okay, das war sehr wertvoll. Was ist das Kernproblem?

STEVE: Ich denke, es liegt daran, dass David als einziger Entwickler aktiv an Stories arbeitet, während Dianne und ich einige Architekturentwürfe für ein anderes Projekt vorbereitet haben.

PETRA: Wird das ein ständiges Problem oder können wir etwas dagegen tun?

DIANNE: Das gehört eher in den »Was sollte sich ändern«-Abschnitt, aber Steve und ich dürfen hier beim Proseware-Projekt keine Hühner sein, sondern wir müssen eher zu Schweinen werden.

TOM: Erklär mir bitte noch einmal, was das bedeutet.

STEVE: Wir haben zwar zu Proseware beigetragen, aber unsere Arbeitskraft nicht voll dafür eingesetzt. Wir wurden woanders gebraucht, als ein anderes Projekt in die Wartungsphase kam.

DIANNE: Genau. Wir werden in kommenden Sprints in der Lage sein, selbst Stories zu schreiben. Das müsste dir einen ständigen Strom neuer Funktionen zum Testen liefern, statt ein oder zwei Wellen.

STEVE: Welche Sachen sollten beibehalten werden? Gibt es etwas, das wir zum ersten Mal getan haben und das wir auch künftig machen sollten?

Alle bleiben stumm.

STEVE: Okay, wenn jemandem nach diesem Meeting noch etwas einfällt, soll er es mich bitte wissen lassen, dann versuche ich es entsprechend umzusetzen.

Überraschungen?

In praktisch jedem Sprint gibt es irgendwelche Überraschungen. Vielleicht ist das Team auf einen veralteten Prozess gestoßen, der überarbeitet werden muss, auf eine Anforderung, die nicht ordentlich erfasst wurde, oder auf eine Softwarekomponente, die plötzlich nicht mehr funktioniert. Der Abschnitt »Überraschungen« innerhalb der Sprint-Retrospektive dient dazu, all diese Elemente zu identifizieren, damit sie in Zukunft niemanden mehr überraschen.

STEVE: Wie steht es mit Überraschungen?

DAVID: Ich war ziemlich überrascht, dass den Kunden meine Idee mit dem Inhaltsfilter gefällt!

DIANNE: Ich denke, sie ist auch wirklich sinnvoll. Proseware wird auf eine bestimmte Zielgruppe ausgerichtet und stellt wahrscheinlich einen erheblichen Wert für den Kunden dar.

PETRA: Das finde ich auch, es war eine hervorragende Idee. Vielleicht ist das etwas, was wir weiterhin tun sollten: Ideen ausbrüten.

Steve schreibt es in die entsprechende Spalte auf dem Whiteboard.

TOM: Mich hat es überrascht, dass Steve und Dianne nicht Vollzeit an diesem Projekt gearbeitet haben.

PETRA: Okay, sonst noch jemand?

DIANNE: Das hat mich auch überrascht. Ich habe erst gedacht, dass ich meine gesamte Zeit an Proseware verbringen sollte, aber Steve und ich mussten wegen eines Notfalls bei einem anderen Projekt aushelfen.

STEVE: Wir sollten uns vom Management zusichern lassen, dass jemand anders abgestellt wird, um bei diesem Projekt auszuhelfen, während wir am nächsten Sprint arbeiten.

DIANNE: Wäre mir sehr recht.

Steve notiert das auf dem Whiteboard.

STEVE: Okay, danke euch allen. Insgesamt ein guter Sprint und ein hervorragender Auftakt für dieses Projekt. Machen wir in dem Stil weiter.

PETRA: Ich stimme zu. Nehmen wir die Änderungen vor, auf die wir uns in dieser Retrospektive geeinigt haben, und stellen wir sicher, dass wir nächste Woche auf diesem Weg weitermachen.

Das Meeting endet und das Team verlässt den Konferenzraum.

Zusammenfassung

Der erste Sprint war überwiegend ein Erfolg für das Team. Es lief zwar nicht ganz alles nach Plan, aber das Team hat binnen kurzer Zeit wertvolles Feedback erhalten. Das ist das Schlüsselelement bei jedem agilen Prozess: Die konstruktive Kritik, die gebraucht wird, um den Prozess zu verbessern, ist jederzeit verfügbar.

Im nächsten Kapitel setzt das Team seine Arbeit mit Sprint 2 fort und befasst sich mit Stories, die noch nicht implementiert wurden.

Kapitel 12

Beispiel für die Entwicklung von adaptivem Code: Sprint 2

In diesem Kapitel werden Sie die folgenden Aufgaben durchführen:

- Beobachten der zweiten Sprintplanungssitzung des Teams
- Verfolgen der Implementierung und Evolution der nächsten User Stories
- Beobachten der zweiten Sprintvorführung und -Retrospektive des Teams

In diesem Kapitel setzt das Team von Trey Research die Implementierung von User Stories für das Proseware-Projekt fort. Die Richtung hat sich aufgrund des Feedbacks, das bei der Sprintvorführung zu Sprint 1 vom Kunden kam, leicht geändert. Das Team hat sich das folgende Sprintziel gesetzt:

> *Optional mit Markdown formatierten Text zu Unterhaltungen hinzufügen; Nachrichteninhalte so zu filtern, dass sie nicht anstößig sind; und sicherstellen, dass 300 Benutzer gleichzeitig bedient werden können.*

Dieses Sprintziel umfasst alle Stories, zu deren Fertigstellung sich das Team für den kommenden Sprint verpflichtet hat. Wie üblich schließt das Team den Sprint mit einer Vorführung für den Kunden ab, um sein Feedback zu erhalten und ihn über die Fortschritte zu informieren, gefolgt von einer Sprint-Retrospektive, in der das Team alle Probleme anspricht, die beim Sprint aufgetaucht sind, und die gute Arbeit würdigt, die das Team während des Sprints geleistet hat.

Erst einmal beginnt das Team den Sprint aber mit einer Planungssitzung.

Planung

Beim zweiten Planungsmeeting für das Projekt diskutieren die Mitglieder des Teams die User Stories, die sie in ihr Sprintziel aufgenommen haben. Der zweite Sprint umfasst die folgenden User Stories:

- Ich will Markdown senden, der richtig formatiert ist
- Ich will Nachrichteninhalte so filtern, dass sie nicht anstößig sind
- Ich will Hunderte von Benutzern gleichzeitig bedienen

Das gesamte Team ist in einem Konferenzraum versammelt und die Diskussion beginnt:

PETRA: Aufgrund des Feedbacks bei der Sprintvorführung zum letzten Sprint haben wir eine neue Story im Backlog.

STEVE: Statt schreibgeschützte Unterhaltungen zu implementieren, will der Kunde, dass wir uns vorrangig auf den Inhaltsfilter konzentrieren.

DIANNE: Also sollten wir diese Story jetzt einschätzen.

STEVE: Ja, wenn wir eine Schätzung für diese Story bekommen, können wir beurteilen, wie viel Kapazität wir für diesen Sprint haben.

DIANNE: Okay, auf Drei zeigen alle ihre Schätzungen.

Alle zupfen eine Karte heraus und decken sie auf.

PETRA	TOM	STEVE	DIANNE	DAVID
3	3	8	5	8

STEVE: Wow, recht große Unterschiede hier. Tom, kannst du deine Drei erklären?

TOM: Ich habe mich vor allem für Drei entschieden, weil ich die Tests dafür ziemlich gut automatisieren kann. Es ist nicht schwierig, eine Textnachricht einzuspeisen, die verbotene Worte enthält, und zu prüfen, ob das Posten dieser Nachricht unterbunden wird. Sofern die Implementierung technisch komplex ist, kann ich meine Schätzung gern erhöhen.

STEVE: David, erklärst du bitte deine Acht? Danach begründe ich meine.

DAVID: Ja, ich denke, das ist schwierig, weil wir für die verbotenen Wörter eine weitere Tabelle zum Datenspeicher hinzufügen müssen. Das zu implementieren, kostet etwas Zeit.

STEVE: Ja, genau das denke ich auch. Ich habe mir außerdem überlegt, dass wir die verbotenen Wörter nicht auf die Nachrichten beschränken sollten, die Benutzer in ihren Unterhaltungen schreiben – wir sollten auch die Namen der Räume darauf prüfen. Eigentlich sollten wir alle Eingaben, die wir vom Benutzer entgegennehmen, durch den Inhaltsfilter jagen.

DIANNE: Wie wäre es, wenn wir erst einmal darauf verzichten, einen Datenspeicher für die Inhaltsfilter zu implementieren, und stattdessen einfach eine Liste verbotener Wörter fest einprogrammieren?

STEVE: Okay, ich denke, das ist eine gute Idee. Später können wir immer noch Stories hinzufügen, die sich mit der Verwaltung der Inhaltsfilter beschäftigen.

PETRA: Hervorragend, sollen wir erneut schätzen oder die Fünf nehmen?

TOM: Mir ist Fünf recht.

STEVE: Ja, Fünf sieht fair aus.

DAVID: Für mich auch, nehmen wir die Fünf.

PETRA: Hervorragend, danke an alle. Bemühen wir uns, all unsere Ziele in diesem Sprint zu erreichen, damit wir dem Kunden diese Woche eine tolle Vorführung bieten können.

Alle verlassen den Konferenzraum und machen sich an die Arbeit.

»Ich will Markdown senden, der richtig formatiert ist.«

Bevor David mit seiner Story beginnt, stellt er Steve einige Fragen über das Parsen von Markdown.

DAVID: Ich nehme an, ich sollte eine Fremdherstellerbibliothek verwenden, um Markdown zu parsen und es in HTML zu konvertieren, aber ich bin nicht sicher, welche Bibliothek empfehlenswert ist.

STEVE: Okay, einen Moment. Ich glaube, Dianne hat Erfahrung in diesem Bereich. Wir fragen sie.

Steve bittet Dianne herüber, um sie über Markdown-Bibliotheken auszufragen.

STEVE: Dianne, du hast doch früher schon mit Markdown-Bibliotheken gearbeitet, oder? Welche findest du am besten?

DIANNE: Ich habe vor einer Weile mehrere ausprobiert. Versuch es mit MarkdownDeep, die schien mir recht einfach zu benutzen. Es gibt sogar ein NuGet-Paket dafür.

STEVE: Danke, Dianne. David, versuch es mit MarkdownDeep. Und erstelle bitte ein neues Klassenbibliotheksprojekt für alle Klassen, die von dieser Bibliothek abhängen.

DAVID: Okay, danke.

David macht sich ans Werk, um die Markdown-Konvertierung für die Anwendung zu implementieren. Nach einigen Stunden ist er bereit, Steve und Dianne seine Arbeit zu zeigen. Er bittet sie zu begutachten, was er gemacht hat.

DAVID: Ich habe mich gefragt, wo der beste Platz für die Implementierung der Markdown-Konvertierung ist. Mir war klar, dass ich die Raumnachrichten abfangen sollte, indem ich einen Decorator für eine vorhandene Schnittstelle implementiere. Ich dachte, wenn ich ihn für die Methode `AddMessageToRoom` der Schnittstelle `IMessageRepository` implementiere, sparen wir uns Verarbeitungszeit bei den Lesevorgängen. Wenn wir das Markdown einfach in HTML konvertieren, während die Nachricht gespeichert wird, brauchen wir uns nicht mehr darum zu kümmern.

DIANNE: Dann bräuchten wir nicht bei jedem Lesevorgang Markdown in HTML umzuwandeln, aber das würde nicht wirklich funktionieren.

DAVID: Ja, mir wurde klar, dass wir die Nachrichten nicht mehr ändern können, wenn wir das tun. Ich weiß, dass wir diese Funktion noch nicht haben, aber ich dachte, dass sie in Zukunft noch kommt, und wollte uns nicht schon im Vorfeld die Möglichkeit verbauen, dass die Benutzer ihre Nachrichten bearbeiten können.

STEVE: Gut, diese Funktion brauchen wir in Zukunft fast sicher, daher ist es wahrscheinlich richtig, die Konvertierung beim Lesen vorzunehmen statt beim Schreiben.

DAVID: Die andere Frage, die ich hatte, betrifft die clientseitige oder serverseitige Konvertierung. Im Moment habe ich sie auf der Serverseite belassen, aber ich frage mich, ob wir das nicht lieber clientseitig im Browser erledigen sollten.

DIANNE: Vielleicht können wir das in Zukunft nutzen, um eine parallele Vorschau des Markdown-Texts als HTML anzuzeigen, während der Benutzer seine Nachricht eintippt.

STEVE: Tolle Idee, Dianne. Ich notiere mir das für die Vorführung und finde heraus, was der Kunde davon hält.

DAVID: Schließlich habe ich die Konvertierung als Decorator der Schnittstelle `IRoomViewModelReader` implementiert. Ausschlaggebend war, dass Markdown und HTML Angelegenheiten der Benutzeroberfläche sind und `IRoomViewModelReader` ein Benutzeroberflächenvertrag ist. Die andere Möglichkeit wäre gewesen, `IRoomRepository` und `IMessageRepository` zu dekorieren, aber das sind Datenverträge. Trotzdem bin ich im Moment noch nicht völlig glücklich damit. Aber hier ist es.

David zeigt Steve und Dianne den Code für den Markdown-Decorator (Listing 12–1).

```
public class RoomViewModelReaderMarkdownDecorator : IRoomViewModelReader
{
    public RoomViewModelReaderMarkdownDecorator(
        IRoomViewModelReader @delegate,
        Markdown markdown)
    {
```

```
        this.@delegate = @delegate;
        this.markdown = markdown;
    }

    public IEnumerable<RoomViewModel> GetAllRooms()
    {
        return @delegate.GetAllRooms();
    }

    public IEnumerable<MessageViewModel> GetRoomMessages(int roomID)
    {
        var roomMessages = @delegate.GetRoomMessages(roomID);

        foreach(var viewModel in roomMessages)
        {
            viewModel.Text = markdown.Transform(viewModel.Text);
        }

        return roomMessages;
    }

    private readonly IRoomViewModelReader @delegate;
    private readonly Markdown markdown;
}
```

List. 12–1 Der Markdown-Decorator konvertiert vom Benutzer eingegebenes Markdown in HTML

STEVE: Gefällt mir gut. Warum hast du Zweifel daran?

DAVID: Es sind gleich zwei Sachen. Erstens sind wir direkt von der Klasse `Markdown` aus MarkdownDeep abhängig. Sollte das nicht hinter eine eigene Schnittstelle kommen?

DIANNE: Ich denke, es reicht, diese Klasse als Abhängigkeit des Decorators zu übergeben. Die Klasse ist so klein, dass wir sie leicht ersetzen können, falls wir auf eine andere Bibliothek umsteigen wollen.

DAVID: Okay, das ist gut. Ich konnte auch einen einfachen Unit-Test mit einem Testfall für jede erwartete Konvertierung schreiben. Das hier habe ich schon.

David öffnet die Datei mit den Unit-Tests für die Markdown-Verarbeitung (Listing 12–2).

```
[TestFixture]
public class MarkdownTests
{
    [Test]
    [TestCase(
        "Diese Nachricht enthält nur Absatz-Markdown...",
        "<p>Diese Nachricht enthält nur Absatz-Markdown...</p>\n")]
```

```
    [TestCase(
        "Diese Nachricht enthält *Hervorhebungs*-Markdown...",
        "<p>Diese Nachricht enthält <em>Hervorhebungs</em>-Markdown...</p>\n")]
    [TestCase(
        "Diese Nachricht enthält **starke Hervorhebung**...",
        "<p>Diese Nachricht enthält <strong>starke Hervorhebung</strong>...</p>\n")]
    public void MessageTextIsAsExpectedAfterMarkdownTransform(string markdownText,
      string expectedText)
    {
        message1.Text = markdownText;
        var markdownDecorator = new RoomViewModelReaderMarkdownDecorator(
          mockRoomViewModelReader.Object, markdown);

        var roomMessages = markdownDecorator.GetRoomMessages(12345);

        var actualMessage = roomMessages.FirstOrDefault();

        Assert.That(actualMessage, Is.Not.Null);

        Assert.That(actualMessage.Text, Is.EqualTo(expectedText));
    }

    [SetUp]
    public void SetUp()
    {
        markdown = new Markdown();
        message1 = new MessageViewModel
        {
            AuthorName = "Dianne",
            ID = 1,
            RoomID = 12345,
            Text = "Test!"
        };
        mockRoomViewModelReader = new Mock<IRoomViewModelReader>();
        var roomMessages = new MessageViewModel[]
        {
            message1
        };
        mockRoomViewModelReader.Setup(reader =>
                reader.GetRoomMessages(It.IsAny<int>())).Returns(roomMessages);
    }

    private MessageViewModel message1;
    private Mock<IRoomViewModelReader> mockRoomViewModelReader;
    private Markdown markdown;
}
```

List. 12–2 Der Unit-Tests für den Decorator zum Konvertieren von Markdown

STEVE: Auch das ist hervorragend. Aber du hast gesagt, dass du noch eine zweite Frage hattest?

DAVID: Ja. Sieh dir hier an, wie die Markdown-Klasse `IRoomViewModelReader` dekoriert, aber diese Klasse auch die Methode `GetAllRooms` hat. Wäre das ein guter Kandidat für Interface-Segregation? Momentan wird in der Methode `GetAllRooms` kein Text konvertiert, daher delegiere ich sie einfach weiter an die dekorierte Instanz.

DIANNE: Sollen wir den Benutzern erlauben, Markdown auch für Raumnamen zu verwenden? Dann müsste auch die Methode `GetAllRooms` dekoriert werden.

STEVE: Ich denke, wir sollten es vorerst so lassen, wie es ist. Wir teilen weder die Schnittstelle auf noch erlauben wir Markdown in den Raumnamen. Fragen wir den Kunden bei der Vorführung danach und treffen dann eine Entscheidung.

»Ich will Nachrichteninhalte so filtern, dass sie nicht anstößig sind.«

Dianne und David wurde die Story für eine Inhaltsfilterung der Nachrichten zugewiesen. Im Rahmen der Paarprogrammierung implementieren sie zusammen die benötigten Funktionen.

DIANNE: Wie in der Planungssitzung besprochen, haben wir keine Zeit, während dieses Sprints einen Nachrichteninhaltsfilter mit ausgewachsenem Datenspeicher zu implementieren. Wir müssen einige Fortschritte auf dieses Ziel hin machen.

DAVID: Also implementieren wir für diesen Sprint lediglich den Datenzugriffsteil und kommen dann nächste Woche wieder darauf zurück?

DIANNE: Nein, das können wir nicht tun. Wir müssen ein vertikales Stück an Funktionalität abliefern: Etwas, das wir dem Kunden vorführen können, das aber nicht unbedingt vollständig zu sein braucht. Wenn wir lediglich den Datenzugriff implementieren, fügen wir keinerlei Wert hinzu.

DAVID: Ich verstehe nicht, wie wir einen Wert ausliefern können, ohne den gesamten Inhaltsfilter zu implementieren.

DIANNE: Wir gehen hier irgendwo einen Kompromiss ein, damit wir einerseits schnell fertig sind, aber trotzdem einen gewissen Wert für den Kunden schaffen. Bei dieser Story ist der Kompromiss simpel: Wir programmieren die Liste der anstößigen Worte fest ein, statt sie aus einem persistenten Speicher wie einer Datenbank auszulesen.

DAVID: Das ist wohl sinnvoll. Aber mir wurde immer eingebläut, dass es schlecht ist, irgendetwas fest einzuprogrammieren. Ist das nicht ein schlechter Entwurf?

DIANNE: Eigentlich schon, ja. Es ist Technical Debt. Wir treffen die vernünftige Entscheidung, Kompromisse bei einer gewünschten Funktion einzugehen, um etwas lieber gleich als später ausliefern zu können. Vielleicht hat der Kunde eine fertige Liste mit Wörtern parat, die wir blockieren sollen, und wird sie niemals ändern. In dem Fall könnten wir diese Story tatsächlich fertigstellen, indem wir die Liste fest einprogrammieren.

DAVID: Das ist eigentlich ziemlich schlau. Statt viel Zeit aufzuwenden, um etwas zu implementieren, setzen wir uns eine simplere Lösung als Etappenziel auf dem Weg zum endgültigen Ziel.

DIANNE: Genau! Und wenn ein Etappenziel erreicht ist, kann es passieren, dass das nächste Etappenziel sich völlig verändert hat. Oder dass das endgültige Ziel bereits ganz woanders liegt.

DAVID: Noch etwas, über das ich mir unsicher bin: Wie implementieren wir diese Story? Sollen wir einen Decorator für das Element erstellen, das die Nachrichten schreibt? Der Decorator könnte dann eine Ausnahme auslösen, wenn ein anstößiges Wort in der Nachricht enthalten ist.

DIANNE: Diese Lösung hat das Problem, dass sie Ausnahmen für die Ablaufsteuerung einsetzt. Ausnahmen sollten auf Situationen beschränkt bleiben, die wirklich außergewöhnlich sind. Das hier ist eher eine Überprüfung.

DAVID: Verstehe. Also könnten wir uns in die MVC-Überprüfung einhaken und einfach die Überprüfung fehlschlagen lassen, falls die Nachricht etwas enthält, das in der Liste der blockierten Wörter steht?

DIANNE: Ich denke, das ist eine bessere Idee. Wie wäre es damit ...?

Dianne beginnt zu tippen und nach einigen Minuten steht die Klasse aus Listing 12–3 da.

```
public class ContentFilteredAttribute : ValidationAttribute
{
    private readonly string[] blockedWords = new string[]
    {
        "heffalump",
        "woozle",
        "jabberwocky",
        "frabjous",
        "bandersnatch"
    };

    protected override ValidationResult IsValid(object value,
      ValidationContext validationContext)
```

```
    {
        var validationResult = ValidationResult.Success;

        if (value != null && value is string)
        {
            var valueString = (string)value;
            if(blockedWords.Any(inappropriateWord =>
                    valueString.ToLowerInvariant()
                    .Contains(inappropriateWord.ToLowerInvariant())))
            {
                var errorMessage = FormatErrorMessage(validationContext.DisplayName);
                validationResult = new ValidationResult(errorMessage);
            }
        }

        return validationResult;
    }
}
```

List. 12–3 Ein selbstdefiniertes Überprüfungsattribut eignet sich perfekt für den Inhaltsfilter

DIANNE: Offensichtlich habe ich Wörter benutzt, die nicht in einem vernünftigen Inhaltsfilter auftauchen, aber ich wollte nicht, dass bei der Vorführung für den Kunden ordinäre Wörter rumschwirren.

DAVID: Natürlich nicht. Ich denke, das demonstriert die gewünschte Funktion recht gut. Wie sieht es mit einigen Tests aus?

DIANNE: Oh, natürlich. Hier sind sie.

Listing 12–4 zeigt die zwei Unit-Tests aus der Klasse `RoomControllerTests`.

```
[Test]
[TestCase("Callooh! Callay! O frabjous day!")]
[TestCase("The frumious Bandersnatch!")]
[TestCase("A heffalump or woozle is very confusel...")]
public void PostCreateNewRoomWithBlockedWordsCausesValidationError(string roomName)
{
    var controller = CreateController();

    var viewModel = new RoomViewModel { Name = roomName };
    var context = new ValidationContext(viewModel, serviceProvider: null, items: null);
    var results = new List<ValidationResult>();

    var isValid = Validator.TryValidateObject(viewModel, context, results, true);

    Assert.That(isValid, Is.False);
}
```

```
// . . .
[Test]
[TestCase("Callooh! Callay! O frabjous day!")]
[TestCase("The frumious Bandersnatch!")]
[TestCase("A heffalump or woozle is very confusel...")]
public void PostAddMessageWithBlockedWordsCausesValidationError(string text)
{
    var controller = CreateController();

    var viewModel = new MessageViewModel { AuthorName = "David", Text = text};
    var context = new ValidationContext(viewModel, serviceProvider: null, items: null);
    var results = new List<ValidationResult>();

    var isValid = Validator.TryValidateObject(viewModel, context, results, true);

    Assert.That(isValid, Is.False);
}
```

List. 12–4 Neue Unit-Tests prüfen, ob die Regeln für Raumnamen und Nachrichtentexte eingehalten werden

DAVID: Mit den beiden Eigenschaften für die Viewmodels, die mit dem Attribut `ContentFiltered` markiert sind, werden diese Tests einwandfrei durchlaufen.

DIANNE: Absolut. Trotzdem gibt es noch einige Dinge bei diesem aktuellen Entwurf, über die ich nicht ganz glücklich bin.

DAVID: Was denn?

DIANNE: Offensichtlich die fest einprogrammierte Liste der blockierten Worte. Ich stufe das zwar als vernünftige Technical Debt ein, mir wäre es aber lieber, die Liste der blockierten Worte von einer Provider-Schnittstelle abzurufen. Auf diese Weise könnte ich eine Implementierungsklasse erstellen, die vorerst eine statische, fest einprogrammierte Liste zurückgibt, aber in Zukunft vielleicht eine Implementierung, die aus einer Datenbank liest.

DAVID: Ja, das würde die Daten für die Liste der blockierten Worte aus dem Algorithmus zum Prüfen der Eigenschaft herausnehmen. Könntest du Dependency-Injection nutzen?

DIANNE: Leider nicht. Diese benutzerdefinierten Attribute sind nicht sehr flexibel und werden nicht über den Controller oder einen anderen Erweiterungspunkt erstellt, der von MVC zur Verfügung gestellt wird.

DAVID: Das ist ein Jammer. Wie wäre es mit dem Service-Locator-Pattern?

DIANNE: Normalerweise bezeichne ich Service-Locator ja als Anti-Pattern, aber in diesem Fall könnte es die beste Lösung für uns sein.

DAVID: Sollen wir das vorerst zurückstellen und akzeptieren, dass dieses Attribut mit zusätzlicher Technical Debt verbunden ist? Auf diese Weise machen wir einige Fortschritte, können uns den Code aber bei Bedarf später erneut vornehmen.

DIANNE: Da schließe ich mich an. Ich glaube, das dürfte sich in Zukunft noch gewaltig ändern, daher hat es keinen Sinn, jetzt rumzuraten, in welche Richtung sich das entwickelt.

»Ich will Hunderte von Benutzern gleichzeitig bedienen.«

In der letzten Story des Sprints verbessern Dianne und Steve die Skalierbarkeit der Anwendung. Der Kunde hat gefordert, dass die Anwendung horizontale Skalierung unterstützt, keine vertikale. Horizontale Skalierung bedeutet, dass die Anwendung in der Lage sein soll, mehr gleichzeitige Benutzer zu unterstützen, wenn zusätzliche Computer bereitgestellt werden. Die vertikale Skalierung ist im Gegensatz dazu die Fähigkeit, mehr gleichzeitige Benutzer zu unterstützen, wenn die Hardware eines einzelnen Computers aufgerüstet wird.

Dianne und Steve ist klar, dass bei horizontaler Skalierung der begrenzende Architekturfaktor das Vorhandensein eines relationalen Datenbankmanagementsystems (Relational Database Management System, RDBMS) ist, zum Beispiel Microsoft SQL Server. Im Vergleich zu Lösungen mit maßgeschneiderter verteilter Speicherung, die auf horizontale Skalierung optimiert sind, ist es schwierig, eine neue Instanz von SQL Server zu einem Computercluster hinzuzufügen.

Deswegen untersucht Dianne, welche Möglichkeiten es für das Team gibt, die SQL Server-Datenbank durch Dokumentspeicherung zu ersetzen. Sie schildert dem Team MongoDB als solide und beliebte Alternative, mit der das Team die Anwendung dadurch skalieren kann, dass es weitere Computer zu einem Cluster hinzufügt. Das einzige Problem liegt darin, dass die Anwendung momentan noch auf SQL Server zurückgreift, um Raum- und Nachrichtendaten zu speichern und abzurufen.

Glücklicherweise hat sich das Team bereits auf diese Möglichkeit vorbereitet, als es die Schnittstellen programmiert hat.

DIANNE: Wir brauchen lediglich neue Implementierungen für die Repository-Schnittstellen: `IRoomRepository` und `IMessageRepository`.

STEVE: Das können wir natürlich machen, aber ich denke, wir können die Zuordnung von Datensatzdaten zu Viewmodel-Daten herausnehmen und stattdessen einfach unsere Viewmodels direkt serialisieren und deserialisieren.

DIANNE: Das hört sich interessant an. Auf diese Weise reicht es, neue Implementierungen der Schnittstellen `IRoomViewModelReader` und `IRoomViewModelWriter` zu erstellen, die an MongoDB hinunterdelegieren.

STEVE: Genau.

Die beiden machen sich an die Arbeit, um die Klasse `MongoRoomViewModelStorage` zu implementieren (Listing 12–5).

```
public class MongoRoomViewModelStorage : IRoomViewModelReader, IRoomViewModelWriter
{
    public MongoRoomViewModelStorage(IApplicationSettings applicationSettings)
    {
        this.applicationSettings = applicationSettings;
    }

    public IEnumerable<RoomViewModel> GetAllRooms()
    {
        var roomsCollection = GetRoomsCollection();
        return roomsCollection.FindAll();
    }

    public void CreateRoom(RoomViewModel roomViewModel)
    {
        var roomsCollection = GetRoomsCollection();
        roomsCollection.Save(roomViewModel);
    }

    public IEnumerable<MessageViewModel> GetRoomMessages(int roomID)
    {
        var messageQuery = Query<MessageViewModel>
                .EQ(viewModel => viewModel.RoomID, roomID);
        var messagesCollection = GetMessagesCollection();
        return messagesCollection.Find(messageQuery);
    }

    public void AddMessage(MessageViewModel messageViewModel)
    {
        var messagesCollection = GetMessagesCollection();
        messagesCollection.Save(messageViewModel);
    }

    private MongoCollection<MessageViewModel> GetMessagesCollection()
    {
        var database = GetDatabase();
        var messagesCollection = database.
                GetCollection<MessageViewModel>(MessagesCollection);
        return messagesCollection;
    }

    private MongoCollection<RoomViewModel> GetRoomsCollection()
    {
        var database = GetDatabase();
```

```
        var roomsCollection = database.GetCollection<RoomViewModel>(RoomsCollection);
        return roomsCollection;
    }

    private MongoDatabase GetDatabase()
    {
        var connectionString = applicationSettings.GetValue(MongoConnectionString);
        var client = new MongoClient(connectionString);
        var server = client.GetServer();
        return server.GetDatabase(ProsewareDatabase);
    }

    private readonly IApplicationSettings applicationSettings;
    private static string MongoConnectionString = "MongoConnectionString";
    private static string ProsewareDatabase = "Proseware";
    private static string MessagesCollection = "messages";
    private static string RoomsCollection = "rooms";
}
```

List. 12–5 Die Implementierung der Datenpersistenzschicht für MongoDB

Nachdem diese Implementierung zur Verfügung steht, kann das Team das volle Potenzial der horizontalen Skalierbarkeit für die Anwendung Proseware und den Kunden verfügbar zu machen.

Sprintvorführung

Am Ende des zweiten Sprints bereitet sich das Team darauf vor, eine weitere Vorführung für den Kunden zu veranstalten. Alle Stories, die in diesem Sprint fertig wurden, sind versammelt und ihre Funktionen werden demonstriert. Eine der wichtigsten Konsequenzen aus der Sprint-Retrospektive von Sprint 1 war die Absicht, die Vorbereitung der Vorführung zu verbessern. Das Team setzt dies auch sorgfältig um und trifft sich einige Zeit vor Beginn der eigentlichen Vorführung, um die Funktionen durchzugehen, bevor der Kunde eintrifft. Das hilft, alle Probleme zu beseitigen, die aufgrund von Unterschieden zwischen Entwicklungs- und Vorführungsumgebung auftauchen. Bei der Generalprobe tauchen keine Probleme auf, und das Team ist bereit, dem Kunden seine Fortschritte vorzuführen.

Während der Vorführung der Markdown-Story fragt das Team den Kunden, ob für die Raumnamen dieselben Formatierungsmöglichkeiten zur Verfügung stehen sollen wie für die Nachrichten innerhalb eines Raums. Dem Kunden scheint diese Idee zu gefallen und er bittet das Team, diesen Punkt in das Backlog aufzunehmen, weist aber darauf hin, dass es eine niedrige Priorität erhalten soll, weil es wichtigere Features gibt, die der Kunde gern früher hätte. Der Kunde ist erfreut, dass das Team Markdown- und nicht die ursprünglich erwähnte HTML-Formatierung gewählt hat, weil dem Kunden bekannt ist, dass Markdown ein immer beliebterer, informeller Stil für die Textformatierung ist.

Die nächste Story ist die Inhaltsfilterung für Nachrichten. Dem Kunden gefällt, dass das Team bereits den Inhaltsfilter auf die Eingaben für Raumnamen und Nachrichtentexte anwendet, und stimmt zu, dass künftig alle Eingaben, die von Benutzern vorgenommen werden, auf dieselbe Weise gefiltert werden sollten. Allerdings fordert der Kunde, dass diese Funktion über die Konfiguration ein- und ausgeschaltet werden soll.

Für die letzte Story des Sprints simuliert Tom 300 gleichzeitige Benutzer, wobei die Datenspeicherung auf zwei getrennte Computer verteilt ist. Auch hier wünscht der Kunde, dass mithilfe von Konfigurationseinstellungen festgelegt wird, welche Datenquelle verwendet werden soll.

Nachdem alle Stories vorgeführt wurden, versichert der Kunde dem Team, wie zufrieden er mit den inkrementellen, aber spürbaren Fortschritten ist, die das Team in lediglich zwei kurzen Sprints geschafft hat.

Sprint-Retrospektive

Wie nach dem ersten Sprint versammelt sich auch am Ende des zweiten Sprints das Team, um den Fortschritt der letzten Woche zu besprechen. Alle Teammitglieder sind anwesend und beantworten die folgenden Fragen:

- Was lief gut?
- Was lief schlecht?
- Gibt es Elemente im Prozess, die wir ändern müssen?
- Haben wir etwas Neues im Sprint gemacht, das wir beibehalten sollten?
- Sind während des Sprints irgendwelche Überraschungen aufgetaucht?

Das Ziel besteht darin, eine Liste von Anregungen zu bekommen, denen Prioritäten zugewiesen werden und die danach umgesetzt werden. Wie üblich soll auch bei diesem Meeting vermieden werden, viel zu diskutieren, aber keine umsetzbaren Anregungen zu produzieren.

Die Teammitglieder sind in einem geeigneten Raum versammelt und arbeiten nacheinander die Liste der Fragen ab.

Was lief gut?

Das Team beginnt mit der Frage, was während des Sprints gut lief.

STEVE: Was lief in diesem Sprint eurer Meinung nach gut?

PETRA: Ich persönlich glaube, dieser Sprint war ein voller Erfolg: Wir haben unser Sprintziel pünktlich erreicht, wir haben uns hervorragend auf die Vorführung vorbereitet und wir haben aufgrund dieser Vorbereitung sichergestellt, dass nichts schiefging. Der Kunde war äußerst beeindruckt und wir können auf unsere Erfolge stolz sein.

DIANNE: Das sehe ich auch so. Es war ein Vorbild dafür, wie künftige Sprints ablaufen sollten. Wir dürfen aber nicht den Fokus verlieren: Wir müssen dieses Niveau über einen längeren Zeitraum halten.

STEVE: Absolut, wir dürfen uns nicht auf unseren Lorbeeren ausruhen.

Was lief schlecht?

Als Nächstes soll das Team die Frage beantworten, was während des Sprints schlecht lief.

STEVE: Was gibt es, das schlecht war? Bestimmt gab es etwas, das nicht nach Plan verlief.

DAVID: Ich denke, während des Sprints sind einige Fragen unbeantwortet geblieben. Diese Fragen hatten kaum Auswirkungen auf die Gesamtimplementierung, aber ich glaube, wir sollten solche Fragen möglichst bald beantworten statt erst am Ende des Sprints.

PETRA: Welche Art von Fragen, David? Kannst du uns ein Beispiel geben?

DAVID: In der Markdown-Story hat Dianne gefragt, ob wir neben den Nachrichten auch die Raumnamen konvertieren sollten. Wir haben uns dagegen entschieden, haben aber ehrlich gesagt noch keine definite Antwort auf diese Frage.

Was sollte sich ändern?

Die Teammitglieder gehen zur nächsten Frage über und sprechen alles an, was sich ihrer Ansicht nach an ihrem Prozess oder ihrer Arbeitsweise ändern sollte.

DIANNE: Ja, das finde ich auch. Ich denke, das ist etwas, was wir ändern sollten: Wenn wir eine Frage bezüglich der Implementierung haben, sollten wir Petra fragen. Falls sie die Antwort nicht weiß, kann sie den Kunden anrufen und ihn direkt fragen.

PETRA: Absolut, es ist meine Aufgabe sicherzustellen, dass ihr über alles informiert werdet, was ihr über die Anforderungen des Kunden wissen wollt. Falls ihr mich nicht fragt oder ich bezüglich der Akzeptanzkriterien einer Story nicht konkret genug war, besteht die Gefahr, dass wir etwas Wichtiges vergessen.

STEVE: In diesem Fall war es kein Problem für uns, mit der Beantwortung der Frage bis zur Vorführung zu warten. Aber bei anderen, wichtigeren Fragen wird es unverzichtbar sein, dass wir die Antwort so bald wie möglich bekommen.

PETRA: Noch etwas anderes, was sich ändern sollte? Nein? Kommen wir dann zum nächsten Punkt.

Was sollte beibehalten werden?

Die Teammitglieder sprechen darüber, welche positiven Aktionen sie regelmäßig durchführen sollten.

STEVE: Ich stelle hier mal etwas in den Raum, was wir beibehalten sollten. Wir haben die Vorbereitung für den Sprint geändert und das hat einwandfrei funktioniert. Wir sollten uns notieren, dass wir das künftig immer so machen.

PETRA: Gute Anregung. Dieser nächste Sprint wird zeigen, ob wir es schaffen, die Arbeitsqualität weiterhin auf so hohem Niveau zu halten oder ob es eine Ausnahme dieses Sprints war. Daher ist es eine gute Idee festzuhalten, wie wir einen so guten Sprint erreicht haben, und es künftig im Hinterkopf zu behalten.

STEVE: Was sollten wir sonst noch beibehalten?

DIANNE: Mir fällt nichts Ungewöhnliches mehr ein, das wir weiterhin machen sollten.

Überraschungen?

Der Abschnitt »Überraschungen« innerhalb der Sprint-Retrospektive dient dazu, alle Elemente zu identifizieren, von denen das Team während des Sprints überrascht wurde, damit sie in Zukunft niemanden mehr auf dem falschen Fuß erwischen.

STEVE: Letzte Frage an alle: Gab es in diesem Sprint irgendwelche Überraschungen, die wir analysieren oder in Zukunft verhindern müssen?

DAVID: Ich bin etwas überrascht, wie gut dieser Sprint lief!

Das Team beendet das Meeting und die Teammitglieder verlassen beschwingt von ihrem Erfolg den Raum.

Zusammenfassung

Der zweite Sprint war ein Erfolg und bedeutet eine Verbesserung für das Team. Indem das Team Anpassungsfähigkeit in den Code der gewählten Lösung eingearbeitet hat, hat es gezeigt, dass es in der Lage ist, mit allen Änderungen fertig zu werden, die in Projekten der agilen Softwareentwicklung an der Tagesordnung sind. Hätte das Team keine Erweiterungspunkte in den Code eingearbeitet, wäre es sehr schwierig geworden, den Funktionsumfang der Software zu erweitern, ohne den Code bis an die Belastungsgrenze umzuschreiben, zu refaktorieren oder zu verdrehen.

Teil IV

Anhang

Anhang A

Adaptive Tools

Dieser Anhang enthält eine Einführung in die Quellcodeverwaltung mit Git, das für die Codebeispiele dieses Buchs eingesetzt wird. Wenn Sie Git bereits vorher benutzt haben, kennen Sie seinen Ruf als führende Quellcodeverwaltungssoftware. Wenn das Ihr erster Kontakt mit Git ist, erfahren Sie in diesem Anhang genug, um auf lokale und Remote-Repositorys zugreifen zu können. Diese Fähigkeiten können Sie auf jede Codebasis übertragen, die in Git verwaltet wird, der Nutzen dieser Anleitung beschränkt sich also nicht auf die Codebeispiele für dieses Buch. Viele bekannte Open-Source-Projekte arbeiten mit Git und es wird auch von Firmen verwendet, um ihren proprietären Code zu verwalten.

In allen Fällen ist das Konzept der kontinuierlichen Integration (Continuous Integration, CI) ein wichtiges Element, um den Code zwischen verschiedenen Mitarbeitern synchronisiert zu halten. Daher stellt ein Abschnitt dieses Anhangs kurz das Konzept von CI vor und erklärt einen üblichen Workflow für ihre Implementierung.

Quellcodeverwaltung mit Git

Die Quellcodeverwaltung hat sich lange Zeit eher langsam entwickelt, bevor sie durch das Aufkommen von verteilten Quellcodeverwaltungssystemen wie Mercurial und Git revolutioniert wurde. Ich möchte behaupten, dass *jede* Quellcodeverwaltung besser ist als gar keine Quellcodeverwaltung, aber mein Favorit ist auf jeden Fall Git.

Quellcodeverwaltung hat grundsätzlich die Aufgabe, alle Änderungen am Code nachzuverfolgen, die im Lauf der Zeit daran vorgenommen wurden. Sie soll es einfach machen, sich den Zustand des Codes zu einem bestimmten Zeitpunkt anzusehen und neuere oder ältere Versionen zu reproduzieren. Außerdem stellt sie einen maßgeschneiderten Datenspeicher für den Quellcode zur Verfügung.

Bei Git hat jeder Entwickler ein eigenes Repository, das den vollständigen Quellcode enthält (Abbildung A–1). Will ein Entwickler den Quellcode bearbeiten, sollte er lokale Branches (Zweige) anlegen, in die er alle vorgenommenen Änderungen einspeist. Jeder Branch sollte eine genau definierte Aufgabe widerspiegeln, beispielsweise einen Bug korrigieren, ein neues Feature implementieren oder irgendwelche experimentellen Änderungen vorzunehmen. Unabhängig von ihrem Zweck bleiben diese Änderungen lokal im Repository des Entwicklers, bis er sich entscheidet, den Branch anderswohin zu »pushen«, also an andere Stelle zu schieben.

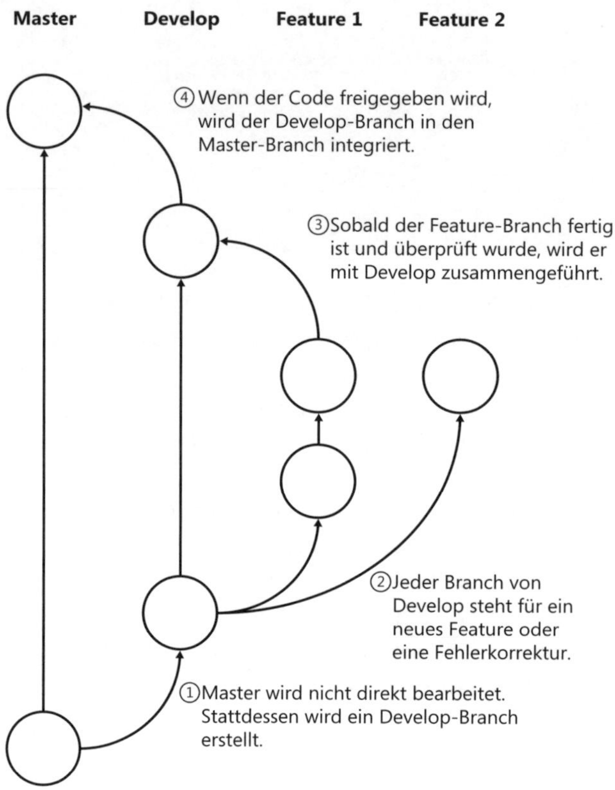

Abb. A–1 Eine mögliche Branching-Strategie für Git

Es muss zwar kein zentrales Repository verwendet werden, aber üblicherweise wird eines der Repositorys als autorisierende Stelle für den Quellcode betrachtet. Sehen Sie sich dazu Abbildung A–2 an. Wenn Entwickler Branches in dieses Repository pushen, können sie anschließend anfordern, dass ihre Änderungen in den Haupt-Branch des Codes »gepullt«, also gezogen werden. Das wird als *Pull-Request* oder Pull-Anforderung bezeichnet und löst oft eine Codebegutachtung durch einen anderen Entwickler aus. Diese sogenannte Peer-Review hilft, die Qualität des Codes auf hohem Niveau zu halten. Jeder Entwickler, der den Code prüft, kann dem Pull-Request zustimmen oder es ablehnen. Auch kann jeder Entwickler einen Funktionstest für den Code ausführen, indem er den Branch in sein lokales Repository zieht, ihn kompiliert und lokal testet. Wird der Code zurückgewiesen, kann der ursprüngliche Entwickler ihn weiter verändern und die Änderungen wieder in das zentrale Repository pushen, bis er angenommen wird. Der akzeptierte Pull-Request wird dann mit einem Haupt-Entwicklungs-Branch zusammengeführt und die anderen Entwickler erhalten diese Änderungen, sobald sie das nächste Mal ihr lokales Repository aus den Haupt-Branches aktualisieren. Außerdem müssen sie alle Änderungen mit denen in ihren eigenen aktuell bearbeiteten Branches zusammenführen.

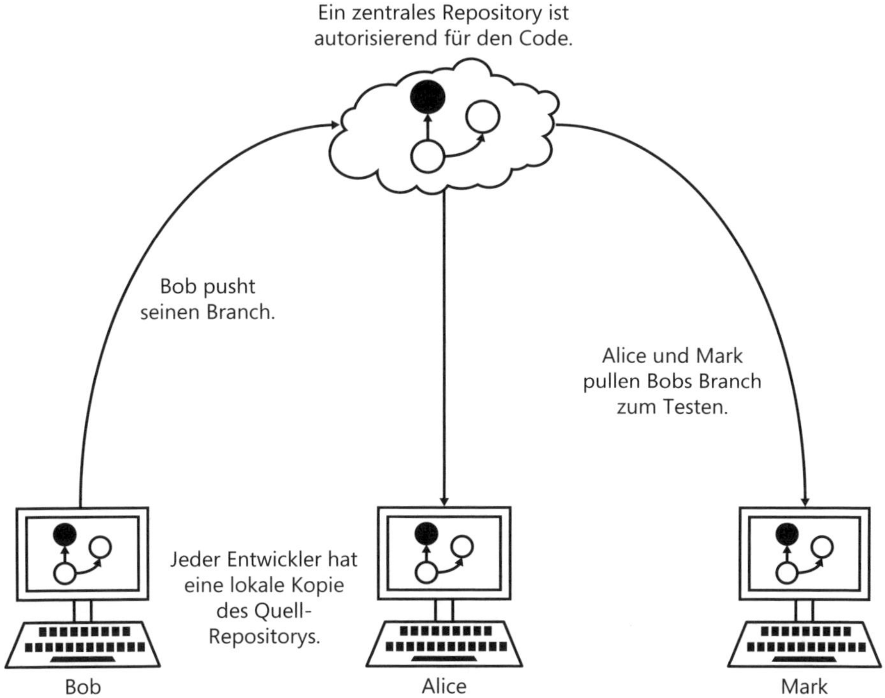

Abb. A–2 Die verteilte Quellcodeverwaltung ist ein Peer-to-Peer-System, nutzt aber oft ein zentrales Repository

Arbeiten mit Git

Git für Windows können Sie von *http://git-scm.com/download/win* herunterladen.

Alle Codelistings in diesem Buch stehen auf GitHub zur Verfügung, einer Community für Git-Repositorys. Anhang B, »GitHub code samples« (nur online) enthält Tabellen, mit denen Sie jedes Codelisting einem Unterordner des Git-Repositorys zuweisen können.

Für den Fall, dass Sie sich noch nicht mit Git auskennen, enthalten die folgenden Abschnitte eine kurze Anleitung, wie Sie den in einem Git-Repository gespeicherten Code nutzen. Dies ist keine detaillierte Einführung in Git, sollte Ihnen aber die Fähigkeit an die Hand geben, die Codebeispiele zu betrachten und zu kompilieren. Wenn Sie sich eingehender über Git informieren wollen, finden Sie in der Git-Referenz[1] eine hervorragende Einführung.

1. *http://gitref.org/*

Falls Sie ungern in der Befehlszeile arbeiten, können Sie eine von verschiedenen GUIs nutzen, die für Git zur Verfügung stehen. Eine Übersicht finden Sie unter *http://git-scm.com/downloads/guis*. Zum Zeitpunkt, als ich diesen Anhang geschrieben habe, war SourceTree von Atlassian führend in seiner Klasse.

Klonen eines Repositorys

Der erste Schritt besteht darin, ein Repository zu klonen. Alle Git-Befehle werden als Argumente an die Befehlszeilenanwendung *git* übergeben. Im Befehl *clone* müssen Sie die Adresse des Repositorys angeben, das Sie klonen wollen. Der folgende Befehl klont das Repository für dieses Buch in ein lokales Repository. Denken Sie daran, dass Git eine verteilte Quellcodeverwaltung ist, daher kann es viele Repositorys geben. Sie haben uneingeschränkten Lesezugriff auf das Remote-Repository, ändern können Sie aber nur Ihren lokalen Klon.

```
git clone https://github.com/garymcleanhall/AdaptiveCode.git
```

Dieser Befehl erstellt unterhalb des aktuellen Arbeitsverzeichnisses ein neues Verzeichnis namens *AdaptiveCode*. In der Standardeinstellung wird der *master*-Branch ausgewählt. Bei vielen Projekten verteilt sich der Code allerdings auf unterschiedliche Branches, daher müssen Sie in der Lage sein, die Branches zu wechseln.

Auf einen anderen Branch wechseln

Sobald Sie ein Repository geklont haben, sollten Sie in das Verzeichnis Ihres lokalen Klons wechseln. Das erledigt der Befehl *cd*:

```
cd AdaptiveCode
```

Der momentan ausgewählte Branch ist der Standard, bei dem Repository zu diesem Buch ist das *master*.

In den Codebeispielen zu diesem Buch sind die Projekte innerhalb des Branches *master* auf Ordner verteilt, die die Kapiteleinteilung widerspiegeln. In jedem Kapitelordner finden Sie Unterordner, deren Namen jeweils mit dem Präfix *chX* beginnen, wobei *X* für die Kapitelnummer steht. Der Rest des Ordnernamens ist eine Kurzbeschreibung des Inhalts. Anhang B (nur online) enthält Tabellen, mit denen Sie jedes Codelisting dem passenden Unterordner zuweisen können.

Gerade bei einem neuen Projekt enthält der Branch *master* vielleicht noch nicht allzu viel. Stattdessen befindet sich ein großer Teil des Codes noch in anderen Branches. Standardmäßig wird nur der Branch *master* lokal repliziert. Die übrigen Branches liegen weiterhin nur im Remote-Repository. Um sich anzusehen, welche Branches lokal verfügbar sind, können Sie *git* mit dem Befehl *branch* aufrufen:

```
git branch
```

Damit wird nur der Branch *master* aufgelistet. Um alle Branches aufzulisten, die im Remote-Repository verfügbar sind, müssen Sie das Argument *remote* an den Befehl *branch* anhängen:

```
git branch --remote
```

Damit werden alle Branches aufgelistet, die in diesem Repository zur Verfügung stehen. Beachten Sie, dass alle Branches mit dem Präfix *origin/* beginnen, das auf den Remote-standort hinweist, in dem diese Branches liegen. Jedes Repository kann mehrere Remote-Repositorys haben, wobei *origin* der Name für das Remote-Repository ist, aus dem dieses lokale Repository geklont wurde.

Mit dem Befehl *checkout* können Sie nun eine lokale Version eines Remote-Branches anlegen und dorthin wechseln:

```
git checkout experiments
```

Damit erstellen Sie eine lokale Version des Remote-Branches *experiments* und ändern das aktuelle Arbeitsverzeichnis, sodass die Änderungen aus diesem Branch abgerufen werden. Wenn Sie den Inhalt des aktuellen Verzeichnisses auflisten, stellen Sie fest, dass es jetzt den Inhalt des Remote-Branches enthält.

Wenn Sie zurück in den Branch *master* wechseln, wird dieser Ordner nicht mehr gebraucht und daher gelöscht.

Aktualisieren lokaler Branches

Falls die Remoteversion des Branches sich irgendwann ändert, sollten Sie die neuesten Änderungen herunterladen. Der Befehl *fetch* lädt alle Änderungen an Remote-Branches herunter:

```
git fetch
```

Wenn Sie keinen Branch-Namen angeben, lädt der Befehl Änderungen an allen Branches herunter, auch von neu erstellten Branches. Sie können auch den Namen des Branches angeben, den Sie abrufen wollen:

```
git fetch origin master
```

Beachten Sie, dass der Name des Remote-Branches ebenfalls angegeben wird, weil der *master*-Branch unter Umständen in mehreren Remote-Branches vorhanden ist.

Sobald Sie die Änderungen mit dem Befehl *fetch* heruntergeladen haben, können Sie den Ziel-Branch mit dem Befehl *checkout* wechseln:

```
git checkout experiments
```

Ab jetzt ist der lokale Branch nicht mehr mit dem Remote-Branch synchronisiert, weil die Änderungen nicht lokal repliziert wurden. Der Befehl *merge* wendet alle Änderungen, die an einem Remote-Branch vorgenommen wurden, auf den lokalen Branch an:

```
git merge origin/ch9-problem-statement
```

Wenn der Befehl *merge* fertig ist, ist der lokale Branch identisch zum Remote-Branch und alle Aktualisierungen wurden angewendet.

Kontinuierliche Integration

Jedes Mal, wenn der Code eines Entwicklers in ein zentrales Repository gepusht wird, wird dieser Code üblicherweise auf dem Server kompiliert. Diese kontinuierliche Integration (Continuous Integration, CI) der Änderungen aller Entwickler liefert wertvolles Feedback über den Zustand der Codebasis. Falls der Quellcode nicht kompiliert werden kann, hat er schon die erste Vorbedingung für einen Pull-Request nicht erfüllt: Ohne funktionierenden Build wird der Request grundsätzlich abgelehnt.

Das Kompilieren des Codes allein reicht aber meist nicht aus, um zu bestätigen, dass der Entwickler nichts beschädigt hat, als er einen Bug beseitigt oder ein neues Feature implementiert hat. Daher führt der CI-Server nach dem Kompilieren des Codes alle Unit-Tests aus und prüft, ob ein ausreichend großer Anteil des Codes von den Unit-Tests abgedeckt wird. Ist das erledigt, versucht er unter Umständen sogar, Bereitstellungspakete aus den Ergebnissen des Buildvorgangs zu generieren.

All diese Schritte werden nacheinander ausgeführt, und der Buildvorgang wird jedes Mal nur fortgesetzt, wenn der letzte Schritt erfolgreich abgeschlossen wurde. Es hat keinen Sinn, Unit-Tests auszuführen, wenn sich der Code gar nicht kompilieren lässt. Genauso ist es unsinnig, die Unit-Test-Abdeckung zu prüfen, falls die Unit-Tests fehlgeschlagen sind, oder Bereitstellungspakete zu generieren, wenn die Unit-Test-Abdeckung nicht ausreicht. Ist ein CI-Server so eingerichtet, dass er nach jedem Push auf diese Weise einen Buildvorgang anstößt, nimmt er den Entwicklern eine Menge Arbeit ab. Sie brauchen nicht viel Zeit auf diese Prüfungen zu verschwenden, sondern können sich darauf konzentrieren, den Code zu kompilieren und die geschriebenen Unit-Tests auszuführen. Den Rest erledigt der CI-Server. Abbildung A–3 zeigt ein Flussdiagramm für einen solchen Continuous-Integration-Buildprozess.

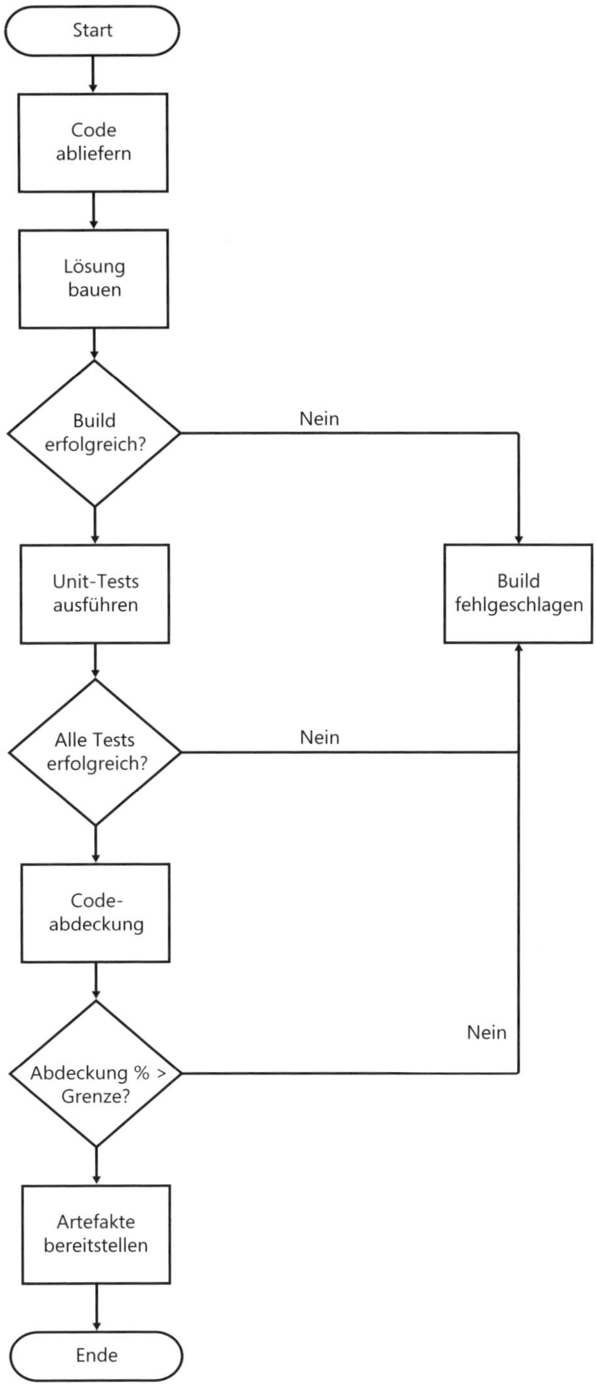

Abb. A–3 Ein vereinfachtes Workflow-Diagramm für einen Continuous-Integration-Dienst

Stichwortverzeichnis

B

C

D

E

F

G

H

I

M

N

O

P

V

W

X

Y

Z